壇廟祭祀節次

〔清〕内府刊

責任編輯：莊　劍
責任校對：袁　捷
封面設計：墨創文化
責任印製：王　煒

圖書在版編目(CIP)數據

壇廟祭祀節次 /（清）佚名撰. —影印本. —成都：四川大學出版社，2017.7
ISBN 978-7-5690-0857-9

Ⅰ.①壇… Ⅱ.①佚… Ⅲ.①祭祀-風俗習慣-中國 Ⅳ.①K892.29

中國版本圖書館 CIP 數據核字（2017）第 170815 號

書名　壇廟祭祀節次

撰　　者　(清)佚　名
出　　版　四川大學出版社
地　　址　成都市一環路南一段 24 號 (610065)
發　　行　四川大學出版社
書　　號　ISBN 978-7-5690-0857-9
印　　刷　虎彩印藝股份有限公司
成品尺寸　210 mm×285 mm
印　　張　34.5
字　　數　174 千字
版　　次　2017 年 7 月第 1 版
印　　次　2017 年 7 月第 1 次印刷
定　　價　498.00 圓

◆讀者郵購本書，請與本社發行科聯繫。
電話：(028)85408408/(028)85401670/
(028)85408023　郵政編碼：610065
◆本社圖書如有印裝質量問題，請寄回出版社調換。
◆網址：http://www.scupress.net

出版説明

現代漢語用『圖書』表示文獻的總稱，這一稱謂可以追溯到古史傳説時代的河圖、洛書。在從古到今的文化史中，圖像始終承擔着重要的文化功能。傳説時代的大禹『鑄鼎象物』，將物怪的形象鑄到鼎上，使『民知神奸』。在《周易》中也有『制器尚象』之説。一般而論，文化生活皆有其對應的物质層面的表现。在中國古代文獻研究活動中，學者也多注意器物、圖像的研究，如《詩》中的草木、鳥獸，《山海經》中的神靈物怪，禮儀中的禮器、行禮方位等，學者多畫爲圖像，與文字互相發明，成爲經學研究中的『圖説』類著述。又宋元以後，庶民文化興起，出版業高度發達，版刻印刷益發普及，在普通文獻中也逐漸出現了圖像資料，其中廣泛地涉及植物、動物、日常的物質生產程序與工具、平民教化等多個方面，其中流傳至今者，是我們瞭解古代文化的重要憑藉，通過這些圖文並茂的文本，讀者可以獲得對古代文化生動而直觀的感知。爲了方便讀者利用，我們將古代文獻中有關圖像、版畫、彩色套印本等文獻輯爲叢刊正式出版。

本編選目兼顧文獻學、古代美術、考古、社會史等多種興趣，範圍廣泛，版本選擇也兼顧古代東亞地區漢文化圈的範圍。圖像在古代社會生活中的一大作用涉及平民教化，即古人所謂的『圖像古昔，以當箴規』，（語出何晏《景福殿賦》）明清以來，民間勸善之書，如《陰騭文》、《閨范》等，皆有圖解，其中所宣揚的古代道德意識中的部份條目固然爲我們所不取，甚至是應該批判的對象，但其中多有精美的版畫，除了作爲古代美術史文獻以外，由此也可考見古代一般平民的倫理意識，實爲社會史研究的重要材料。

本編擬目涉及多種類型的文獻，茲輯爲叢刊，然亦以單種別行為主，只有部份社會史性質的文本，因爲篇卷無多，若獨立成册則面臨裝幀等方面的困難，則取同類文本合爲一册。文獻卷首都新編了目錄以便檢索，但爲了避免與書中內容大量重複，無謂地增加篇幅，有部份新編目錄視原書目錄爲簡略，也有部份文本性質特殊，原書中本無卷次目錄之類，則約舉其要，新擬條目，其擬議未必全然恰當。所有文獻皆影印，版式色澤，一存古韻。

目録

一

壇廟祭祀節次
一冊

凡諸祭祀未祭之先各執事人員等俱預往祭所敬謹預備司樂官二員各戴朝帽穿朝服補褂皂靴帶數珠執節預引武舞生等就位左右立肅恭祗候安供

神位畢。屆期次。第作樂。至初獻樂。奏武。
舞生等起舞。初獻樂至第二句
畢。樂止。武舞生等跪。即讀祝文。
讀祝畢。武舞生等興。即接作第
三句樂。武舞生等復起舞。初獻
樂止。司樂官引武舞生等退。又

司樂官二員各戴朝帽穿朝服
補褂皂靴帶數珠執節引文舞
生等上就位左右立然後亞獻
樂奏文舞生等起舞至終獻畢
司樂官引文舞生等退惟
先師孔子廟之祭武舞生等不用末

祭之先。司樂官預引文舞生等就位立。初獻至終獻。皆係文舞生等舞。終獻畢。然後司樂官引文舞生等退。其餘進退諸儀節。皆與他祭同。

先蠶壇。文武舞生皆無。則毋庸致議。

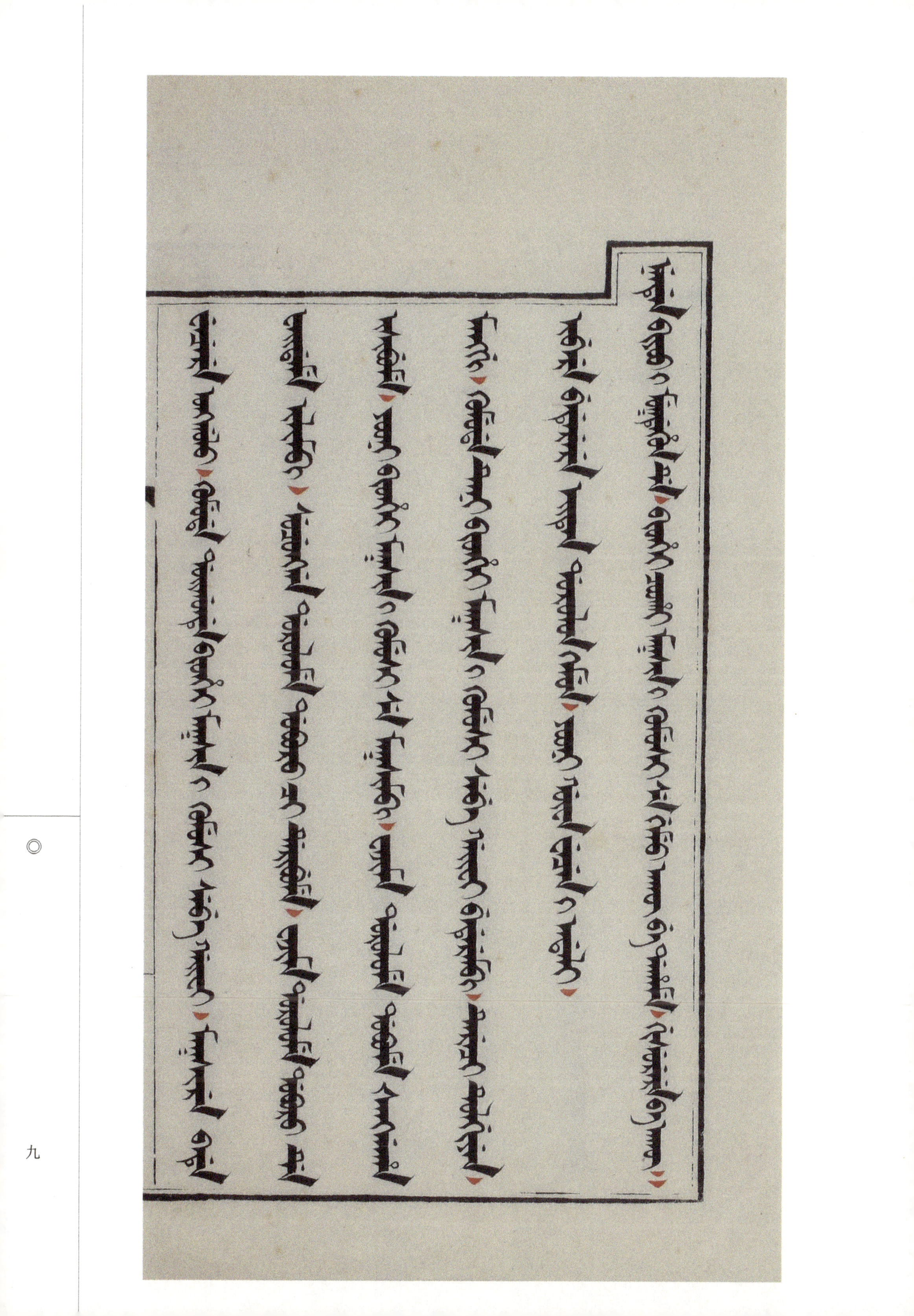

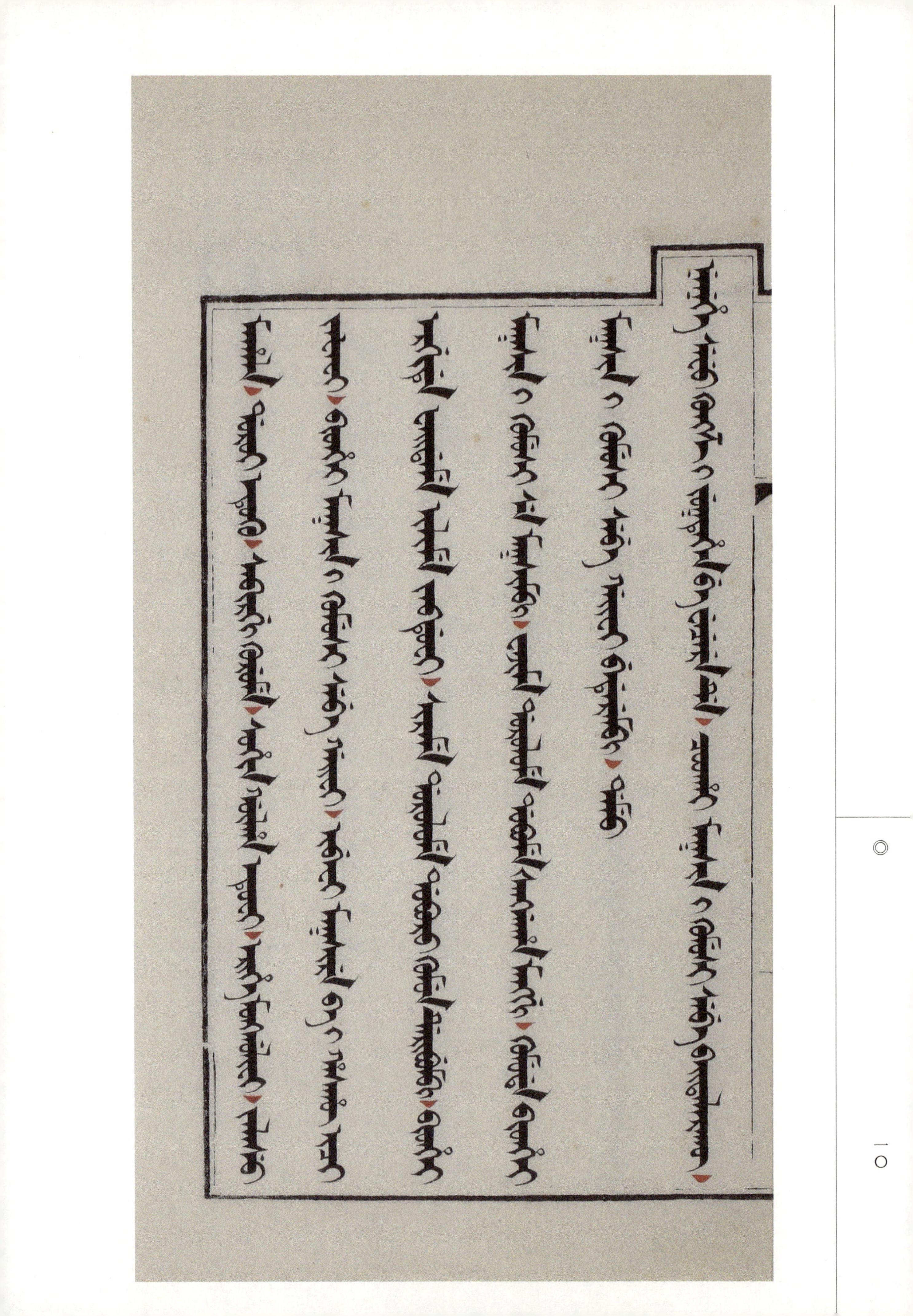

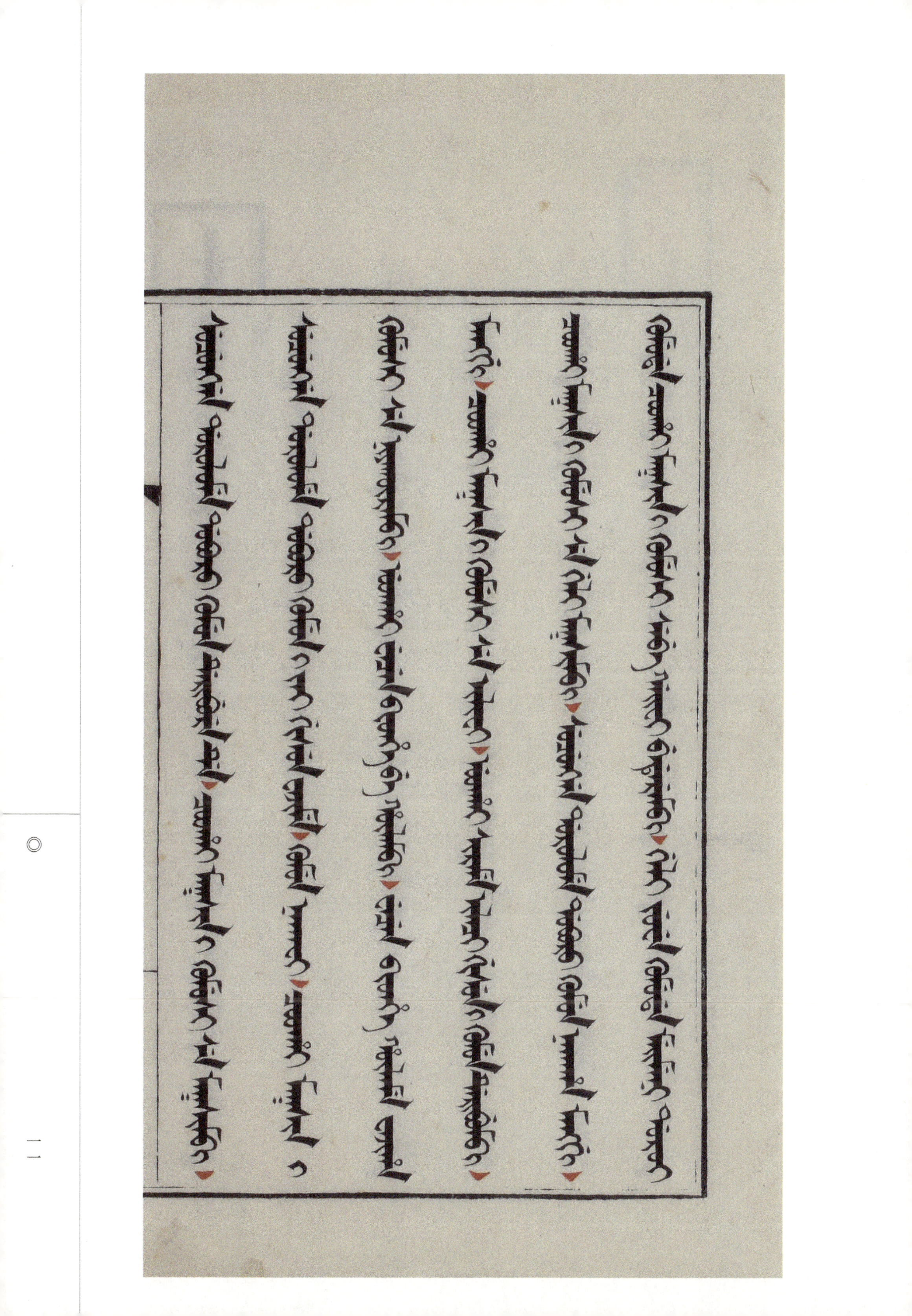

[illegible]

[illegible]

[illegible]

[illegible]

[illegible]

[illegible]

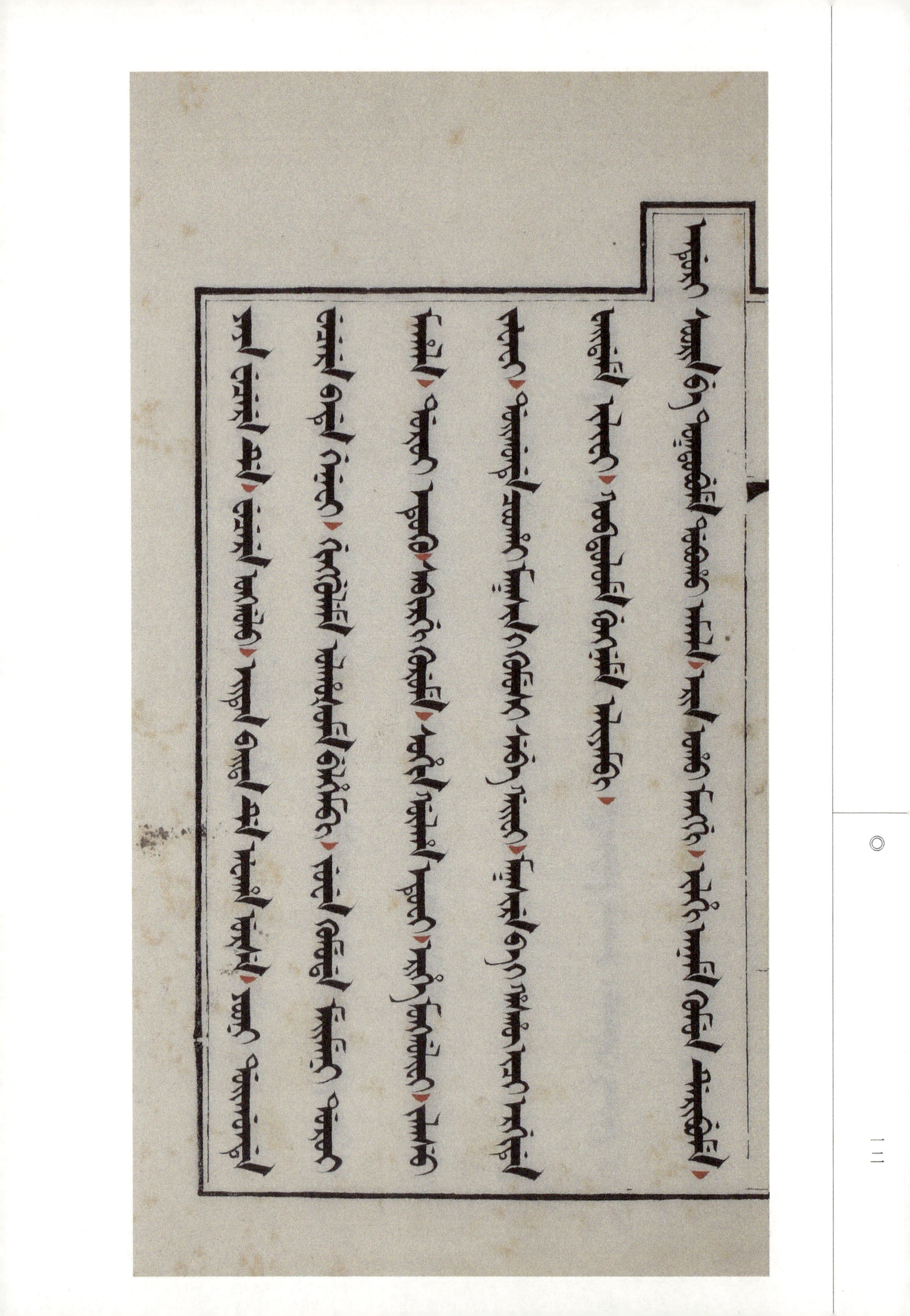

祈穀壇

正月上辛日祭　或二辛日祭　致齋三日
日出前七刻祭

樂章黃鐘爲宮
倍夷則起調

簫譜各章皆係頭一字末一字用上字皆係尺四
二字除而不用此本樂章皆單註簫譜

笛譜各章皆係頭一字末一字用凡字皆係合尺
二字除而不用

迎神禮

樂奏祈平之章

帝篤祜民兮求莫匪舒　小民何依兮飲食惟需
上工凡工凡工凡合乙　工凡合乙合工凡工凡

莫嘉於穀兮萬事權輿　爲民請命兮豈非在寻
合乙合乙合上合工凡　合工工合凡合乙上合

日用辛兮百辟趨　瞰將出兮東風徐
工合凡工凡合凡　合合凡工凡凡工

惟寻小子兮敬盥顒孚　皇皇龍駕兮穆將愉
工凡合乙合工上合乙　工凡合上乙凡工上

奠玉帛禮

樂奏綏平之章

上工凡工凡合合乙　合上乙上合工工凡

念茲稼穡兮惟民天　農用八政兮食爲先

工凡工工凡合乙合　合合上乙上乙上凡工

雨暘時若兮玉燭全　粒我蒸民兮迄用康年

工凡合乙合乙上合　工上合合乙工凡工上

仰三無私兮昭事虔　奉璋承帛兮慄若臨淵

進俎禮

樂奏萬平之章

上工凡合乙

鼎烹兮苾芬

乙合合乙上工

升薾粟兮惟犉

乙上合工凡

嘉薦兮無文

乙乙合乙凡工

羶薌達兮干雲

昭民力兮普存

乙合合乙工凡

惟明德兮馨聞

合合乙凡工上

初獻禮

樂奏寶平之章

初獻兮元酒盈

上工凡凡合乙

致純潔兮儲精誠

上合乙合合上乙

凡工工凡工凡　乙合乙合工上乙

瑟黃流兮罍承　酌其中兮外清明

工乙工凡合乙　工上乙乙合合凡工上

儼對越兮維清　帝心歆假兮綏我思成

武生舞譜

第一句　初正躬身獻正揚舞兮正垂舞元裏擺手

酒對擺牌盈一朝上

第二句　致對別足純對揚舞潔對一揖兮正揚舞

儲正別足精正揚舞誠背一召

第三句　瑟正揚舞黃一對面流外擺手兮對躬身

罍正垂舞承正開斧

第四句 酌正拱手其對面低擺牌中再擺牌兮裏看尖

外背擺牌清正一揖明正平身

第五句 儼正躬身對一對面越對垂舞兮正揚舞

維對擺牌清對平身

第六句 帝正拱手心正沉牌歆正垂舞假背一揖

兮正開斧綏正拱手我單膝跪思雙膝跪

成一叩首

亞獻禮

樂奏穰平之章

犧尊啓兮告虔
上工凡合上合

湑酤旣馨兮陳前
乙乙工上乙合合

禮再獻兮祠筵
合上上乙工凡

光煜爚兮非烟
乙合合乙上乙

神悅懌兮優然 工凡合乙工凡

惠我嘉生兮大有年 工上乙乙合凡工上

文生舞譜

第一句 犧 豈羽籥 尊 正垂籥 啓 正籥舞 兮 一對面 告 斜豈籥 虔 微向裏

第二句 清 正躬身 酤 分羽籥 旣 籥蹲身 馨 背羽舞 兮 正橫籥 陳 正一揖 前 正平身

第三句 禮 懷羽籥 再 對雙舞 獻 對一揖 兮 對籥舞 祠 正托羽 筵 正拱手

第四句光裏看尖煜外看尖爚籥灌耳兮背斜籥
非背羽舞烟背籥舞
第五句神正拱手悅對籥舞懌正横籥兮背籥舞
僾正擎籥然籥托羽
第六句惠對擺羽我裏雙舞嘉外雙舞生裏看尖
兮外看尖大別足正横籥有一長跪年一叩首
終獻禮
ᠡᠴᠦᠰ ᠦᠨ

樂奏瑞平之章

上工凡乙工凡　合乙上合乙合工合凡

終獻兮奉明粢　苾芬嘉旨兮淸醴旣釃

工凡合乙凡工　合乙上乙合工凡

神其衎兮錫祉　禮成於三兮陳詞

上乙工凡合合上乙　工乙合凡工上

願灑餘瀝兮沐羣黎　臣拜首兮靑墀

第一句終微向外獻正拱手兮羽蹲身奉正拱手

明對一揖粢正別足

第二句苾高搭羽芬對擺手嘉再擺手旨正橫羽

兮肩羽籥清對擺羽醴再擺羽旣一朝上

釃正一揖

第三句神正拱手其背羽舞術外看尖兮對羽舞

錫朝上斜托羽祉裏肩羽

第四句禮高搭羽成背一召於朝上交羽籥三別足高搭羽

兮對躬身陳正支羽詞正托籥

第五句顧背雙舞灑正垂羽餘對面籥灌耳瀝朝上平搭羽

兮外豈羽沐外雙舞羣對雙舞黎籥托羽

第六句臣正躬身拜正一揖首對一揖兮正平身

青一長跪墀一叩首

撤饌禮

樂奏渥平之章

上工凡工凡乙工凡　乙合乙上合乙凡工

俎豆具陳兮庶品宜　肸蠁昭鑒兮荷帝慈

工上乙合工凡　凡凡工凡合上合凡工

饌告備兮玉几　登歌洋溢兮廢徹不遲

乙合合乙工乙上　上乙合合乙凡工上

肅徽恍兮告終事　上帝居歆兮錫純禧

送神禮

樂奏滋平之章

上工凡凡合上合乙

祇奉天威兮弗敢康

工凡合乙合乙工凡

雲垂九天兮露瀼瀼

工凡乙合凡合工凡

臣拜下風兮肅徬徨

工凡合合乙合合凡

小心翼翼兮昭穹蒼

工上合乙合乙合凡

翠旗羽節兮上翺翔

工上乙合乙工凡工上

願沛汪澤兮民多蓋藏

望燎禮

樂奏穀平之章

上工凡合凡
卬首兮天閶
合乙上合乙工上乙
炳蕭束帛兮薦馨香
上合工上乙合合工凡
四時順序兮百穀以昌

上合乙上合乙工凡
混茫一氣兮浩無方
凡工凡乙合乙合工凡
精誠感格兮降福穰穰
工凡上乙合工凡工上
臣同兆姓兮咸荷恩光

圜丘壇

冬至日祭 致齋三日

日出前七刻祭

樂章黃鐘爲宮

倍夷則起調

簫譜各章皆係頭一字末一字用上字皆係尺四二字除而不用此本樂章皆係單註簫譜

笛譜各章皆係頭一字末一字用凡字皆係合尺二字除而不用

迎神禮

樂奏始平之章

上工凡乙合凡凡工凡
欽承純祜兮於昭有融

凡工合上合工合工凡
輸忱元祀兮從律調風

工凡合上合工乙凡工
淵思高厚兮期亮天工

工凡合上合工乙凡工
雲軿延佇兮鸞輅空濛

乙合合上乙上合上乙
肅始和暢兮恭仰蒼穹

合上乙上合工乙上合
時維永清兮四海攸同

合乙合上合工乙工凡
穆將景福兮迺眷微躬

合乙合上乙上工上乙
聿章彛序兮夙夜宣通

上合凡工凡工合凡工
翠旗紛裊兮列鈌豐隆

凡工凡乙合凡工工凡
百靈祗衛兮齋明辟公

神來燕娭兮惟帝時聰　協昭慈惠兮遜鑒臣衷

合合上乙合上工上乙　工凡合上合工凡工上

奠玉帛禮

樂奏景平之章

靈斿爰止兮樂在縣　執事有恪兮奉玉筵

上工凡合乙工合凡　乙上合上乙工上乙

◎

工凡合上合乙凡工　乙合乙上乙乙上合

聿昭誠敬兮駿奔前　嘉玉量幣兮相後先

合乙工工凡乙工凡　工凡合合乙凡工上

來格洋洋兮思儼然　臣忱翼翼兮告中虔

進俎禮

樂奏咸平之章

上工凡合乙乙上合　凡工工凡合工合凡
吉蠲爲饎兮肅豆籩　升饈列俎兮敢弗虔

合乙合乙上工上乙　乙凡工工凡合工凡
毛炰薾栗兮薦膏鮮　致潔陶匏兮香水泉

上合工上乙乙工凡　合合凡工乙凡工上
願垂降鑒兮駐雲軿　錫嘉福兮億萬斯年

初獻禮

樂奏壽平之章

上工凡工凡合乙
玉笙肅陳兮明光
工上乙上合乙凡
桂漿初醞兮信芳

工凡合上合工凡
臣心廸惠兮捧觴
合乙工上乙合凡
醴齊載德兮馨香

工凡合上合凡工
靈慈嶽眷兮喬皇
工工凡合凡工上
勤仰止兮斯徜徉

武生舞譜

第一句　玉正揚舞　笙外擺手　肅正垂舞　陳裏拱手
兮對揚舞　明正躬身　光裏看尖

第二句　桂正揚舞　漿背一揖　初背擺脾　醞裏擺手

兮正垂舞信外一揖芳背揚舞

第三句臣正別足心背一召廸背擺牌惠正開斧

兮正開牌捧背擺牌觴正躬身

第四句醴背一召齊別足正開牌載裏擺牌德外擺牌

兮對拱手馨對沉牌香正開斧

第五句靈對擺牌慈外擺手嶽裏擺手眷背一揖

兮外看尖裔對擺牌皇外拱手

第六句勤別足對躬身仰正拱手止對擺牌兮再擺牌

◎

斯正揚舞徜一長跪徉一叩首

亞獻禮

樂奏嘉平之章

上工凡工凡乙合工凡　合合乙上合工上乙合

考鐘拂舞兮再進瑤觴　翼翼昭事兮次第肅將

睟（凡）顏（工）容（工）與（凡）兮（合）蒼（乙）几（合）輝（凡）煌（工）　穆（合）穆（合）居（上）歆（乙）兮（合）和（工）氣（乙）洋（工）洋（凡）

生（上）民（乙）望（工）澤（上）兮（乙）仰（合）覜（乙）玉（工）房（凡）　縈（工）泉（凡）瑞（上）露（乙）兮（合）慶（凡）無（工）疆（上）

文生舞譜

第一句　考 正垂籥　鐘 正籥舞　拂 對拱手　舞 對籥舞

兮 正斜籥　再 對一揖　進 正躬身　瑶 平籥羽一舞

觴 正一揖

第二句　翼 裏擺手　翼 外托羽　昭 朝上平搭羽　事 外雙舞

兮 朝上交羽籥　次 對雙舞　第 正籥舞　肅 外看尖

將裏看尖

第三句睟籥蹲身顏外拱手容背一揖與背籥舞

兮外豎籥蒼背雙舞几朝上籥托羽輝對垂羽

煌朝上橫舒籥

第四句穆對擺羽穆再擺羽居朝上分羽籥歆對籥舞

兮朝上豎羽籥和對橫羽氣正托籥洋籥托羽

洋背籥舞

第五句生懷羽籥民對一揖望朝上籥支羽澤對豎籥斜肩羽

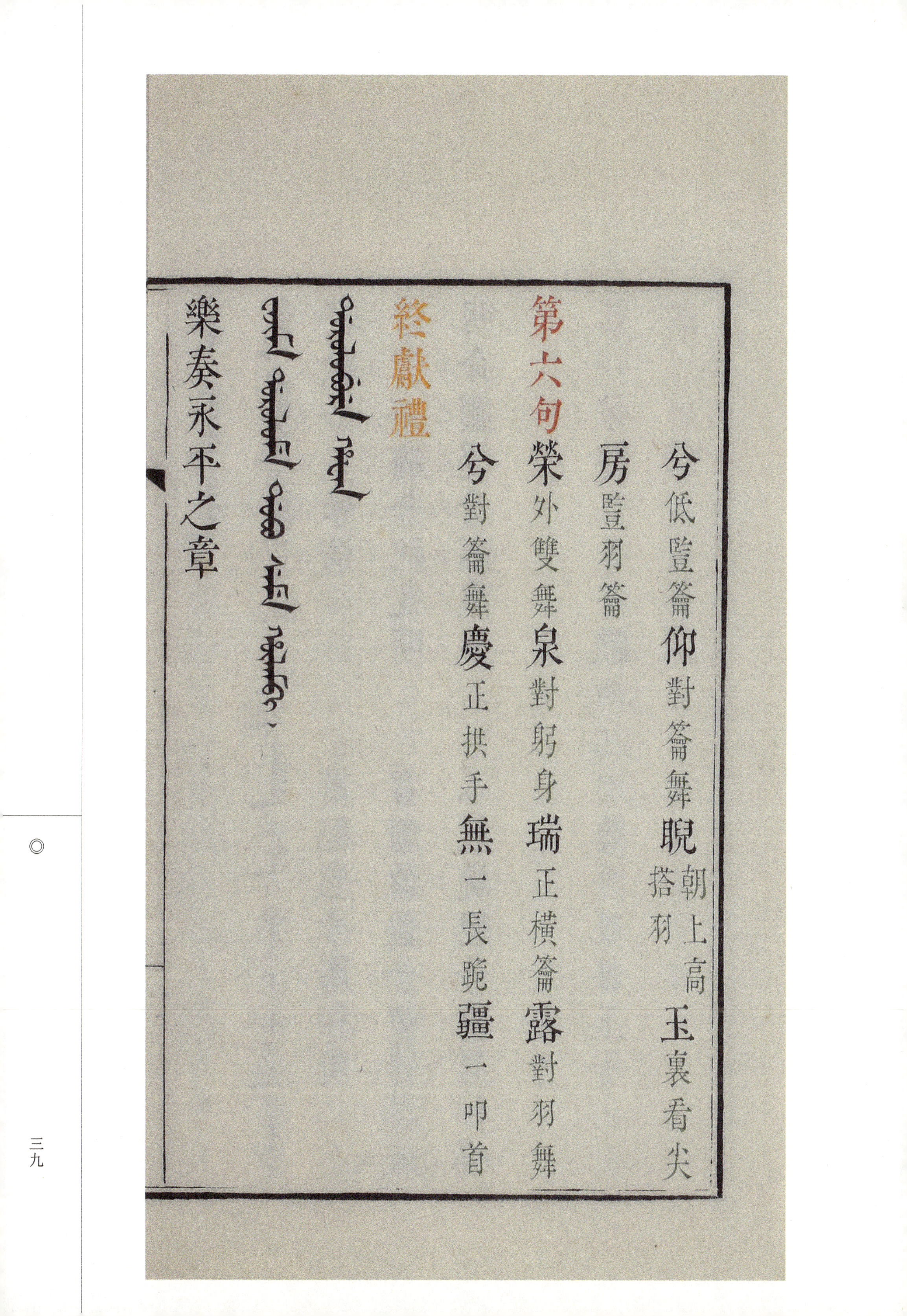

兮低豎籥仰對籥舞睨朝上高搭羽玉裏看尖

房豎羽籥

第六句

榮外雙舞泉對躬身瑞正橫籥露對羽舞

兮對籥舞慶正拱手無一長跪疆一叩首

終獻禮

樂奏永平之章

上工凡凡合乙　乙上合凡合工凡

終獻兮玉斝清　肅秬鬯兮薦和羹

乙合上上乙工上乙　合凡工工凡合上合凡

磬管鏘鏘兮祀孔明　旨酒盈盈兮勿替思成

工合乙合凡合工凡　乙合合乙上合凡工上

明命顧禔兮福羣生　八龍蜿蜒兮苞羽和鳴

文生舞譜

第一句　終正擎籥獻對托羽兮外雙舞玉籥托羽

斝外肩籥清正一揖

第二句 肅正別足秬對籥舞邕裏豎籥兮高搭羽

薦對雙舞和朝上豎舒籥羹倒橫羽

第三句 磬外肩羽管對籥舞鏘背一揖鏘背平身

兮正橫羽祀裏豎籥孔背籥舞明裏一揖

第四句 旨懷羽籥酒肩羽籥盈對垂羽盈朝上高搭羽

兮對羽舞勿正籥舞替橫舒籥思對斜籥

成朝上高拱手

第五句 明裏肩羽命豎舒籥顧斜托羽諟裏雙舞

兮背躬身福正一揖羣正平身生對舒羽

第六句八對斜籥龍正橫羽蜿背斜籥蜒正羽舞

兮背舒羽苞一朝上羽正一揖和一長跪

鳴一叩首

撤饌禮

樂奏熙平之章

上工凡合合上合　工上乙合凡工凡

一陽復兮協氣伸　盥薦畢兮精白陳

乙上合合工凡工　合上合乙合上乙

旋廢徹兮敢逡巡　禮將成兮樂欣欣

乙合上乙工凡工　上乙工上乙乙凡工上

瞻九閶兮轉洪鈞　福施下逮兮佑此人民

送神禮

樂奏清平之章

上工凡工凡合乙工凡 合乙合上乙上工上乙

升中告成兮晻藹壇場 穆思廻盻兮雲駕洋洋

工凡工合凡合上合凡 乙合凡工凡乙上合凡

臣求時惠兮感思馨香 願蒙博産兮多士思皇

乙乙上合乙凡凡上工 工凡合凡工乙凡工上

天施地育兮百穀蕃昌 殖我嘉師兮正直平康

望燎禮

樂奏太平之章

上工凡乙合工合凡
隆儀告備兮誠既將
工凡乙凡工工凡合
雷車電邁兮九龍驤
凡工工合凡合工凡
蒸民蒙福兮順五常

合乙凡工凡合合乙
有虞秉火兮焫越芳
合乙工上乙合上乙
紫氛四塞兮靈旗揚
工工工凡合乙凡工上
惟予小子兮敬戒承臧

圜丘壇常雩禮孟夏擇吉日祭　致齋三日
日出前七刻祭

樂章黃鐘爲宮

倍夷則起調

簫譜各章皆係頭一字末一字用上字皆係尺四
二字除而不用此本樂章皆係單註簫譜

笛譜各章皆係頭一字末一字用凡字皆係合尺
二字除而不用

迎神禮

ᠮᠠᠨᠵᡠ ᡤᡳᠰᡠᠨ

ᠮᠠᠨᠵᡠ ᡤᡳᠰᡠᠨ ᡳ ᠪᡳᡨ᠌ᡥᡝ᠈

樂奏靄平之章

上工凡合乙合工上乙

粒我蒸民兮神降嘉生

工凡合合乙合合上合

雨暘時若兮百穀用成

工乙工凡合上乙工凡

龍見而雩兮先民有程

合乙上乙合工凡合凡

臣膺天祚兮敢不祗承

上工工凡合工凡

念我農兮心靡寧

合合乙合工合凡

肅明禋兮殫精誠

工工工凡工工凡

靈皇皇兮穆以清

合合乙上合工凡工上

金支五色兮罨靄蜺旌

奠玉帛禮

樂奏雲平之章

玉帛載陳兮磬管鏘鏘（上工合工凡乙合上乙）
爲民請命兮惕弗敢康（上合乙上合合合工凡）

令清和兮遂百昌（上乙合乙工上乙）
麥秀岐兮禾芾稂（工乙工凡合工凡）

日照九兮時雨滂（合上合乙工工凡）
俾萬寶兮千斯倉（合上合乙合工上）

進俎禮

樂奏需平之章

上工凡合合合乙　上乙合工凡合上乙

越十雨兮越五風　三光昭明兮嘉氣蒙

上合合乙工凡　合工工凡合上合

天所子兮渺躬　孚小子兮子萬邦

紛總總兮頼皇穹　犉牡鬺亨兮達臣衷

凡工工凡上乙合　工工合合乙凡工上

初獻禮

樂奏霖平之章

酌彼兮罍洗　飶芬兮椒香

上工凡合乙　合上乙合合

工上乙合合乙

愧明德兮維馨

工上乙合上乙上合

顧大父兮念兹衆子

工凡乙合工凡

假黍稷兮誠將

工凡合乙合凡工上

穆將愉兮綏以豐穰

武生舞譜

第一句 酌微向外 彼對揚舞 兮外看尖 罍正揚舞

洗微向裏

第二句 饎背擺牌 芬正垂舞 兮背擺牌 椒正開牌

香正收斧

第三句 愧正躬身 明對擺牌 德正開牌 兮正垂舞

◎

維裏看尖馨背垂舞

第四句假正揚舞黍裏看尖稷正開犀兮正開斧

誠微向外將對一揖

第五句願外擺手大正躬身父外擺手兮裏擺手

念正拱手玆一對面衆正垂舞子對擺犀

第六句穆外看尖將外擺手愉一對面兮正躬身

綏背揚舞以一朝上豐一長跪穰一叩首

亞獻禮

樂奏露平之章

上工凡工凡　合上乙合工凡

再酌兮醑清　仰在上兮明明

上合乙合上合　凡工凡合工凡

庶來格兮鑒誠　曷敢必兮屏營

合上乙合工工凡　合乙上合凡工上

合萬國兮形神精　承神至尊兮思成

文生舞譜

第一句 再斜擎籥 酌背羽舞 兮微向裏 醑對雙舞

清正一揖

第二句 仰高搭羽 在一對面 上正拱手 兮裏看尖

明對羽舞 明朝上高搭羽

第三句 庶對躬身 來朝上斜擎籥 格對横羽 兮裏肩羽

鑒外肩籥 誠豈羽籥

第四句 曷背托羽 敢背一揖 必正横籥 兮背豈籥

屏背躬身營裏一揖

第五句 合裏豈籥萬懷羽籥國正橫羽兮籥蹲身

形對籥舞神正拱手精豈舒籥

第六句 承背斜籥神正躬身至高拱手尊對一揖

兮一朝上思一長跪成一叩首

終獻禮

樂奏霑平之章

三酌兮成純 備物致志兮敬陳

上工凡合乙 工上乙上合上合

多士兮駿奔 靈承無斁兮明禋

合乙上工上 工凡工凡合合乙

維蕃釐兮媼神 雨留甘兮良苗懷新

工凡合乙上合 工凡合合工凡工上

文生舞譜

第一句 三 裏雙舞 酌 正拱手兮分羽籥 成 對一揖

◎

純朝上籥支羽

第二句備横舒籥物平搭羽致背雙舞志朝上倒横羽

兮肩羽籥敬背躬身陳正一揖

第三句多外豎籥士高擎籥兮對斜籥駿正横羽

奔對羽舞

第四句靈交羽籥承正拱手無對垂羽斁正一揖

兮裏豎籥明正肩羽禋正横籥

第五句維對羽舞蕃一朝上釐背籥舞兮朝上羽托籥

媪分羽籥神裏看尖

第六句雨對籥舞留朝上豈羽籥甘背羽籥兮正籥舞

艮對一揖苗一朝上懷一長跪新一叩首

撤饌禮

ᠰᠣᠯᠢᠩᠭᠠ

ᠬᠥᠭᠵᠢᠮ ᠤᠨ ᠪᠠᠶᠢᠳᠠᠯ

樂奏靈平之章

ᠬᠥᠭᠵᠢᠮ

上工凡合合乙上　合合工凡乙合凡
禮將成兮舞已終　徹弗遲兮畏神恫
上合合乙工上乙　工凡乙合合上合
願留福兮惠吾農　神之貺兮協氣融
工上乙合工工凡　合合合上合凡工上
遂及私兮越我公　五者來備兮錫用豐

送神禮

樂奏靄平之章

上工凡合乙合上合
祥風瑞靄兮彌靈壇

工上乙乙合乙合凡
上帝居歆兮風肅然

工凡合乙上乙合
左蒼龍兮右白虎

凡合上乙凡工凡
般裔裔兮紖縵縵

合乙上乙工凡
仰九閶兮返御

合工工凡工上
介祉釐兮康年

望燎禮

樂奏霈平之章

上 工 合 凡 合 乙 工 凡
碧寥寥兮不可度思
合 工 上 乙 上 合 合 乙
九奏終兮爟火晢而

工 凡 工 上 乙 乙 上 工 凡
神光四燭兮休氣穀頤
合 乙 上 合 合 合 上 乙
安匪舒兮抑抑威儀

工 上 合 合 乙 合 工 上 乙
帝求民莫兮日鑒在茲
合 合 工 凡 合 乙 合 工 上
錫福繁祉兮庶徵曰時

圜丘壇大雩禮擇吉日祭　致齋三日　日出前四刻祭　報祀禮與常雩禮同

樂章黃鐘爲宮

倍夷則起調

簫譜各章皆係頭一字末一字用上字皆係尺四二字除而不用此本樂章皆係單註簫譜

笛譜各章皆係頭一字末一字用凡字皆係合尺二字除而不用

迎神禮

樂奏靄平之章

上工凡合乙合工上乙　工凡合合乙合合上合

粒我蒸民兮神降嘉生　雨暘時若兮百穀用成

工乙工凡合上乙工凡　合乙上乙合工凡合凡

龍見而雩兮先民有程　臣膺天祚兮敢不祇承

上工工凡合工凡　合合乙合工合凡

念我農兮心靡寧　肅明禋兮殫精誠

工工工凡工工凡　合合乙上合工凡工上

靈皇皇兮穆以清　金支五色兮罨靄蜺旌

奠玉帛禮

樂奏雲平之章

上工合工凡乙合上乙
玉帛載陳兮磬管鏘鏘

上乙合乙工上乙
令淸和兮遂百昌

合上合乙工工凡
日照九兮時雨滂

上合乙上合合合工凡
爲民請命兮愓弗敢康

工乙工凡合工凡
麥秀岐兮禾茀稂

合上合乙合工上
俾萬寶兮千斯倉

初獻禮

樂奏霖平之章

上工凡合乙　合上乙合合

酌彼兮罍洗　飶芬兮椒香

工上乙合合乙　工凡乙合工凡

愧明德兮維馨　假黍稷兮誠將

願大父兮念茲衆子　穆將愉兮綏以豐穰

工上乙合上乙上合　工凡合乙合凡工上

武生舞譜

第一句　酌微向外　彼對揚舞　兮外看尖　罍正揚舞

洗微向裏

第二句　飶背擺牌　芬正垂舞　兮背擺牌　椒正開牌

香正收斧

第三句　愧正躬身　明對擺牌　德正開牌　兮正垂舞

維裏看尖　馨背垂舞

第四句假正揚舞黍裏看尖稷正開陴兮正開斧

誠微向外將對一揖

第五句願外擺手大正躬身父外擺手兮裏擺手

念正拱手茲一對面衆正垂舞子對擺陴

第六句穆外看尖將外擺手愉一對面兮正躬身

綏背揚舞以一朝上豐一長跪穰一叩首

亞獻禮

ᠠᠯᠢᠮᠠᠨ ᠡ

樂奏露平之章

上工凡工凡
再酌兮醑清
上合乙合上合
庶來格兮鑒誠
合上乙合工工凡
合萬國兮形神精

合上乙合工凡
仰在上兮明明
凡工凡合工凡
曷敢必兮屏營
合乙上合凡工上
承神至尊兮思成

文生舞譜

第一句再斜擎籥酌背羽舞兮微向裏酳對雙舞

清正一揖

第二句仰高搭羽在一對面上正拱手兮裏看尖

明對羽舞明朝上高搭羽

第三句庶對躬身來朝上斜擎籥格對橫羽兮裏肩羽

鑒外肩籥誠豎羽籥

第四句曷背托羽敢背一揖必正橫籥兮背豎籥

屏背躬身營裏一揖

第五句合裏豎籥萬懷羽籥國正橫羽兮籥蹲身形對籥舞神正拱手精豎舒籥

第六句承背斜籥神正躬身至高拱手尊對一揖兮一朝上思一長跪成一叩首

終獻禮

樂奏霑平之章

上工凡合乙　　工上乙上合上合

三酌兮成純　　備物致志兮敬陳

合乙上工上　　工凡工凡合合乙

多士兮駿奔　　靈承無斁兮明禋

工凡合乙上合　　工凡合合工凡工上

維蕃釐兮媪神　　雨留甘兮良苗懷新

文生舞譜

第一句 三裏雙舞酌正拱手兮分羽籥成對一揖

純 朝上篇 支羽

第二句 備橫舒籥物平搭羽致背雙舞志朝上倒橫羽

兮肩羽籥敬背躬身陳正一揖

第三句 多外豎籥士高擎籥兮對斜籥駿正橫羽

奔對羽舞

第四句 靈交羽籥承正拱手無對垂羽斁正一揖

兮裏豎籥明正肩羽禋正橫籥

第五句 維對羽舞蕃一朝上釐背籥舞兮朝上羽托籥

媼分羽籥神裏看尖

第六句 雨對籥舞留朝上豎羽籥甘背羽籥兮正籥舞

艮對一揖苗一朝上懷一長跪新一叩首

青衣童子上舞禮

司樂官引青衣童子升就位

青衣童子舞譜

御製雲漢詩八章

上工凡合　合乙工凡　合乙工上　乙合工凡
瞻彼朱鳥　爰居實沈　協紀辨律　羽蟲徵音

工上合乙　工凡工上　合上合乙　上工上乙
萬物芸生　有壬有林　有事南郊　陟降維欽

凡工乙合　合凡工上
瞻仰昊天　生物爲心

上工凡合　工凡乙合　工凡合乙　乙合凡工
維國有本　匪民伊何　維民有天　匪食則那

工凡合乙　合上工凡　乙上乙上　工凡合凡
螻蟈鳴矣　平秩南訛　我祀敢後　我樂維和

合乙上乙　工凡工上
鼉鼓淵淵　童舞娑娑

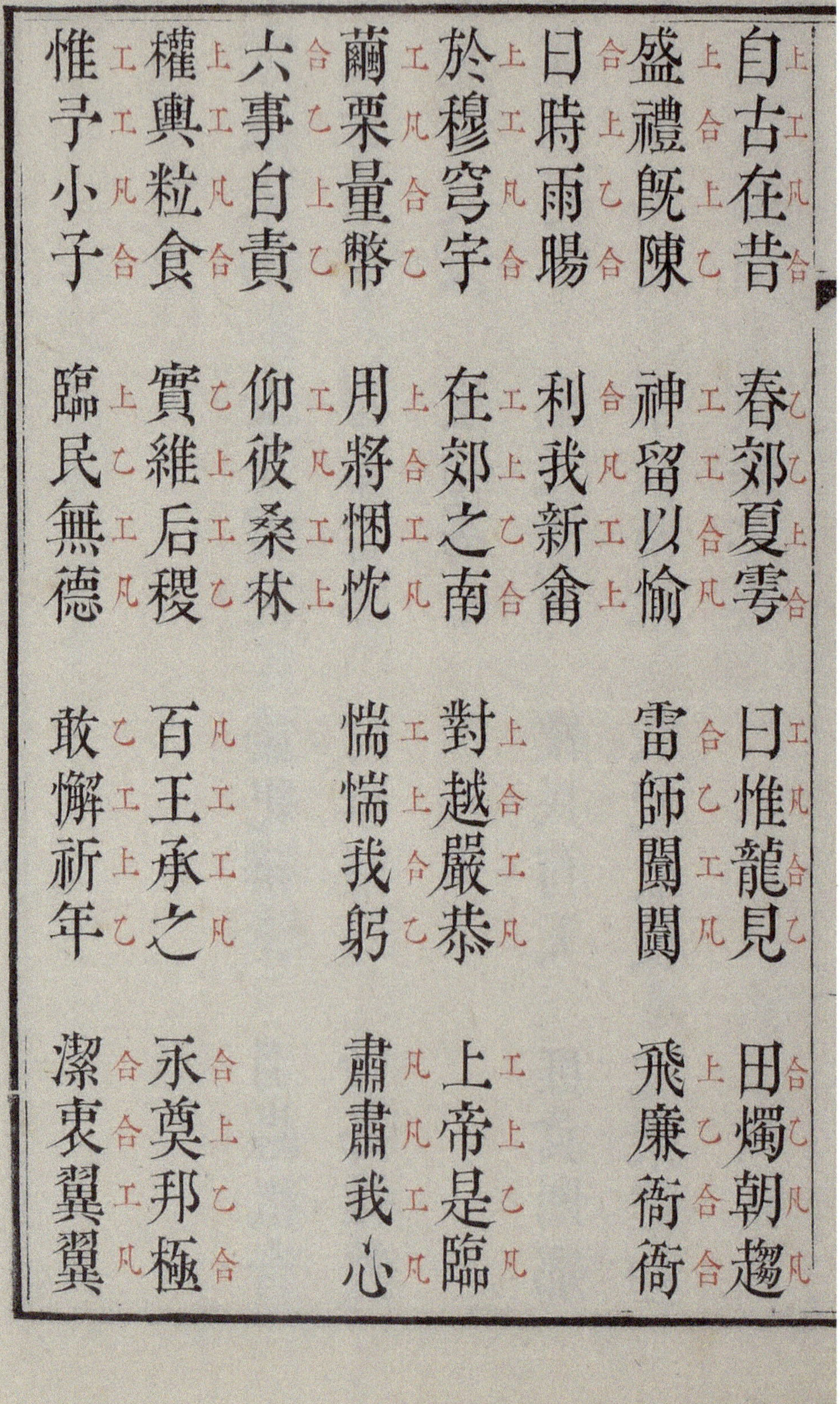

上工凡合　乙乙上合　工凡合乙　合乙凡凡
自古在昔　春郊夏雩　曰惟龍見　田燭朝趨
上合上乙　工工合凡　合乙工凡　上乙合合
盛禮既陳　神留以愉　雷師闐闐　飛廉衙衙
合上乙合　合凡工上
日時雨暘　利我新畬
上工凡合　工上乙合　上合工凡　工上乙凡
於穆穹宇　在郊之南　對越嚴恭　上帝是臨
工凡合乙　上合工凡　工上合乙　凡凡工凡
繭栗量幣　用將悃忱　惴惴我躬　肅肅我心
合乙上乙　工凡工上
六事自責　仰彼桑林
上工凡合　乙上工乙　凡工工凡　合上乙合
權輿粒食　實維后稷　百王承之　烝奠邦極
工工凡合　上乙工凡　乙工上乙　合合工凡
惟予小子　臨民無德　敢懈祈年　潔衷翼翼

命彼秩宗　古禮是式
上合上乙　工凡工上

古禮是式　値茲吉辰　玉磬金鐘　大羹維醇
上工凡合　合乙上合　乙工上乙　上合工凡

元衣八列　舞羽繽紛　旣侑上帝　亦右從神
合乙上合　工凡合凡　上乙工上　合乙上合

尙鑒我衷　錫我康年
上乙工凡　合凡工上

惟天可感　曰惟誠格　惟農可稔　曰惟力作
上工凡合　凡合合乙　合合工凡　合合乙上

恃天慢人　弗刈弗穫　尙勤農哉　服田孔樂
工上乙合　乙上乙合　上合工凡　合合乙合

咨爾保介　痔乃錢鎛
上乙合乙　合凡工上

我禮旣畢　我誠已將　風馬電車　旋駕九閶
上工凡合　乙上合乙　上合上乙　合乙工凡

合合凡工 乙上合乙 工凡合乙 凡工上合

山川出雲 爲霖澤滂 雨公及私 興鋤利甿

工上乙合 工凡工上

億萬斯年 農夫之慶

第一章

第一句

瞻 首微俯左羽 横眉右羽植

彼 左羽指西 右羽仍植

朱 轉面相向左羽 倚肩右羽仍植

烏 面正左羽垂 右羽仍植

第二句

爰 轉面向東右羽直 倚左肩左羽垂

居 轉正 植羽

實 轉身向西右羽植左羽 柄倚右羽指南如曲尺

沈 轉正 羽植

第三句

協 左羽倚肩右 羽植伸臂

紀 左羽植右 羽指西

辨 身蹲右羽植 左羽指東

第四句

羽 各對面立 雙羽植

徵 各轉正 雙羽植

第五句

萬 左足前右足跪左手握 羽向西右羽植伸臂

芸 退一步正立左羽 平向東右羽植

第六句

有 轉正右手羽平 向西左羽植

有 轉正雙 羽植

第七句

有 轉正左羽倚 肩右羽植

律 正立雙 羽植

蟲 各對面面徵向北身 徵俯雙臂伸雙羽植

音 每對相背立雙羽植在左舉 左足左手少高在右對作勢

物 身微向西左足進前一步右足進一 步右羽植伸臂左羽倚右羽斜向上

生 轉身向東雙羽 向南植伸臂

壬 轉身向西左羽 植右手垂羽平

林 身向東右羽植 左手垂羽平

事 各轉身向東左 羽倚肩右羽平

南 轉正雙羽植

郊 雙羽上拱頭微俯

第八句

陟 正立雙羽植進前一步

降 退後一步雙羽仍植

維 雙羽並仍植

欽 頭微俯目下視雙羽仍並植

第九句

瞻 正立雙羽植

仰 左足向前進一步雙羽橫肩上面微仰

昊 身不動雙羽高舉交成十字

天 雙手仍舉雙羽並植身不動

第十句

生 正立退一步雙羽植

物 先跪右膝雙羽仍植

爲 後跪左膝雙羽仍植

心 首伏地雙羽仍植

第二章

第一句

維 身起雙羽植

國 先起左足雙羽仍植

有 起立雙羽仍植

本 右羽居中植左羽平橫右羽中

第二句

匪 各正立雙羽植

民 各轉身對面立在左東向在右西向雙羽仍植

伊 仍各對面立在左右羽植左羽平指南在右對作勢

何 轉正雙羽植

第三句

維 各向東雙羽植

民 向東左羽植右羽垂

有 轉正左羽仍植右羽平衡

天 左足進一步左羽高舉植右羽平額

第四句

匪 正立退步落羽左羽植右羽平

食 正面雙羽植

則 各對面在左左羽倚肩右羽植在右對作勢

那 各對立面微偏身微側在左左羽高倚肩上右羽平在右對作勢

第五句

螻 對面立雙羽植在左右手微高在右對作勢

蟈 各對面側立在左右足少前右羽高倚肩上左羽指東平繞在右對作勢

鳴 正立雙羽植左手收向內右手推向外

矣 左羽植右羽平衡

第六句

平 雙羽平交成十字

秩 雙羽植

南 左羽平肩西指右羽植

訛 轉面向東左羽植右羽平

第七句

我 正立雙羽植頭微俯目下視

祀 雙羽仍植目平視

敢 各轉身對面在左先橫右羽左羽植在右對作勢

後 在左復橫左羽在右羽上每對雙羽相交接在右對作勢

第八句

我 各對面立在左先起左羽右羽橫在右對作勢

樂 在左復起右羽羽並植兩手相近在右對作勢

維 各轉正雙羽植

和 雙羽仍植兩手並

第九句

鼉　各東面立雙手並雙羽植

鼓　起右足雙羽植

淵　轉正雙手並雙羽植

淵　西向起左足雙羽植

第十句

童　各正立雙羽植

舞　先跪右膝雙羽仍植

娑　後跪左膝雙羽仍植

娑　首伏地雙羽仍植

第三章

第一句

自　身起雙羽植

古　先起左足雙羽仍植

在　起立雙羽仍植

昔　左羽高舉橫額上指西右羽植

第二句

春　轉面相向左羽倚肩右羽植

郊　面轉正左羽高舉至額頭微俯目下視右羽倚肩

夏　正立面轉向東右羽植近左肩左羽垂
雩　轉正雙羽植

第三句

曰　各向西立右羽植左羽柄倚右羽指南如曲尺
惟　轉正雙羽植

龍　左羽植右羽平衡左羽下
見　左羽倚肩右羽植作向外推勢

第四句

田　正立左羽橫額上右羽植居中如十字式
燭　身蹲左羽平衡右羽植

朝　雙羽植
趨　轉身對面立雙羽植

第五句

盛　仍對面立在左者左足居前右足居後身微作進勢左手伸向右邊右手隨之雙羽並植在右對作勢
禮　各對面立雙羽植

既　轉正雙羽植
陳　雙手並雙羽植

第六句

神　進一步雙羽並舉至項
留　退一步正立雙羽植

以　右羽植左羽平指東

愉　身向東雙羽向南伸臂羽植

第七句

雷　右手高舉右羽横額上左手高舉居中左羽植右羽上

師　各向西立左羽植右羽平指西

闐　轉正雙羽植

闐　轉身向東右羽植左羽平指東

第八句

飛　轉正左羽倚肩右羽植作推向外勢

廉　左羽仍倚肩右羽平衡面轉向東

衙　面轉正雙羽植

衙　各對面在左身面皆向東雙羽植在右對作勢

第九句

日　各轉向東雙羽植

時　轉正進一步雙羽仍植

雨　退一步左羽平額右羽植

暘　各轉向西左羽植右羽指南交成如曲尺

第十句

利　轉正立雙羽植

我　各先跪右膝雙羽仍植

新（後跪左膝雙羽仍植）畬（首伏地雙羽仍植）

第四章

第一句

於（身起雙羽植）穆（先起左足雙羽植）

穹（並起右足正立雙羽仍植）宇（雙手高舉雙羽平衡額上）

第二句

在（正立雙羽植）郊（右羽仍植左手高舉羽平額交成十字）

之（各轉身面對在左右羽植左羽指南在右對作勢）南（轉正雙羽植）

第三句

對（轉身向東雙羽植）越（左羽植右羽少垂）

嚴（轉正左羽仍植右羽平衡）恭（雙羽植）

第四句

上 正面左足進前一步雙手高舉雙羽植

帝 左足不動雙手高拱頭微俯雙羽植相並

是 退一步雙羽植

臨 頭微俯雙羽仍植

第五句

藹 轉身對面在左左羽倚肩右羽植在右對作勢

栗 側身在左左足進前面向東右羽斜倚肩左羽斜指東在右對作勢

量 轉正左手收向內右手推向外雙羽植

幣 左羽植右羽平衡

第六句

用 正立雙羽平衡交成十字

將 雙羽植

烟 右羽植左羽高舉平肩指西

忱 右羽仍植左羽平衡指西頭微俯

第七句

惴 正立頭微俯目下視雙羽植

惴 正視雙羽仍植

我 左羽仍植右羽平衡

躬 頭微俯目下視雙羽平交

第八句

肅 正立左羽植 右羽平衡

我 雙羽仍植頭 微俯目下視

第九句

六 轉向西 雙羽植

自 轉正右羽植 左羽平衡

第十句

仰 轉正雙 羽植

桑 後跪左膝 雙羽植

第五章

第一句

權 身起雙 羽植

肅 雙羽 植

心 目平視雙 羽仍植

事 右羽植 左羽垂

責 轉身東向 雙羽植

彼 先跪右膝 雙羽植

林 首伏地雙 羽仍植

輿 先起左足 雙羽植

◎

粒 并起右足正立雙羽仍植

食 左羽高橫平肩指西右羽植

第二句

實 轉向東立左羽倚肩右羽植

維 身轉正面轉向西右羽植左羽垂

后 正立面轉向東右羽仍植左羽仍垂

稷 面轉正雙羽植

第三句

百 面向西右羽植左羽柄倚右羽指南如曲尺

王 轉正雙羽植

承 左羽倚肩右羽植

之 左羽植右羽平衡左羽下

第四句

永 正面身蹲右羽植左羽平衡

奠 正立右羽仍植左羽高舉平額

邦 各轉身面對在左向東雙羽植在右對作勢

極 在左左足進前左手伸向上右手隨之雙羽植面斜向東在右對作勢

第五句

惟 轉正雙羽植

孚 轉身東向雙羽仍植

小 右羽植左羽平指南

子 面轉正左足少前右手伸向南左手隨之身微作斜進勢雙羽植

第六句

臨 東向雙羽植

民 左羽植右羽倚左羽少垂

無 左足少前左羽平指東右羽仍垂

德 左羽植右羽仍倚左羽少垂

第七句

敢 身仍不動雙羽植

懈 轉正雙羽植

祈 頭微俯兩手相並雙羽植

年 正視雙羽植

第八句

潔 正立左羽植右羽平衡指西

東 雙羽平交如一字

翼 頭微俯雙羽仍平交

翼 正視雙羽仍交如一字

第九句

命 正立左羽植右羽平衡面轉向西

彼 雙羽植面轉向東

第十句

秩 轉身向東雙羽仍植

古 轉正雙羽植

是 後跪左膝雙羽植

宗 身不動雙羽橫肩上

禮 先跪右膝雙羽植

式 首伏地雙羽仍植

第六章

第一句

古 身起雙羽植

是 起正立雙羽仍植

禮 先起左足雙羽植

式 身正立各轉面相對雙羽交成十字少垂

第二句

値 正立雙羽植

吉 轉正雙羽植

茲 轉身向西雙手並雙羽植

辰 轉身向東雙手並雙羽植

第三句

玉 正立雙 羽植

磬 左足高舉仰面向西 雙手向東雙羽植

金 左足落地轉 正雙羽植

鐘 右足高舉仰面向東 雙手向西雙羽植

第四句

大 右足落地正 立雙羽植

羹 左羽植右羽 平橫指西

維 轉身東向左羽仍 植右羽東指少垂

醇 轉正雙 羽植

第五句

元 各排對在左面向東左足少前左 羽斜倚肩右羽垂在右對作勢

衣 在左東向在右 西向雙羽竝植

八 在左面向東左足少前右羽斜 横肩上左羽平繞在右對作勢

列 轉正右手推出左 手收進雙羽植

第六句

舞 身俱向東起右足 作進前勢雙羽植

羽 轉正雙羽斜 交如十字

繽 身俱向西起左足 作進前勢雙羽植

紛 轉正雙 羽植

第七句

既　正立左羽植右羽平衡指西

上　左足進前一步兩手高舉雙羽平交如一字

侑　雙羽平交如一字

帝　左足不動雙手仍高舉平交頭微俯

第八句

亦　正立雙羽植

從　面轉正雙羽植

右　面對在左東向雙羽植在右對作勢

神　各轉身西向兩手相並微拱雙羽植

第九句

尚　正立雙羽植

我　左羽植近左肩右羽平衡指西

鑒　頭微俯雙羽仍植

東　左羽植居中右羽仍平衡

第十句

錫　正立雙羽植

康　後跪左膝雙羽植

我　先跪右膝雙羽植

年　首伏地雙羽仍植

第七章

第一句

惟 身起雙羽植

天 先起左足雙羽植

可 復起右足正立雙羽植

感 雙羽仍植頭微俯

第二句

曰 各轉身排對在左東向左羽植近右肩右羽垂在右對作勢

惟 轉正雙羽植

誠 頭微俯左羽平指西右羽植

格 正視左羽仍指西右羽仍植少高

第三句

惟 正立雙羽植

農 各轉身東向雙羽植

可 平視左羽植近右肩右羽垂

稔 轉正雙羽植

第四句

曰 各轉身對面在左東向雙羽竝植在右對作勢

惟 在左身面微偏右足少前右手伸向南左手隨之作斜進勢在右對作勢

力 對面在左東向雙羽並植在右對作勢
作 在左左羽植右羽垂在右對作勢

第五句

侍 正立雙羽植
天 頭微俯雙羽並舉

慢 雙羽仍植
人 轉身東向左羽植右羽垂

第六句

弗 身不動雙羽植
刈 右足進前右羽植左羽斜指南

弗 向東立雙羽植
穫 左足進前左羽植右羽柄倚左羽下垂

第七句

尚 正立雙羽植
勤 轉身對面在左右羽植左羽平指東在右對作勢

農 面仍對在左左羽植右羽平指東在右對作勢
哉 對面雙羽仍植

第八句

服 正立雙羽植
田 身微偏左雙羽平指少垂

孔 雙羽高舉如十字

樂 轉面相對在左右羽倚肩左羽垂面微仰在右對作勢

第九句

咨 正立雙羽植

爾 各轉身東向雙羽植

保 身斜向東雙羽斜倚肩

介 東向左羽植右羽柄倚左羽少垂

第十句

庤 轉正雙羽植

乃 先跪右膝雙羽植

錢 後跪左膝雙羽植

鎛 首伏地雙羽仍植

第八章

第一句

我 身起雙羽植

禮 先起左足雙羽植

旣 起立雙羽植

畢 頭微俯雙羽仍植

第二句

我 正立左羽植右羽平衡指西

誠 雙羽平交如一字

已 左羽植右羽平衡仍指西

将 雙羽植

第三句

風 左足少前左手伸向西右手隨之身微作進勢面轉向東雙羽植

馬 轉正雙羽植

電 右足少前右手伸向東左手隨之身微作進勢面轉向西雙羽植

車 轉正雙羽植

第四句

旋 對面立在左東向雙羽植在右對作勢

駕 仍對面在左左足進前雙羽仍植俱作推向外勢在右對作勢

九 轉正雙羽植

閶 雙羽高舉交如十字

第五句

山 身面向西面微仰左手伸出左羽柄斜指西右羽倚肩

川 仍向西雙羽橫肩斜交

出 轉面向東面微仰左羽倚肩右手伸出右羽柄斜指東

雲 雙羽橫肩斜交

第六句

為（正立四人排對在左二人面向東左羽斜横肩上右羽平指西在右對作勢）霖（轉正雙羽植）

澤（左手高舉左羽平額指東右羽植交成如十字）滂（右手高舉右羽平額指西左羽植交成如十字）

第七句

雨（正立雙羽植）公（面對在左面轉向東兩手相並偏向左雙羽植在右對作勢）

及（轉正雙羽植）私（轉身東向兩足相交雙羽植）

第八句

興（東向左羽植右羽横肩）鋤（身斜式右足進前右羽横肩左羽平衡指東）

利（轉身東向左羽倚肩右羽平指東）畊（仍東向雙羽植）

第九句

億（轉正雙羽植）萬（先跪右膝雙羽植）

斯（後跪左膝雙羽植）年（兩手相並高舉雙羽植）

第十句農一叩首雙羽植之一叩首雙羽植

夫一叩首雙羽植慶起立雙羽植

撤饌禮

司樂官引青衣童子下

樂奏靈平之章

上工凡合合乙上　合合工凡乙合凡
禮將成兮舞已終　徹弗遲兮畏神恫
上合合乙工上乙　工凡乙合合上合
願留福兮惠吾農　神之貺兮協氣融
工上乙合工工凡　合合合上合凡工上
遂及私兮越我公　五者來備兮錫用豐

送神禮

樂奏⿱雨滮平之章

上工凡合乙合合上合
祥風瑞靄兮彌靈壇

工凡合乙上乙合
左蒼龍兮右白虎

合乙上乙工凡
仰九閶兮返御

工上乙乙合乙合凡
上帝居歆兮風肅然

凡合上乙凡工凡
般裔裔兮糺縵縵

合工工凡工上
介祉釐兮康年

望燎禮

樂奏霈平之章

上工合凡合乙工凡
碧寥寥兮不可度思

工凡工上乙乙上工凡
神光四燭兮休氣黟頤

工上合合乙合工上乙
帝求民莫兮日鑒在兹

合工上乙上合合乙
九奏終兮爟火晢而

合乙上合合合上乙
安匪舒兮抑抑威儀

合合工凡合乙合工上
錫福緐祉兮庶徵曰時

方澤壇夏至日祭 致齋三日

日出前七刻祭

樂章林鐘為宮

夾鐘起調

簫譜各章皆係頭一字末一字用伬字皆係伕伬二字除而不用此本樂章皆係單註簫譜

笛譜各章皆係頭一字末一字用亿字皆係仕伕二字除而不用

迎神禮

樂奏中平之章

仉伍亿仩仩仜　亿亿伍仜伍亿
吉蠲兮玉宇開　薰風兮自南來

伍仉仜仩仉仜　伍亿仩仜伍亿
鳳馭紛兮後先　岳瀆藹兮徘徊

仜仩仩仜伍仉　仜仩伍亿伍仉
肅展禮兮報功　沛靈澤兮九垓

奠玉帛禮

樂奏廣平之章

式時吉土兮中壇　歆我郊兆兮孔安

仉伍亿伍亿仩仩　仉仩仜仉仩伍亿

辟公趨蹌兮就列　考鐘伐鼓兮舞干

仩仩亿亿伍仉仩　仉伍亿仩仜伍亿

黃琮纖縞兮既奠　靈光下燭兮誠丹

仩仩仜伍亿仉仩　伍亿仜仩亿伍仉

進俎禮

樂奏含平之章

仉伍亿仜仩仉仜
禮行樂奏兮未央
亿伍伍仉仜仉仩
嘉肴有踐兮大房

亿伍仜仩仩伍亿
牲牷告歆兮惟恪
仩仩仩亿仩仉仜
民力普存兮肅將

仜仩亿亿伍伍亿
厚載資生兮無外
仩亿伍伍亿伍仉
几筵來格兮洋洋

初獻禮

樂奏大平之章

仉伍亿仩仜伍仉
醴齊融冶兮信芳
仜仜仩仩仜仜仉仩
清風穆穆兮休氣翔

亿伍仩仩亿伍亿
博碩升庖兮鼎方
伍伍仩仩仜仩仉仜
神明和樂兮舉初觴

洽百禮兮禋祀　伍亿伍亿仩仩

罄九土兮豐穰　伬伍伍亿伍伬

武生舞譜

第一句禮正拱手齊正沉牌融對擺牌洽再擺牌

兮正躬身信外看尖芳背一揖

第二句博外擺手碩正揚舞升裏擺手庖對揚舞

兮正垂舞鼎背一揖方背平身

第三句淸對拱手風正開斧穆背揚舞穆背擺牌

兮朝上裏看尖休正揚舞氣對一揖翔對躬身

第四句神正拱手明外擺手和正垂舞樂對躬身

兮對揚舞舉正開牌初正躬身觴正拱手

第五句洽一對面百對擺牌禮微向裏兮正垂舞

禋裏一揖祀外一揖

第六句馨對揚舞九微向外土背揚舞兮微向外

豐一長跪穰一叩首

亞獻禮

樂奏安平之章

仉伍亿仩仜仩亿
一茅三脊兮縮漿

伍仜仉仩亿伍
介黍稷兮芳旨

伍亿仜仉仩伍仉
樂成八變兮綴兆

仩伍亿仩仜仉仜
山罍雲冪兮馨香

仉仩亿亿伍仩亿
再滌犧尊兮敬將

伍亿仩亿伍仉
儼皇祇兮悅康

文生舞譜

第一句一肩羽籥茅籥蹲身三正橫籥春對擺羽

兮微向裏縮對一揖漿正一揖

第二句山一對面罍對籥舞雲一朝上冪正垂籥

兮背一召馨正別足香分羽籥

第三句介外擺手黍一對面稷正別足兮斜擎籥

芳正一揖旨高擎籥

第四句再對擺羽滌朝上平搭羽犧對籥舞尊對羽舞

兮對一揖敬朝上羽托籥將籥托羽

第五句樂外斜籥成籥支羽八背一召變朝上交羽籥

兮微向裏綴對面籥蹲身兆朝上低暨籥

第六句儼平斜籥皇正拱手祇背一揖兮一朝上

悅一長跪康一叩首

終獻禮

樂奏時平之章

伬伍亿伍伬仕　　伍亿伬仜仕伍亿仕
紫壇兮嘉氣盈　旨酒思柔兮和且平

仕仜伬伍仜亿伍亿　伍亿仜伬仕伍伬仜
凜茲陟降兮心屏營　禮成三獻兮薦玉醆

伍亿仜伬仕伍亿　仕伬仕仕亿伍伬
含宏光大兮德厚　靈佑丕基兮永凊

文生舞譜

第一句紫一對面壇朝上豎羽籥兮背籥舞嘉正横羽

氣分羽籥盈正横籥

第二句 旨正籥舞酒正羽舞思正横籥柔對攏羽

兮微向裏和對一揖且朝上高搭羽平竪舒籥

第三句 凛背籥舞兹正羽舞陟懷羽籥降正躬身

兮分羽籥心正横籥屏正一揖營外看尖

第四句 禮裏拱手成外攏羽三外竪籥獻正拱手

兮竪羽籥薦對籥舞玉背羽舞觥正擎籥

第五句 含背斜籥宏裏雙舞光對籥舞大朝上羽蹲身

兮背羽舞德朝上裏看尖厚對雙舞

◎

第六句 靈 高搭羽 佑 落羽籥 丕 對肩羽 基 對雙舞

兮 正拱手 承 一長跪 清 一叩首

撤饌禮

樂奏貞平之章

玉俎列兮庶品該　黄琮告徹兮雲翔徊

伬伍亿仩仩伍亿　伍亿伬仩仩伍亿伍

晏陰定兮曦景回　南訛秩兮日恢台

伬仜伬仩亿伍亿　伍亿仩仜仩伬仜

肅惟昭明兮孔邇　覃博厚兮奠九垓

仜仜伬仜伬伍亿　仩仜伬仩亿伍伬

送神禮

樂奏寧平之章

伬伍亿仩伬仩
靈旗兮雲路遵

亿伍伍亿仩亿
飛龍婉兮高旻

仜仩伬仜亿伍
陰儀粹兮德純

伍伬仩仜伍亿
眷四海兮無塵

仜伍亿亿伍亿
配皇穹兮兩大

亿仩伍亿伍伬
綏下土兮蒸民

壇廟祭祀節次
二冊

太廟時享

正月初旬擇吉日行孟春禮祭　四月朔日行孟夏禮祭　七月朔日行孟秋禮祭　十月朔日行孟冬禮祭　各致齋三日

日出前四刻祭　四孟皆同

樂章太簇爲宮

倍無射起調

簫譜各章皆係頭一字末一字用尺字皆係工乙二字除而不用　此本樂章皆係單註簫譜

笛譜各章皆係頭一字末一字用合字皆係四工二字除而不用

迎神禮

樂奏貽平之章

尺凡合四　尺上四合　四上凡合　尺四尺上

肇茲區夏　世德欽崇　九州維宅　王業自東

四上凡合　尺四尺上　凡合四四　凡合凡尺

戎甲十三　奮起飛龍　維神格思　皇靈顯融

奠帛初獻禮

樂奏敉平之章

尺凡合四　尺凡尺上　凡合四上　尺上四合

於皇祖考　克配上天　越文武功　萬邦是宣

尺上凡尺　合凡四合　上四上尺　凡合凡尺

孝孫受命　不忘不愆　羹牆永慕　畤薦斯虔

武生舞譜

第一句　於正揚舞皇別足正開髀祖外擺手考正揚舞

第二句克正垂舞配正一揖上背一召天正拱手
第三句越外擺手文一對面武對擺牌功正别足
第四句萬外看尖邦裹看尖是正躬身宣微向裏
第五句孝正開斧孫對揚舞受正躬身命背一揖
第六句不背擺牌忘正垂舞不對躬身愆正開牌
第七句羹背揚舞牆正開牌永正躬身慕對擺牌
第八句時外一揖薦外平身斯一長跪虔一叩首
亞獻禮

樂奏敷平之章

尺凡合凡　凡合四上　合凡尺四　四四合凡

毖祀精忱　洋洋如生　罇罍再舉　於赫昭明

上四凡合　四上四上　凡合四合　凡合凡尺

藹然有容　僾然有聲　我懷靡及　顒若中情

文生舞譜

第一句 恖對雙舞祀對躬身精朝上外監籥忱籥蹲身

第二句 洋背一揖洋背雙舞如朝上平搭羽生一對面

第三句 鐏裏一揖罍背躬身再朝上橫舒籥舉高擎籥

第四句 於外雙舞赫裏雙舞昭正拱手明對羽舞

第五句 藹監羽籥然對雙舞有籥托羽容正躬身

第六句 愾背一揖然背雙舞有朝上高搭羽聲背躬身

第七句 我平籥羽一舞懷對面低監籥靡正橫籥及肩羽籥

第八句 顒低監籥若交羽籥中一長跪情一叩首

終獻禮

樂奏紹平之章

尺凡合四　尺上四四　上凡凡合　尺四尺上

粤若祖德　誕受方國　肆予小子　大猷是式

四尺四四　尺上凡合　合凡合四　合合凡尺

欲報之德　昊天罔極　慇懃三獻　中心翼翼

文生舞譜

第一句粤斜擊籥若正躬身祖豎羽籥德對拱手

第二句誕高搭羽受籥托羽方背籥舞國外一揖

第三句肆正垂籥予交羽籥小裏豎籥子背躬身

第四句大籥灌耳猷一對面是籥托羽式朝上創橫羽

第五句欲對羽舞報正籥舞之正橫羽德裏看尖

第六句昊背斜籥天正拱手罔羽托籥極懷羽籥

第七句慇籥支羽懃正一揖三對籥舞獻正别足高搭羽

第八句中背一召心正躬身翼一長跪翼一叩首

撤饌禮

樂奏光平之章

尺凡四合 四上尺四 凡尺四上 四尺凡合

庶物既陳 九奏具舉 告成於祖 亦右皇妣

敬徹不遲　用終殷祀　式禮如茲　皇其燕喜

凡尺上四　尺四上尺　合凡凡合　合四凡尺

還宮禮

樂奏乂平之章

對越無方　陟降無迹　寢祏靜淵　孔安且吉

尺凡合四　上尺四上　凡合四合　四上凡合

惟靈在天 四四尺上
惟主在室 凡合四合
於萬斯年 上尺四四
孝思無斁 上合凡尺

太廟祫祭十二月大建二十九日祭　致齋三日　十二月小建二十八日祭　日出前四刻祭

樂章太簇爲宮

倍無射起調

簫譜各章皆係頭一字末一字用尺字皆係工乙二字除而不用此本樂章皆係單註簫譜

笛譜各章皆係頭一字末一字用合字皆係四工二字除而不用

迎神禮

樂奏開平之章

尺凡合上四尺上　尺四四合凡合四
承眷命兮撫萬邦　嗣丕基兮祖德昌

上四四上四上四　凡上尺四上尺上
溯謨烈兮唐哉皇　虔歲祀兮式舊章

上尺凡合凡凡合　凡尺上四合凡尺
肅對越兮誠悃將　尚來格兮仰休光

奠帛初獻禮

樂奏肅平之章

尺凡合四尺凡合　四四尺上四凡合

粤我先兮肇俄朵　長白山兮鵲啣果

凡合凡合上四尺　四上尺四合凡合

綿瓜瓞兮天所佐　明之侵兮殲其左

尺上凡尺上凡合　尺上四四合凡尺

混中外兮逮乎我　奉太室兮安以妥

武生舞譜

第一句粤正垂舞我正躬身先裏擺手兮外擺牌

肇一朝上俄對揚舞朵朝上外看尖

第二句長一對面白一朝上山正闘牌兮正收斧

鵠一對面卿一朝上果正開斧

第三句綿裏擺手瓜外擺手瓞背一揖兮正揚舞

天正拱手所裏擺手佐正躬身

第四句明背一召之正一揖侵正揚舞兮對擺牌

蠛再擺牌其一朝上左正一揖

第五句 混對躬身中正垂舞外背一召兮正開斧

逮裏擺手乎外擺手我正拱手

第六句 奉正拱手太正一揖室背一召兮正別足

安正躬身以一長跪安一叩首

亞獻禮

樂奏協平之章

紛葳蕤兮列聖臨（尺凡合四四尺四）

陳纖縞兮有壬林（凡合四上上凡合）

恪溥將兮儆來歆（合凡合合上四上）

儼對越兮心欽欽（四尺凡合四四合）

擊浮磬兮彈朱琴（尺四尺上四尺上）

錫嘉祉兮天地心（上上四上合凡尺）

文生舞譜

第一句紛豈羽籥葳對擺羽蕤再擺羽兮對籥舞

列朝上豈羽籥聖朝上正拱手臨正一揖

第二句 儼對一揖對朝上豈羽籥越背一召兮籥托羽

心正橫籥欽正拱手欽正一揖

第三句 陳高搭羽纖裏豈籥縞裏擺手兮外擺手

有一對面壬對一揖林朝上豈羽籥

第四句 擊裏雙舞浮背雙舞磬朝上籥蹲身兮裏看尖

彈平搭羽朱外看尖琴正別足

第五句 恪正一揖溥外雙舞將正垂羽兮背一揖

俶斜羽籥來朝上裏雙舞歆籥蹲身

第六句錫正躬身嘉高搭羽祉對托羽兮對躬身

天正拱手地一長跪心一叩首

終獻禮

樂奏裕平之章

椒醑芬兮神留俞　爵三獻兮旨清醑

尺凡合四凡凡合　上上凡尺四尺上

萬羽干兮樂孔都　禮明備兮罔敢渝

凡尺上四凡合四　四上尺四凡合凡

神醉止兮咸樂胥　丞啓佑兮披皇圖

四尺四上凡凡合　四上尺四合凡尺

文生舞譜

第一句　椒正羽舞　醑外雙舞　芬對羽舞　兮對籥舞

神朝上裏拱手　留外拱手　俞正一揖

第二句　爵正橫羽　三對雙舞　獻正別足　兮正垂籥

旨正拱手　清懷羽籥　醑豎羽籥

第三句萬高搭羽羽落羽籥干一對面兮正擎籥

樂對雙舞孔再雙舞都朝上交羽籥

第四句禮外擺手明裏擺手備朝上豎羽籥兮對羽舞

罔朝上裏豎籥敢對面籥灌耳渝一朝上

第五句神正拱手醉正一揖止外豎籥兮籥支羽

咸一對面樂斜羽籥胥朝上外看尖

第六句承正擎籥啓裏肩籥佑正躬身兮外肩羽

披朝上豎羽籥皇一長跪圖一叩首

撤饌禮

樂奏誠平之章

尺凡合四四尺上　尺四尺上凡合凡

祝幣陳兮神燕娭　尊俎將兮反威儀

四上尺四上尺四　合凡凡合上凡合

悅且康兮徹弗遲　不可度兮矧射思

禋（上）有（四）成（四）兮（上）釐（四）百（尺）宜（上）　鑒（凡）精（尺）誠（四）兮（上）茀（合）祿（凡）綏（尺）

還宮禮

樂奏成平之章

龍（尺）之（凡）馭（四）兮（合）旋（凡）穆（凡）清（合）　神（四）之（上）御（尺）兮（四）式（上）丹（尺）楹（四）

合凡上四凡合凡

瞻列聖兮優容聲

凡合上四凡合凡

維神聽兮和且平

四上凡尺尺四四

迴靈盼兮佑丕承

凡尺四上四凡尺

繼序皇兮亶休徵

◎

奉先殿每月逢朔望日致祭　冬至令節禮致祭

皇太后聖誕節禮致祭　皇帝萬壽節禮致祭

凡祭毋庸齋戒

日出前三刻祭

樂章太簇爲宮

倍無射起調

簫譜各章皆係頭一字末一字用尺字皆係工乙二字除而不用此本樂章皆係單註簫譜

笛譜各章皆係頭一字末一字用合字皆係四工二字除而不用

迎神禮

樂奏貽平之章

尺凡合四 肇茲區夏 尺上四合 世德欽崇 四上凡合 九州維宅 尺四尺上 王業自東

四上凡合 戎甲十三 尺四尺上 奮起飛龍 凡合四四 維神格思 凡合凡尺 皇靈顯融

奠帛初獻禮

樂奏敉平之章

尺凡合四　尺凡尺上　凡合四上　尺上四合

於皇祖考　克配上天　越文武功　萬邦是宣

尺上凡尺　合凡四合　上四上尺　凡合凡尺

孝孫受命　不忘不愆　羹牆永慕　時薦斯虔

武生舞譜

第一句　於正揚舞　皇別足正開牌　祖外擺手　考正揚舞

第二句克正垂舞配正一揖上背一召天正拱手
第三句越外擺手文一對面武對擺牌功正别足
第四句萬外看尖邦裏看尖是正躬身宣徽向裏
第五句孝正開斧孫對揚舞受正躬身命背一揖
第六句不背擺牌忘正垂舞不對躬身愆正開牌
第七句羹背揚舞牆正開牌永正躬身慕對擺牌
第八句時外一揖薦外平身斯一長跪虔一叩首

亞獻禮

樂奏敷平之章

尺凡合凡　凡合四上　合凡尺四　四四合凡

毖祀精忱　洋洋如生　罇罍再舉　於赫昭明

上四凡合　四上四上　凡合四合　凡合凡尺

藹然有容　愾然有聲　我懷靡及　顒若中情

文生舞譜

第一句 毖對雙舞祀對躬身精朝上外豎籥忱籥蹲身

第二句 洋背一揖洋背雙舞如朝上平搭羽生一對面

第三句 罇裏一揖罍背躬身再朝上橫舒籥舉高擎籥

第四句 於外雙舞赫裏雙舞昭正拱手明對羽舞

第五句 藹豎羽籥然對雙舞有籥托羽容正躬身

第六句 愾背一揖然背雙舞有朝上高搭羽聲背躬身

第七句 我平籥羽一舞懷對面低豎籥靡正橫籥及肩羽籥

第八句 顒低豎籥若交羽籥中一長跪情一叩首

終獻禮

樂奏紹平之章

尺凡合四　尺上四四　上凡凡合　尺四尺上

粤若祖德　誕受方國　肆予小子　大猷是式

四尺四四　尺上凡合　合凡合四　合合凡尺

欲報之德　昊天罔極　慇懃三獻　中心翼翼

文生舞譜

第一句 粤 斜擎籥 若 正躬身 祖 豎羽籥 德 對拱手

第二句 誕 高搭羽 受 籥托羽 方 背籥舞 國 外一揖

第三句 肆 正垂籥 于 交羽籥 小 裏豎籥 子 背躬身

第四句 大 籥灌耳 猷 一對面 是 籥托羽 式 朝上倒横羽

第五句 欲 對羽舞 報 正籥舞 之 正横羽 德 裏看尖

第六句 昊 背斜籥 天 正拱手 罔 羽托籥 極 懷羽籥

第七句 慇 籥支羽 懃 正一揖 三 對籥舞 獻 正別足高搭羽

第八句中背一召心正躬身翼一長跪翼一叩首

撤饌禮

樂奏光平之章

庶物既陳　九奏具舉　告成於祖　亦右皇妣

尺凡四合　四上尺四　凡尺四上　四尺凡合

敬徹不遲 用終殷祀 式禮如茲 皇其燕喜

凡尺上四 尺四上尺 合凡凡合 合四凡尺

還宮禮

樂奏乂平之章

對越無方 陟降無迹 寢祏靜淵 孔安且吉

尺凡合四 上尺四上 凡合四合 四上凡合

惟靈在天　惟主在室　於萬斯年　孝思無斁

四四尺上　凡合四合　上尺四四　上合凡尺

◎

社稷壇春祭 二月上戊日祭　或二戊日祭

致齋三日　日出前四刻祭

樂章夾鐘 爲宮

倍應鐘 起調

簫譜 各章皆係頭一字末一字用伬字皆係仩亿二字除而不用　此本樂章皆係單註簫譜

笛譜 各章皆係頭一字末一字用仕字皆係伍仩二字除而不用

迎神禮

樂奏登平之章

伬仮伕伍仩仮伬伍
媪神蕃釐兮厚德隆

伕伕仮伕伍仩伬伍
嘉生緐祉兮功化同

仮伕伍仩伍仩仮伬
壇壝儼肅兮風露融

仮伕伍伍仩仮伕仮
我稷翼翼兮黍芃芃

伬伍伬仩仩仮伕
望雲駕兮驂鸞龍

伍仩伍伬仩伕仮伬
植璧秉圭兮冀感通

奠玉帛初獻禮

樂奏茂平之章

伬仉伕仩伍伕仉伕　仩伍仉伬仩仉伕仉

恪恭禋祀兮肅且雍　清醑旣載兮臨齋宮

仩伬伕仉伕伍伍仩　仉伕伬仩伍伕仉伬

朝踐初舉兮玉帛共　洋洋在上兮鑒予衷

武生舞譜

第一句　恪正躬身　恭正拱手　禋背一揖　祀裏擺手

兮背擺牌肅正垂舞且對擺牌雍一朝上

第二句清對揚舞酤外擺手旣背一召載正垂舞

兮對擺牌臨再擺牌齋正開斧宮背擺牌

第三句朝正開牌踐裏擺手初對一揖舉對平身

兮正揚舞玉背揚舞帛正揚舞共一對面

第四句洋對擺牌洋外看尖在微向外上背一召

兮背一揖鑒一朝上予一長跪衷一叩首

亞獻禮

樂奏育平之章

伬仉㐲仩伍㐲仉㐲
樂具入奏兮聲喤喤
伍㐲伬仩伍仉伬仩
厚德配地兮佑家邦

仩伬仉仩伍仩伍㐲
鬱鬯再升兮賓八鄉
仩伍㐲仉㐲㐲仉伬
綏我豐年兮兆庶康

文生舞譜

第一句樂正籥舞具平擎籥入對籥舞奏正躬身兮背一揖聲微向外喤裏雙舞喤豎舒籥

第二句鬱外擺手鬯裏擺手再橫舒籥升高搭羽兮豎羽籥賓對雙舞八對躬身鄉正籥舞

第三句厚背一揖德裏豎籥配正拱手地正一揖兮正橫羽佑斜肩羽家對豎籥邦朝上平搭羽

第四句綏對一揖我朝上籥蹲身豐外雙舞年裏雙舞兮籥托羽兆正躬身庶一長跪康一叩首

終獻禮

樂奏敦平之章

伬仉伕伍仩伍伬仩
方壇北宇兮神中央
仩伍伬仩伍仩仉伕
酌酒三爵兮桂醑香

仉伕仩仉伕仩伬伍
盈庭萬舞兮帗低昂
伍伍伬仩伍伕仉伬
清蹕舊邦兮命溥將

文生舞譜

第一句方豎羽籥壇對托羽北對拱手宇朝上交羽籥

兮外雙舞神背籥舞中朝上懷羽籥央背羽舞

第二句盈正躬身庭籥蹲身萬高擎籥舞對一揖

兮朝上籥支羽㤆微向裏低正一揖昂背斜籥

第三句酌外豎籥酒羽托籥三外雙舞爵對羽舞

兮正橫籥桂對雙舞醑外看尖香別足高搭羽

第四句清正羽舞雝背籥舞舊背擺羽邦朝上高搭羽

◎

兮裏看尖命正拱手溥一長跪將一叩首

撤饌禮

樂奏博平之章

伬 仉 伕 仩 伍 仉 伕 伍　　仩 伍 伬 伬 仩 仉 仉 伕

大房籩豆兮儼成行　歆此吉蠲兮神迺嘗

廢徹不遲兮餘芬芳　桐生茂豫兮百穀昌

伬伍六㐹六伍伬仩　㐹六伬仩伍六㐹伬

送神禮

樂奏樂平之章

孔蓋翠旌兮隨風颺　龍輈容與兮指天閶

伬㐹仩六㐹伍伬伍　伍仩㐹六伍伍伬仩

㐹⿰亻六伍伍仩㐹⿰亻六㐹
咫尺神靈兮隔穹蒼

㐹伬仩伬伍仩㐹伬
顧流景祚兮貺皇章

望瘞禮

樂奏徵平之章

伬㐹⿰亻六仩㐹⿰亻六伍
玉旣陳兮延景光

伍伬伍仩仩伬伍
禮旣洽兮恭瘞藏

仉 伬 仩 伍 伍 伍 仩

願神聽兮時予匡

仉 亻六 仩 伍 亻六 仉 伬

垂神祐兮永無疆

社稷壇秋祭 八月上戊日祭 或二戊日祭

致齋三日 日出前四刻祭

樂章南呂爲宮

仲呂起調

簫譜 各章皆係頭一字末一字用伬字皆係伍仜二字除而不用此本樂章皆係單註簫譜

笛譜 各章皆係頭一字末一字用仩字皆係伬伍二字除而不用

迎神禮

樂奏登平之章

伕亿仩伬佩亿伕伬 仩仩亿仩伬佩伕伬

媼神蕃釐兮厚德隆 嘉生繁祉兮功化同

亿仩伬佩伬佩亿伕 亿仩伬伬佩亿仩亿

壇壝儼肅兮風露融 我稷翼翼兮黍芃芃

伕伬伕佩佩亿仩 伬佩伬伕佩仩亿伕

望雲駕兮驂鸞龍 植璧秉圭兮冀感通

奠玉帛初獻禮

樂奏茂平之章

恪恭禋祀兮肅且雍　淸醑旣載兮臨齋宮

⿰亻六亿仩⿰亻凡伬仩亿仩　⿰亻凡伬亿⿰亻六⿰亻凡亿仩亿

朝踐初舉兮玉帛共　洋洋在上兮鑒予衷

⿰亻凡⿰亻六仩亿仩伬伬⿰亻凡　亿仩⿰亻六⿰亻凡伬仩亿⿰亻六

武生舞譜

第一句　恪 正躬身　恭 正拱手　禋 背一揖　祀 裏擺手

兮背擺牌肅正垂舞且對擺牌雍一朝上

第二句清對揚舞酌外擺手旣背一召載正垂舞

兮對擺牌臨再擺牌齋正開斧宮背擺牌

第三句朝正開牌踐裏擺手初對一揖舉對平身

兮正揚舞玉背揚舞帛正揚舞共一對面

第四句洋對擺牌洋外看尖在微向外上背一召

兮背一揖鑒一朝上予一長跪衷一叩首

亞獻禮

樂奏育平之章

伕亿仩仉伬仩亿仩　仉伕亿仉伬仉伬仩

樂具入奏兮聲喤喤　鬱鬯再升兮賓八鄉

伬仩伕仉伬亿伕仉　仉伬仩亿仩仩亿伕

厚德配地兮佑家邦　綏我豐年兮兆庶康

文生舞譜

第一句樂正籥舞具平擎籥入對籥舞奏正躬身

兮背一揖聲微向外喤裏雙舞喤豎舒籥

第二句鬱外擺手鬯裏擺手再橫舒籥升高搭羽

兮豎羽籥賓對雙舞八對躬身鄉正籥舞

第三句厚背一揖德裏豎籥配正拱手地正一揖

兮正橫羽佑斜肩羽家對豎籥邦朝上平搭羽

第四句綏對一揖我朝上籥蹲身豐外雙舞年裏雙舞

兮籥托羽兆正躬身庶一長跪康一叩首

終獻禮

樂奏敦平之章

六亿仩伬凡伬六凡　亿仩凡亿仩凡六伬

方壇北宇兮神中央　盈庭萬舞兮倏低昂

凡伬六凡伬凡亿仩　伬伬六凡伬仩亿六

酌酒三爵兮桂醑香　凊雖舊邦兮命溥將

文生舞譜

第一句方暨羽籥壇對托羽北對拱手宇朝上交羽籥

兮外雙舞神背籥舞中朝上懷羽籥央背羽舞

第二句盈正躬身庭籥蹲身萬高擎籥舞對一揖

兮朝上籥支羽帗微向裏低正一揖昂背斜籥

第三句酌外暨籥酒羽托籥三外雙舞爵對羽舞

兮正橫籥桂對雙舞醑外看尖香別足高搭羽

第四句清正羽舞雖背籥舞舊背擺羽邦朝上高搭羽

兮裏看尖命正拱手溥一長跪將一叩首

撤饌禮

樂奏博平之章

㐲亿仕仉伬亿仕伬

大房籩豆兮儼成行

仉伬㐲㐲仉亿亿仕

歆此吉蠲兮神廸嘗

廢徹不遲兮餘芬芳　桐生茂豫兮百穀昌

送神禮

樂奏樂平之章

孔蓋翠旌兮隨風飇　龍輴容與兮指天閶

咫尺神靈兮隔穹蒼　願流景祚兮貺皇章

望瘞禮

樂奏徵平之章

玉旣陳兮延景光　禮旣洽兮恭瘞藏

願神聽兮時予匡

垂神祜兮永無疆

社稷壇祈雨擇吉日祭致齋三日
日出前四刻祭

樂章夾鐘為宮

倍應鐘起調

簫譜各章皆係頭一字末一字用伬字皆係仜伬二字除而不用此本樂章皆係單註簫譜

笛譜各章皆係頭一字末一字用佉字皆係伍仩二字除而不用

迎神禮

樂奏延豐之章

伬㐺㐹仩伍伬伍㐹　㐹㐺㐺㐹伍仩㐺㐹

九土博厚兮阜嘉生　方壇五色兮祀孔明

㐺㐹伍㐹伬㐺　伍仩仩伍仩仩伬伍

甿力穡兮服耕　仰甘膏兮百穀用成

㐹㐺仩伍伬㐺仩　㐹㐺㐺㐹㐹㐺伬

熙雲路兮贍翠旋　殷闓澤兮展精誠

奠玉帛初獻禮

樂奏介豐之章

伬 𠆩 伕 伍 𠆩 伕 伍 仩

神來格兮宜我黍稷

伍 仩 𠆩 伬 仩 仩 𠆩 伕

罍尊湛湛兮干羽飭

伍 仩 𠆩 伕 伍 仩 𠆩 伕

兩圭有邸兮馨明德

𠆩 伕 伬 仩 伍 伕 𠆩 伬

油雲澍雨兮溥下國

武生舞譜

第一句 神正拱手 來對一揖 格外擺手 兮背擺牌

宜背垂舞我正躬身黍對揚舞稷對一揖

第二句兩裏拱手圭外拱手有對一揖邸正開牌

兮背垂舞馨一朝上明對一揖德正拱手

第三句罍裏擺手尊正拱手湛對擺牌湛再擺牌

兮正垂舞干正拱手羽對擺牌飭正開斧

第四句油外擺手雲裏擺手澍背擺牌雨正垂舞

兮對一揖溥一朝上下一長跪國一叩首

亞獻禮

樂奏滋豐之章

伬仉伕伍仩伬伍　伍仩仉伕伍仉伕

奏齍明兮申載觴　龍出泉兮靈安翔

仩伍伍仩伬伍　伬仩伍伕仉伬

周寰宇兮滂洋　戴神庥兮愷康

文生舞譜

第一句奏對一揖齍外看尖明裏看尖兮背羽舞

申朝上平搭羽載對低籥觴正拱手

第二句龍對雙舞出再雙舞泉朝上高搭羽兮背籥舞

靈正橫籥安對羽舞翔正垂籥

第三句周裏肩羽寰外肩籥宇對一揖兮正斜籥

滂背羽舞洋正一揖

第四句戴對低籥神正拱手麻背一揖兮一朝上

悅一長跪康一叩首

◎

終獻禮

樂奏霈豐之章

伬仉伕伍仩仉伕

恢容與兮奮皇舞

伕伕伬伍仩伬伍

爵三奏兮縮桂醑

仩伍伍仩伬伍伕

聲遠姚兮震靈鼓

仉伬仩伬伍伕仉伬

號屏來御兮德施普

文生舞譜

第一句 帗對肩羽 容對肩籥 與朝上羽蹲身 兮籥蹲身

奮背擺羽 皇朝上平搭羽 舞對羽舞

第二句 聲對擺羽 遠正豎籥 姚背籥舞 兮正別足

震對雙舞 靈再雙舞 鼓朝上交羽籥

第三句 爵裏拱手 三外拱手 奏對一揖 兮朝上平搭羽

縮背斜籥 桂正一揖 醑正拱手

第四句 號裏擺手 屏外擺手 來背一揖 御正躬身

兮對一揖德正拱手施一長跪普一叩首

撤饌禮

樂奏綏豐之章

協笙磬兮告吉蠲

伬伬仩伍伬伍伍

神廸嘗兮禮莫愆

伬仩伍仩伍伬仩

伍伍伏仉伬仩伍

心齋肅兮增惕乾

伏仉伬伍仉伏仉伬

咨田畯兮其樂有年

送神禮

樂奏貽豐之章

伬仉伏伍伍伍仩

撫懷心兮神聿歸

伍伬仩伬伍伏仉伏

華蓋郅偈兮驂虬騑

洪釐渥兮雨祁祁　公私霑足兮孰知所爲

伍伬仩伍伍伬仩　伍伍伏伏仉仉伏仉伬

望瘞禮

樂奏溥豐之章

宣祝嘏兮列瘞繒　貺允答兮時欽承

伬仉伏伍伍伬仩　伬伍仩伍仉伍伏

高原下隰兮以莫不興

仩伍伬伍仩仉伩仩伍

歌率育兮慶三登

伩伩仉伩伩仉伬

社稷壇報祀　擇吉日祭　致齋三日

日出前四刻祭

樂章南呂爲宮

仲呂起調

簫譜　各章皆係頭一字末一字用伬字皆係伍仜二字除而不用此本樂章皆係單註簫譜

笛譜　各章皆係頭一字末一字用仩字皆係伬伍二字除而不用

迎神禮

樂奏延豐之章

㐹 亿 仩 仉 伬 㐹 伬 仩
九土博厚兮阜嘉生
亿 仩 伬 仩 㐹 亿
甿力穡兮服耕
仩 亿 仉 伬 㐹 亿 仉
熙雲路兮瞻翠旌

仩 亿 亿 仩 伬 仉 亿 仩
方壇五色兮祀孔明
伬 仉 仉 伬 仉 仉 㐹 伬
仰甘膏兮百穀用成
仩 亿 亿 仩 仩 亿 㐹
殷闓澤兮展精誠

奠玉帛初獻禮

樂奏介豐之章

伏亿仕伬亿仕伬仉
神來格兮宜我黍稷
伬仉亿伏仉仉亿仕
罍尊湛湛兮干羽飭

伬仉亿仕伬仉亿仕
兩圭有邸兮馨明德
亿仕伏仉伬仕亿伏
油雲澍雨兮溥下國

武生舞譜

第一句 神正拱手 來對一揖 格外擺手 兮背擺牌

宜背垂舞我正躬身黍對揚舞稷對一揖

第二句兩裏拱手圭外拱手有對一揖邸正開牌

兮背垂舞馨一朝上明對一揖德正拱手

第三句罍裏擺手尊正拱手湛對擺牌湛再擺牌

兮正垂舞于正拱手羽對擺牌飭正開斧

第四句油外擺手雲裏擺手澍背擺牌雨正垂舞

兮對一揖溥一朝上下一長跪國一叩首

亞獻禮

樂奏滋豐之章

伏亿仕伬仉伏伬　伬仉亿仕伬亿仕

奏齍明兮申載觴　龍出泉兮靈安翔

仉伬伬仉伏伬　伏仉伬仕亿伏

周寰宇兮滂洋　戴神庥兮悦康

文生舞譜

第一句 奏對一揖齍外看尖明裏看尖兮背羽舞

申朝上平搭羽載對低籥觴正拱手

第二句 龍對雙舞出再雙舞泉朝上高搭羽兮背籥舞

靈正橫籥安對羽舞翔正垂籥

第三句 周裏肩羽寰外肩籥宇對一揖兮正斜籥

滂背羽舞洋正一揖

第四句 戴對低籥神正拱手麻背一揖兮一朝上

悅一長跪康一叩首

終獻禮

樂奏霈豐之章

伏亿仕伬仉亿仕

帗容與兮奮皇舞

仕仕伏伬仉伏伬

爵三奏兮縮桂醑

仉伬伬仉伏伬仕

聲遠姚兮震靈鼓

亿伏仉伏伬仕亿伏

號屏來御兮德施普

文生舞譜

第一句帗對肩羽容對肩籥與朝上羽蹲身兮籥蹲身

奮背擺羽皇朝上平搭羽舞對羽舞

第二句聲對擺羽遠正豎籥姚背籥舞兮正別足

震對雙舞靈再雙舞鼓朝上交羽籥

第三句爵裏拱手三外拱手奏對一揖兮朝上平搭羽

縮背斜籥桂正一揖醑正拱手

第四句號裏擺手屏外擺手來背一揖御正躬身

兮對一揖德正拱手施一長跪普一叩首

撤饌禮

樂奏綏豐之章

⿰亻六 亿 仩 伬 ⿰亻六 伬 伬

協笙磬兮告吉蠲

亿 仩 伬 ⿰亻凡 伬 亿 仩

神廸嘗兮禮莫愆

心齋肅兮增惕乾　沓田畯兮其樂有年

伬伬仩亿伏仉伬　仩亿伏伬亿仩亿伏

送神禮

樂奏貽豐之章

撫懷心兮神聿歸　華蓋郅偈兮驂虬騑

伏亿仩伬伬伬仉　伬伏仉伏伬仩亿仩

洪釐渥兮雨祁祁　公私霑足兮孰知所爲

伬伏仉伬伬伏仉　伬伬仩仩亿亿仩亿伏

望瘞禮

樂奏溥豐之章

宣祝嘏兮列瘞繒　貺允答兮時欽承

伏亿仩伬伬伏仉　伏伬仉伬亿伬仩

高原下隰兮以莫不興

仉伬伏伬仉亿仩伬伬

歌率育兮慶三登

仩仩亿仩仩亿伏

朝日壇春分日祭　致齋二日

卯時祭

樂章太簇爲宮

倍無射起調

簫譜各章皆係頭一字末一字用尺字皆係工乙

二字除而不用此本樂章皆係單註簫譜

笛譜各章皆係頭一字末一字用合字皆係四工

二字除而不用

迎神禮

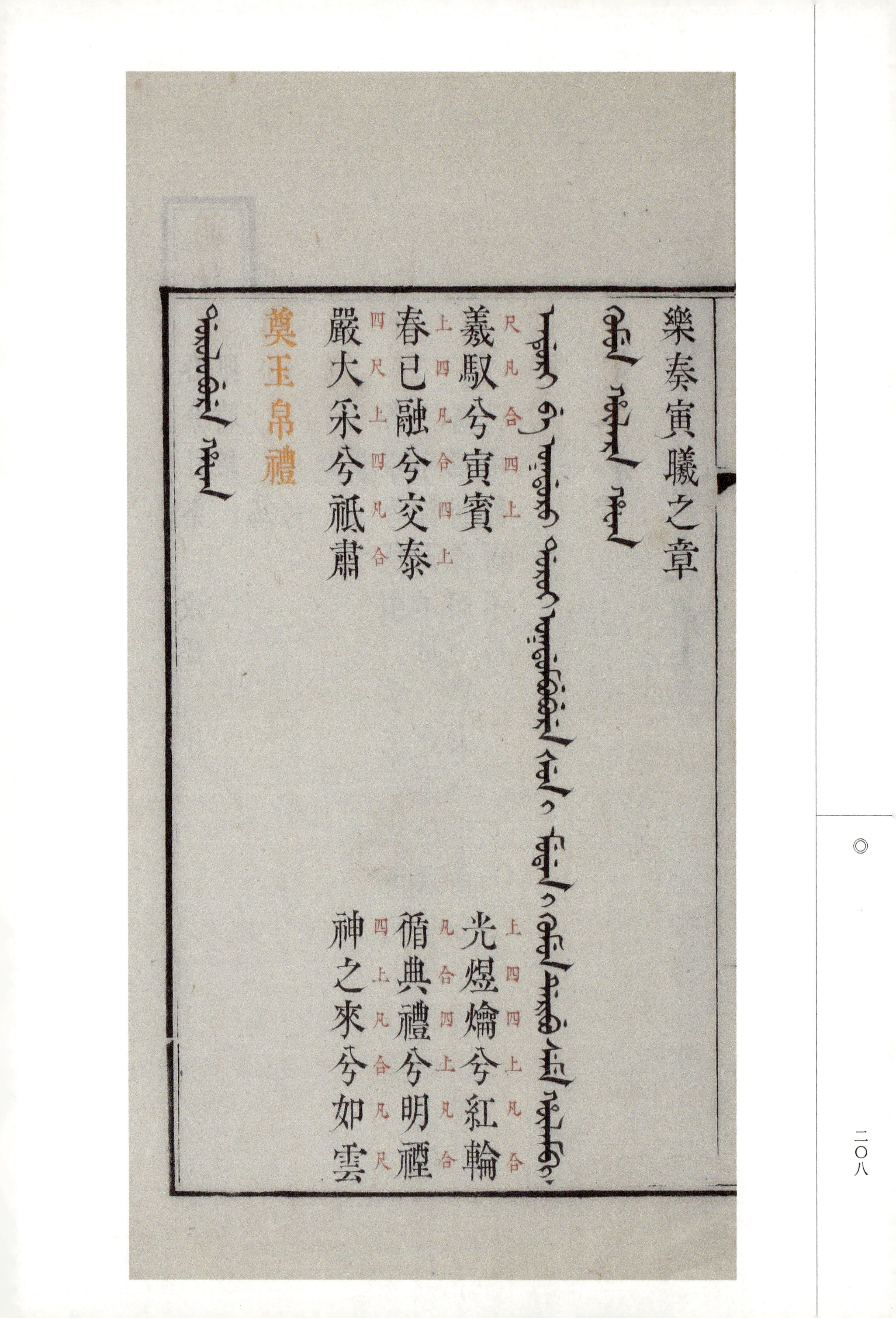

樂奏寅曦之章

羲馭兮寅賓　光熿爚兮紅輪

尺凡合四上　上四四上凡合

春已融兮交泰　循典禮兮明禋

上四凡合四上　凡合四上凡合

嚴大采兮祇肅　神之來兮如雲

四尺上四凡合　四上凡合凡尺

奠玉帛禮

樂奏朝曦之章

尺凡合凡上尺四　合合四上凡凡合

杲黃道兮暾出東　肅將享兮玉帛同

凡合四上四尺上　凡尺上四合凡尺

美齊翼兮王君公　盥以薦兮孚有顒

初獻禮

樂奏清曦之章

尺凡合四尺上四　合凡凡合四凡合

御景風兮下帝扃　酌黃目兮椒其馨

上上四上上合凡　凡尺上四合凡尺

爵方舉兮歌且舞　漾和盎兮龍旂青

武生舞譜

第一句御正揚舞景正垂舞風一對面兮對一揖

下一朝上帝正一揖扃正開牌

第二句 酌正拱手黃對擺牌目再擺牌兮對揚舞椒一朝上其正揚舞馨正躬身

第三句 爵背一召方正垂舞舉正揚舞兮對一揖歌正開斧且對擺牌舞正開牌

第四句 瀁對擺牌和正揚舞盎正收斧兮背揚舞龍正拱手旂一長跪青一叩首

亞獻禮

樂奏咸曦之章

凡凡合四上尺上　合凡凡上凡合凡

再舉勺兮鬱金香　嘉樂合兮舞洋洋

合合上四凡合四　凡尺上四合凡尺

德恢大兮神在沛　澹容與兮進霞觴

文生舞譜

第一句 再正躬身舉正橫籥勺對籥舞兮對一揖

鬱朝上分羽籥金背豎籥香外雙舞

第二句 嘉高搭羽樂外看尖合正籥舞兮正拱手

舞正肩羽洋一對面洋對羽舞

第三句 德正橫羽恢籥蹲身大交羽籥兮外看尖

神正橫籥在裏看尖沛斜擎籥

第四句 澹一對面容正垂籥與背一召兮朝上籥托羽

進正躬身霞一長跪觴一叩首

終獻禮

樂奏純曦之章

尺凡合四上四合　上四尺凡合上四

式禮莫愆兮昭清　終以告虔兮休成

凡尺四上尺凡尺　凡合四尺合凡尺

顧神且留兮鑒茹　以妥以侑兮忱誠

文生舞譜

第一句式豎羽籥禮微向裏莫對躬身愆朝上豎羽籥

兮羽蹲身昭平搭羽清籥蹲身

第二句終對雙舞以正橫籥告背一召虔外豎籥

兮裏豎籥休對羽舞成朝上懷羽籥

第三句願高拱手神對斜籥且對籥舞留對一揖

兮正別足鑒對垂羽茹正一揖

第四句以分羽籥妥背攏羽以朝上羽托籥侑對羽舞

兮一朝上忱一長跪誠一叩首

撤饌禮

樂奏延釐之章

尺凡合凡合四合

物之備兮希德馨

四四凡合上尺四

神欲起兮景杳冥

徹不遲兮咸肅穆　照臨下土兮瞻曜靈

合四凡合四上四　凡尺上凡合合凡尺

送神禮

樂奏歸曦之章

雲車征兮風馬翔　猋萬里兮臨萬方

尺凡合四上凡合　上尺四上四尺上

報神功兮以時享
凡尺上四凡合凡

祈神祐兮永無疆
凡合上合合凡尺

夕月壇秋分日酉時祭祭　致齋二日連祭日算

樂章南呂為宮

仲呂起調

簫譜各章皆係頭一字末一字用伬字皆係伍仜二字除而不用此本樂章皆係單註簫譜

笛譜各章皆係頭一字末一字用仜字皆係伬伍二字除而不用

迎神禮

樂奏迎光之章

繼日代明兮象麗天　式遵九道兮臨八埏

玉律分秋兮西顥躔　聿修歲祀兮樂在縣

奠玉帛初獻禮

樂奏升光之章

仸 亿 仩 仉 仸　　亿 亿 仩 仉 伬

少采兮將事　　玉帛兮載陳

仩 亿 亿 仩 伬 仉 仸 仉　　仩 伬 仸 仉 伬 仩 亿 仸

式舉黃流兮挹犧尊　　籩豆靜嘉兮肴核芬

武生舞譜

第一句 少正揚舞 采正拱手 兮對擺脾 將正垂舞

事正一揖

第二句 玉裏拱手 帛對別足 兮正躬身 載背擺牌

陳正開斧

第三句 式一對面 舉別足正拱手 黃微向外 流裏擺牌

兮對揚舞 挹正垂舞 犧背擺牌 尊正拱手

第四句 籩對躬身 豆別足正開牌 靜背躬身 嘉正揚舞

兮對擺牌 肴正別足 核一長跪 芬一叩首

亞獻禮

樂奏瑤光之章

仸亿仩仉仸 伬仉亿仩仉伬

齊醍兮載獻 神之來兮肅然

亿仩伬仉亿仸 仩伬伬仩亿仸

仰肸蠁兮鑒顧 挹湑光兮几筵

文生舞譜

第一句 齊 豈羽籥 醍 籥籥灌耳 兮 籥籥蹲身 載 背籥舞

獻朝上肩羽籥

第二句神正拱手之背雙舞來外一揖兮羽一舞

肅裏一揖然高搭羽

第三句仰對籥舞肸正垂籥蠁背一揖兮正横籥

鑒對肩羽顧對肩籥

第四句挹正一揖清正別足光背擺羽兮正拱手

几一長跪筵一叩首

終獻禮

樂奏瑞光之章

⿰亻六 亿 仩 伬 ⿰亻凡 ⿰亻凡 亿 仩

戛瑟鳴琴兮錭玉鏘

仩 仩 亿 亿 仩 伬 亿 仩

金波穆穆兮珠熉黃

伬 ⿰亻凡 伬 ⿰亻六 ⿰亻凡 伬 伬

神嘉虞兮申三觴

伬 伬 仩 亿 仩 仩 亿 ⿰亻六

休嘉砰隱兮溢四方

文生舞譜

第一句戛正横籥瑟微向裏鳴籥托羽琴裏一揖

兮平搭羽鎗外一揖玉別足高搭羽鏘對面籥托羽

第二句神正横籥嘉對擺羽虞對羽舞兮對雙舞

申朝上懷羽籥三羽蹲身觴籥蹲身

第三句金高搭羽波對一揖穆朝上交羽籥穆背一揖

兮裏雙舞珠籥支羽熉羽托籥黄横舒籥

第四句休一對面嘉正横羽硑背一召隱朝上低豎籥

兮外豎籥溢正擎籥四一長跪方一叩首

撤饌禮

樂奏涵光之章

對越在天兮禮成　徹登豆兮湛露零

神悅懌兮德馨　世曼壽兮安以寧

送神禮

樂奏保光之章

⿰亻六 亿 仩 伬 亿 仩　⿰亻六 伬 ⿰亻凡 伬 仩 伬

駕卿雲兮景星　御和風兮霞軿

亿 仩 伬 ⿰亻凡 亿 仩　仩 仩 亿 仩 亿 ⿰亻六

神留俞兮壇宇　福率土之黃丁

壇廟祭祀節次
三
册

樂奏昭平之章

伬 仉 伏 伍　伏 仕 伬 伍　伏 仉 伍 伏　仕 伍 伬 伍

大哉至聖　德盛道隆　生民未有　百王是崇

仉 伏 伍 伍　伬 伬 仕 伍　伬 伍 仉 伏　伍 伏 仉 伬

典則昭垂　式茲辟雍　載虔簠簋　載嚴鼓鐘

奠帛初獻禮

樂奏宣平之章

伬仉伍[亻六]	伍伬伍仩	仉[亻六]伬伍	仩伬伍仩
覺我生民	陶鑄賢聖	巍巍泰山	實予景行
仩伬仉[亻六]	伬伍仩伬	伬伍仉[亻六]	[亻六]伍仉伬
禮備樂和	豆籩嘉靜	旣述六經	爰斟三正

文生舞譜

第一句覺正羽舞我微向外生一對面民朝上斜擎籥

第二句陶正橫羽鑄背羽舞賢斜羽籥聖一朝上

第三句巍對低籥巍對拱手泰朝上高搭羽山對躬身

第四句實外雙舞亨背躬身景朝上豎羽籥行對拱手

第五句禮正拱手備羽蹲身樂分羽籥和籥蹲身

第六句豆籥支羽籩背一召嘉朝上裏雙舞靜橫舒籥

第七句旣懷羽籥述一對面六對雙舞經對羽舞

第八句爰正躬身斟羽托籥三一長跪正一叩首

亞獻禮

樂奏秩平之章

至哉聖師（伬仉伍𠆾）　克明明德（仩伍伍仩）　木鐸萬年（仉仉伍𠆾）　惟民之則（伍伍仩伬）

清酒旣醑（𠆾仉伬伍）　言觀秉翟（伍仩仉𠆾）　太和常流（仉伬伍仩）　英材斯植（仩伍仉伬）

文生舞譜

第一句至（正横籥）哉（背籥舞）聖（籥托羽）師（朝上豎羽籥）

第二句克對擺羽明再擺羽明朝上交羽籥德外看尖

第三句木對肩羽鐸對肩籥萬正橫羽年對一揖

第四句惟外豎籥民背一揖之正羽舞則豎羽籥

第五句清平搭羽酒正拱手既背一揖酺一朝上

第六句言裏肩羽觀斜托羽秉高擎籥翟正拱手

第七句太對籥舞和外雙舞常對托羽流豎羽籥

第八句英正垂籥材外雙舞斯一長跪植一叩首

終獻禮

樂奏敘平之章

伬仉伍[亻六]　伬伍伍仩　伬仩伬伍　仩伍仉伬

猗歟素王　示予物軌　瞻之在前　師表萬祀

仩伍[亻六]仉　伍仩仉[亻六]　伬仉伬仩　仩伍仉伬

酌彼金罍　我酒惟旨　登獻雖終　弗遐有喜

文生舞譜

第一句猗籥灌耳歟高搭羽素高拱手王裏看尖

第二句示籥托羽于平搭羽物背躬身執朝上倒横羽

第三句瞻平籥羽一舞之背籥舞在正一揖前對雙舞

第四句師別足豎羽籥表裏擺手萬外擺手祀外看尖

第五句酌正肩羽彼背雙舞金正横羽罍正横籥

第六句我豎羽籥酒正一揖惟裏肩籥旨外肩羽

第七句登外豎籥獻裏豎籥雖斜托羽終分羽籥

第八句弗裏雙舞遐外雙舞有一長跪喜一叩首

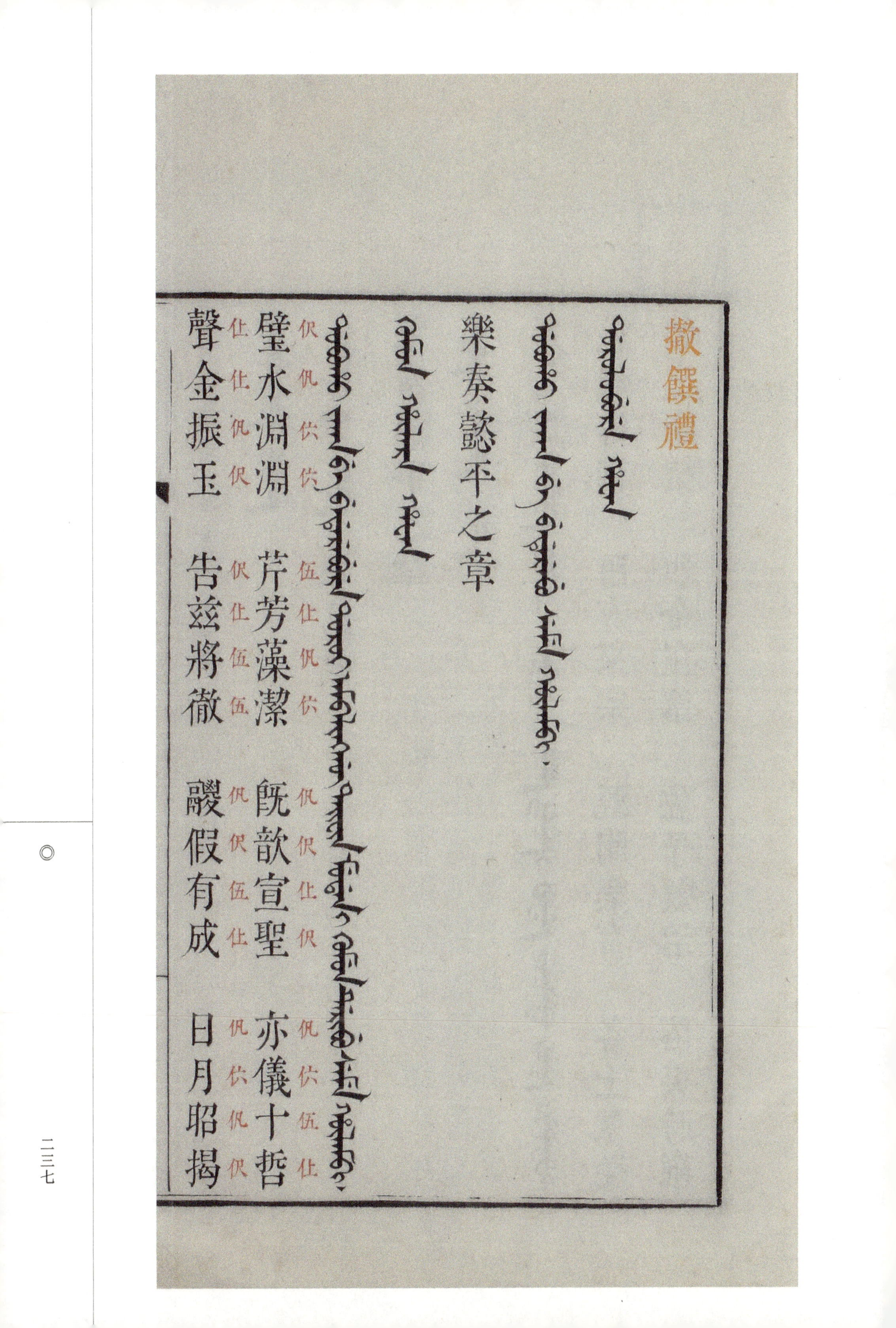

撤饌禮

樂奏懿平之章

伬仉伉伉 伍仕仉伉 仉伬仕伬 仉伉伍仕

璧水淵淵 芹芳藻潔 旣歆宣聖 亦儀十哲

仕仕仉伬 伬仕伍伍 仉伬伍仕 仉伉仉伬

聲金振玉 告玆將徹 禴假有成 日月昭揭

送神禮

樂奏德平之章

伬𠆾𠆩伍　伬仩伍仩　𠆩𠆾𠆾𠆩　仩伬𠆾𠆩

煌煌辟雍　四方來宗　甄陶樂育　多士景從

𠆾𠆩伍𠆩　伍仩伬伍　𠆾伬仩伬　𠆾𠆩𠆾伬

如土斯植　如金在鎔　佐予敷治　俗美時雍

文廟秋祭八月上丁日祭　二丁日祭亦可
致齋二日　日出前六刻祭

樂章南吕爲宫

仲吕起調

簫譜各章皆係頭一字末一字用伬字皆係伍任二字除而不用

笛譜各章皆係頭一字末一字用仩字皆係伬伍二字除而不用　此本樂章皆係單註簫譜

迎神禮

樂奏昭平之章

𠆩亿仩伬　仩𠆾𠆩伬　仩亿伬仩　𠆾伬𠆩伬

大哉至聖　德盛道隆　生民未有　百王是崇

亿仩伬伬　𠆩𠆩𠆾伬　𠆩伬亿仩　伬仩亿𠆩

典則昭垂　式茲辟雍　載虔簠簋　載嚴鼓鐘

奠帛初獻禮

樂奏宣平之章

覺我生民　陶鑄賢聖　巍巍泰山　寔予景行

伕亿伬仩　伬伕伬仉　亿仩伕伬　仉伕伬仉

禮備樂和　豆籩嘉靜　旣述六經　爰斟三正

仉伕亿仩　伕伬仉伕　伕伬亿仩　仩伬亿伕

文生舞譜

第一句　覺正羽舞　我微向外　生一對面　民朝上斜擎籥

第二句　陶正橫羽　鑄背羽舞　賢斜羽籥　聖一朝上

第三句巍對低籥巍對拱手泰朝上高搭羽山對躬身

第四句寔外雙舞寻背躬身景朝上豎羽籥行對拱手

第五句禮正拱手備羽蹲身樂分羽籥和籥蹲身

第六句豆籥支羽籩背一召嘉朝上裏雙舞靜橫舒籥

第七句旣懷羽籥述一對面六對雙舞經對羽舞

第八句爰正躬身斟羽托籥三一長跪正一叩首

亞獻禮

樂奏秩平之章

伕亿伬仩　仉伬伬仉　亿亿伬仩　伬伬仉伕

至哉聖師　克明明德　木鐸萬年　惟民之則

仩亿伕伬　伬仉亿仩　亿伕伬仉　仉伬亿伕

淸酒旣醑　言觀秉翟　太和常流　英材斯植

文生舞譜

第一句至正橫籥哉背籥舞聖籥托羽師朝上豎羽籥

第二句克對擺羽明再擺羽明羽籥朝上交德外看尖

第三句木對肩羽鐸對肩籥萬正横羽年對一揖

第四句惟外豎籥民背一揖之正羽舞則豎羽籥

第五句清平搭羽酒正拱手旣背一揖醑一朝上

第六句言裏肩羽觀斜托羽秉高擎籥翟正拱手

第七句太對籥舞和外雙舞常對托羽流豎羽籥

第八句英正垂籥材外雙舞斯一長跪植一叩首

終獻禮

樂奏敉平之章

仸亿伬仩　仸伬伬伬　仸伬仸伬　伬伬亿仸

猗歟素王　示予物軌　瞻之在前　師表萬祀

伬伬仩亿　伬伬亿仩　仸亿仸伬　伬伬亿仸

酌彼金罍　我酒惟旨　登獻雖終　弗遐有喜

文生舞譜

第一句 猗籥灌耳歟高搭羽素高拱手王裏看尖

第二句 示籥托羽亏平搭羽物背躬身執朝上倒橫羽

第三句 瞻平籥羽一舞之背籥舞在正一揖前對雙舞

第四句 師別足豎羽籥表裏擺手萬外擺手祀外看尖

第五句 酌正肩羽彼背雙舞金正橫羽罍正橫籥

第六句 我豎羽籥酒正一揖惟裏肩籥旨外肩羽

第七句 登外豎籥獻裏豎籥雖斜托羽終分羽籥

第八句 弗裏雙舞遐外雙舞有一長跪喜一叩首

撤饌禮

樂奏懿平之章

伬亿仩仩　伬伬亿仩　亿伬伬伬　亿仩伬伬

璧水淵淵　芹芳藻潔　既歆宣聖　亦儀十哲

伬伬亿伬　伬伬伬伬　亿伬伬伬　亿仩亿伬

聲金振玉　告茲將徹　祿假有成　日月昭揭

送神禮

樂奏德平之章

伏仜仩伬　伏伵伬伵　仩仜仜仩　伵伏仜仩

煌煌辟雍　四方來宗　甄陶樂育　多士景從

仜仩伬仩　伬伵伏伬　仜伏伵伏　仜仩仜伏

如土斯植　如金在鎔　佐予敷治　俗美時雍

先農壇 三月亥日祭　致齋二日
辰時祭　巳時耕

樂章姑洗為宮

黃鐘起調

簫譜 各章皆係頭一字末一字用工字皆係凡上二字除而不用此本樂章皆係單註簫譜

笛譜 各章皆係頭一字末一字用四字皆係乙凡二字除而不用

迎神禮

樂奏永豐之章

工合尺乙　尺工合四　乙乙工尺　尺工乙四

先農播穀　克配彼天　粒我蒸民　於萬斯年

合四乙尺　乙尺合四　合四工合　合尺合工

農祥晨正　協風滿壇　曰予小子　宜稼於田

奠帛初獻禮

樂奏時豐之章

工合四乙　六工乙尺　合四乙乙　尺乙合四
厥初生民　萬彙莫辨　神錫之庥　嘉種乃誕

工尺乙四　乙乙乙尺　乙尺合四　乙四合工
斯德曷酬　何名可贊　我酒惟旨　是用初獻

武生舞譜

第一句厥正揚舞初微向裏生背一召民背揚舞

第二句萬正垂舞彙外擺手莫對擺脾辨再擺脾

第三句神別足正開牌錫背一揖之正垂舞麻對躬身

第四句嘉一對面種正開斧乃對擺牌誕對平身

第五句斯背一揖德正拱手曷裏看尖酬正平身

第六句何裏擺手名外擺手可外看尖贊背一召

第七句我正揚舞酒正拱手惟正躬身旨對擺牌

第八句是微向裏用正別足初一長跪獻一叩首

亞獻禮

樂奏咸豐之章

工合乙四 乙乙合四 工尺乙尺 乙尺合四

無物稱德 惟誠有孚 載升玉瓚 神肯留虞

乙尺六工 合乙合四 乙乙尺工 尺乙合工

惟茲兆庶 豈異古初 神會子之 今其食諸

文生舞譜

第一句 無 羽托籥 物 對攏羽 稱 朝上分羽籥 德 背一召

第二句惟背羽舞誠一朝上有豎羽籥孚背羽舞

第三句載外雙舞升外看尖玉背一召瓚朝上高搭羽

第四句神交羽籥肯微向裏留斜擊籥虞背一揖

第五句惟籥蹲身玆羽蹲身兆對雙舞庶豎羽籥

第六句豈裏肩羽異外肩籥古一對面初對躬身

第七句神高搭羽會豎舒籥子正橫籥之正躬身

第八句令對籥舞其朝上籥托羽食一長跪諸一叩首

終獻禮

樂奏大豐之章

工合四乙　尺乙合四　乙工乙尺　四合乙四

秬秠麋芑　皆神所貽　以之饗神　式食庶幾

乙乙尺工　乙四合合　六工尺乙　乙四合工

神其丕佑　佑我黔黎　萬方大有　肇此三推

文生舞譜

第一句秬正肩羽秠籥支羽麋分羽籥芑擎籥羽一舞

第二句皆平搭羽神對拱手所對雙舞貽朝上橫舒籥

第三句以斜擎籥之對擺羽饗正拱手神外雙舞

第四句式懷羽籥食對羽舞庶裏豎籥幾正一揖

第五句神豎羽籥其背躬身丕正橫羽佑背雙舞

第六句佑對垂羽我朝上裏看尖黔高擎籥黎背籥舞

第七句萬倒橫羽方一對面大朝上豎羽籥有高拱手

第八句肇對肩羽此正躬身三一長跪推一叩首

撤饌禮

樂奏屢豐之章

工合乙四　乙尺乙尺　乙尺尺工　乙尺乙四

青祇司職　土膏脈起　日涓吉亥　舉耕耤禮

合四乙尺　尺乙工尺　尺工乙四　合乙合工

神安留俞　不我遐棄　執事告徹　于將舉趾

送神禮

樂奏報豐之章

工合四乙　乙尺工尺　乙尺合四　乙尺工尺

匪且有且　匪今斯今　靈雨崇朝　田稼萬金

合四工合　乙乙合四　乙尺合四　乙四合工

考鐘伐鼓　戞瑟鳴琴　神歸何所　大地秧鍼

望瘞禮

樂奏慶豐之章

工合四乙　尺尺六工　乙尺合四　乙尺乙尺

肅肅靈壇　昭昭上天　神下神歸　其風肅然

合合四乙　工乙工尺　合四尺乙　合四合工

玉版蒼幣　瘞埋告虔　神之聽之　錫大有年

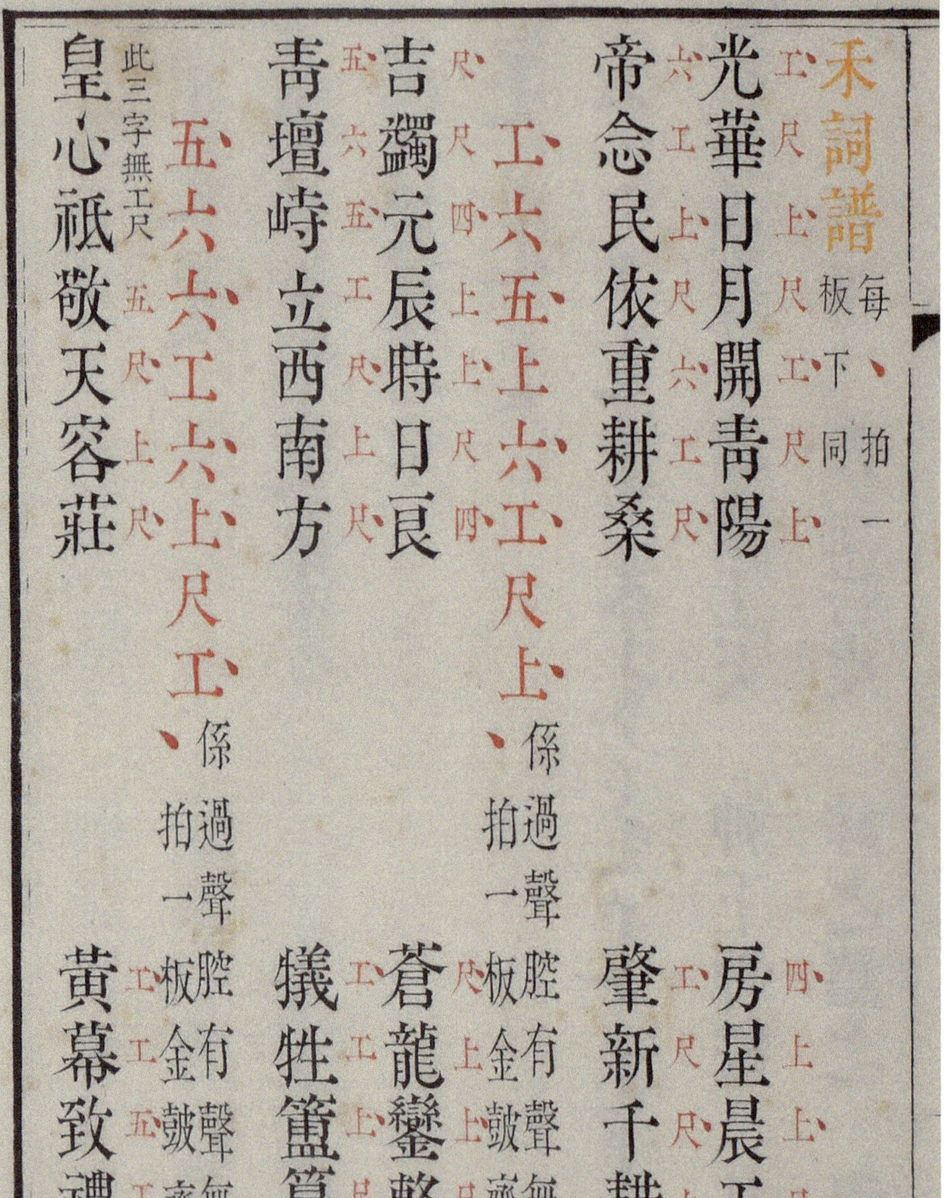

禾詞譜 每丶拍一板下同

工尺上尺工尺上
光華日月開青陽
四上上尺合四上
房星晨正呈農祥

六工上尺六工尺
帝念民依重耕桑
工尺尺上上工尺
肇新千耤考典章

工六五上六工尺上丶 係過聲腔有聲無詞每拍一板金鼓齊應

尺尺四上上尺四
吉蠲元辰時日良
尺上上尺上工尺
蒼龍鑾輅臨天閶

五六五工尺上尺
青壇峙立西南方
工工上尺工尺尺
犧牲簠簋升芬芳

五六六工六上尺工丶 係過聲腔有聲無詞每拍一板金鼓齊應

此三字無工尺 五尺上尺
皇心祇敬天容莊
工工五工上尺工
黃幕致禮虔誠將

工六上尺尺四上　上尺工尺工上尺

禮成移蹕天田旁　土膏沃洽春洋洋

六五工尺上四合四、係過聲腔有聲無詞每拍一板金鼓齊應

五工工六上尺工　尺上四上上尺尺

黛耜行地牛服韁　司農穜稑盛青箱

工工五工尺尺上　尺尺工尺合四上

洪縻在手紖鞭揚　率先稼穡爲民倡

工六五上六工尺上、係過聲腔有聲無詞每拍一板金鼓齊應

工工尺尺工上尺　工六工六上五六

三推一撥制有常　五推九推數遍詳

上尺六工工五六　工上尺上六工尺

王公卿尹咸贊襄　甸人千耦列雁行

五六六工六上尺工、係過聲腔有聲無詞每拍一板金鼓齊應

尺上工尺尺四上
耰鋤既畢恩澤滂

上上四上尺四上
來牟蕎薟森紫芒

六五工尺上四合四 係過聲腔有聲無詞每拍一板金皷齊應

五工尺上尺四上
秬秠三種黎白黃

工六五工上尺上
穈芑大穗盈尺長

工六五上六工尺上 係過聲腔有聲無詞每拍一板金皷齊應

五工上尺合四上
穄粢穈穄九色糧

六工上尺合四上
烏禾同收除童粱

五六工六尺尺上
自天集福多豐穰

工六工工尺上尺
華薌赤甲秈稈秎

六六六工上尺工
稷粟堅好碩且香

上尺工六尺上尺
五菽五豆充壠塲

上尺工六工尺上
蜀秫玉黍兼東廧

尺上上尺五六工
雙岐合頴遍理疆

五、六六、工六、上、尺工、、係過聲腔有聲無詞每拍一板金鼓齊應

千箱萬斛收神倉（工、工五、工尺、上尺、）

四時順序百穀昌（五、工五、六尺四上、）

八區九有富蓋藏（尺、尺尺、上尺五、六、工、）

歡騰億兆感聖皇（尺、上六、工上工尺、）

六、五工、尺上、四、合四、、係過聲腔有聲無詞每拍一板金鼓齊應

先蠶壇 三月巳日祭 致齋二日

寅正三刻祭

樂章仲呂為宮

大呂起調

簫譜 各章皆係頭一字末一字用仜字皆係仩伬

二字除而不用此本樂章皆係單註簫譜

笛譜 各章皆係頭一字末一字用伍字皆係伬亿

二字除而不用

迎神禮

樂奏庥平之章

仜伬亿伬伍
軒轅御籙時

伬伍亿
柔桑沃

亿伬伬伍伬仜伬
黼黻元黃供祀事

伬伍仜伬
龍精報貺

伬亿伬仜伬
西陵位正妃

伬伬伍
載陽遲

亿伬仜亿亿
稱繭更繰絲

亿亿伬仜
椒屋宗師

奠帛初獻禮

樂奏承平之章

仜𠆾伍伬亿
春隄柳綻金
𠆾仜亿
衣褘翟
仜伬亿亿伬亿伍
后月躬應敎織紝

仜伬𠆾伍亿
倉庚有好音
伍亿伍
致精忱
仜亿伬仜伬
柘館式齋心

黄流初薦（仩伍亿伬）　肸蠁如臨（亿伍仩仜）

亞獻禮

樂奏均平之章

清和日正長（仜仩伍伬亿）　靈壇水一方（仩伍亿伍亿）

紆香陌
仜伬亿

桑葉陰濃風澹蕩
伬亿仜伬仜伕仜

玉卮再陳
亿伬伕仜

終獻禮

樂奏齊平之章

執籩筐
亿伕伍

八育普嘉祥
伬亿伕亿伍

降福穰穰
亿伍伕仜

仜伕伍伬亿
神皋接上圜

亿亿伍
鷺聲滑

仜伬亿亿伬伕伍
天棘緜緜初引蔓

亿伬伕伍
雲依寶鼎

仜伬伕仜伬
葭蘆翠浪翻

亿仜伬
藕花繁

伬仜伬亿伍
三薦潔蘋蘩

亿伍伕仜
露浥旌旛

撤饌禮

樂奏柔平之章

仜伕亿伕伍　亿伬伕仜伬
公宮吉禮成　有齋奉豆登

伕伍伬　亿亿伍
僮僮被　肅肅升

仜伬伕伍亿伬仜　伬亿伍伕伍
廢徹無遲咸祇敬　法坎不常盈

伕仜伬仜　亿伍伕仜
萬方衣被　百福其朋

送神禮

樂奏洽平之章

仜𠆾伍𠆾伍
神風拂廣筵

亿伬亿
儀不忒

𠆾伍亿伬仜亿伬
禹馬流星相炳絢

亿伬𠆾仜伬
靈香下肅然

𠆾伍亿
禮無愆

亿仜𠆾仜伬
玉蝀亘平川

伬伍亿伍
彤管司職
亿伍伬仜
瑞藹登編

採桑歌譜每、拍一板下同

工尺上尺五工工
躬耕禮成詔躬桑
上尺六五上上尺
蠶月吉巳迎辰祥

六工六五上尺工
金華紫罽五翟光
上五工六工上尺
瑞雲彩映椒塗黃

工工六五上五六
工六五上六工尺上、係過聲腔有聲無詞每拍一板金皷齊應
六工六五上上尺

工工六五上尺工
壇南宿戒帷宮張
尺尺上上尺四上
西陵展事搖珩璜

齋肅恭敬柔雍彰
金鉤綠籩懿筥筐

五六六工六上尺工、係過聲腔有聲無詞每拍一板金皷齊應

五工六五六上尺 工工五六工五六
尙宮司製奉以將 柔條在東涵露香
工工尺尺上上尺 上尺工六上尺工
鞠衣三摘鳴鳩翔 月靈臨貫龍精昌

尺上四尺上六工六、係過聲腔有聲無詞每拍一板金鼓齊應

工六上尺尺四上 六五上五工五六
黼黻五色質且良 昭事上帝祠烝嘗
四上上尺工尺上 六工尺上六工尺
儀型宇宙帥妃嬪 衣食滋殖被萬方

六五工尺上四合四、係過聲腔有聲無詞每拍一板金鼓齊應

帝王廟春祭 二月擇吉日祭致齋二日日出前六刻祭

樂章夾鐘爲宮

倍應鐘起調

簫譜 各章皆係頭一字末一字用伬字皆係仜亿二字除而不用此本樂章皆係單註簫譜

笛譜 各章皆係頭一字末一字用伬字皆係伍仜二字除而不用

迎神禮

樂奏肇平之章

撫時兮極隆
伬仉伕仉伕

造經綸兮顯庸
伬仕伍伬伍仕

總古今兮一揆
仉伕伍仕伬伍

貽大寶兮微躬
伍伬伍仕仉伕

仰嶽猷兮有嚴閟宮
仉伕伍仕伍仕仉伬

孚稽首兮下風
仉伕仉伕仉伬

奠帛初獻禮

樂奏興平之章

伬仉𠆾伍伍伬仩
莽若雲兮神之行

伍仩仉𠆾伬仩
承筐篚兮旣登

伍仉𠆾伍伬伍
鑒予情兮歆享

仉仉𠆾伍伬伍
予仰止兮在廷

仉𠆾伬仩仉伬
偃靈蓋兮翠旌

伬仩伍𠆾仉伬
薦芳馨兮肅成

武生舞譜

第一句莽正揚舞若一對面雲正開牌兮背一揖
神正拱手之背擺牌行背揚舞
第二句孑正垂舞仰對擺牌止外擺手兮一對面
在微向裏廷外看尖
第三句承背擺牌筐正別足篚外擺手兮正開斧
旣對擺牌登正拱手
第四句偃裏一揖靈正垂舞蓋外一揖兮對擺牌
翠再擺牌旌一朝上

◎

第五句鑒對揚舞于正開脾情背躬身兮背平身

歆正揚舞享裏擺手

第六句薦別足正開脾芳正垂舞馨對躬身兮一朝上

肅一長跪成一叩首

亞獻禮

樂奏崇平之章

貳觴兮酒行　念昔致治兮永清

伬伬伡伍仩　伬仩伬伬仩伍仩

瞻龍袞兮若英　顧紹錫兮嘉平

伡伬伬伍伬伡　伬仩伍伡伬伬

文生舞譜

第一句　貳正拱手觴正籥舞兮對一揖酒朝上高搭羽行正一揖

第二句　念籥蹲身昔背斜籥致裏雙舞治背躬身

兮背一揖永羽籥朝上豎淸高搭羽

第三句瞻對籥舞龍外看尖衮正羽舞兮對橫羽

若正一揖英正平身

第四句願平搭羽紹對擺羽錫微向外兮裏豎籥

嘉一長跪平一叩首

終獻禮

ᠮᠠᠨᠵᠤ ᠰᠤᠷᠭᠠᠭᠤᠯᠢ

樂奏恬平之章

伬 仉 ⿰亻六 仩 伍

鑾罔兮獻終

伬 仩 仉 仉 ⿰亻六 伍 伬 仩

萬舞洋洋兮沐淸風

仉 ⿰亻六 伍 伍 仩 仉 ⿰亻六

龍鸞徐整兮企予

伬 仩 伍 仩 ⿰亻六 仉 伬

示周行兮廸予衷

文生舞譜

第一句 鑾對拱手 罔朝上交羽籥 兮正橫羽 獻正拱手

終豈羽籥

第二句萬正別足舞正擎籥洋背籥舞洋背羽舞

兮正垂籥沐倒橫羽清正橫籥風低豎籥

第三句龍肩羽籥鸞對雙舞徐外豎籥整對一揖

兮朝上羽托籥企懷羽籥予籥托羽

第四句示對舒羽周朝上豎羽籥行背舒羽兮朝上橫舒籥

廸正躬身予一長跪衷一叩首

撤饌禮

樂奏淳平之章

伬 㐹 仜 伍 仩 伬

盍肴蒸兮畢升

伍 仩 伬 伬 伍 仩

禮將徹兮虔告

㐹 仜 伬 伍 㐹 仜

五音會兮滿盈

㐹 仩 㐹 仜 仩 仜 㐹 伬

鑒孔忱兮載翼載登

送神禮

樂奏匡平之章 上四句

伬 仉 伕 伍 仩 仉 伬 仩　　伍 伍 伬 仩 伍 伬 伬 仩

羽幢繚繞兮動回風　　和鸞並馭兮歸天宮

仉 伕 伍 仩 伕 仉 伕　　伬 伍 伍 伬 仩 伕 仉 伬

五雲擁兮高馳翔　　顧回靈盼兮錫年豐

望燎禮

樂奏匡平之章下四句

伬仉㐰伍仩伬伍
駕羣龍兮一氣中
伬伍伬仩仉㐰
望神光兮遙燭

伍伍㐰仉㐰仉㐰伍
焄蒿芬烈兮實寘通
伍仩仉㐰仉伬
惟終古兮是崇

帝王廟秋祭八月擇吉日祭致齋

二日日出前六刻祭

樂章南呂爲宮

仲呂起調

簫譜各章皆係頭一字末一字用伏字皆係伍仜二字除而不用此本樂章皆係單註簫譜

笛譜各章皆係頭一字末一字用仕字皆係伬伍二字除而不用

迎神禮

樂奏肇平之章

伏亿仩亿仩

撫時兮極隆

亿仩伬仉伏伬

總古今兮一揆

亿仩伬仉伬仉亿伏

仰嶶猷兮有嚴閟宫

奠帛初獻禮

伏仉伬伏伬仉

造經綸兮顯庸

伬伏伬仉亿仩

貽大寶兮徽躬

亿仩亿仩亿伏

予稽首兮下風

樂奏興平之章

伏亿仕伬伬伏佩
莽若雲兮神之行

亿亿仕伬伏伬
予仰止兮在廷

伬佩亿仕伏佩
承筐篚兮旣登

亿仕伏佩亿伏
偃靈蓋兮翠旌

伬亿仕伬伏伬
鑒子情兮歆享

伏佩伬仕亿伏
薦芳馨兮肅成

武生舞譜

第一句莽正揚舞若一對面雲正開牌兮背一揖

神正拱手之背擺牌行背揚舞

第二句予正垂舞仰對擺牌止外擺手兮一對面

在微向裏廷外看尖

第三句承背擺牌筐正別足篚外擺手兮正開斧

既對擺牌登正拱手

第四句偃裏一揖靈正垂舞蓋外一揖兮對擺牌

翠再擺牌旌一朝上

第五句鑒對揚舞予正開牌倩背躬身兮背平身

歆正揚舞享裏擺手

第六句薦别足正開牌芳正垂舞馨對躬身兮一朝上

肅一長跪成一叩首

亞獻禮

樂奏崇平之章

⿰亻六亿仩伬⿰亻凡
貳觴兮酒行　念昔致治兮永清
⿰亻六⿰亻凡亿⿰亻六⿰亻凡伬⿰亻凡

仩亿亿伬亿仩
贍龍袞兮若英　願紹錫兮嘉平
⿰亻六⿰亻凡伬仩亿⿰亻六

文生舞譜

第一句 貳 正拱手 觴 正籥舞 兮 對一揖 酒 朝上高搭羽 行 正一揖

第二句 念 籥蹲身 昔 背斜籥 致 裏雙舞 治 背躬身

兮背一揖永朝上豎羽籥淸高搭羽

第三句

瞻對籥舞龍外看尖袞正羽舞兮對橫羽

若正一揖英正平身

第四句

顧平搭羽紹對擺羽錫徽向外兮裏豎籥

嘉一長跪平一叩首

終獻禮

樂奏恬平之章

伏亿仩仉伬
鬱罶兮獻終

亿仩伬伬仉亿仩
龍鸞徐整兮企予

伏仉亿亿仩伬伏仉
萬舞洋洋兮沐清風

伏仉伬仉仩亿伏
示周行兮廸予衷

文生舞譜

第一句
鬱 對拱手
罶 朝上交羽籥
兮 正横羽
獻 正拱手
終 豎羽籥

第二句 萬正别足舞正擘籥洋背籥舞洋背羽舞

兮正垂籥沐倒横羽淸正横籥風低豎籥

第三句 龍肩羽籥鸞對雙舞徐外豎籥整對一揖

兮朝上羽托籥企懷羽籥予籥托羽

第四句 示對舒羽周朝上豎羽籥行背舒羽兮朝上横舒籥

廸正躬身予一長跪衷一叩首

撤饌禮

樂奏淳平之章

伏亿仩伬仉伏　亿仩伏伬亿仩

盍肴蒸兮畢升　五音會兮滿盈

伬仉伏伏伬仉　亿仉亿仩仉仩亿伏

禮將徹兮虔告　鑒孔忱兮載翼載登

送神禮

樂奏匡平之章 上四句

⿰亻六 亿 仩 伬 ⿰亻凡 亿 ⿰亻六 ⿰亻凡

羽幢繚繞兮動回風

亿 仩 伬 ⿰亻凡 仩 亿 仩

五雲擁兮高馳翔

伬 伬 ⿰亻六 ⿰亻凡 伬 ⿰亻六 ⿰亻六 ⿰亻凡

和鸞並馭兮歸天宮

⿰亻六 伬 伬 ⿰亻六 ⿰亻凡 仩 亿 ⿰亻六

顧回靈盼兮錫年豐

望燎禮

樂奏匡平之章 下四句

⿰亻六亿仕伬⿰亻凡⿰亻六伬

駕羣龍兮一氣中

⿰亻六伬⿰亻六⿰亻凡亿仕

望神光兮遥燭

伬伬仕亿仕亿仕伬

焄蒿芬烈兮實冥通

伬⿰亻凡亿仕亿⿰亻六

惟終古兮是崇

太歲壇年前與祫祭同日祭祭皆毋庸另齋戒　新年與孟春同日日出前四刻祭

樂章太簇爲宮

倍無射起調

簫譜各章皆係頭一字末一字用尺字皆係工乙二字除而不用此本樂章皆係單註簫譜

笛譜各章皆係頭一字末一字用合字皆係四工二字除而不用

迎神禮

樂奏保平之章

尺凡合四　尺四凡合　上四四上　凡合四合

協茲五紀　歲月日辰　天惟顯思　神職攸分

尺上凡尺　四尺四合　凡合四四　四合凡尺

於赫太歲　統馭百神　承天之德　陰隲下民

奠帛初獻禮

樂奏定平之章

尺凡合四　尺四尺上　四四凡合　四上凡尺

禮崇明祀　涓選休成　潔齋滌志　量幣告誠

凡合四合　上四尺上　四上凡合　四合凡尺

祈福維何　福我蒼生　陳饋捧酬　瞻仰雲旌

武生舞譜

第一句　禮正躬身　崇正垂舞　明一對面　祀對擺脾

第二句　涓背揚舞　選正垂舞　休裏看尖　成外看尖

第三句潔正别足齋背一揖滌正開牌志對一揖

第四句量一對面幣正躬身告背一揖誠别足正開牌

第五句祈外擺手福裏擺手維對一揖何正垂舞

第六句福背一召我正揚舞蒼對擺牌生正開斧

第七句陳背擺牌饋正别足捧對揚舞酬裏拱手

第八句瞻正拱手仰正沉牌雲一長跪旋一叩首

亞獻禮

ᠠᠳᠠᠯᠢ ᠮᠠᠲ᠋ᠠ

樂奏嘏平之章

尺凡合四　凡合四上　尺尺上四　尺四尺上

百末蘭生　有飶其香　升歌湑越　磬管鏘鏘

上四凡合　尺凡尺上　凡合四合　上合凡尺

牲牷肥腯　嘉薦令方　神其歆止　在上洋洋

文生舞譜

第一句　百正拱手末分羽籥蘭籥籥蹲身生一對面

第二句有對托羽飶對一揖其朝上斜擎籥香背雙舞

第三句升高搭羽歌對躬身湑正橫籥越對肩羽

第四句磬高搭羽管裏一揖鏘對羽舞鏘朝上橫舒籥

第五句牲背斜籥牷背一揖肥正橫籥腯裏雙舞

第六句嘉正垂籥薦背羽舞令朝上籥支羽方羽托籥

第七句神外一揖其裏一揖歆對肩籥止正垂籥

第八句在對肩羽上正拱手洋一長跪洋一叩首

終獻禮

樂奏富平之章

執事有嚴　再拜稽首　三爵既升　以妥以侑

尺凡合四　尺上凡合　上上凡尺　四上凡合

顒若有孚　肅玆籩豆　神其歆止　人民曼壽

凡凡合四　尺尺上尺　凡凡四合　凡合凡尺

文生舞譜

第一句執正躬身事微向裏有對籥舞嚴對羽舞

第二句再肩羽籥拜正一揖稽交羽籥首正躬身

第三句三外豎籥爵對面籥蹲身既裏豎籥升背召羽蹲身

第四句以正躬身妥外一揖以背躬身侑朝上懷羽籥

第五句顒對托羽若裏雙舞有正肩籥孚一對面

第六句肅平搭羽玆裏看尖籩豎舒籥豆正橫羽

第七句神別足正橫籥其對垂羽歆朝上分羽籥止背羽舞

第八句人正擎籥民正一揖曼一長跪壽一叩首

撤饌禮

樂奏盈平之章

尺凡合四 上尺凡合 尺凡尺上 凡凡四合

王省惟歲 有報有祈 六氣無易 平衡正璣

四四凡合 四四尺上 合凡凡合 凡合凡尺

嘉生蕃祉 澤及蜎飛 百禮以洽 承神吉輝

送神禮

樂奏豐平之章

尺凡合上　四四凡合　四上四尺　四上凡合

神兮旋馭　肅瞻景光　靈飈上下　無體無方

上四尺四　上尺凡合　凡尺上四　凡合凡尺

嘉承惠和　億兆溥將　歲歲大有　神其廸嘗

太歲壇祈雨 擇吉日祭 致齋一日

日出前四刻祭 報祀同

樂章太簇 為宮

倍無射 起調

簫譜 各章皆係頭一字末一字用尺字皆係工乙二字除而不用此本樂章皆係單註簫譜

笛譜 各章皆係頭一字末一字用合字皆係四工二字除而不用

迎神禮

樂奏需豐之章

尺凡四合上凡合
持元化兮富媼神
四尺凡合四尺上
秉歲籥兮六氣均

四四上四凡合
馳雲車兮風旂
四凡凡合上四
殷闐闐兮天門

尺凡合四凡合
情彷徨兮孔殷
四上凡合四凡尺
神之來兮康我民

奠帛初獻禮

樂奏宜豐之章

尺凡四合四凡合　尺四尺上上尺四

薦嘉幣兮芳醴清　練子素兮升飶馨

四合凡合四合　四合凡合四凡尺

紛肸蠁兮格歆　甘膏沃兮神所令

武生舞譜

第一句 薦正揚舞 嘉對垂舞 幣正開牌 兮背一揖

芳裏擺牌醴正一揖清正拱手

第二句練對擺牌予再擺牌素正揚舞兮背垂舞

升裏看尖飶裏擺手馨對拱手

第三句紛正開牌肸背垂舞蠁正一揖兮對擺牌

格正一揖歆正拱手

第四句甘外看尖膏裏看尖沃對一揖兮一朝上

神正拱手所一長跪令一叩首

亞獻禮

樂奏晉豐之章

尺凡合四上尺四　　　　四凡合凡四凡合
啓山罍兮攝椒漿　　　　侑神宮兮靈洋洋

凡合四合四四尺上　　　尺上四合凡尺
族雲輿兮使我心若　　　惠嘉生兮降康

文生舞譜

第一句 啟正籥舞山對羽舞罍正拱手兮背一揖

攝朝上高搭羽椒對拱手漿正一揖

第二句 侑外拱手神裏拱手宮對橫羽兮朝上交羽籥

靈斜擊籥洋對雙舞洋再雙舞

第三句 族正一揖雲高搭羽輿背羽舞兮正一揖

使高擊籥我對一揖心朝上平搭羽若外一揖

第四句 惠對肩羽嘉對肩籥生正一揖兮正平身

降一長跪康一叩首

終獻禮

樂奏協豐之章

尺凡合上四
清犖兮三獻
凡合四上凡合
靈回翔兮六幕

凡合四上尺四
揚翟籥兮載愉
四上尺四合凡尺
澤滂霈兮遍八區

文生舞譜

第一句清對橫羽竽正拱手兮背一揖三裏拱手

斛外一揖

第二句揚高搭羽翟對雙舞籥正斜籥兮背羽舞

載正拱手愉正一揖

第三句靈對肩羽回對肩籥翔正一揖兮背籥舞

六朝上交羽籥幕對橫羽

第四句澤背一揖滂裏雙舞霈外雙舞兮對一揖

遍一朝上八一長跪匾一叩首

撤饌禮

樂奏應豐之章

尺凡四合凡合　上四尺四上尺四

禮儀備兮孔時　音繁會兮徹不遲

合凡上四尺四上　凡合上四四凡尺

昭靈貺兮迓蕃祉　田多稼兮氾濩之

送神禮

樂奏洽豐之章

尺凡四合凡合　上上尺凡四合四

顧億兆兮誠求　渥甘澍兮神之休

慶時若兮百昌遂

凡尺四上凡合四

惠我無疆兮歲有秋

尺四凡合合四凡尺

天神壇祈雨擇吉日祭　致齋一日
日出前四刻祭　報祀同

樂章黃鐘爲宮

倍夷則起調

簫譜各章皆係頭一字末一字用上字皆係尺四二字除而不用此本樂章皆係單註簫譜

笛譜各章皆係頭一字末一字用凡字皆係合尺二字除而不用

迎神禮

樂奏祈豐之章

上工凡合乙上合　工凡合乙工凡工

雲車馳兮風旆征　雷闐闐兮雨冥冥

工凡合乙上乙　合上合合工凡

表六合兮穹青　橫大川兮揚靈

乙工工凡合乙　工凡合凡工上

紛總總兮來會　穆予心兮齋明

奠帛初獻禮

樂奏華豐之章

上工凡凡合乙工凡　乙合上合工上乙

束帛戔戔兮筐篚將　昭誠肅兮鬯馨香

工凡乙工凡工工凡　工凡合上乙凡工上

瘼此下民兮候有望　神垂鴻祜兮未渠央

武生舞譜

第一句　束外擺手帛裏擺手戔背一召戔正揚舞

兮背擺牌筐背一揖篚正垂舞將裏看尖

第二句 昭對揚舞誠正躬身肅對擺牌兮正拱手

鬯正沉牌馨外看尖香背一召

第三句 瘨背擺牌此正揚舞下對一揖民正別足

兮外一揖候微向裏有外擺手望外看尖

第四句 神別足正
開牌 垂背一揖鴻一朝上祜一對面

兮正垂舞未正躬身渠一長跪央一叩首

亞獻禮

樂奏興豐之章

上工凡乙合　乙上合工上

疏冪兮再啟　芳齊兮載陳

上乙合合乙　凡工凡工上

惠邀兮神貺　福我兮民人

文生舞譜

第一句疏豎羽籥冪背一召兮背一揖再朝上平斜籥

啟高搭羽

第二句芳外豎籥齊背籥舞兮徵向裏載正躬身

陳籥蹲身

第三句惠對躬身邀對雙舞兮朝上懷羽籥神背斜籥

貺正垂籥

第四句福對橫羽我正躬身兮正拱手民一長跪

人一叩首

終獻禮

樂奏儀豐之章

上工凡乙合
犧尊兮三滌
工凡合乙乙上
誠無斁兮嘉薦

凡工凡上乙
旨酒兮思柔
合乙工凡工上
神燕娭兮降休

文生舞譜

第一句 犧 正橫羽 尊 背躬身 兮 背一揖 三 正羽舞

滌 對籥舞

第二句 旨 平搭羽 酒 外雙舞 兮 分羽籥 思 外肩羽

柔 對雙舞

第三句 誠 正拱手 無 對肩羽 斁 外一揖 兮 對托羽

嘉 朝上交羽籥 薦 背豎籥

第四句 神 正一揖 燕 對羽舞 娭 正擎籥 兮 正躬身

降一長跪休一叩首

撤饌禮

樂奏和豐之章

上工凡合工凡　乙合上乙合乙

禮既成兮孔殷　潔明粢兮苾芬

工上乙凡工
廢徹兮不遲

上乙凡工上
至敬兮無文

送神禮

樂奏錫豐之章

上工凡乙合
流形兮露生

凡工凡上乙
苞符兮孕靈

介我稷黍兮日雨而雨

工上乙合上合乙工凡

神之格思兮祀事孔明

工凡乙上合乙凡工上

地祇壇祈雨 擇吉日祭 致齋一日

日出前四刻祭 報祀同

樂章林鐘爲宮

夾鐘起調

簫譜各章皆係頭一字末一字用伬字皆係伕伬二字除兩不用此本樂章皆係單註簫譜

笛譜各章皆係頭一字末一字用亿字皆係仕伬二字除兩不用

迎神禮

樂奏祈豐之章

伬伍亿仕仜伬仕
雲車馳兮風旆征
伍亿仕仜伍亿伍
雷闐闐兮雨冥冥

伍亿仕仜伬仜
表六合兮穹青
仕伬仕仜伍亿
橫大川兮揚靈

仜伍伍亿仜仜
紛總總兮來會
伍亿仕亿伍伬
穆子心兮齊明

奠帛初獻禮

樂奏華豐之章

伬伍亿亿仩仜伍亿　仜仩伬仜伍伬仜

束帛戔戔兮筐篚將　昭誠肅兮罍馨香

伍亿仜伍亿伍伍亿　伍亿仩伬仜亿伍伬

瘼此下民兮俟有望　神垂鴻祜兮未渠央

武生舞譜

第一句束外擺手帛裏擺手戔背一召戔正揚舞

兮背擺牌筐背一揖篚正垂舞將裏看尖

第二句昭對揚舞誠正躬身肅對擺牌兮正拱手

鬯正沉牌馨外看尖香背一召

第三句瘼背擺牌此正揚舞下對一揖民正別足

兮外一揖候微向裏有外擺手望外看尖

第四句神別足正開牌垂背一揖鴻一朝上祜一對面

兮正垂舞未正躬身渠一長跪央一叩首

亞獻禮

樂奏興豐之章

疏（伬）冪（伍）兮（亿）再（仜）啟（仩）芳（仜）齊（伬）兮（仩）載（伍）陳（伬）

惠（伬）邀（仜）兮（仩）神（仩）貺（仜）福（亿）我（伍）兮（亿）民（伍）人（伬）

文生舞譜

第一句 疏豎羽籥羃背一召兮背一揖再朝上平斜籥

啟高搭羽

第二句 芳外豎籥齊背籥舞兮微向裏載正躬身

陳籥蹲身

第三句 惠對躬身邀對雙舞兮朝上懷羽籥神背斜籥

貺正垂籥

第四句 福對橫羽我正躬身兮正拱手民一長跪

八一叩首

終獻禮

樂奏儀豐之章

仉伍亿仜仩
犧尊兮三滌

亿伍亿仉仜
旨酒兮思柔

伍亿仕仜仜仉
誠無斁兮嘉薦

仕仜伍亿伍仉
神燕娭兮降休

文生舞譜

第一句 犧正橫羽 尊背躬身 兮背一揖三正羽舞 滌對籥舞

第二句 旨平搭羽 酒外雙舞 兮分羽籥 思外肩羽 柔對雙舞

第三句 誠正拱手 無對肩羽 斁外一揖 兮對托羽 嘉朝上交羽籥 薦背豎籥

第四句 神正一揖 燕對羽舞 娭正擎籥 兮正躬身

降一長跪休一叩首

撤饌禮

樂奏和豐之章

伬伍亿仩伍亿

禮既成兮孔殷

仜仩伬仜仩仜

潔明粢兮苾芬

廢徹兮不遲　至敬兮無文
伍仉仩亿伍　仉仩亿伍仉

送神禮

樂奏錫豐之章

流形兮露生　苞符兮孕靈
仉伍亿仩仩　亿伍亿仉仩

介我稷黍兮曰雨而雨

伍仉仜仩仉仩仜伍亿

神之格思兮祀事孔明

伍亿仜仉仩仜亿伍仉

祭祀穿戴手執
四冊

武舞生帽

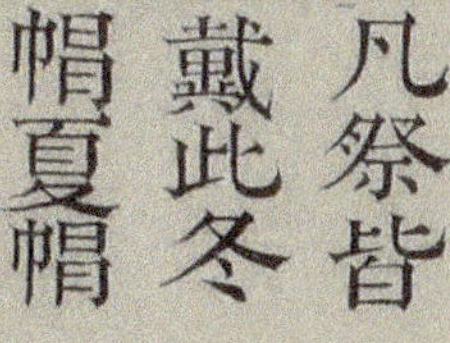

凡祭皆戴此冬帽夏帽

文舞生帽

凡祭皆戴此冬帽夏帽

文生武生皆此一色綠之腰帶

武舞生衣

圜丘壇
常雩禮
天神壇

文舞生衣

圜丘壇
常雩禮
天神壇

武舞生衣

方澤壇
地祇壇

文舞生衣

方澤壇
地祇壇

武舞生衣

祈穀壇
太廟時享並祫祭
奉先殿
社稷壇並祈雨報祀
朝日壇
先農壇
帝王廟
太歲壇並祈雨報祀

文舞生衣

祈穀壇

太廟時享並祫祭

奉先殿

社稷壇並祈雨報祀

朝日壇

先農壇

帝王廟

文廟

太歲壇並祈雨報祀

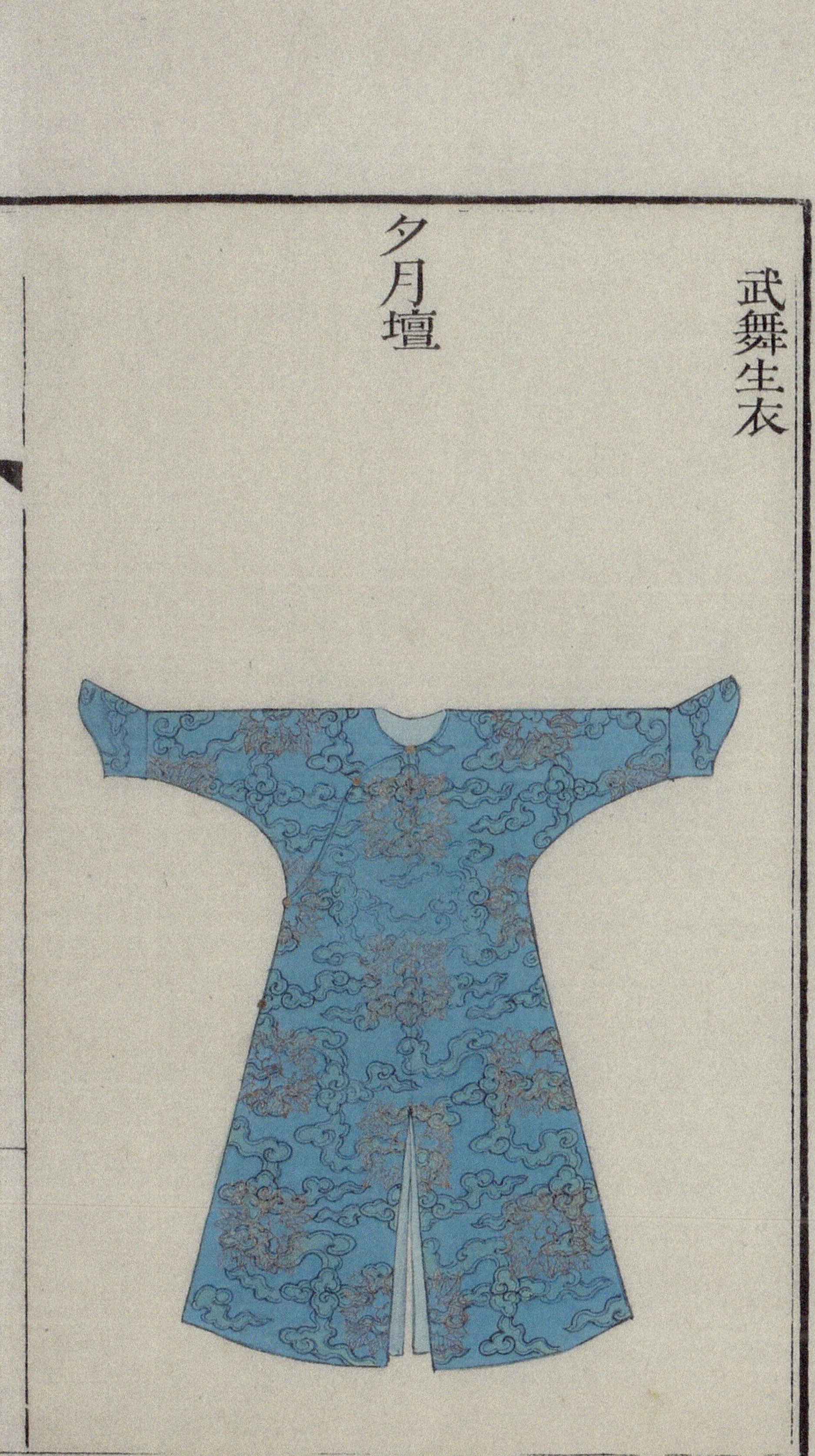
武舞生衣
夕月壇

文舞生衣

夕月壇

唱禾詞採桑歌人
所戴之暖凉帽帶

先農壇
先蠶壇

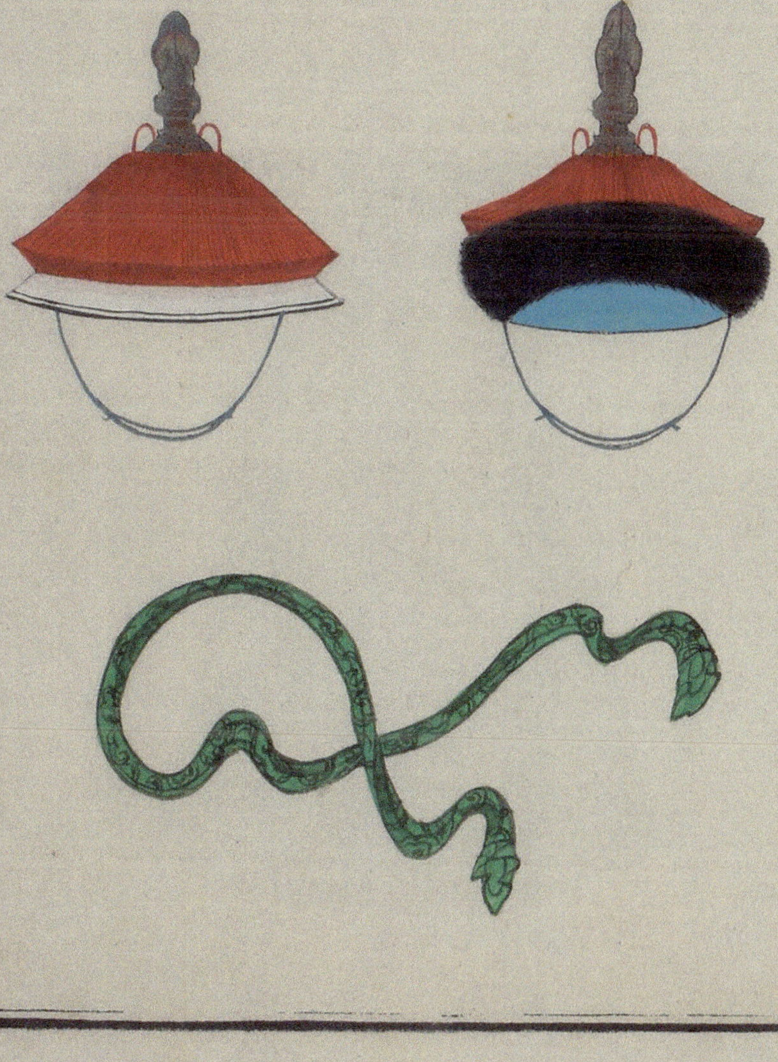

唱禾詞採桑歌人
所穿之五色衣

先農壇
先蠶壇

唱禾詞採桑歌人所穿之五色衣

先農壇
先蠶壇

唱禾詞採桑歌人所穿之五色衣

先農壇
先蠶壇

唱禾詞採桑歌人所穿之五色衣

先農壇
先蠶壇

唱禾詞採桑歌人
所穿之五色衣

先農壇
先蠶壇

唱禾詞採桑歌時執
旗人所戴之帽帶

先農壇
先蠶壇

唱禾詞採桑歌時
執旗人所穿之衣

先農壇
先蠶壇

唱禾詞採桑歌時
所颭之五色旗

先農壇
先蠶壇

唱禾詞採桑歌時
所颭之五色旗

先農壇
先蠶壇

唱禾詞採桑歌時所颺之五色旗

先農壇

先蠶壇

唱禾詞採桑歌時
所颭之五色旗

先農壇
先蠶壇

唱禾詞採桑歌時
所颺之五色旗

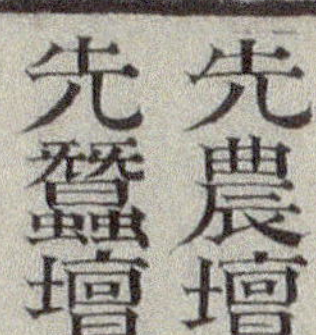
先農壇
先蠶壇

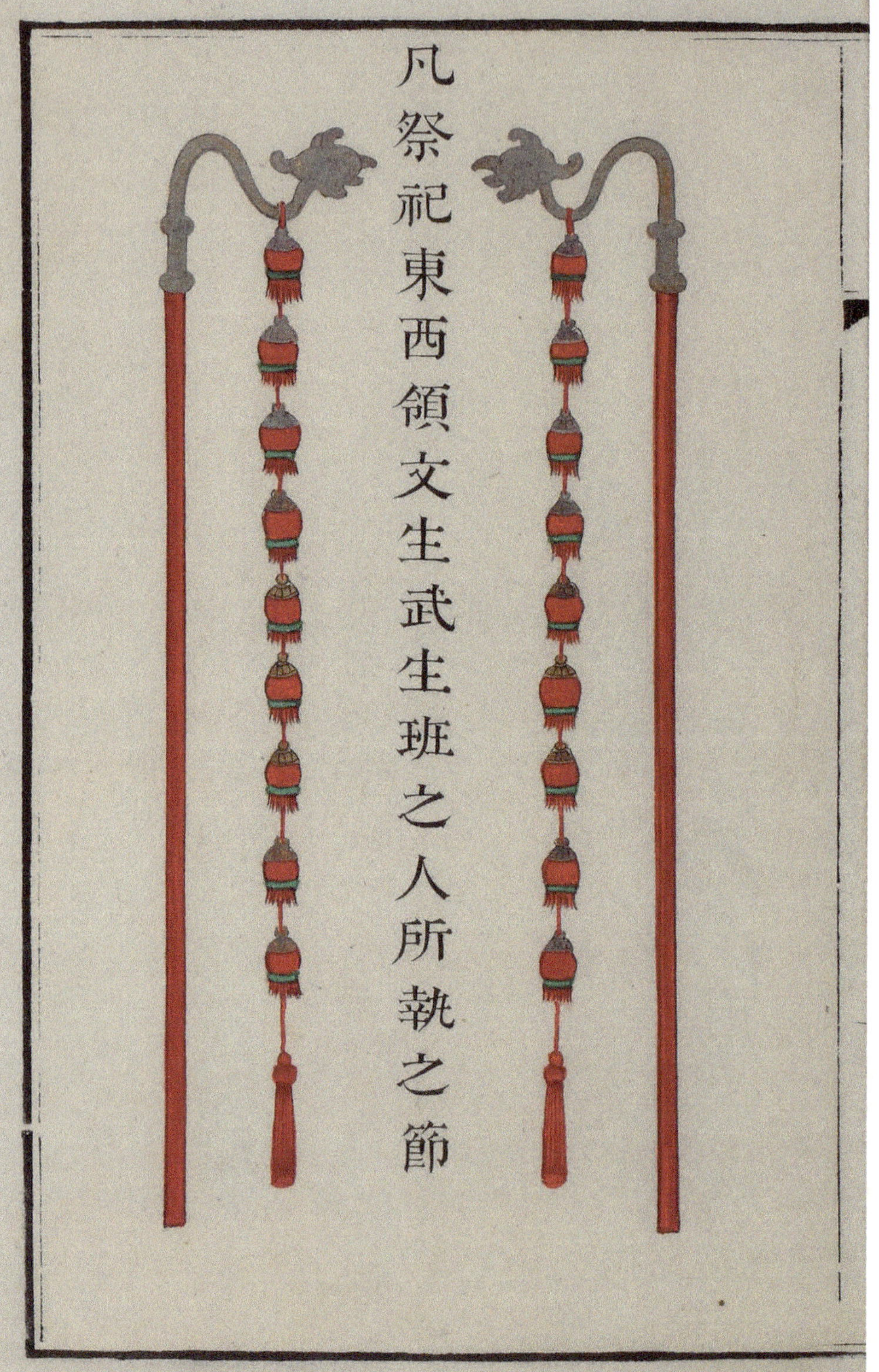
凡祭祀東西領文生武生班之人所執之節

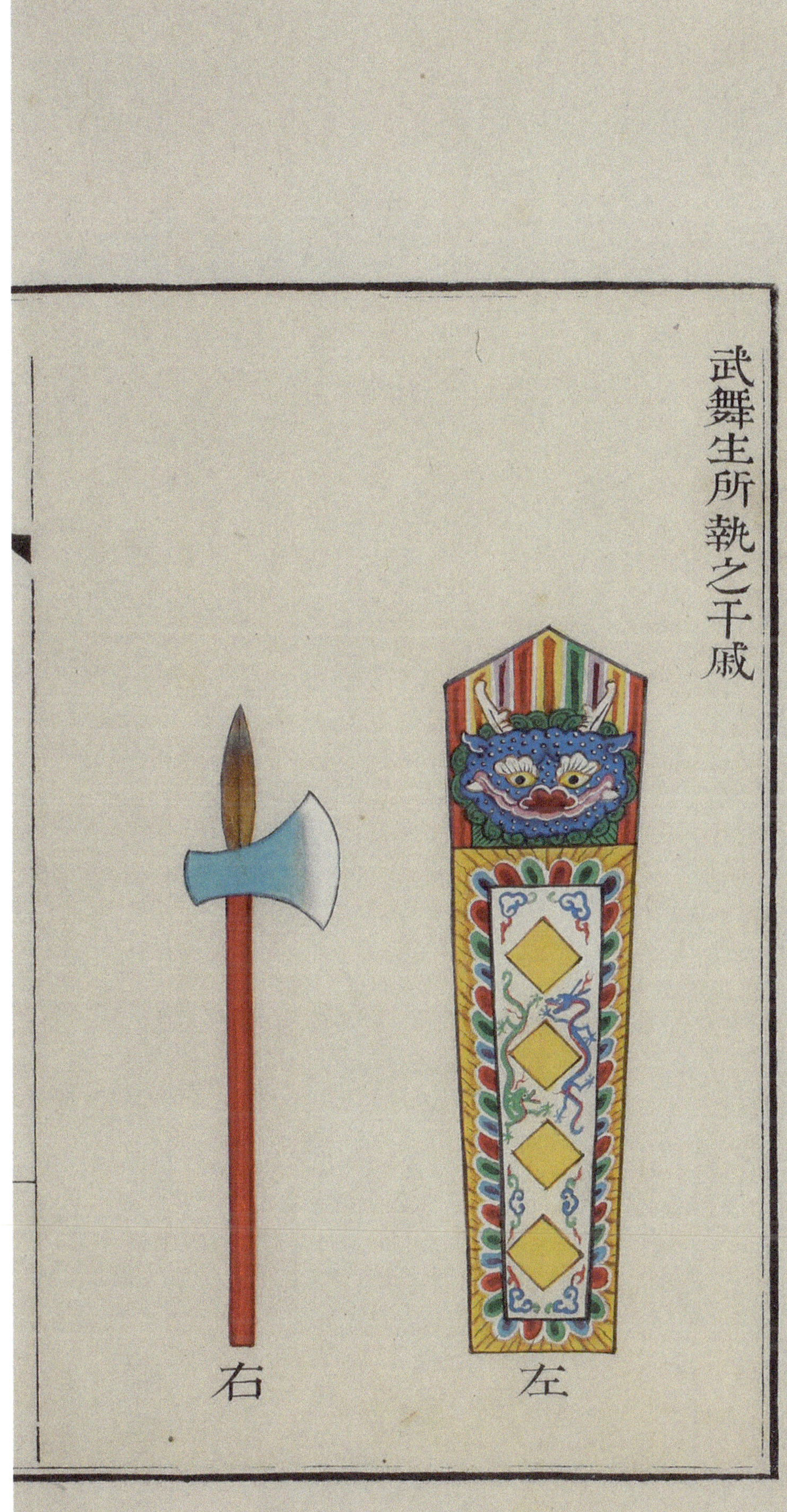

武舞生所執之干戚

文舞生所執之籥羽

右

左

青衣童子帽帶

大雩禮

青衣童子衣

大雩禮

大雩禮領青衣童子之班人所執之節

◎

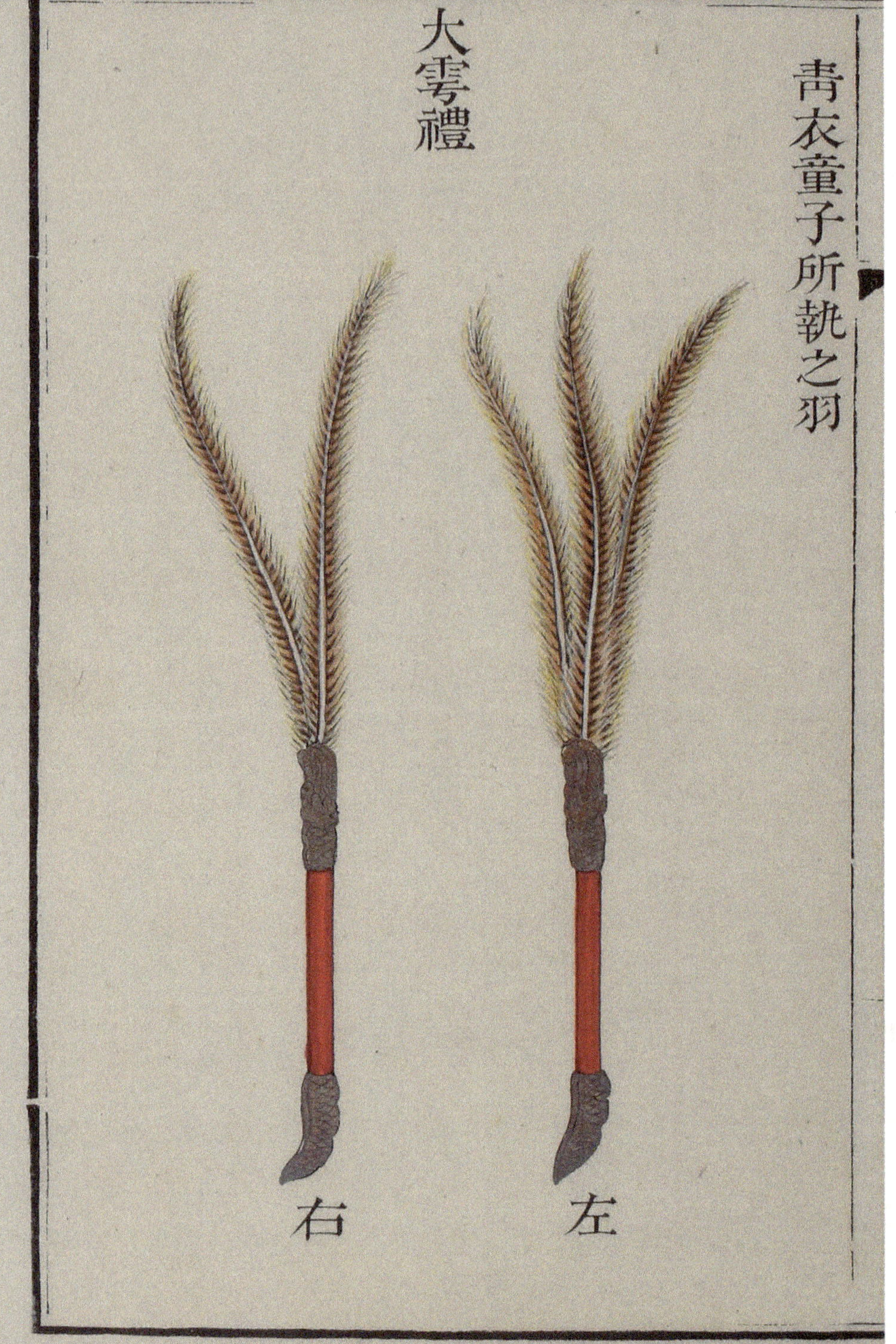
青衣童子所執之羽
大雩禮
左
右

◎

文生武生舞譜
五冊

武生舞譜

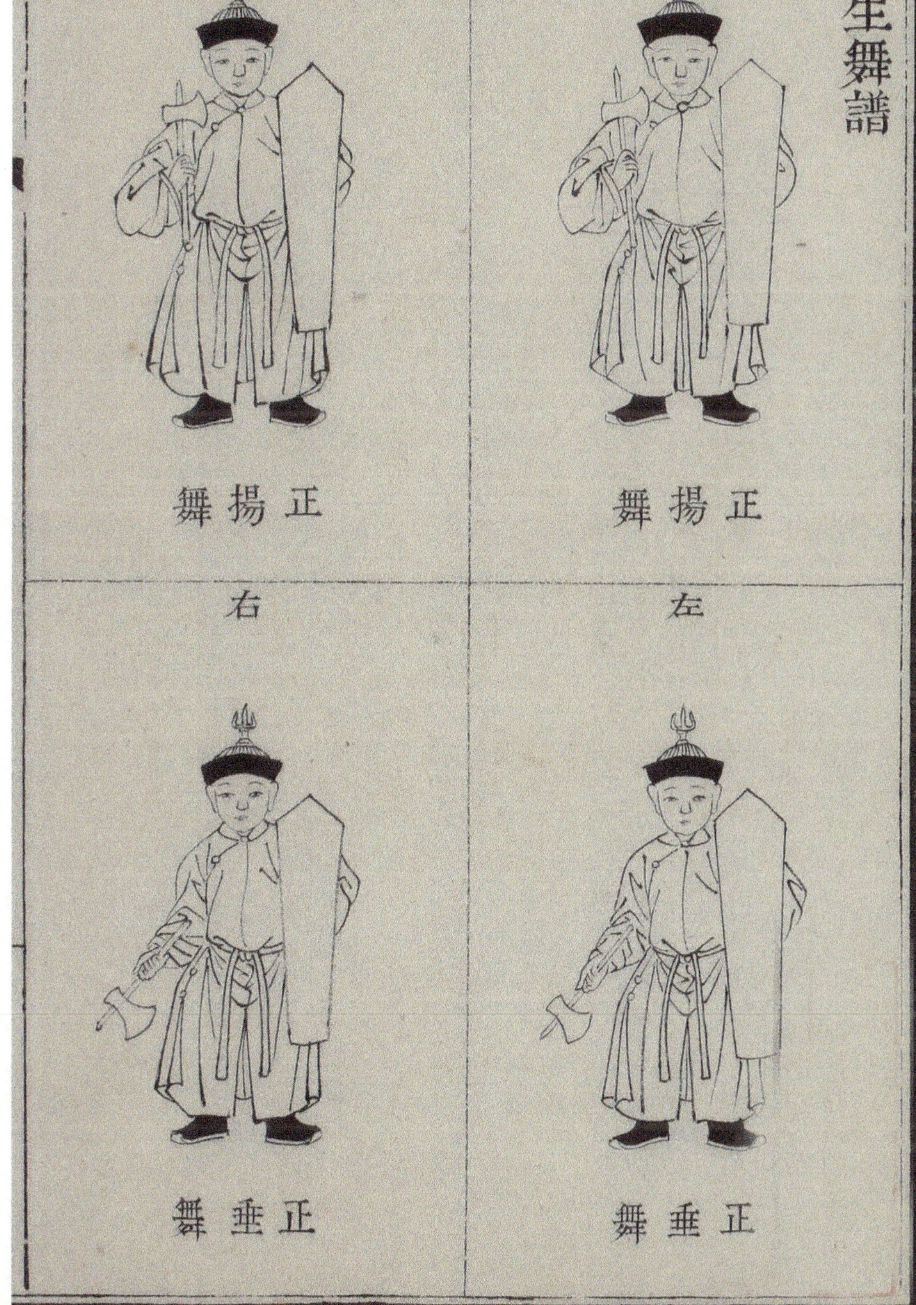

左

正躬身

右

正躬身

左

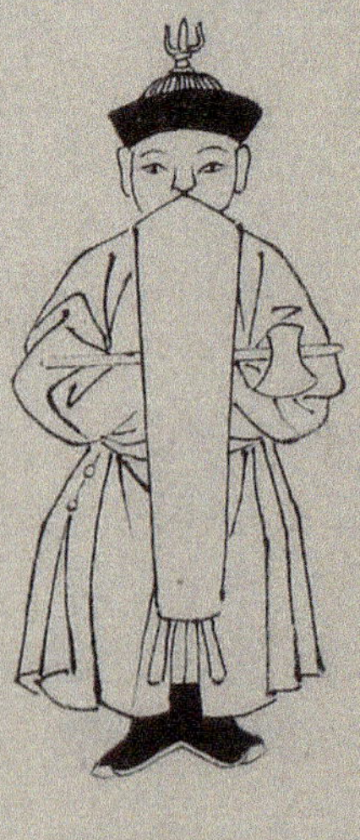

正别足

右

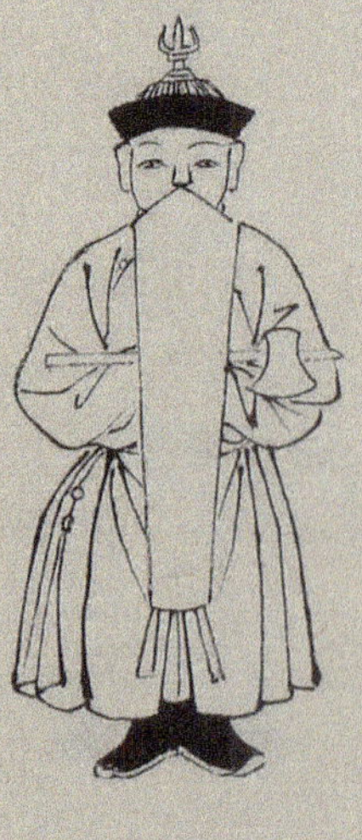

正别足

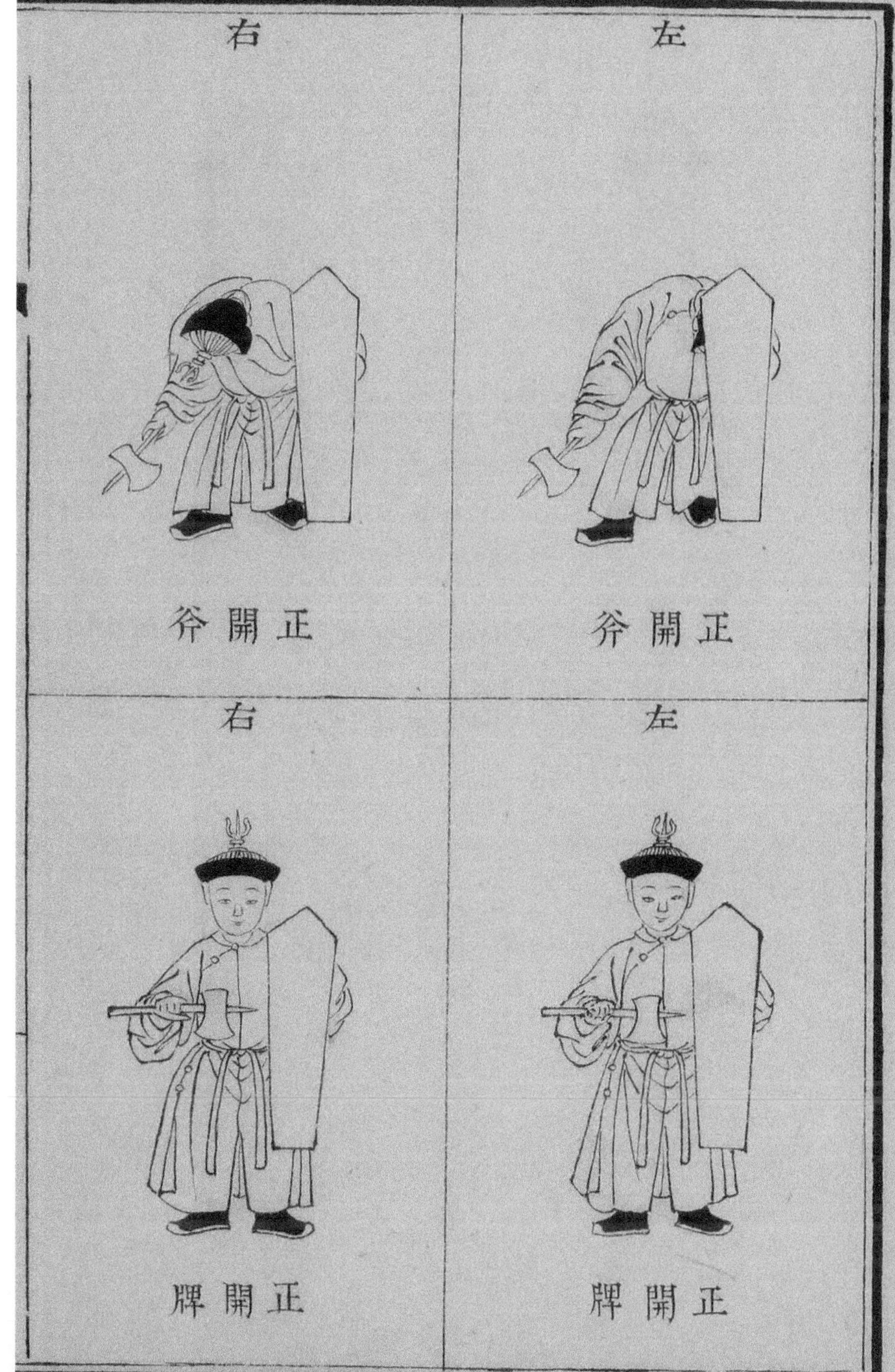
左
正開斧
右
正開斧
左
正開牌
右
正開牌

左
正拱手
右
正拱手
左
正一揖
右
正一揖

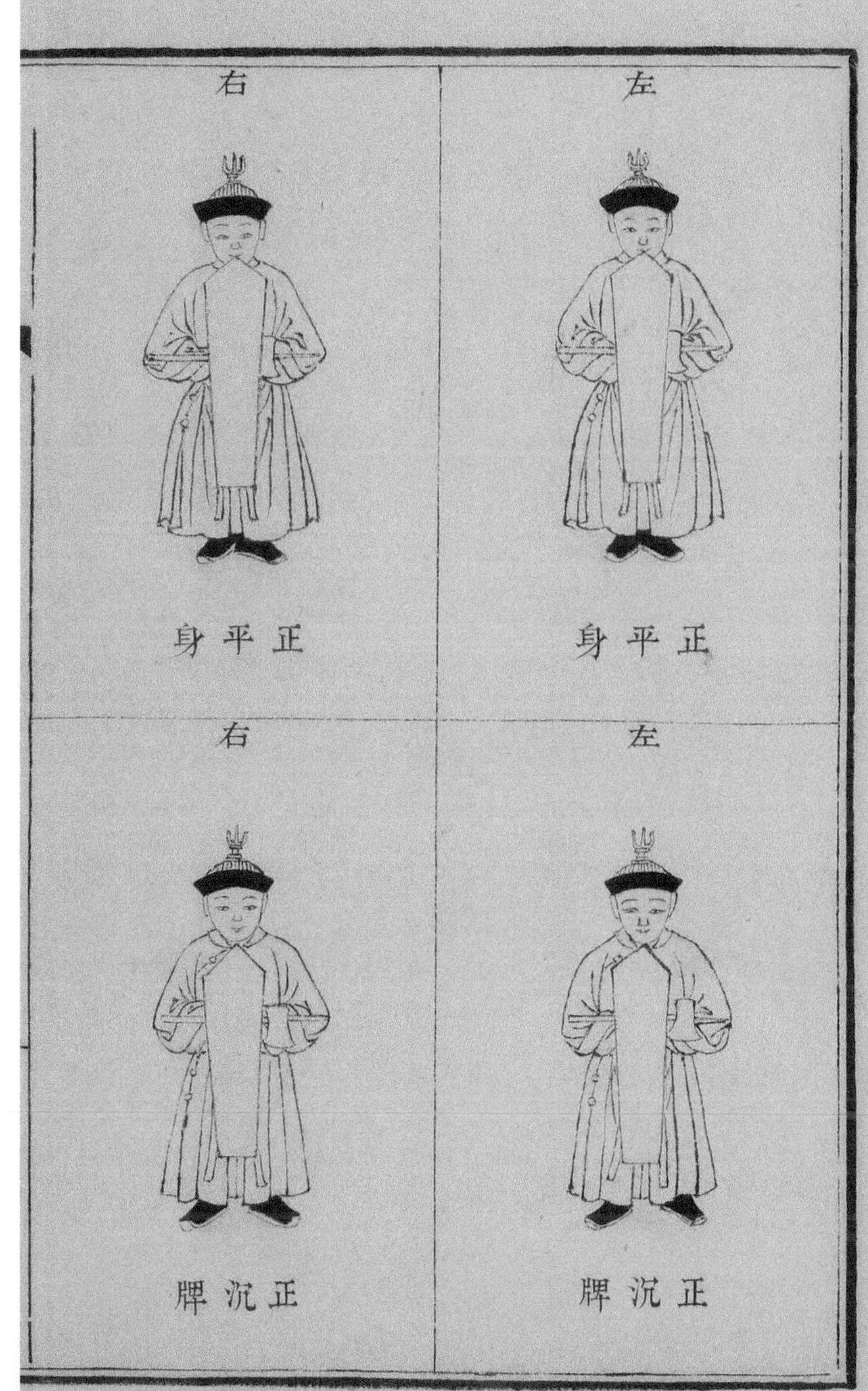
左
正平身
右
正平身
左
正沉牌
右
正沉牌

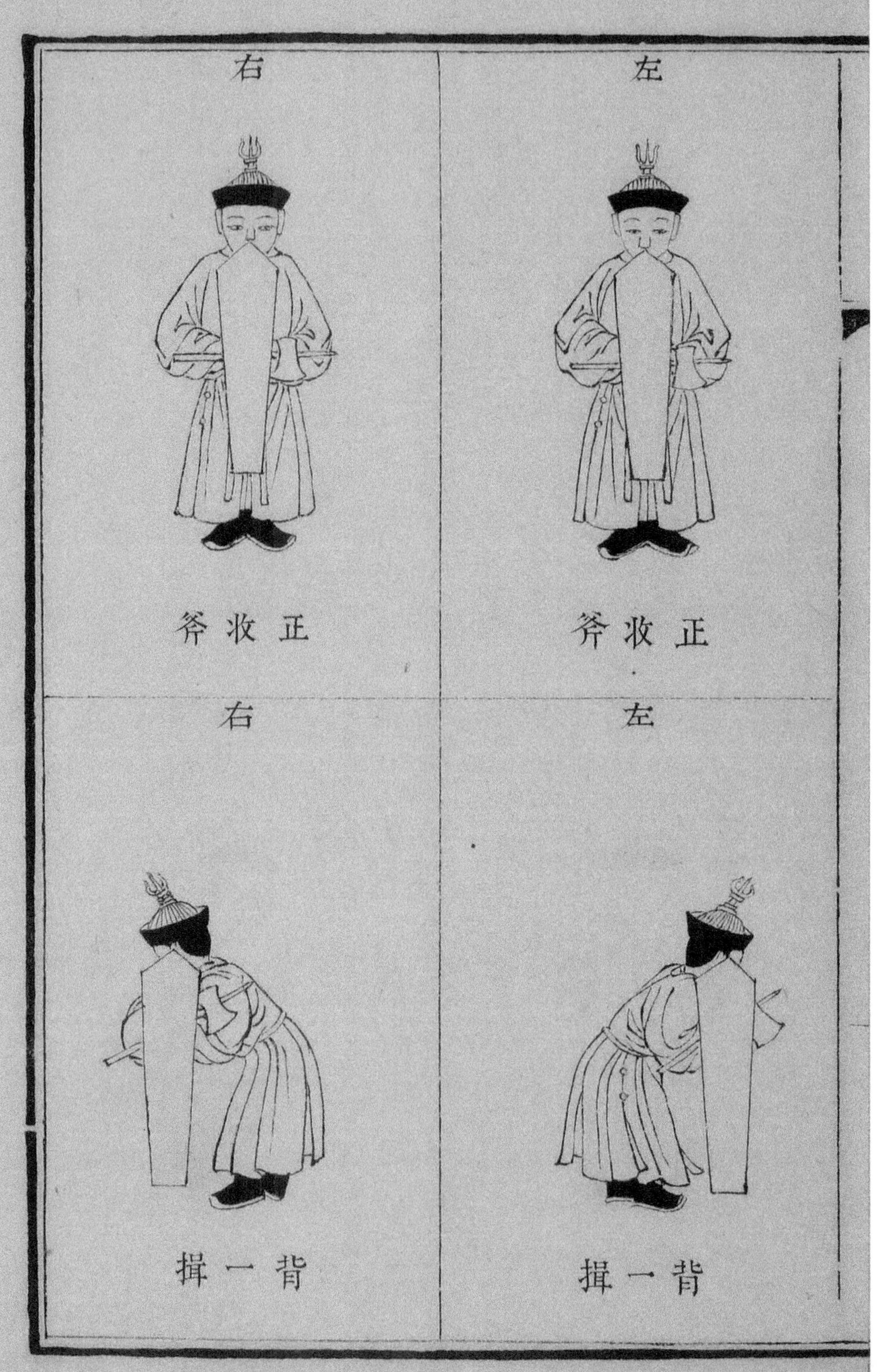
左
正收斧
右
正收斧
左
背一揖
右
背一揖

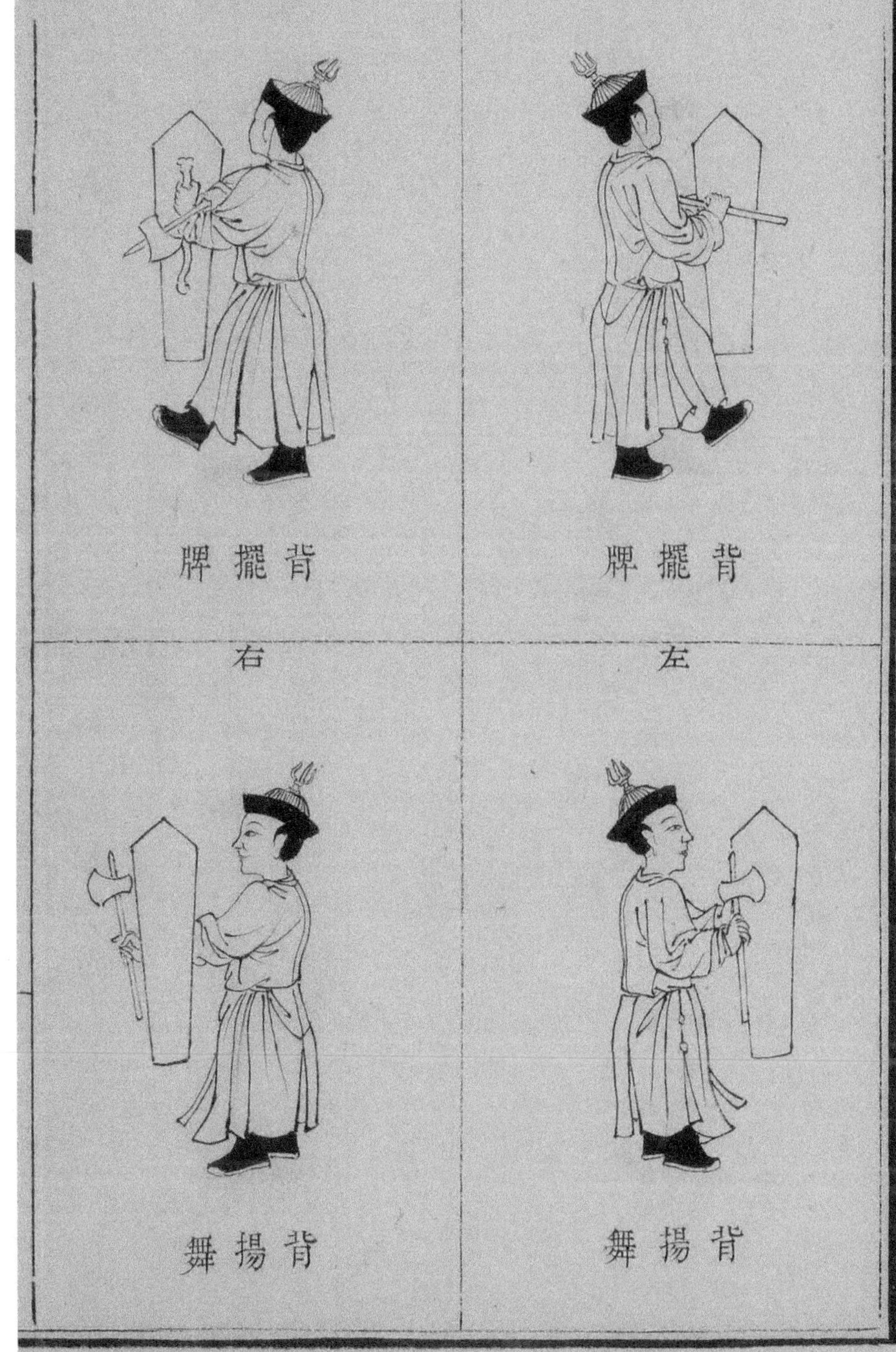
右
左
背擺牌
背擺牌
右
左
背揚舞
背揚舞

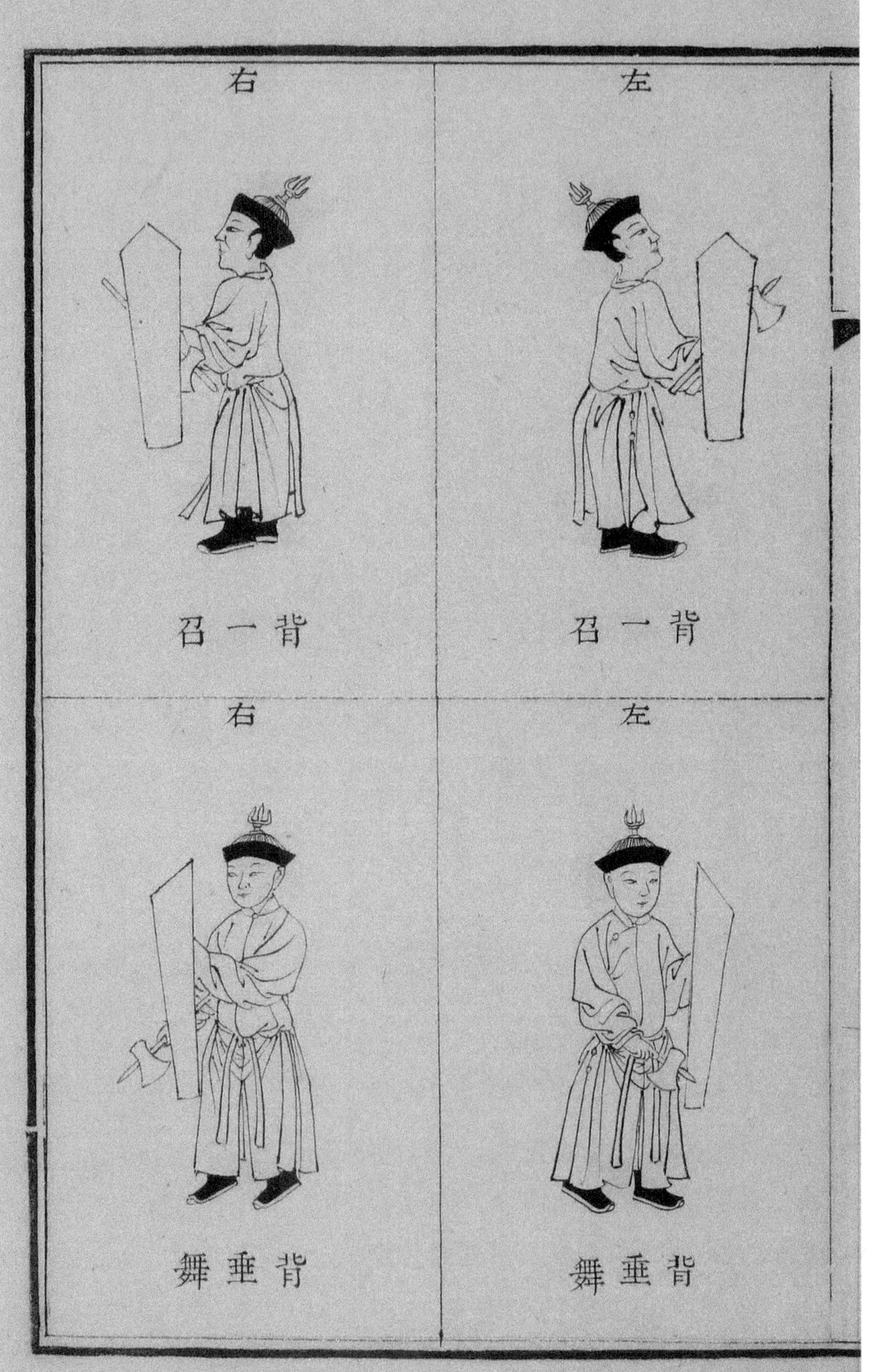
左
背一召
右
背一召
左
背垂舞
右
背垂舞

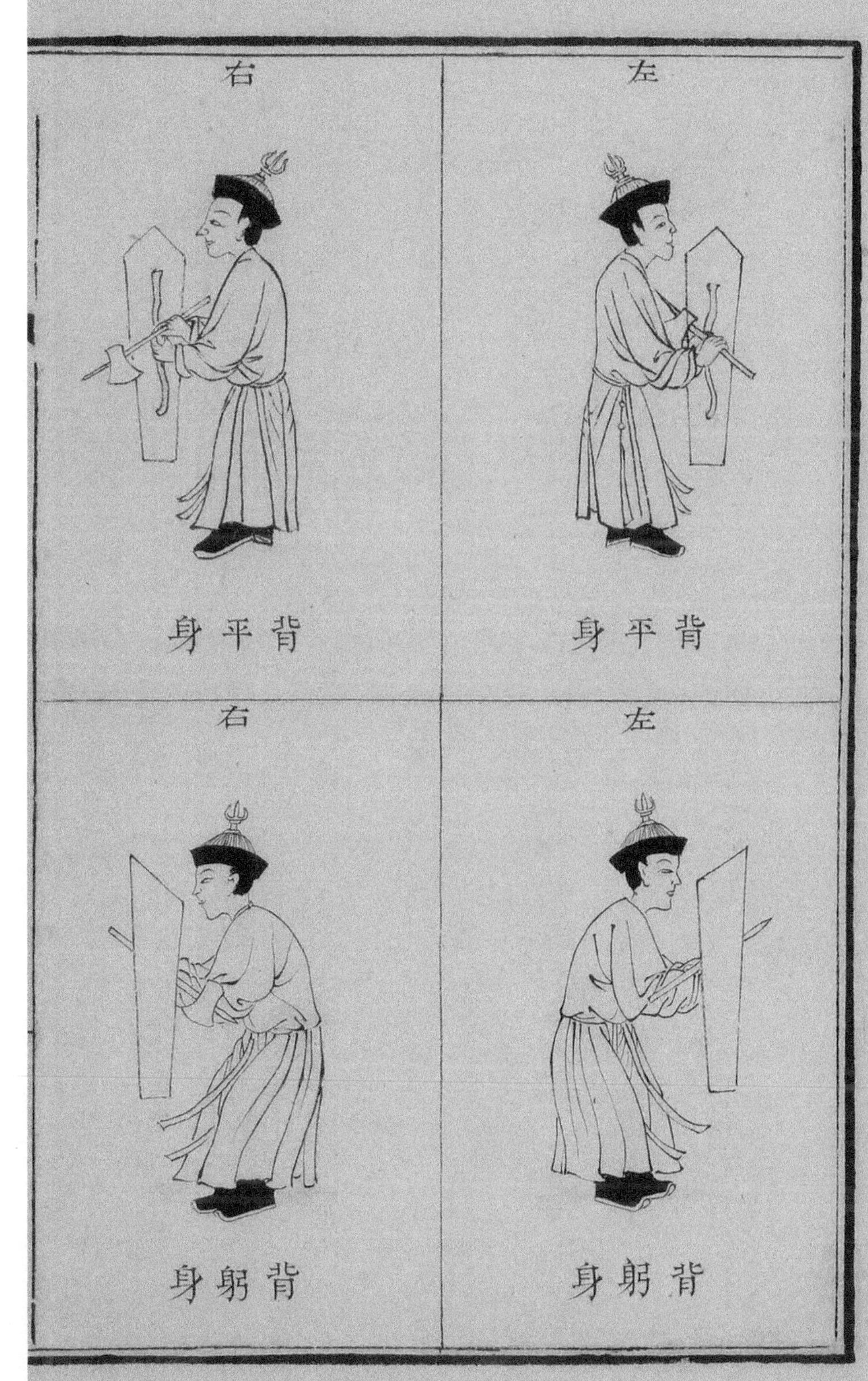
左
背平身
右
背平身
左
背躬身
右
背躬身

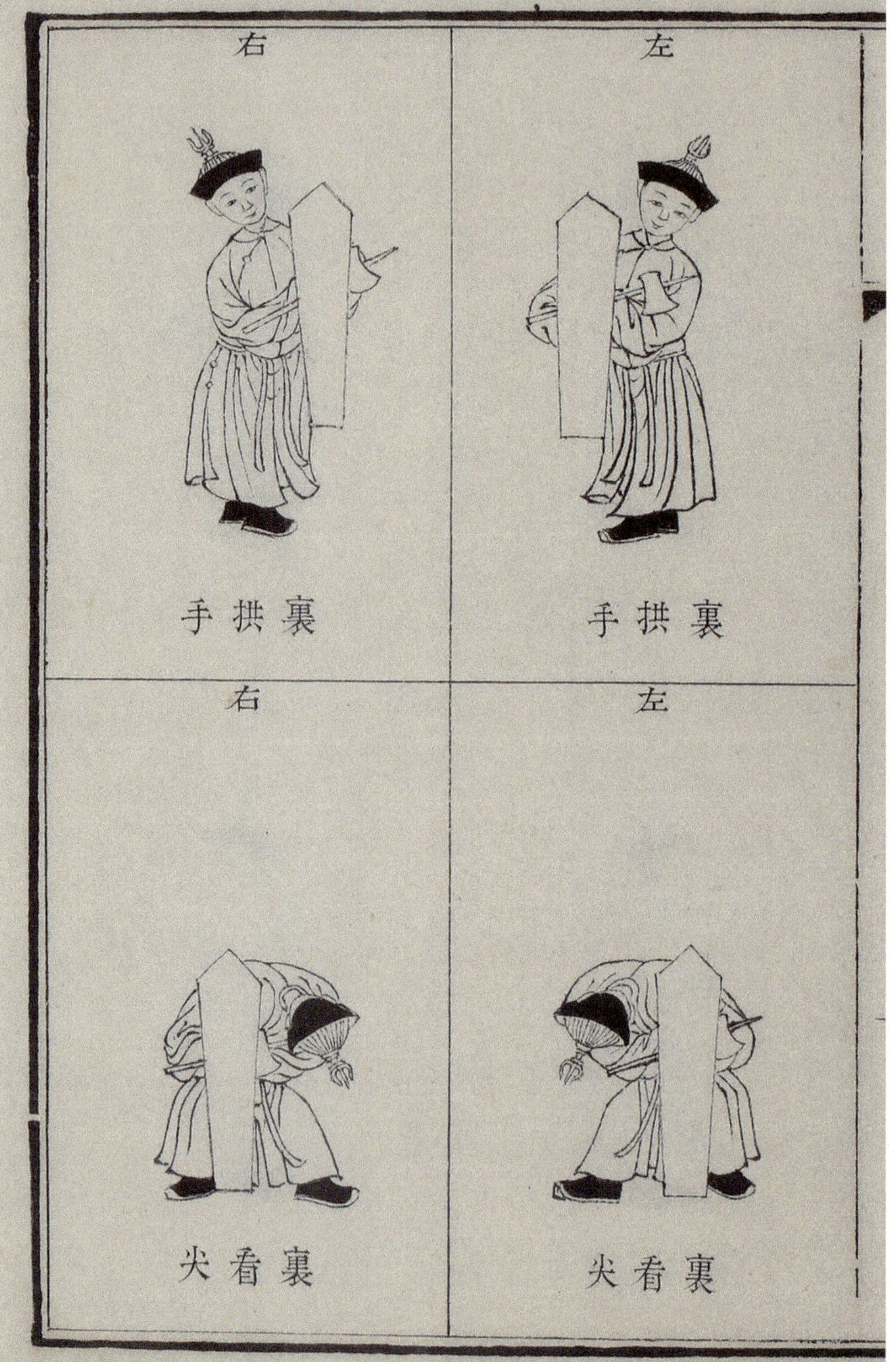
右
裏拱手
左
裏拱手
右
裏看尖
左
裏看尖

◎

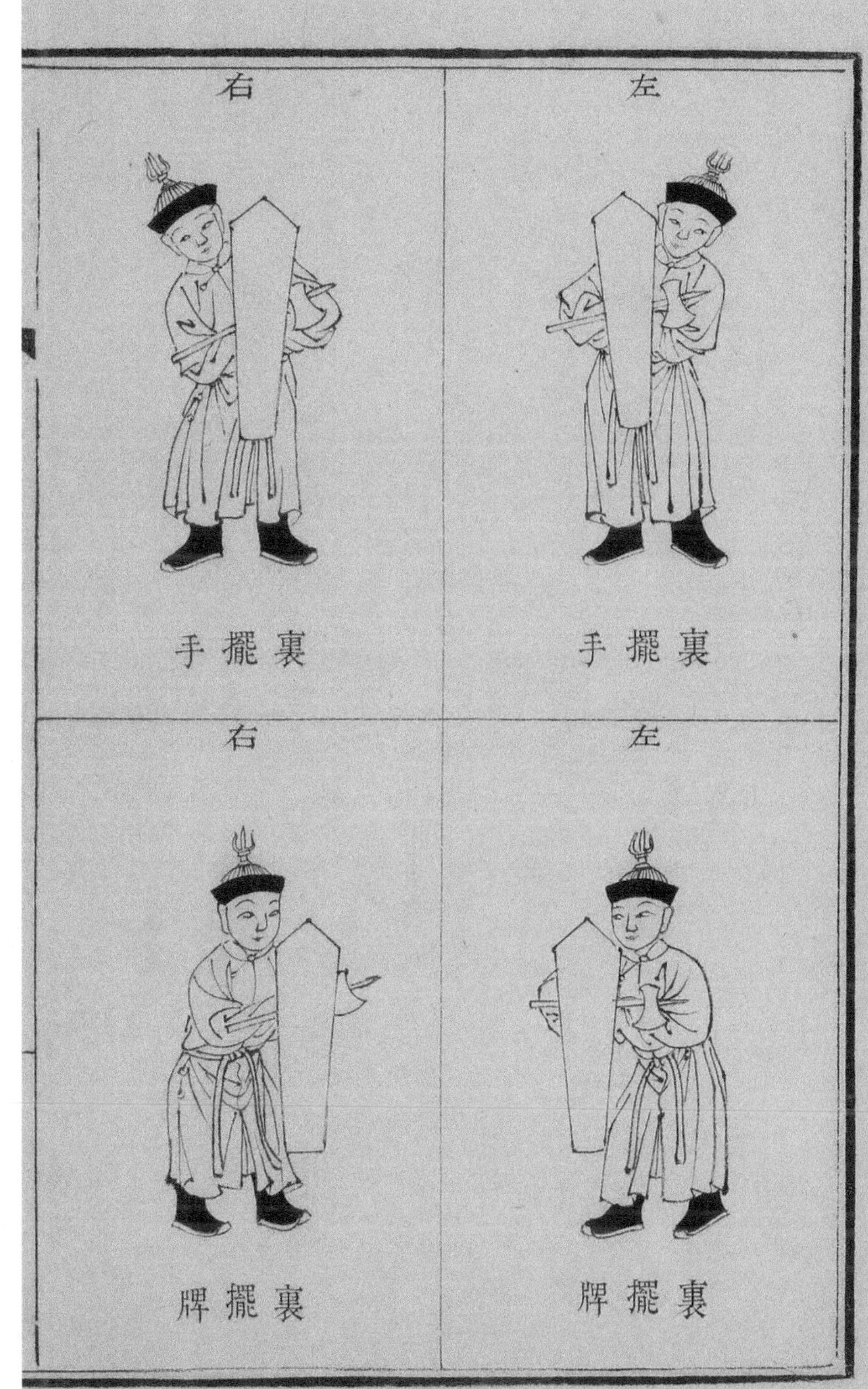
左
裏擺手
右
裏擺手
左
裏擺牌
右
裏擺牌

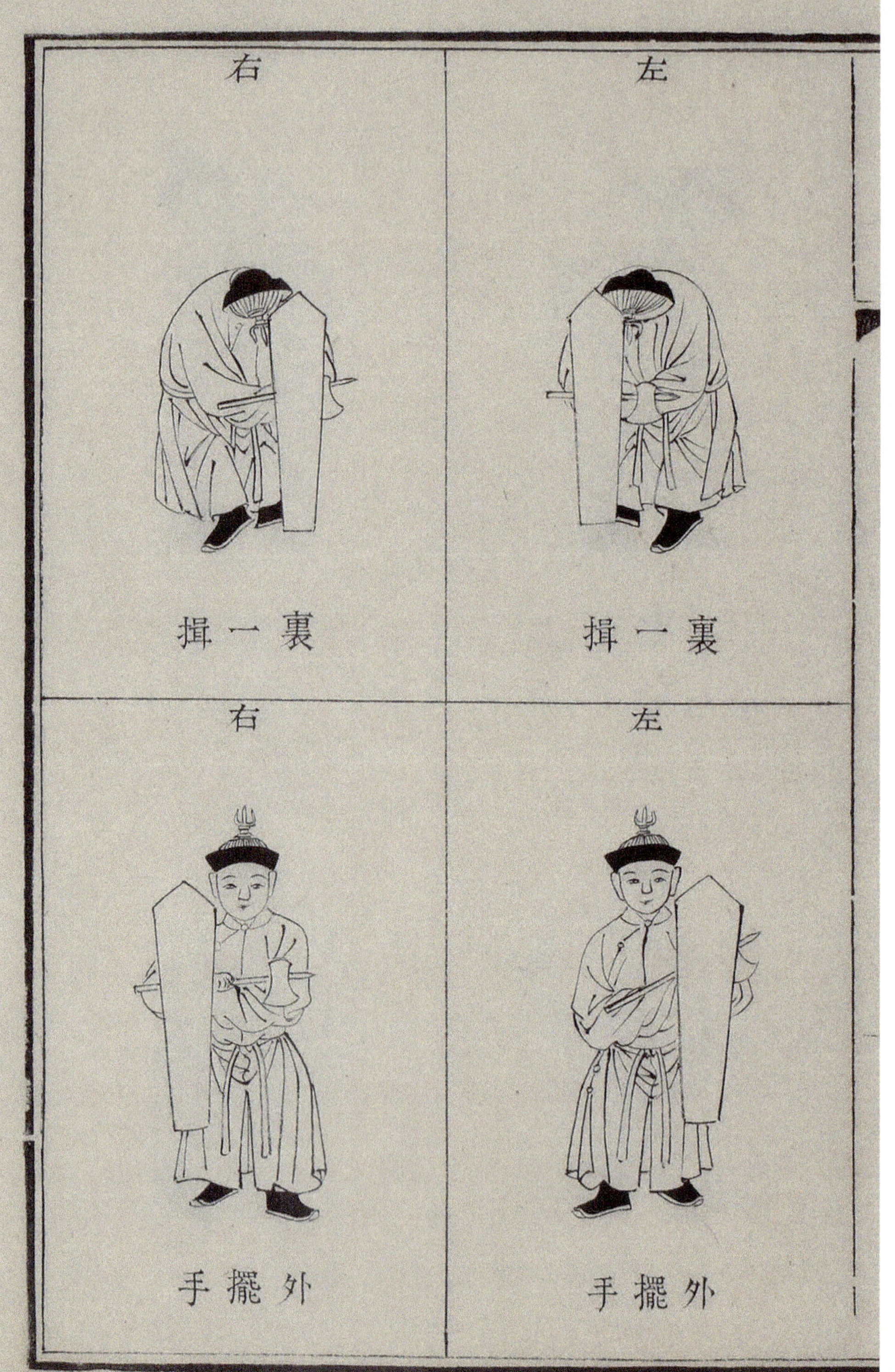
左
裏一揖
右
裏一揖
左
外擺手
右
外擺手

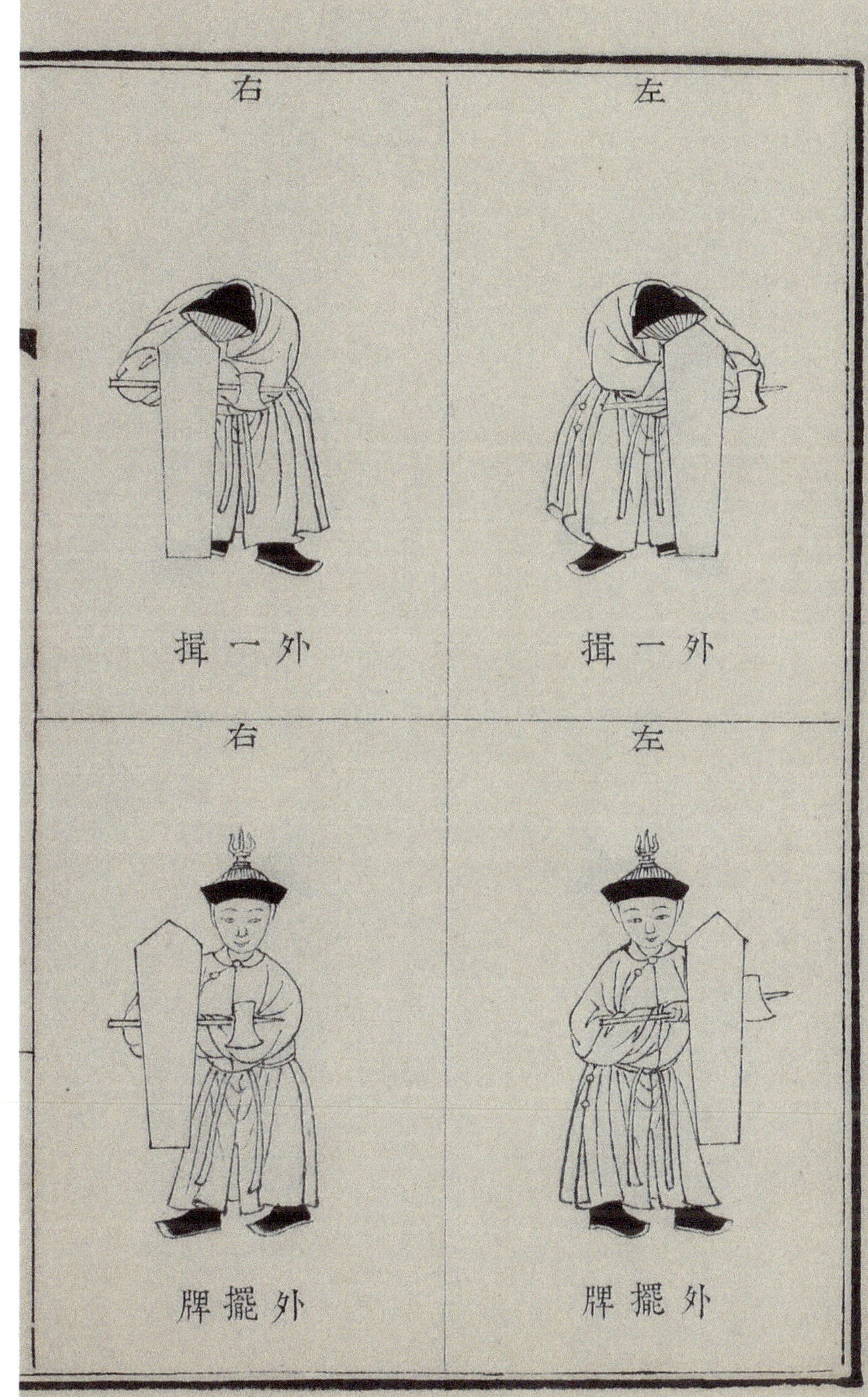
右
外一揖
左
外一揖
右
外擺牌
左
外擺牌

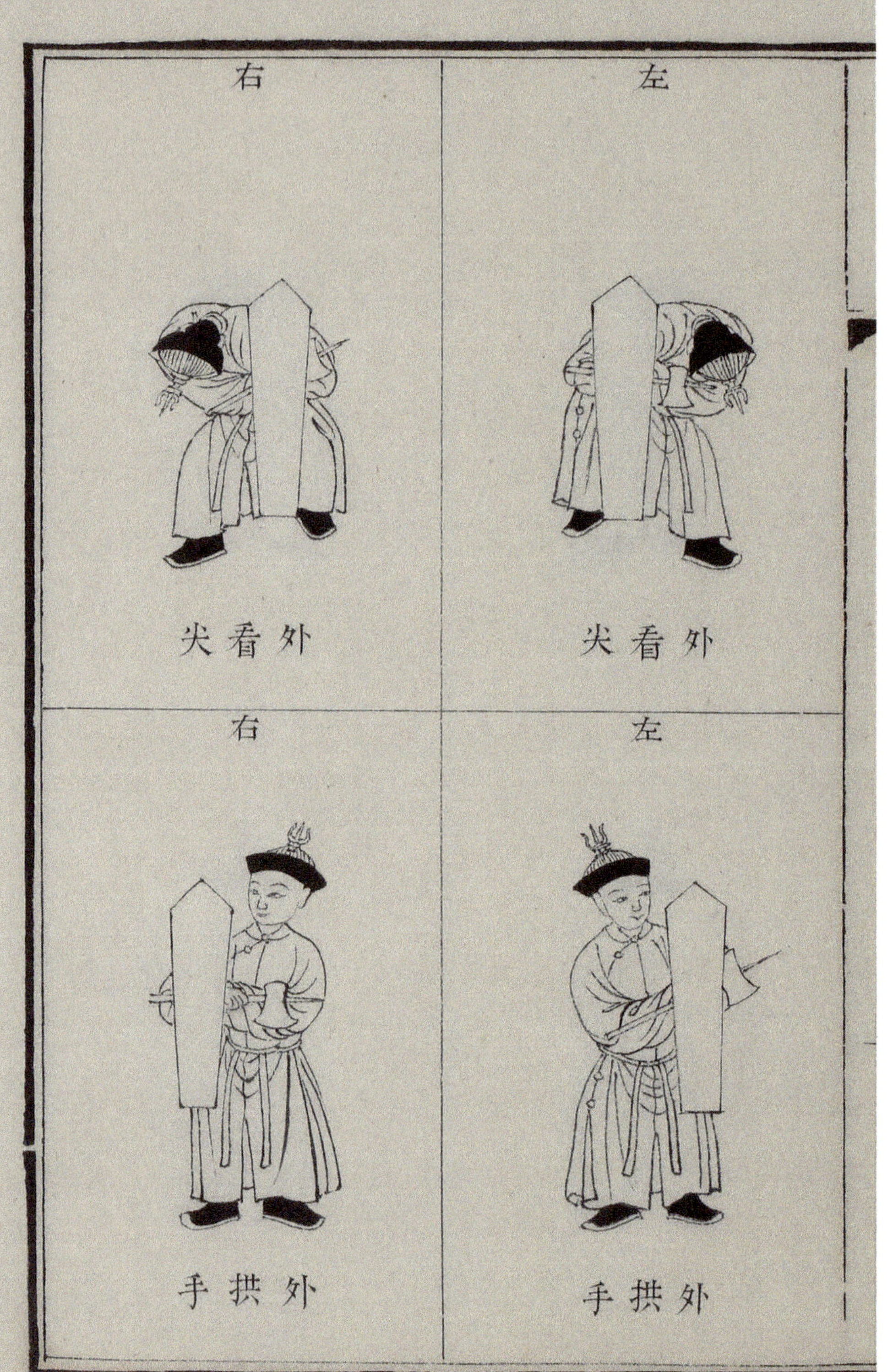
右
外看尖
左
外看尖
右
外拱手
左
外拱手

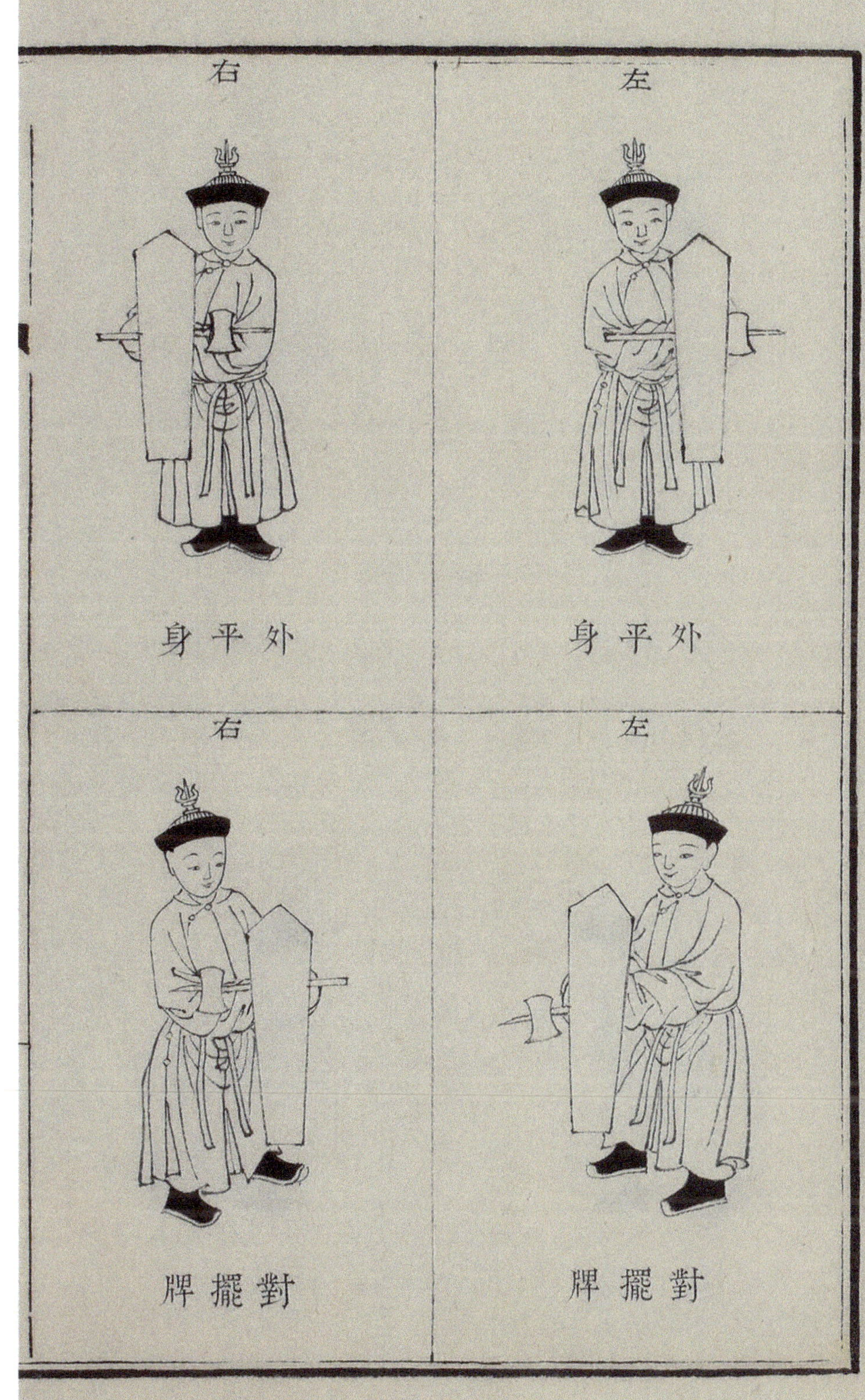
左
外平身
右
外平身
左
對擺牌
右
對擺牌

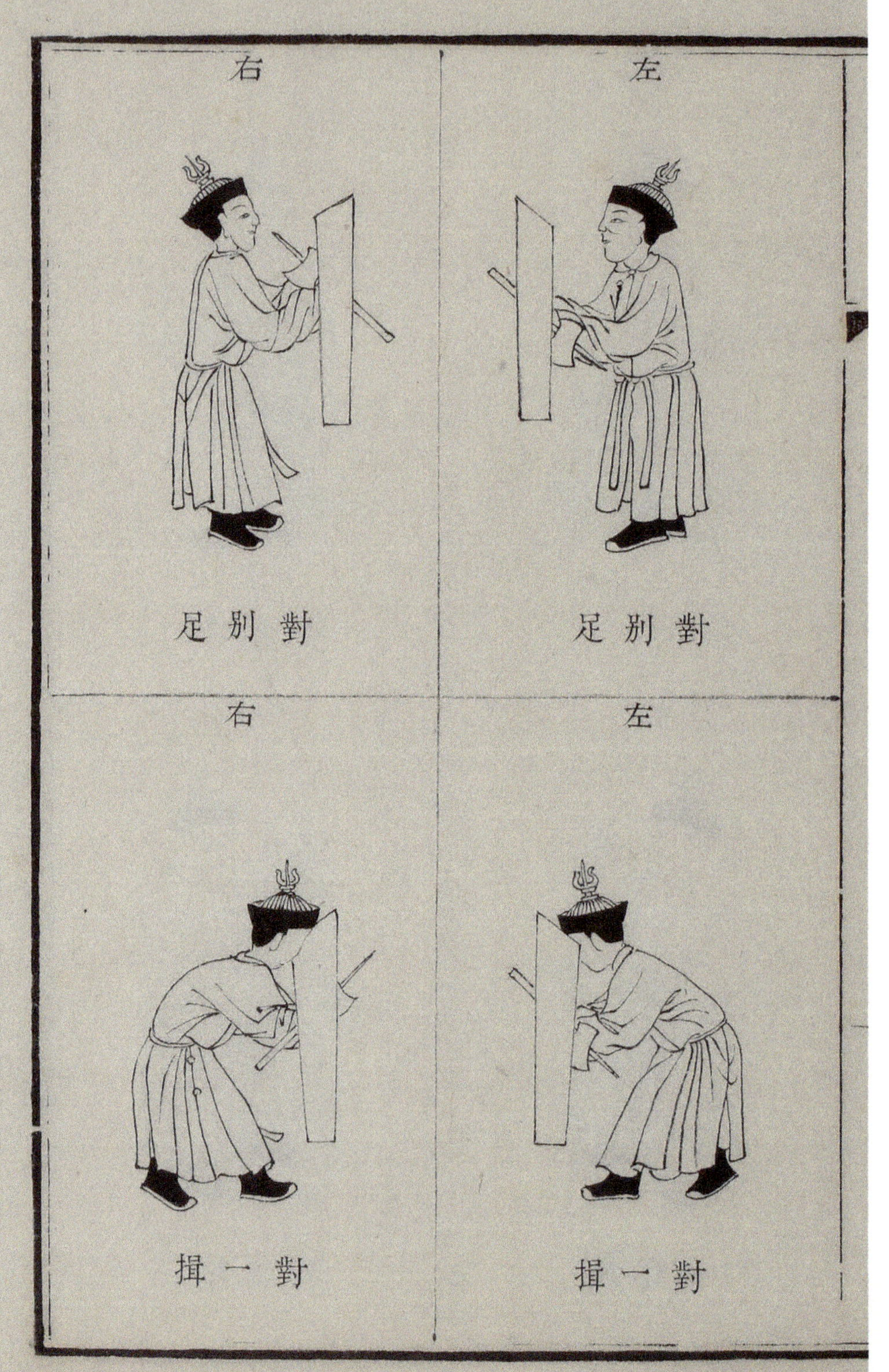
左
對別足
右
對別足
左
對一揖
右
對一揖

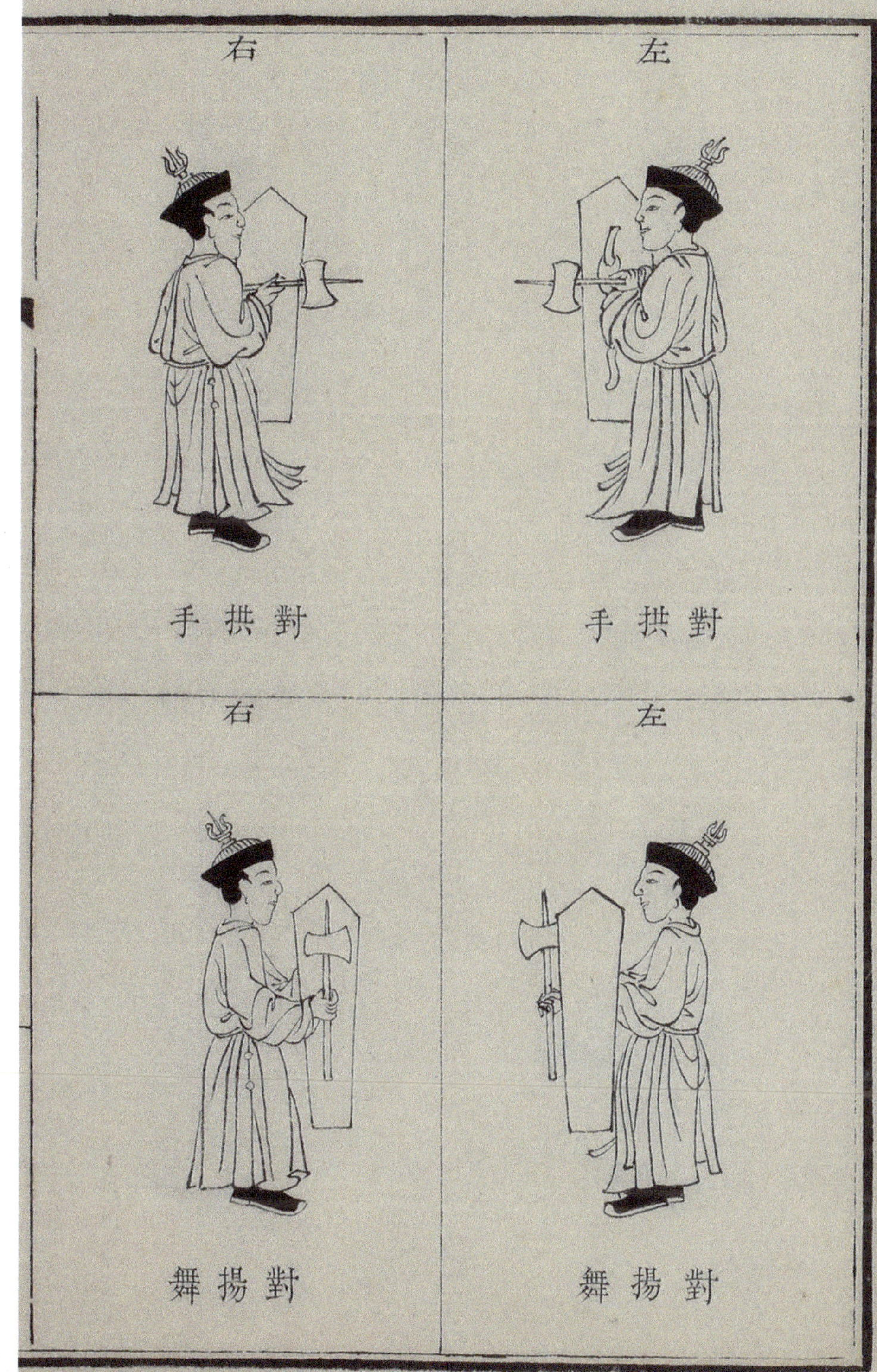
左
對拱手
右
對拱手
左
對揚舞
右
對揚舞

右

對沉牌

左

對沉牌

右

對垂舞

左

對垂舞

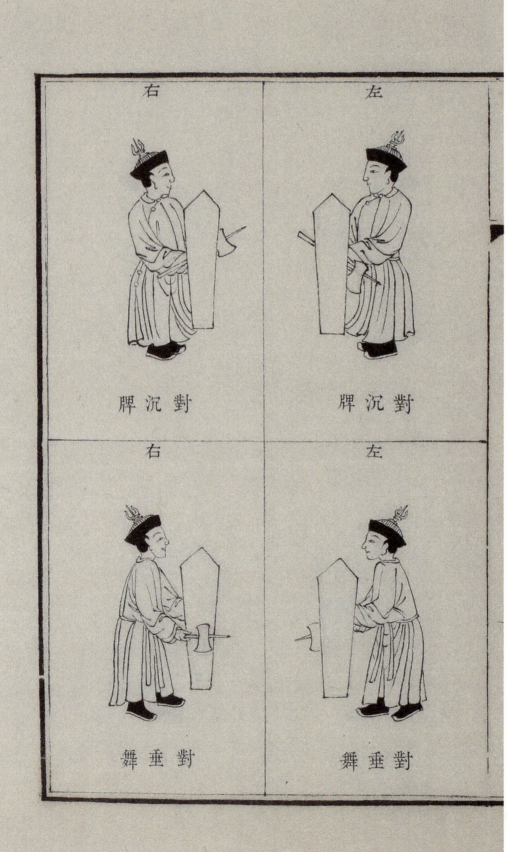

左

對平身

右

對平身

左

對躬身

右

對躬身

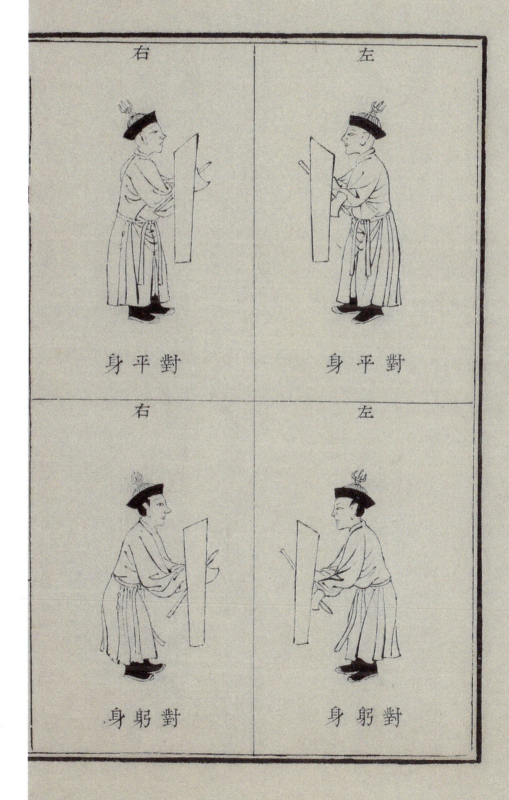

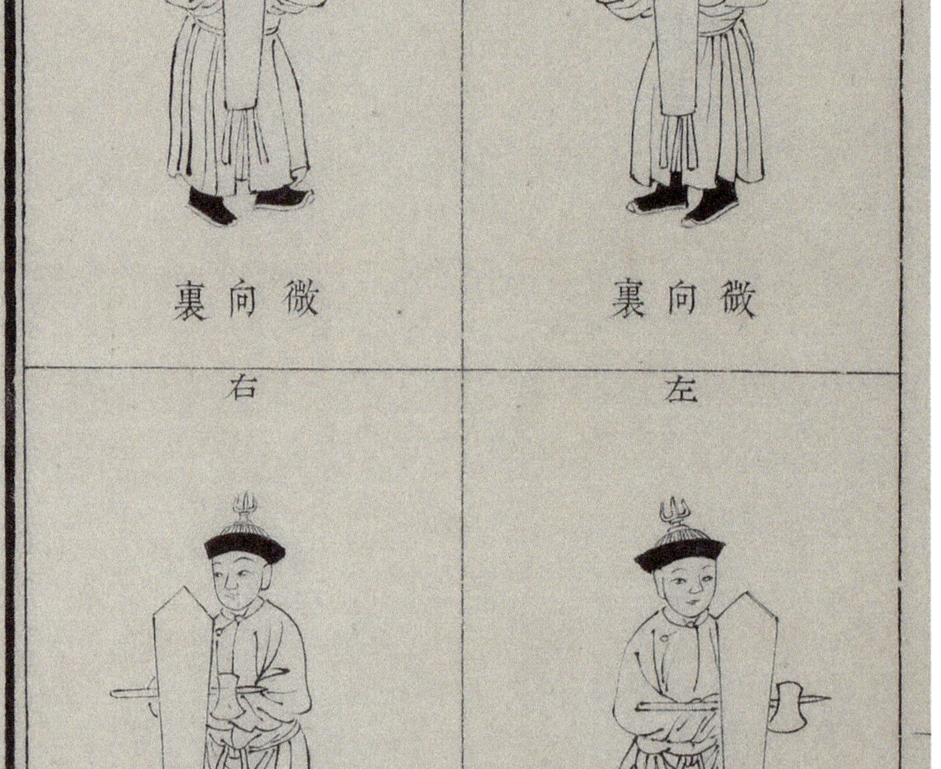

左
微向裏
右
微向裏
左
微向外
右
微向外

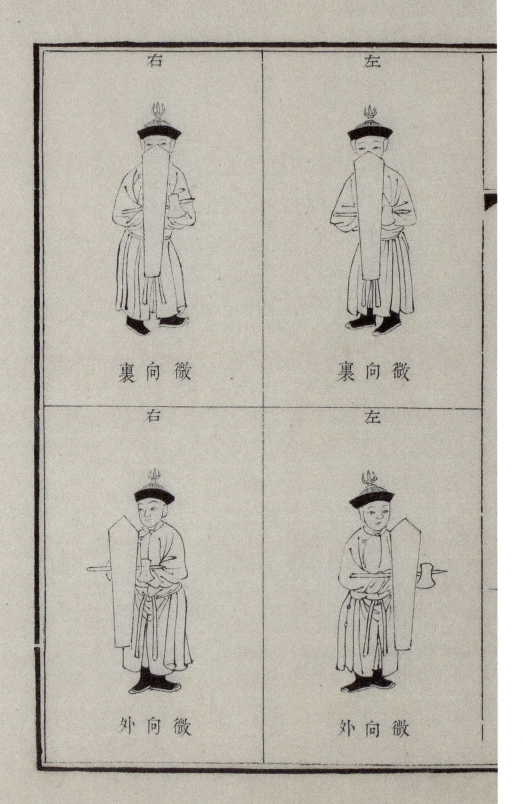

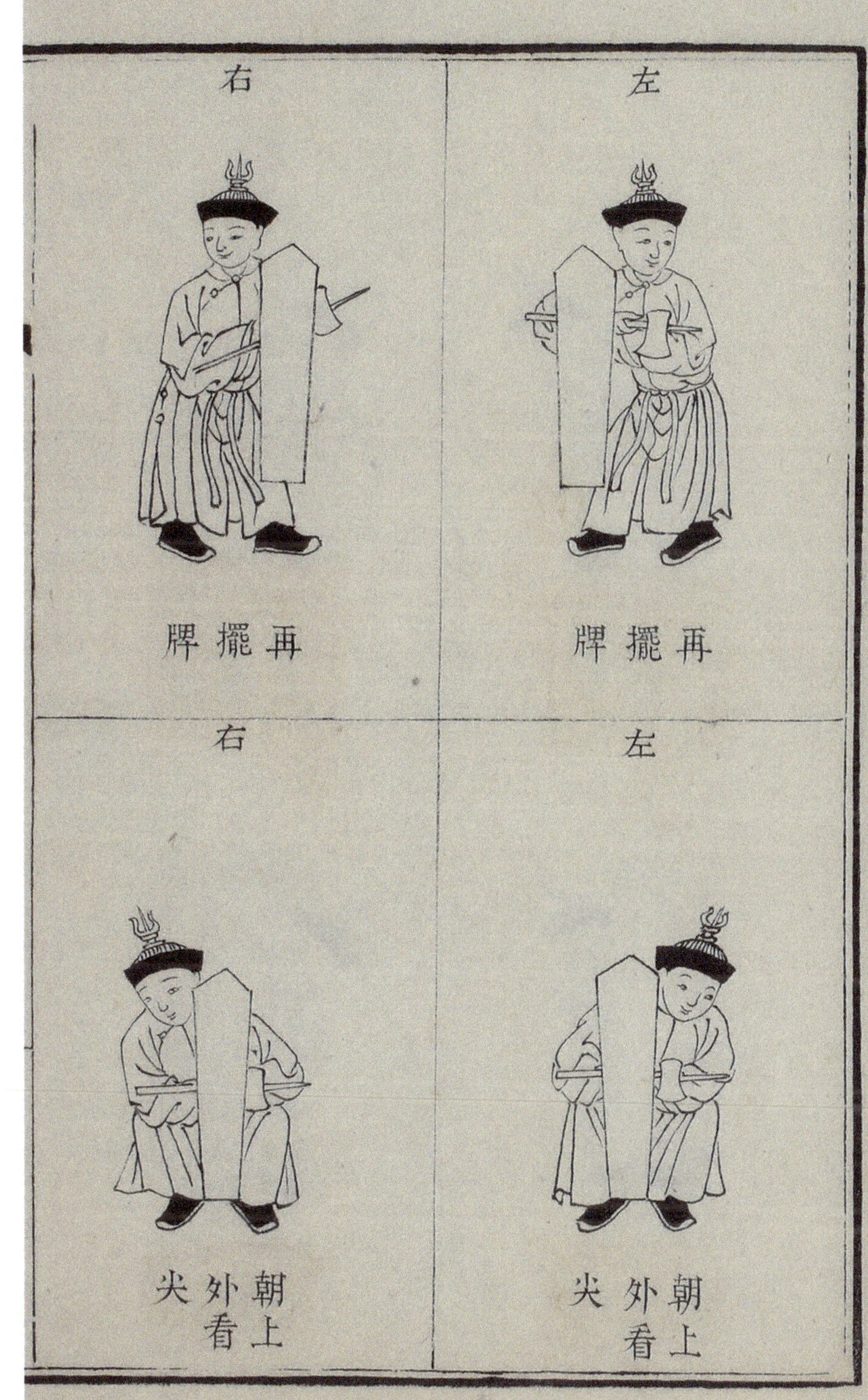
右
左
再擺牌
再擺牌
右
左
朝上外看尖
朝上外看尖

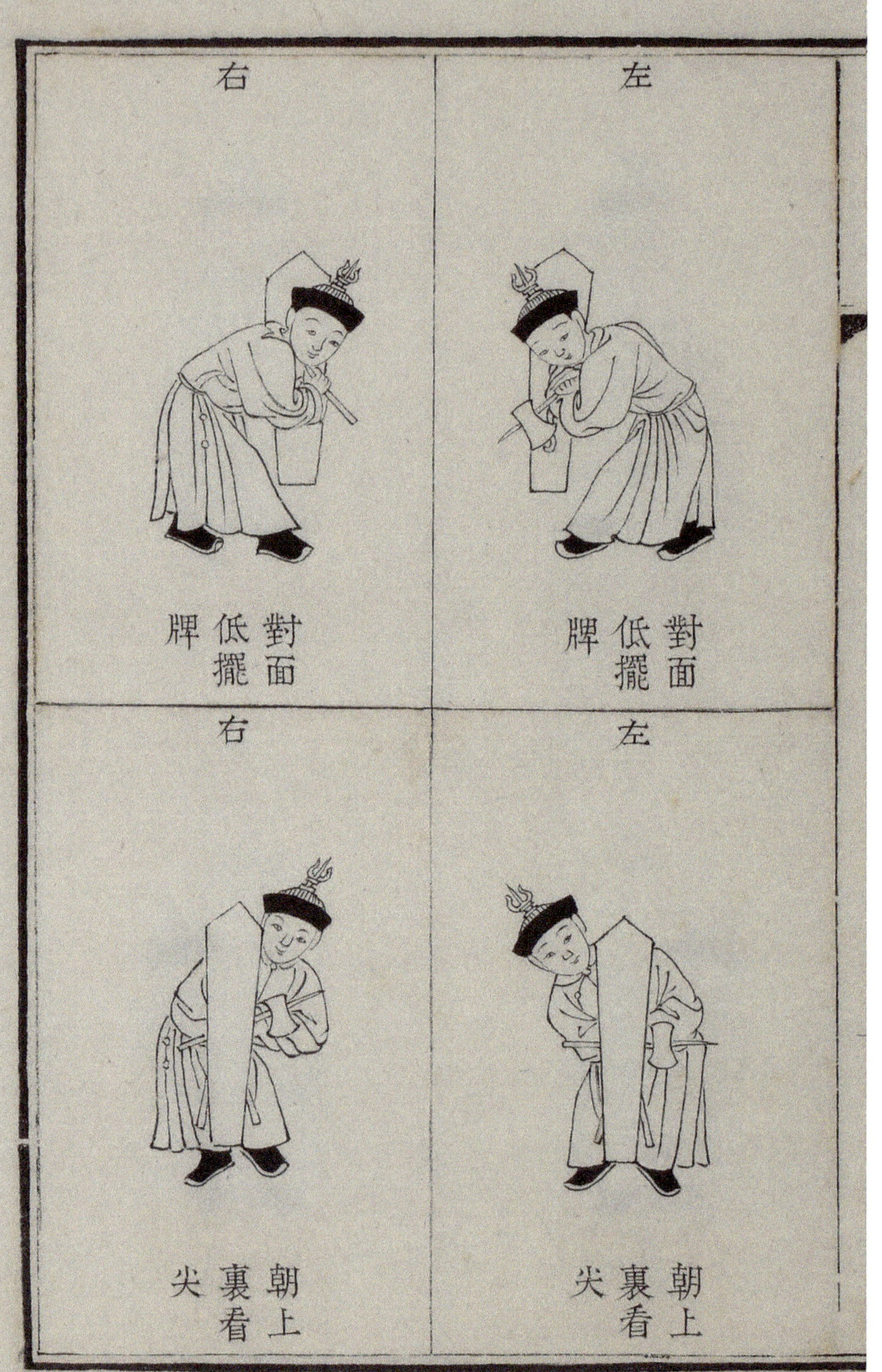
左
對面低擺牌
右
對面低擺牌
左
朝上裏看尖
右
朝上裏看尖

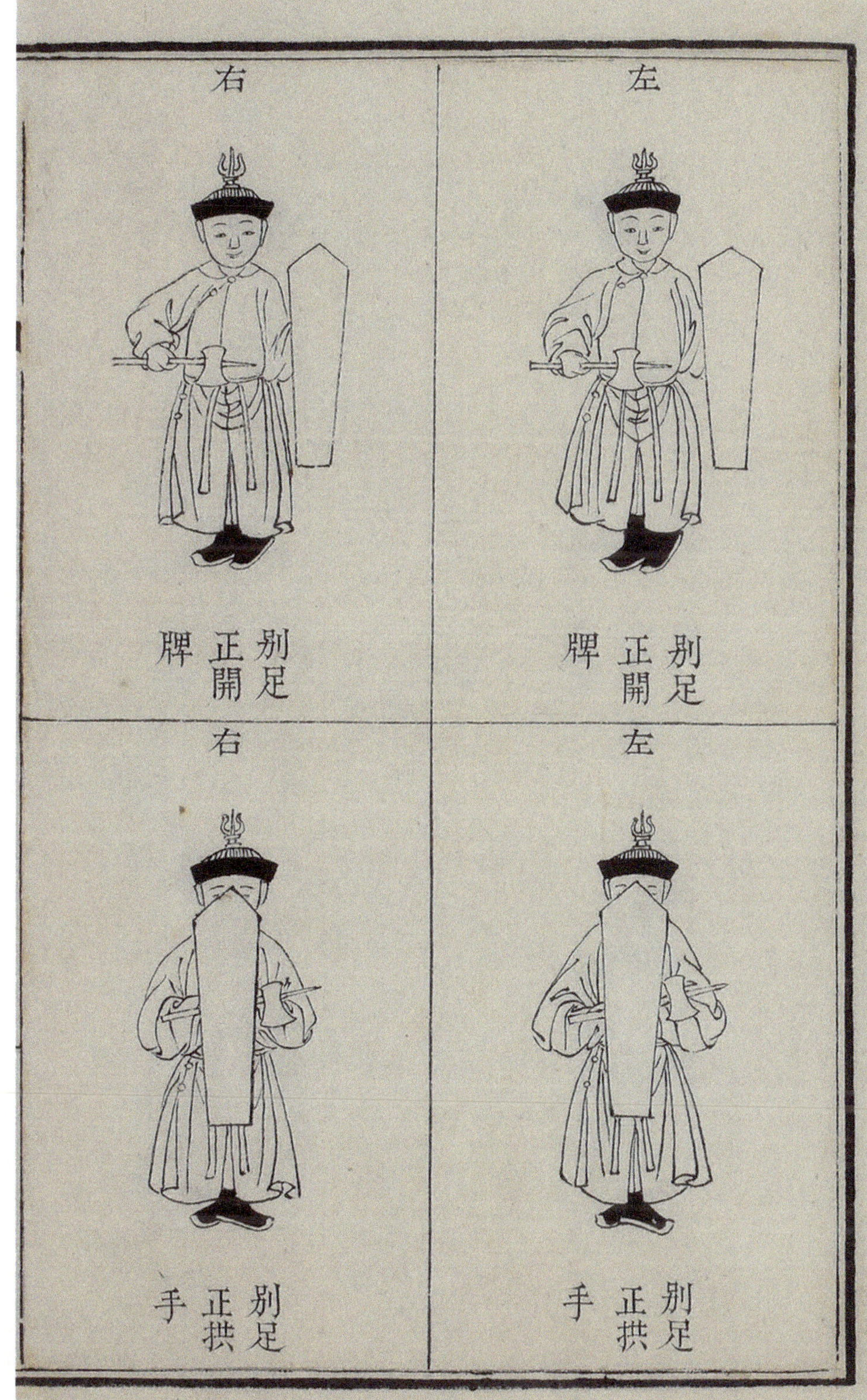
左
別足正開牌
右
別足正開牌
左
別足正拱手
右
別足正拱手

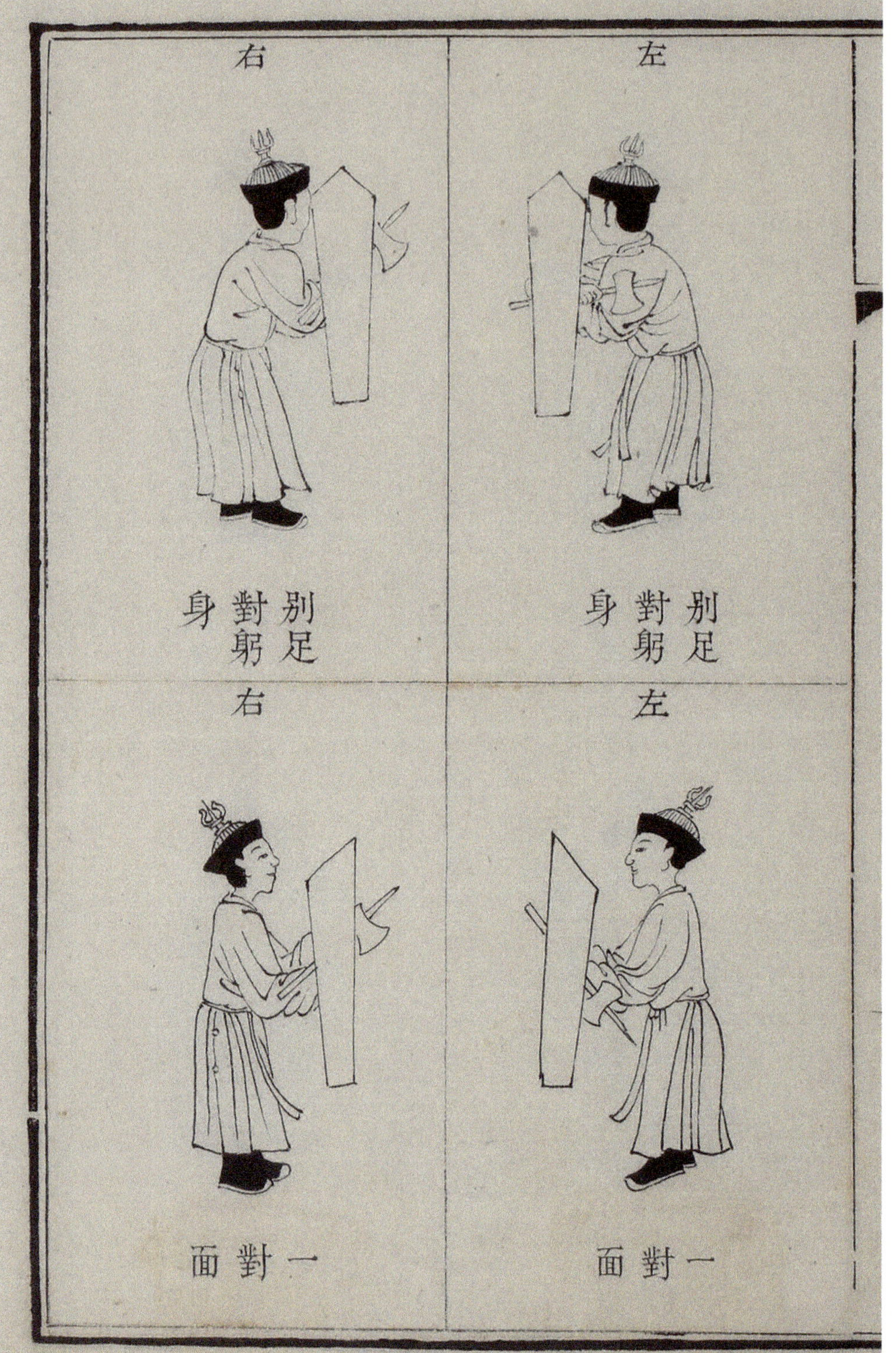
左
別足對躬身
右
別足對躬身
左
一對面
右
一對面

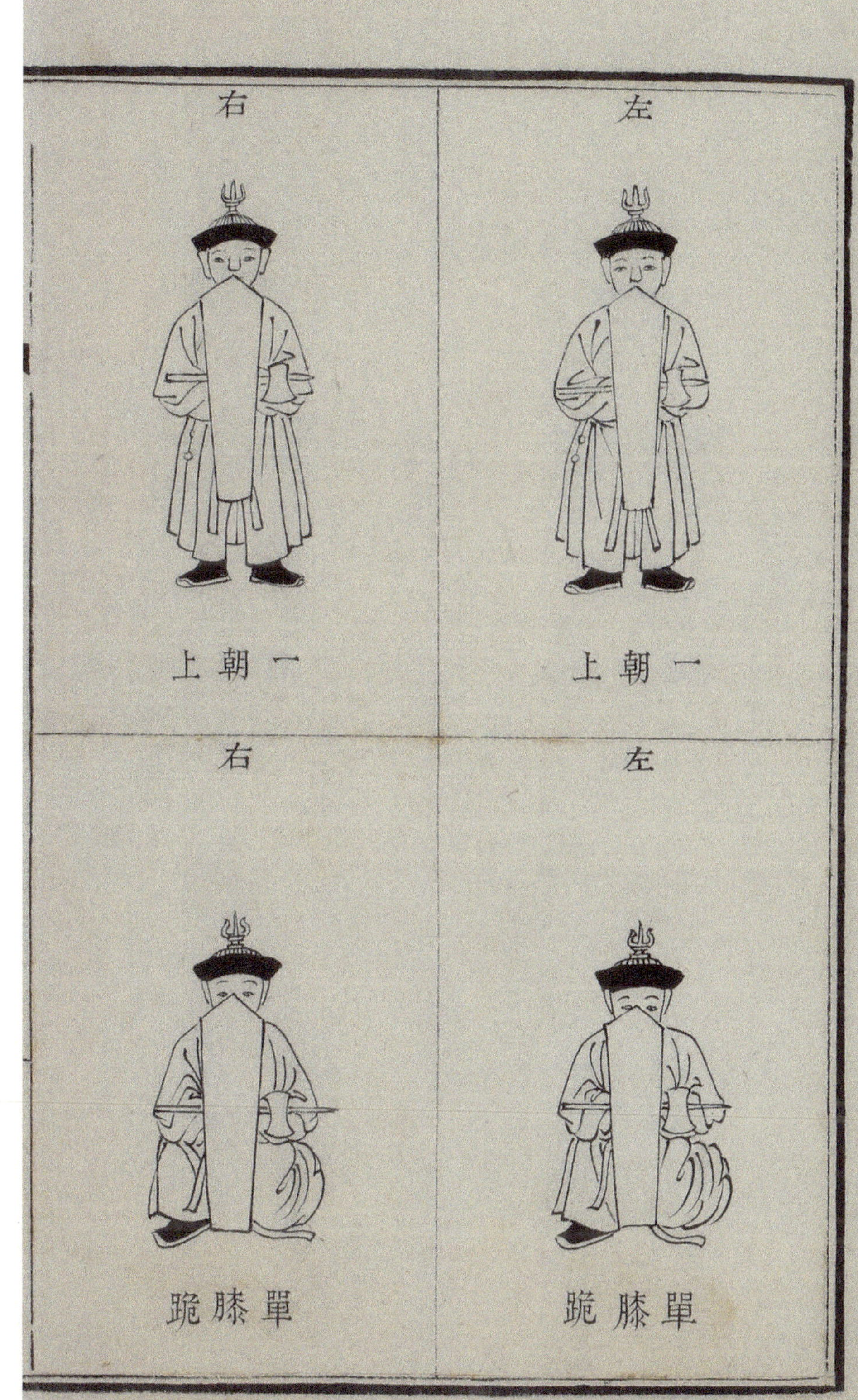
左
一朝上
右
一朝上
左
單膝跪
右
單膝跪

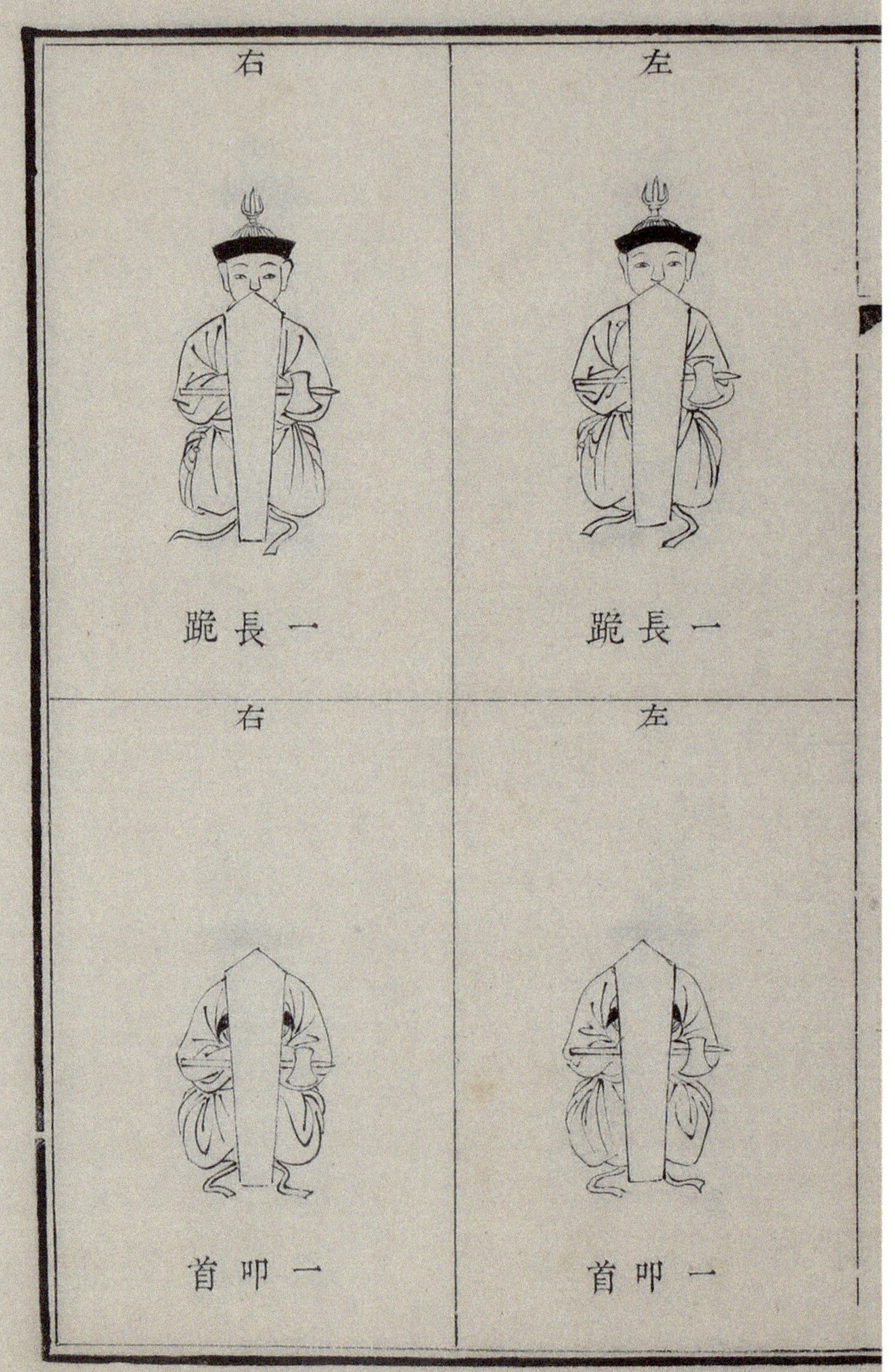

左
一長跪
右
一長跪
左
一叩首
右
一叩首

文生舞譜

左

正垂籥

右

正垂籥

左

正籥舞

右

正籥舞

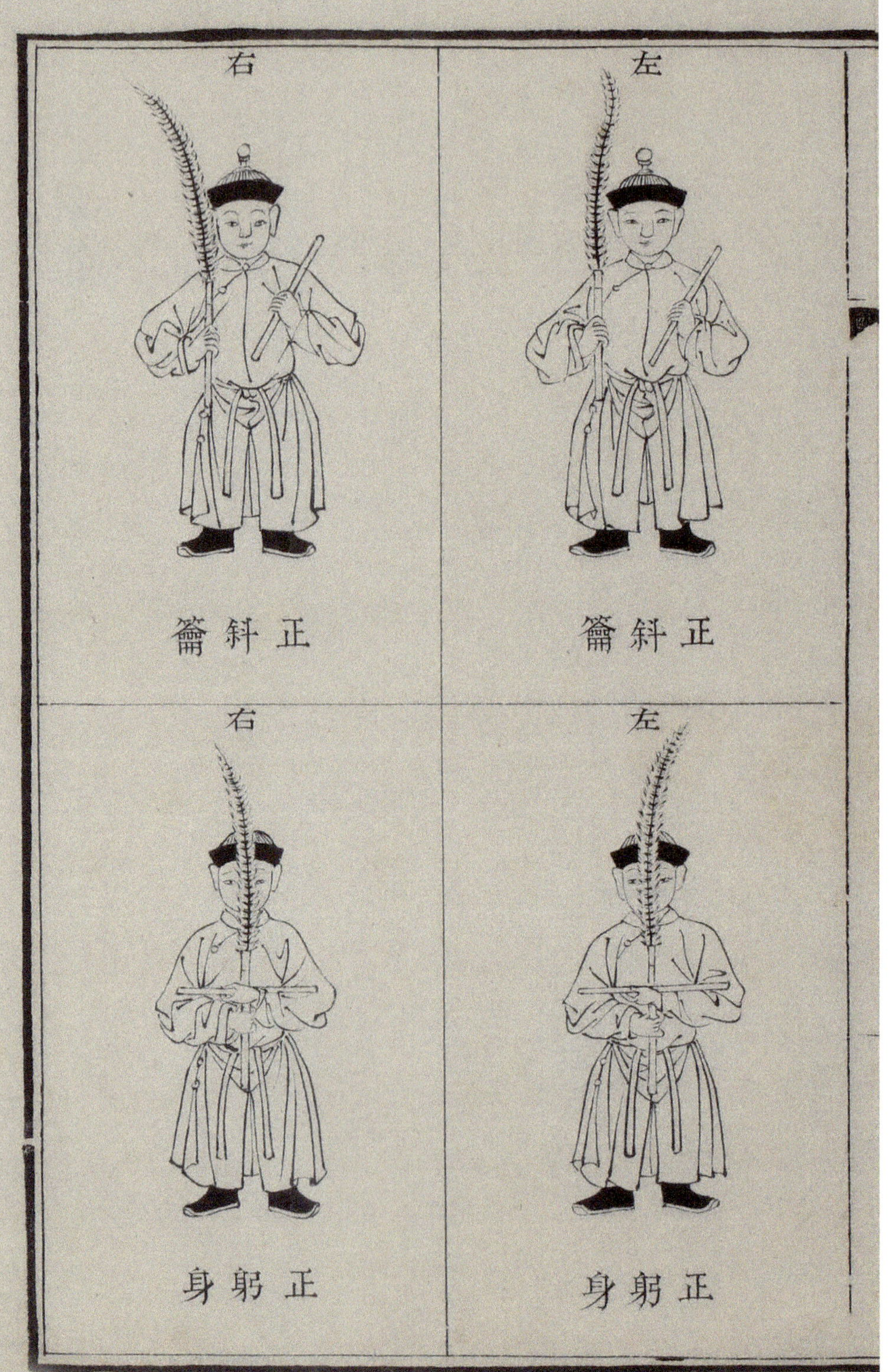

左
正斜籥
右
正斜籥
左
正躬身
右
正躬身

左

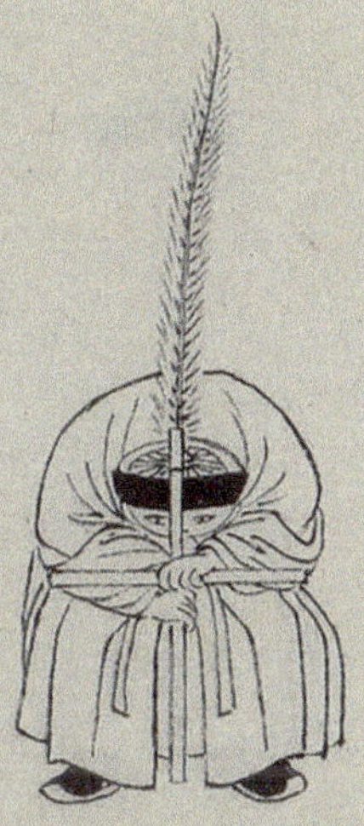

正一揖

右

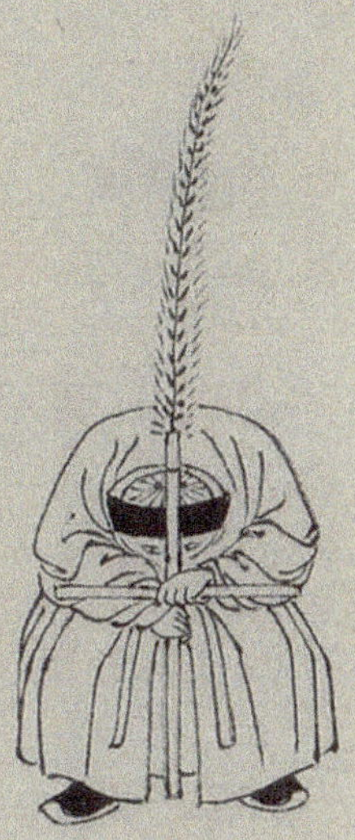

正一揖

左

正托籥

右

正托籥

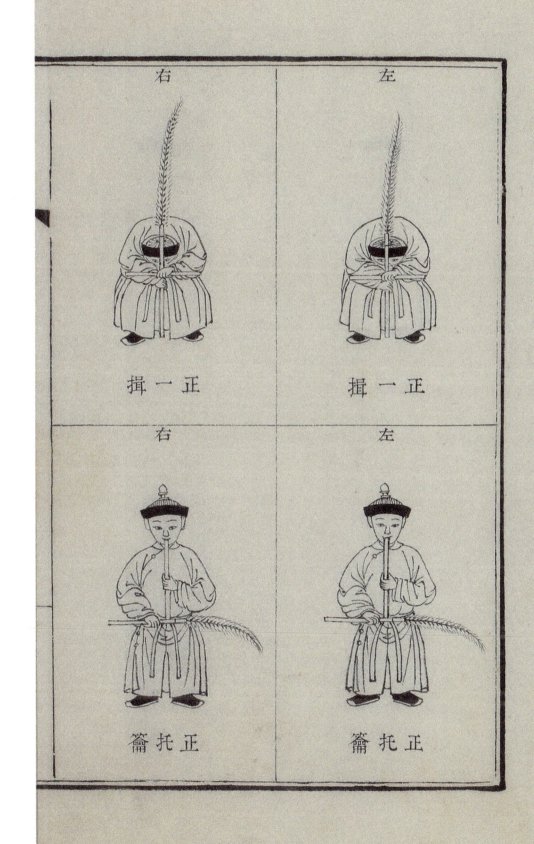

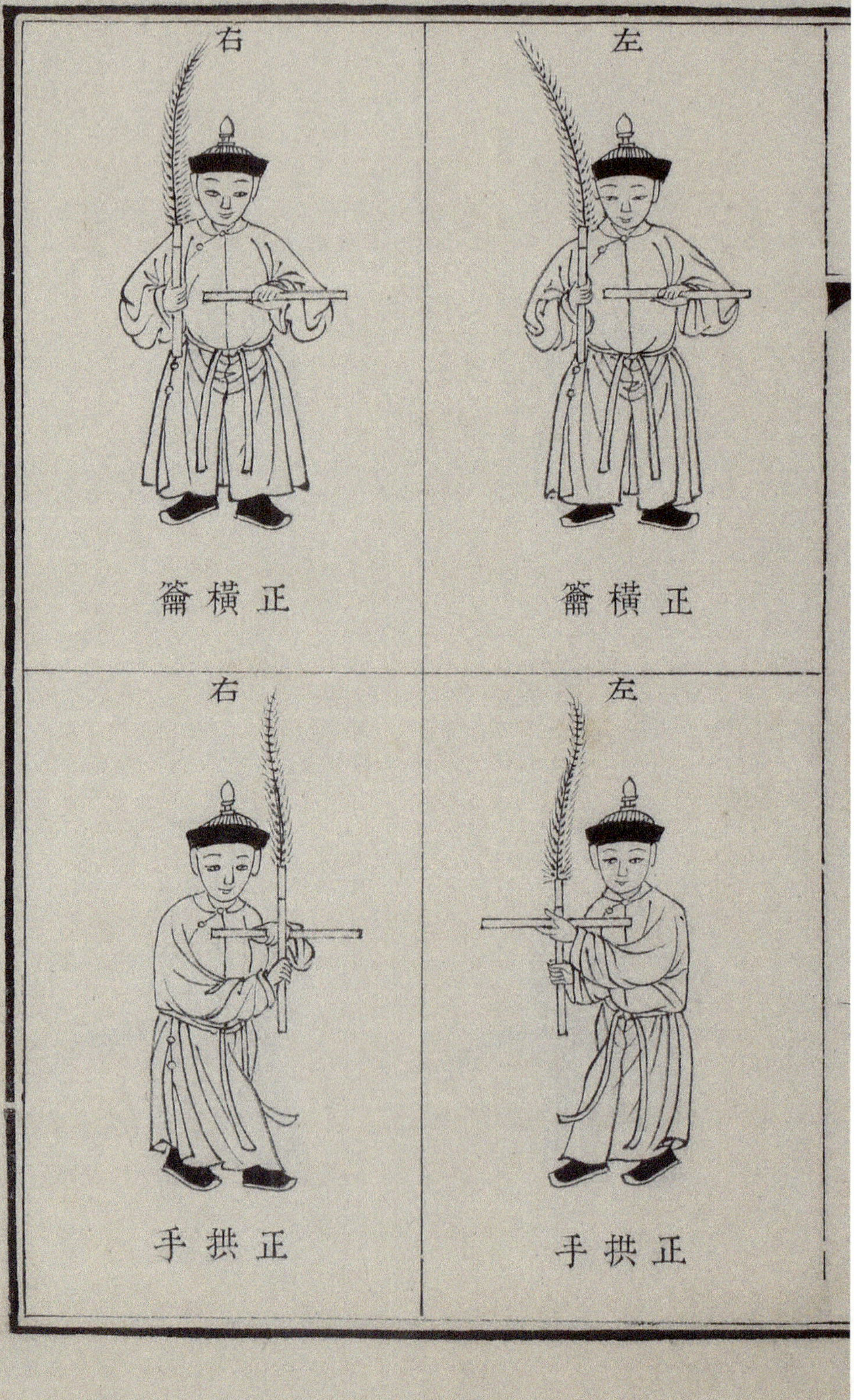

左

正橫籥

右

正橫籥

左

正拱手

右

正拱手

左

正擎籥

右

正擎籥

左

正別足

右

正別足

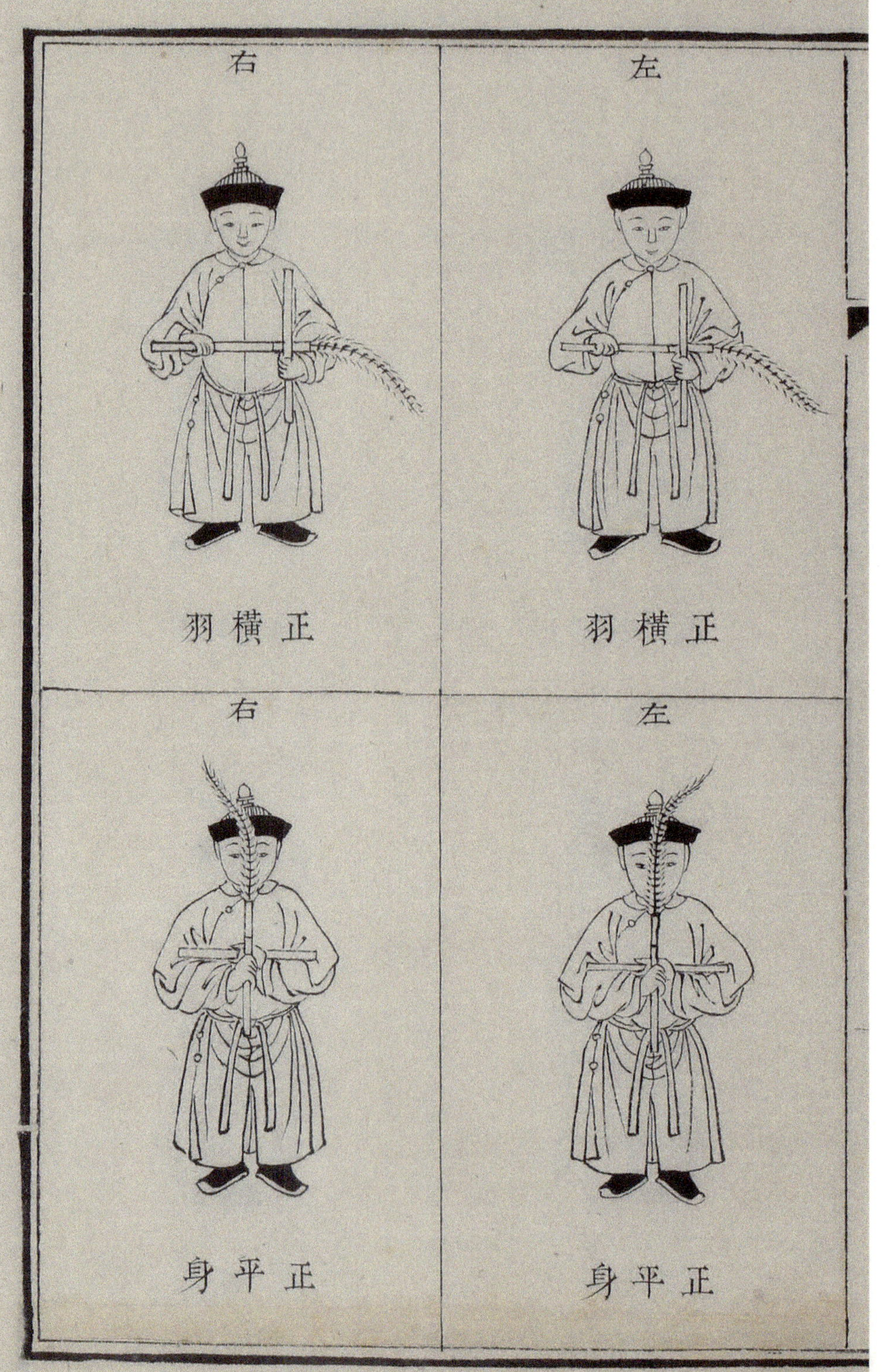

左
正橫羽
右
正橫羽
左
正平身
右
正平身

◎

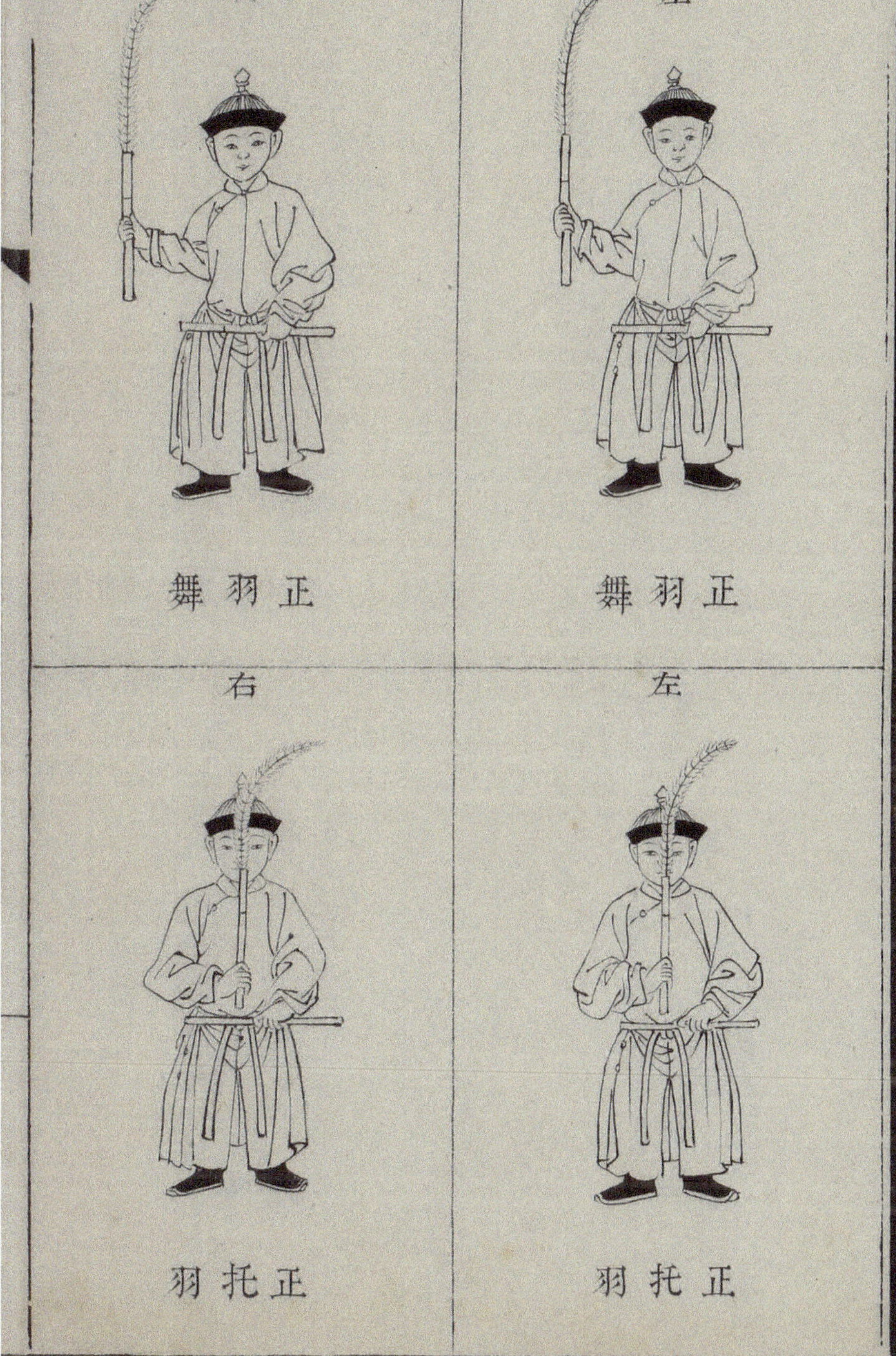
左
正羽舞
右
正羽舞
左
正托羽
右
正托羽

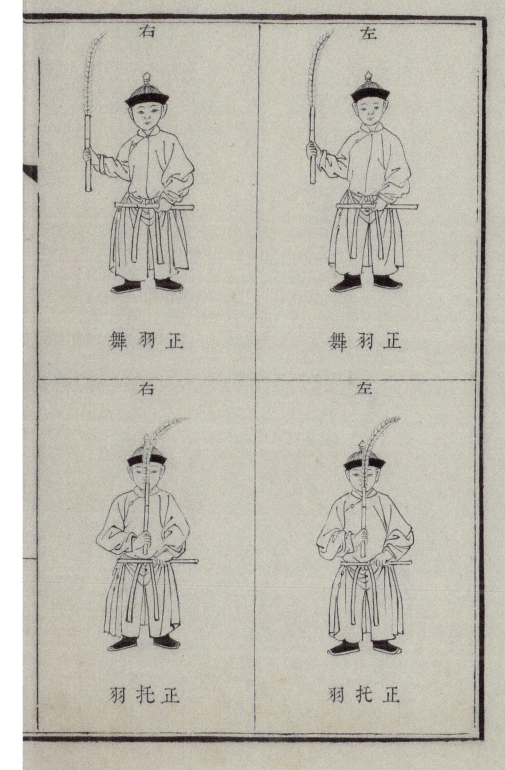

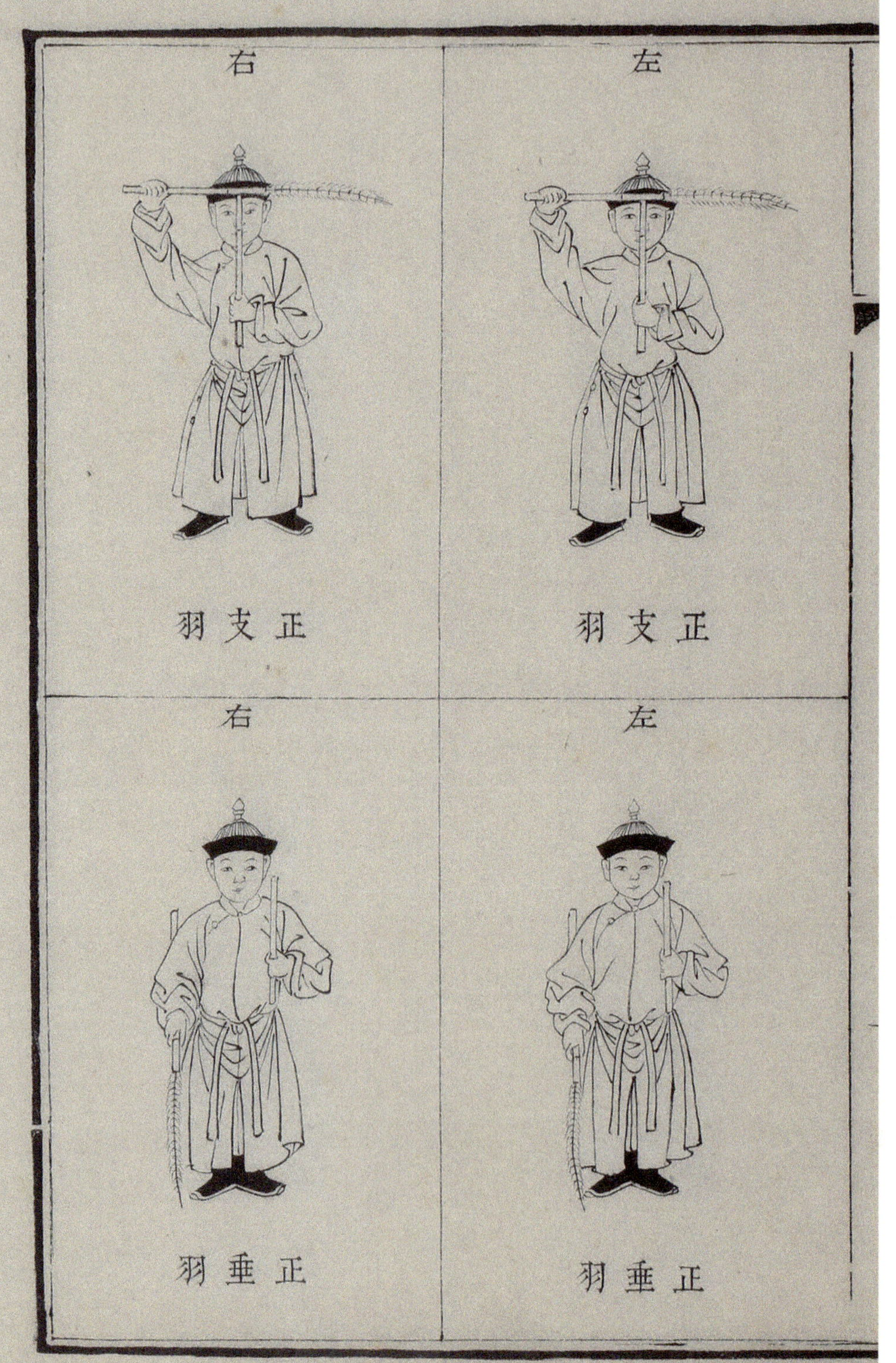
右
左
正支羽
正支羽
右
左
正垂羽
正垂羽

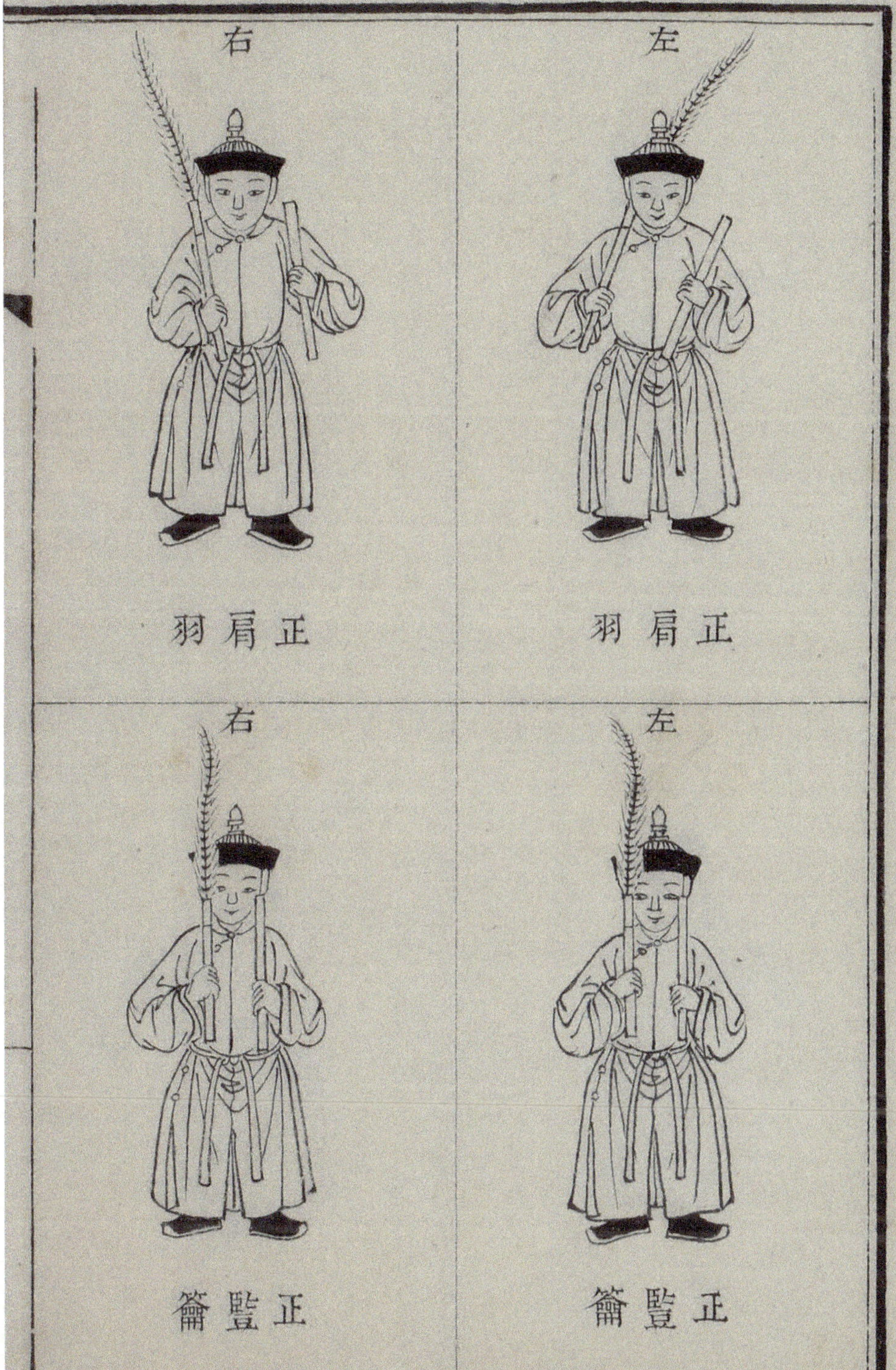

左

正肩羽

右

正肩羽

左

正豎籥

右

正豎籥

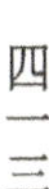

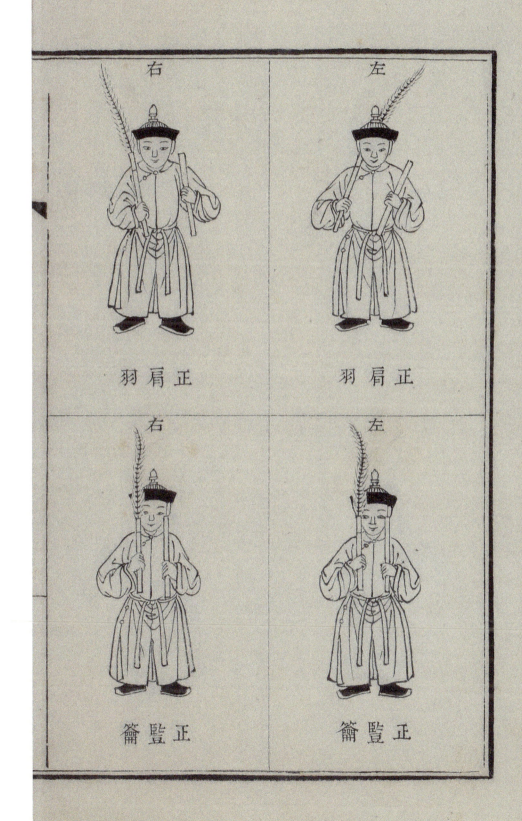

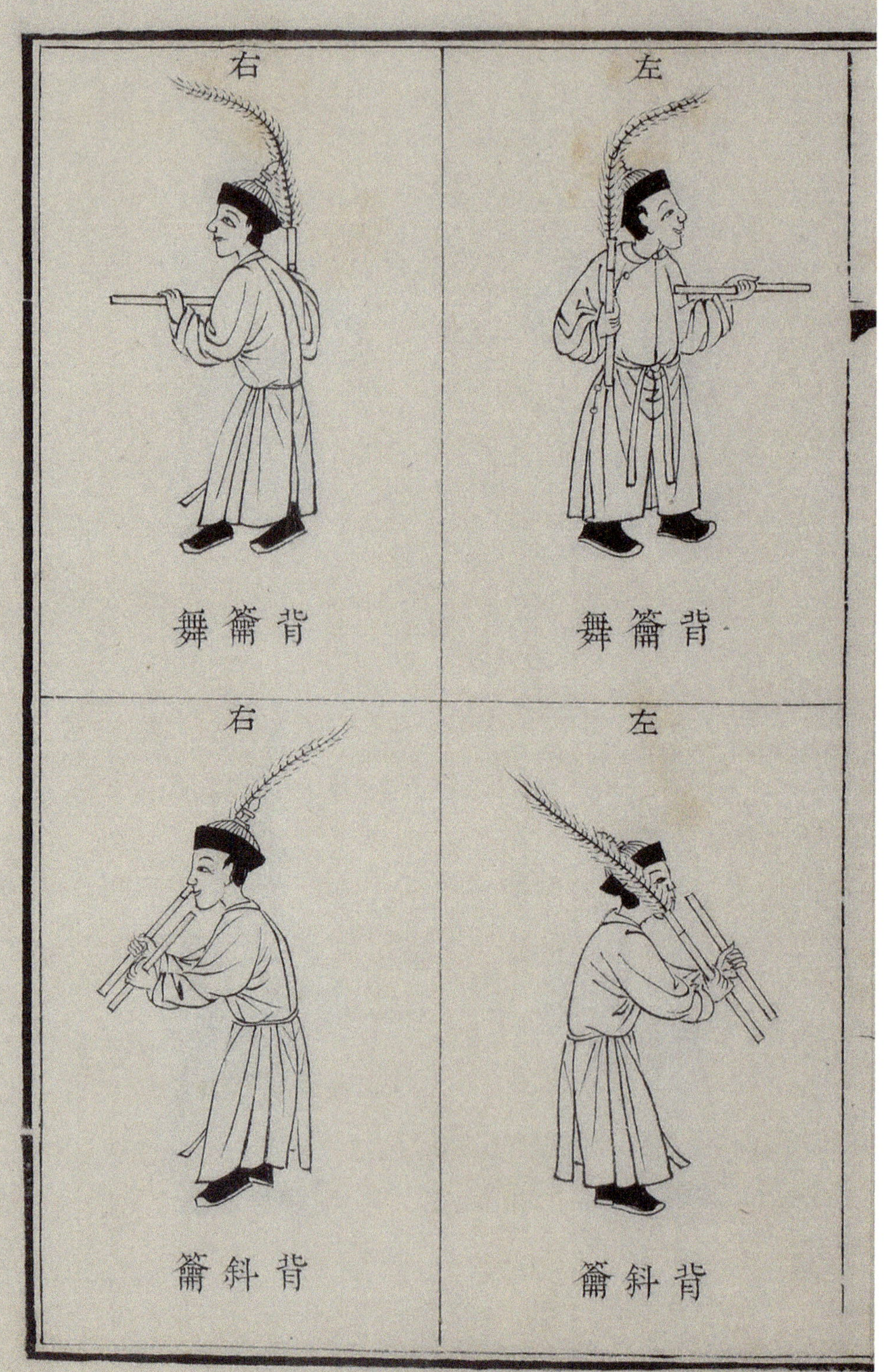
左
背籥舞
右
背籥舞
左
背斜籥
右
背斜籥

左

背擺羽

右

背擺羽

左

背托羽

右

背托羽

◎

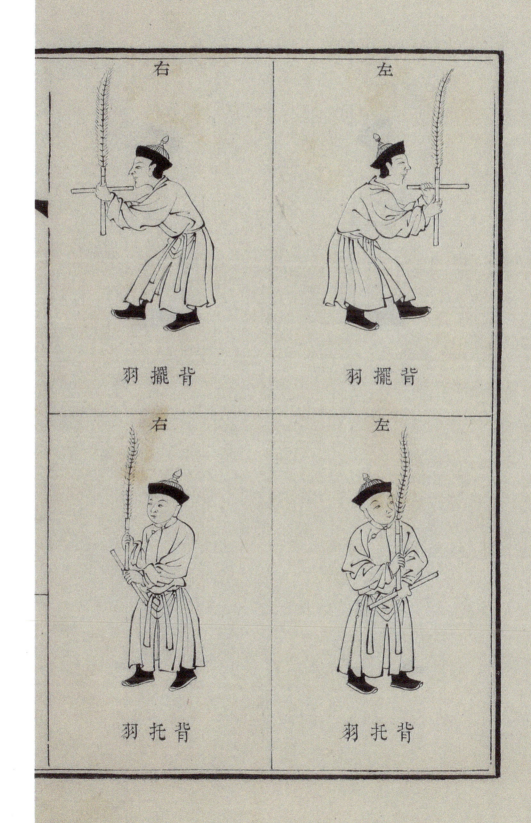

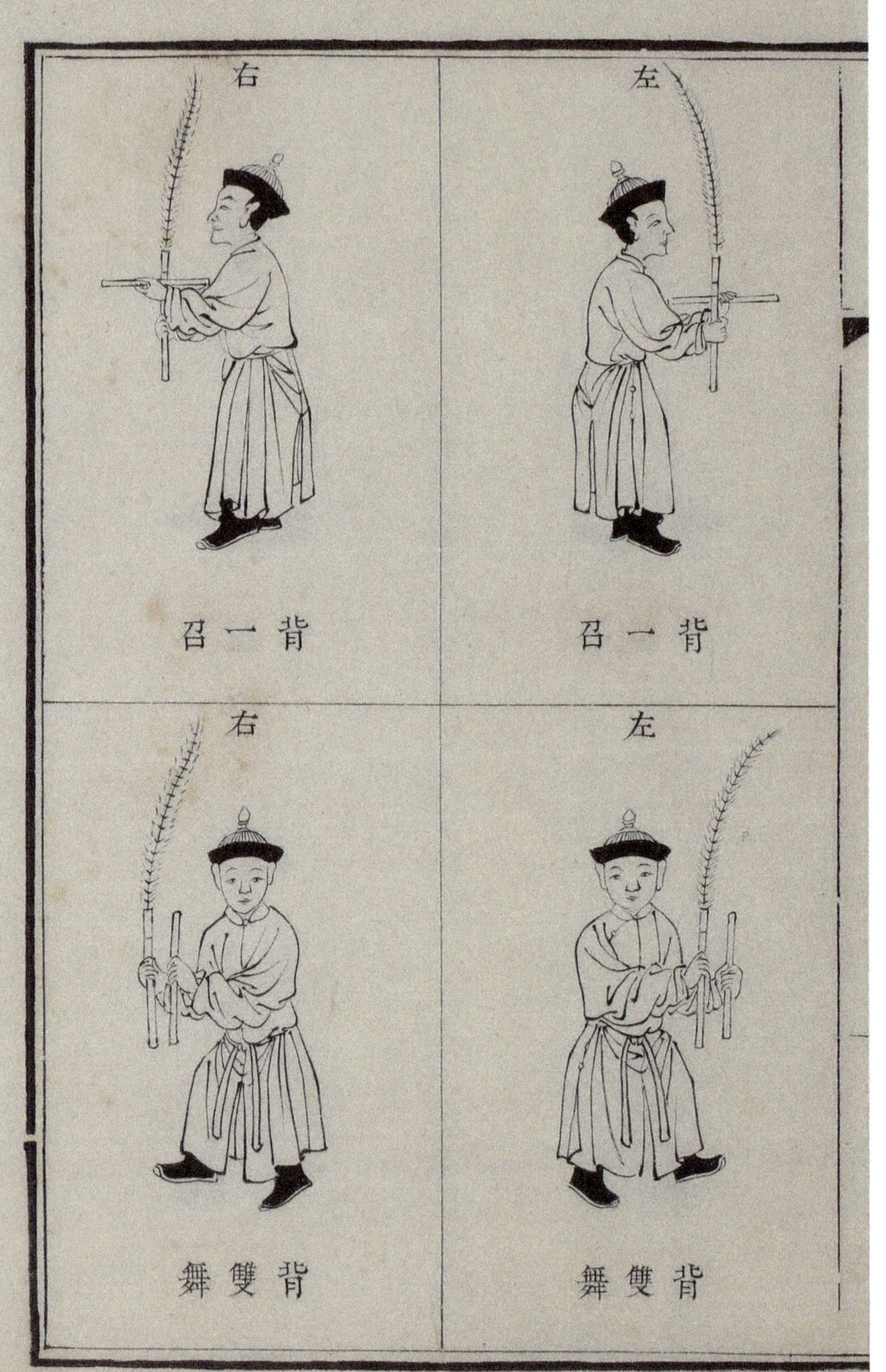
左
背一召
右
背一召
左
背雙舞
右
背雙舞

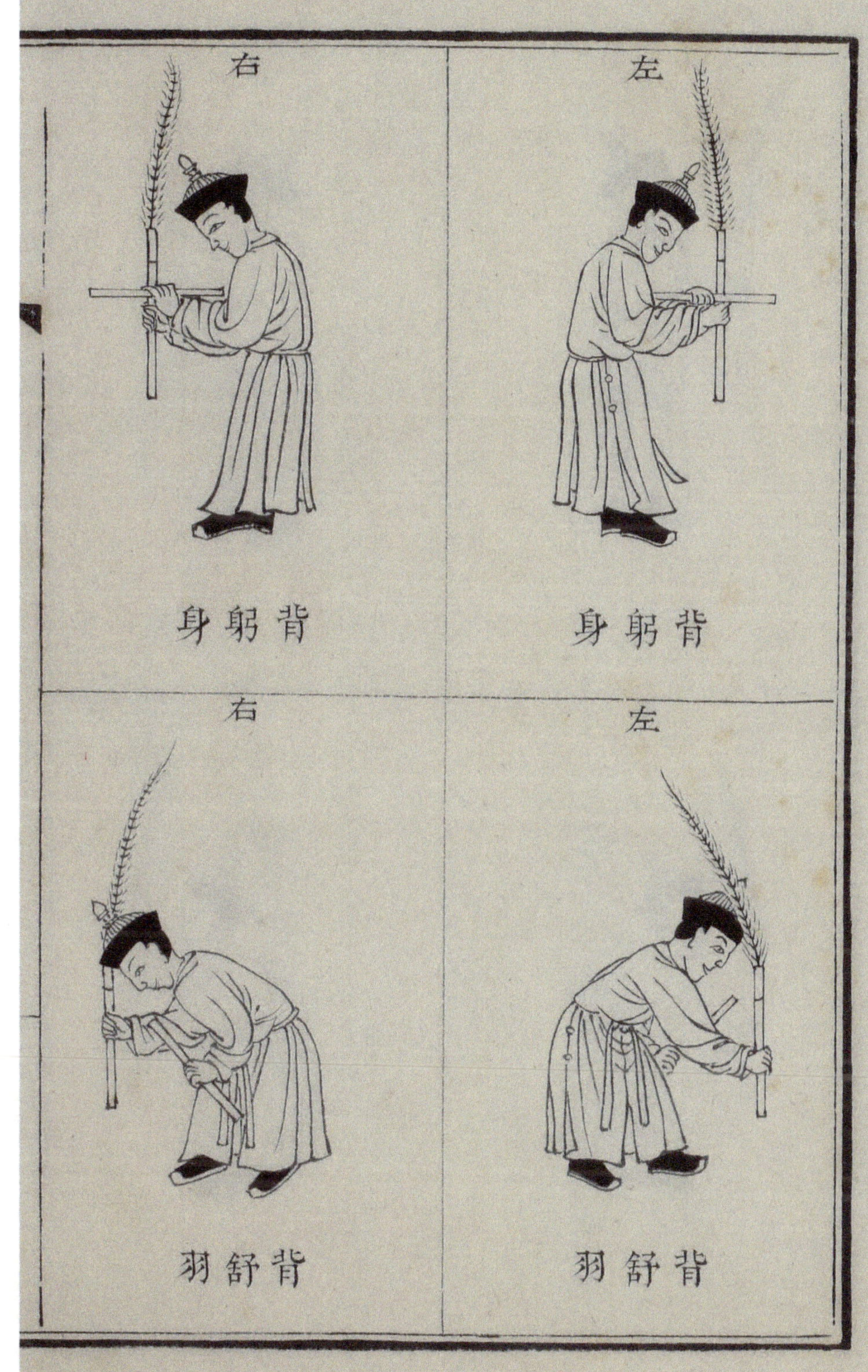
左
背躬身
右
背躬身
左
背舒羽
右
背舒羽

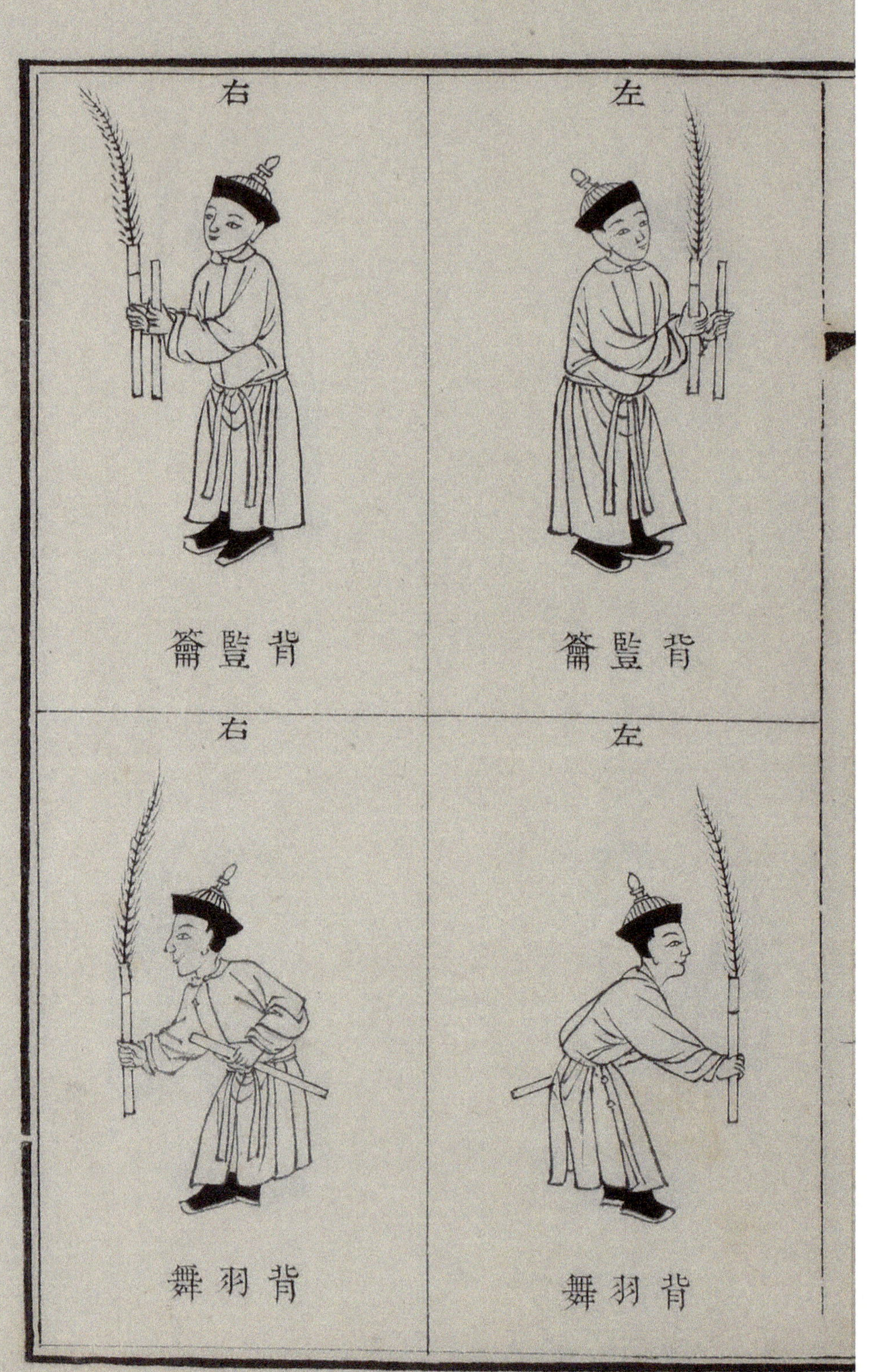

左
背豎籥
右
背豎籥
左
背羽舞
右
背羽舞

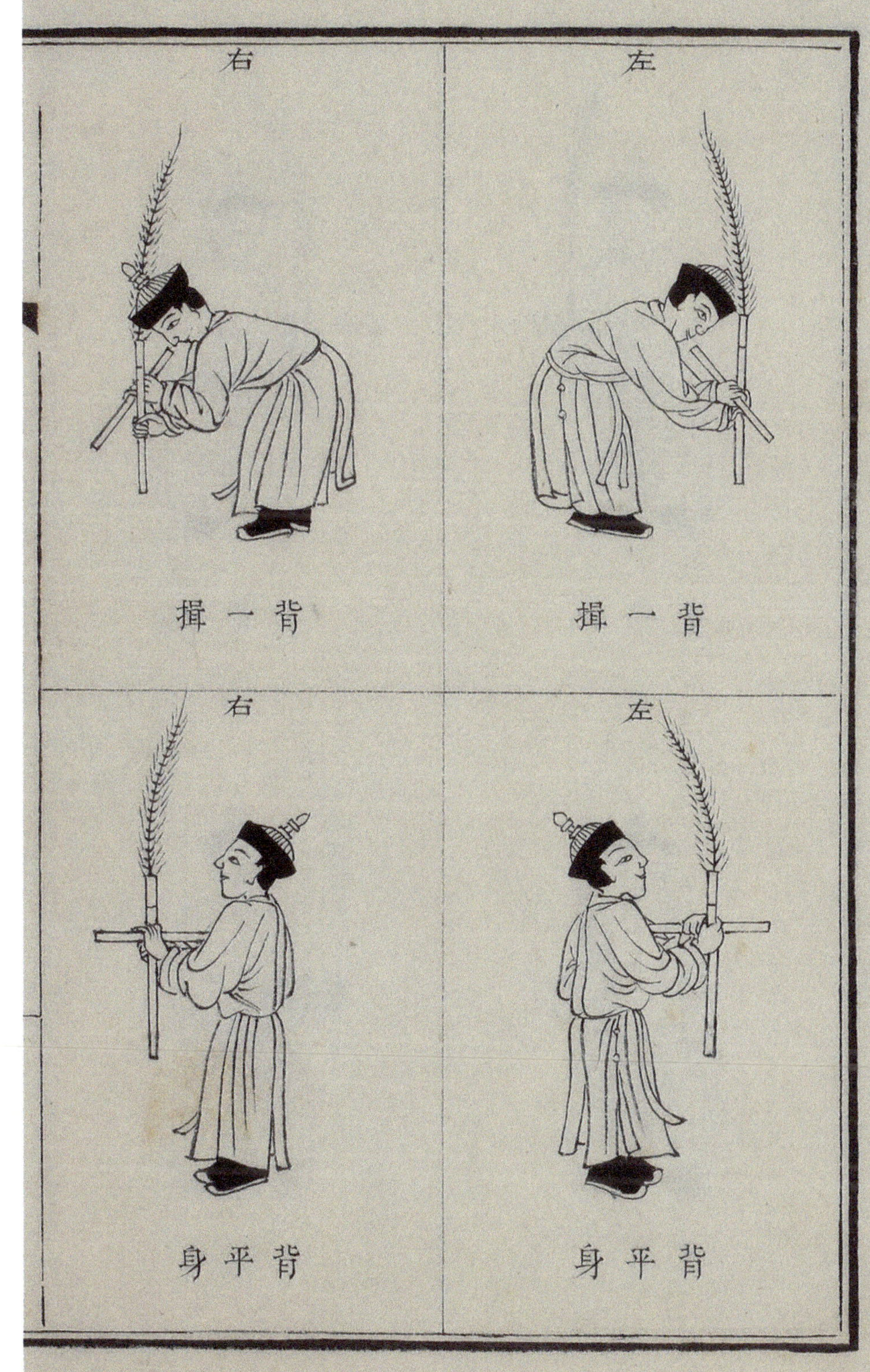
左
背一揖
右
背一揖
左
背平身
右
背平身

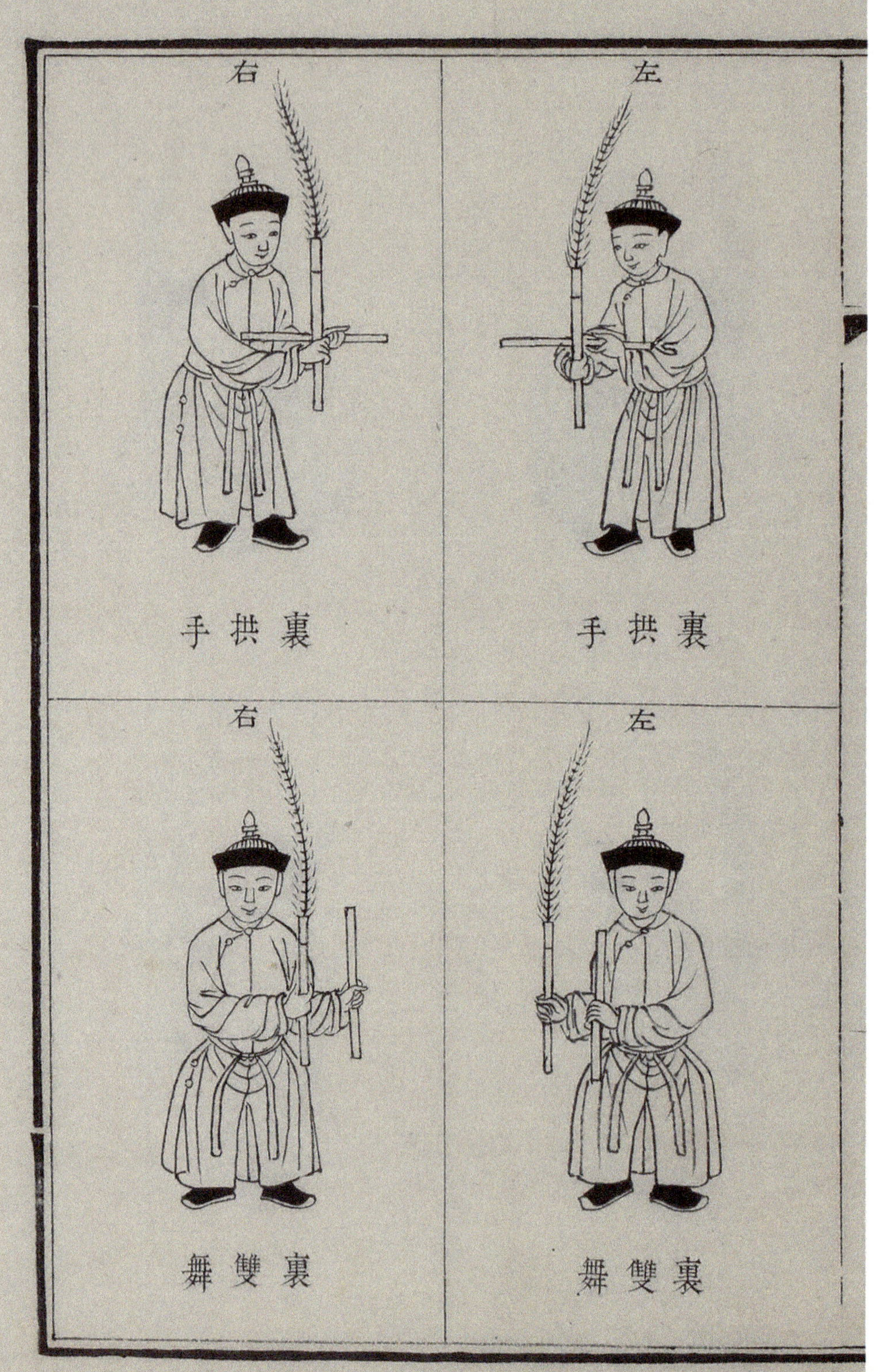
左
裏拱手
右
裏拱手
左
裏雙舞
右
裏雙舞

◎

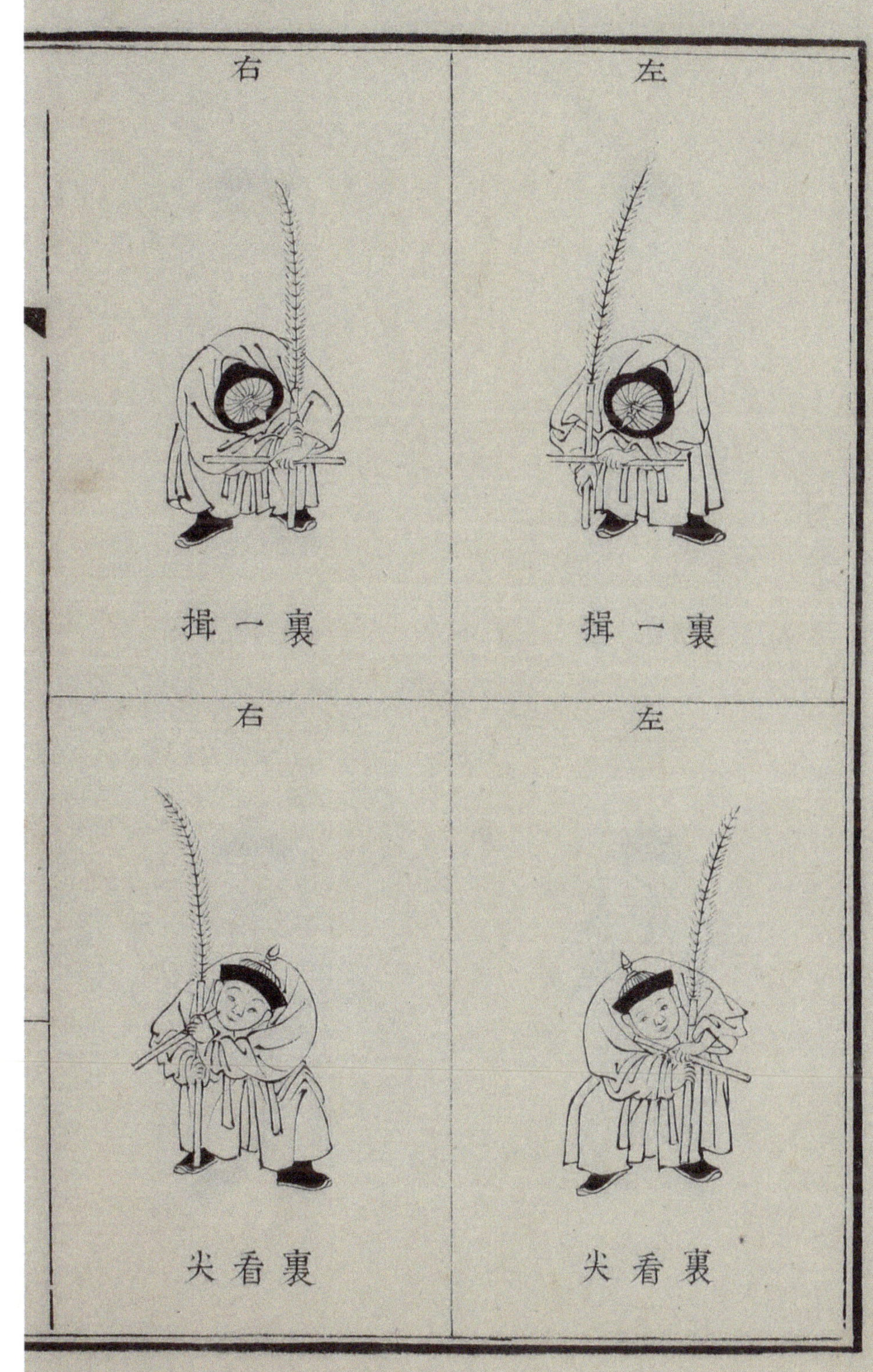
左
裏一揖
右
裏一揖
左
裏看尖
右
裏看尖

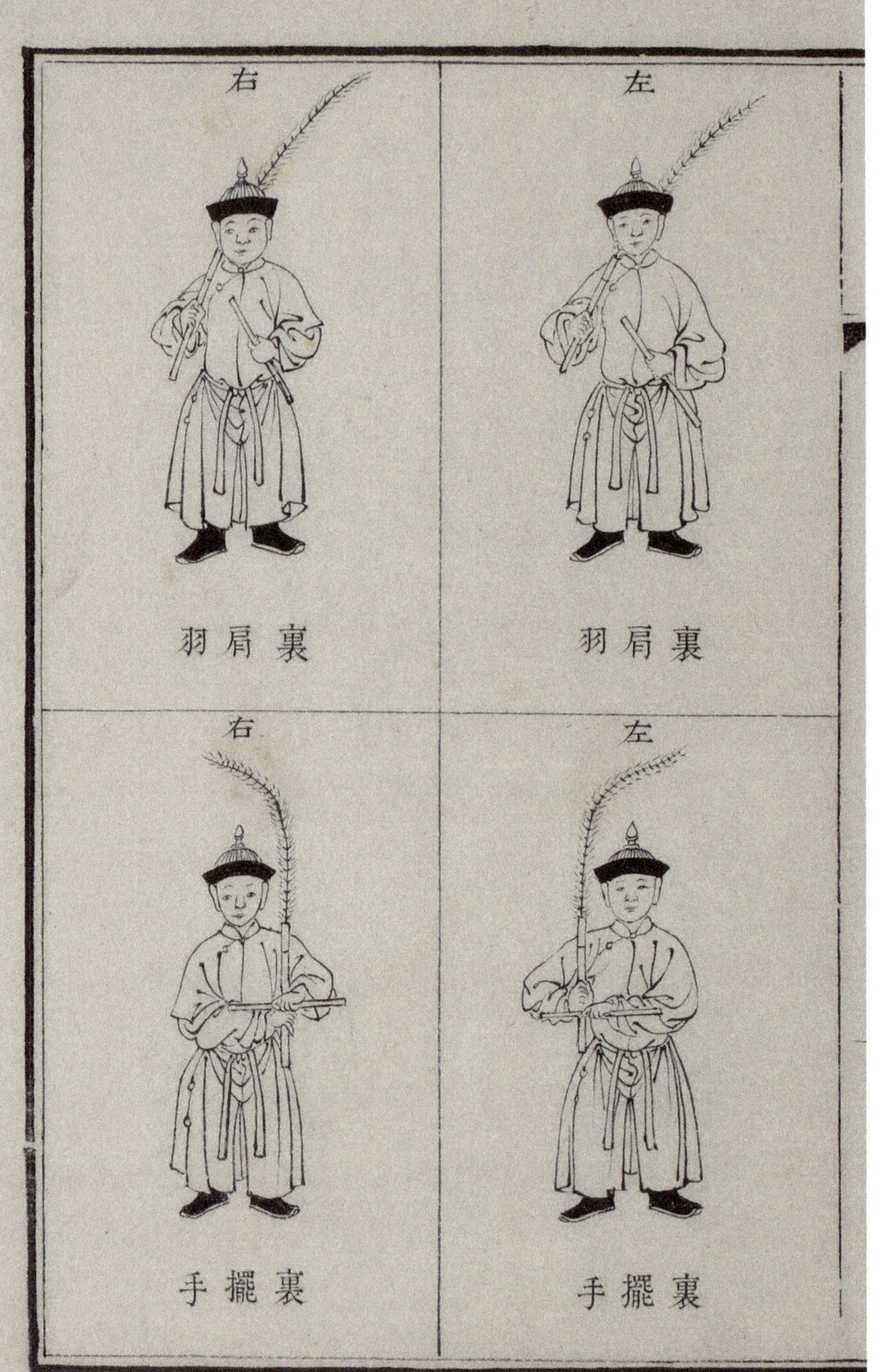
左
裏肩羽
右
裏肩羽
左
裏擺手
右
裏擺手

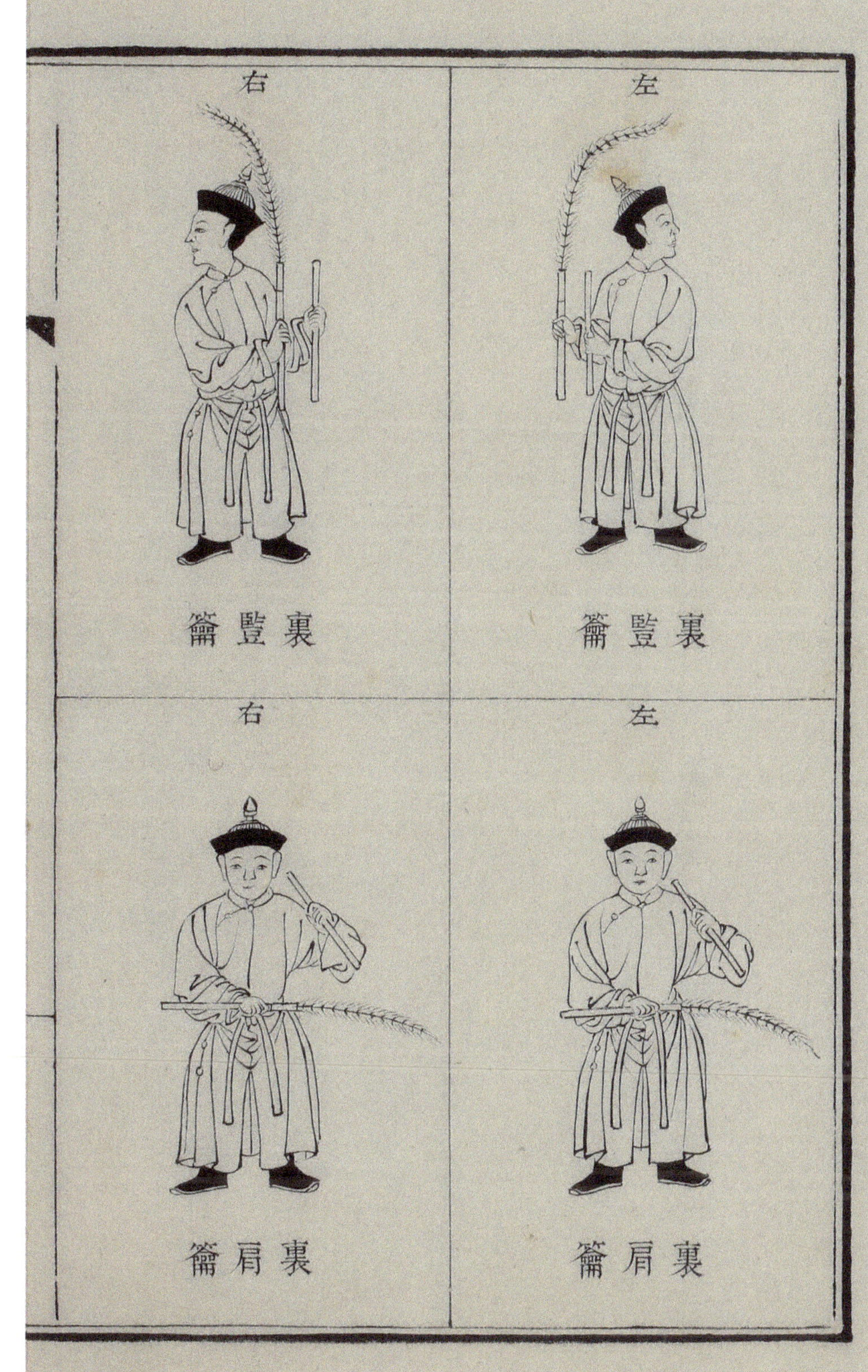
右
裏豎籥
左
裏豎籥
右
裏肩籥
左
裏肩籥

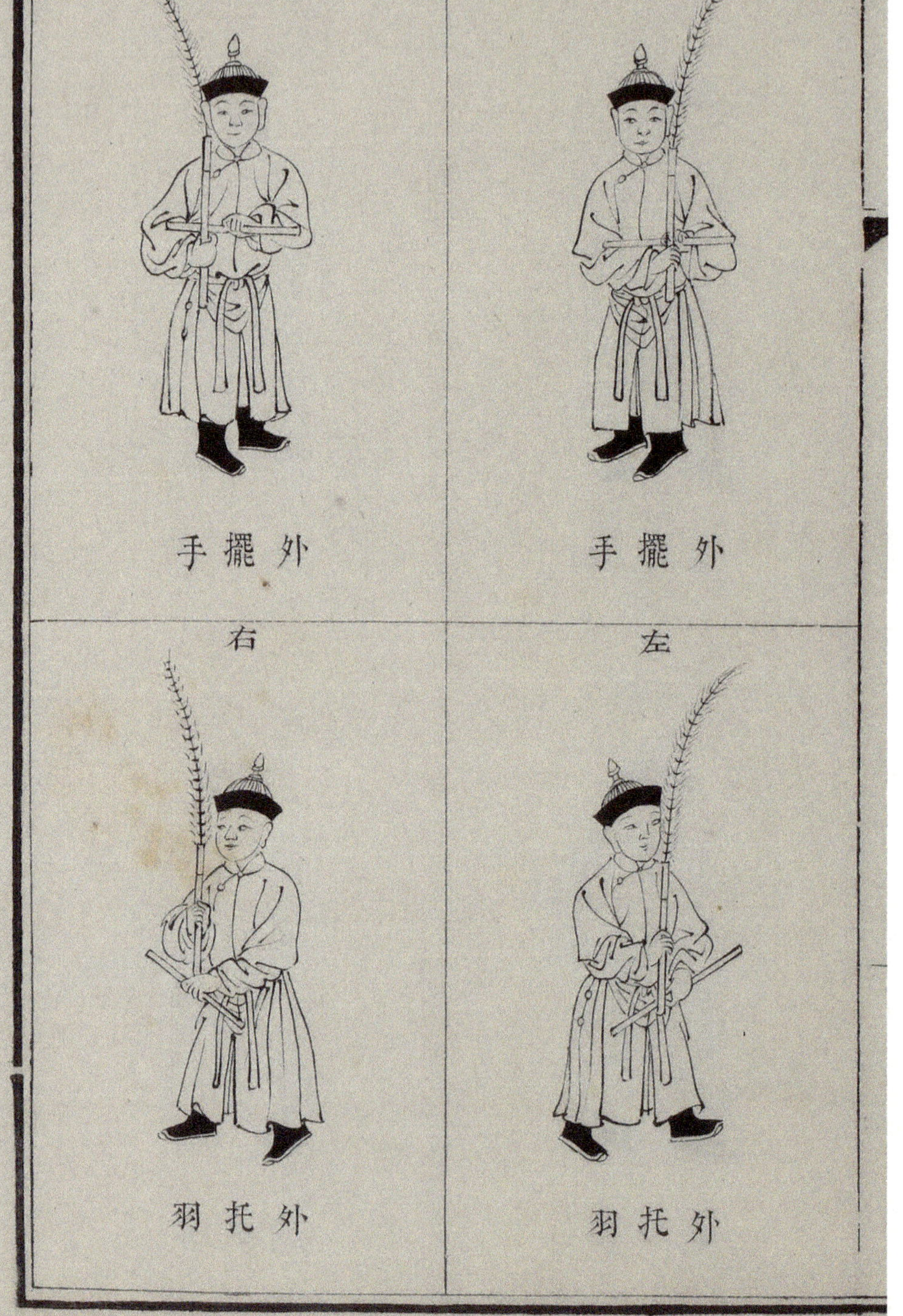
右
外擺手
左
外擺手
右
外托羽
左
外托羽

◎

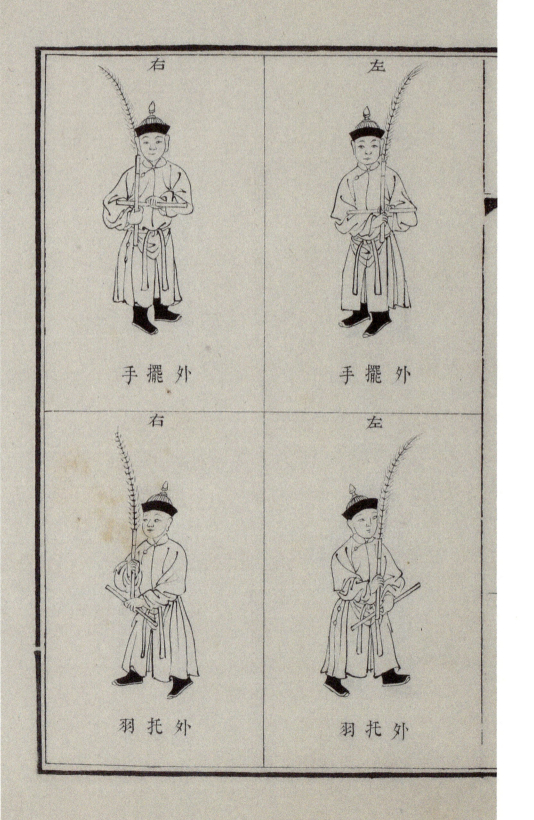

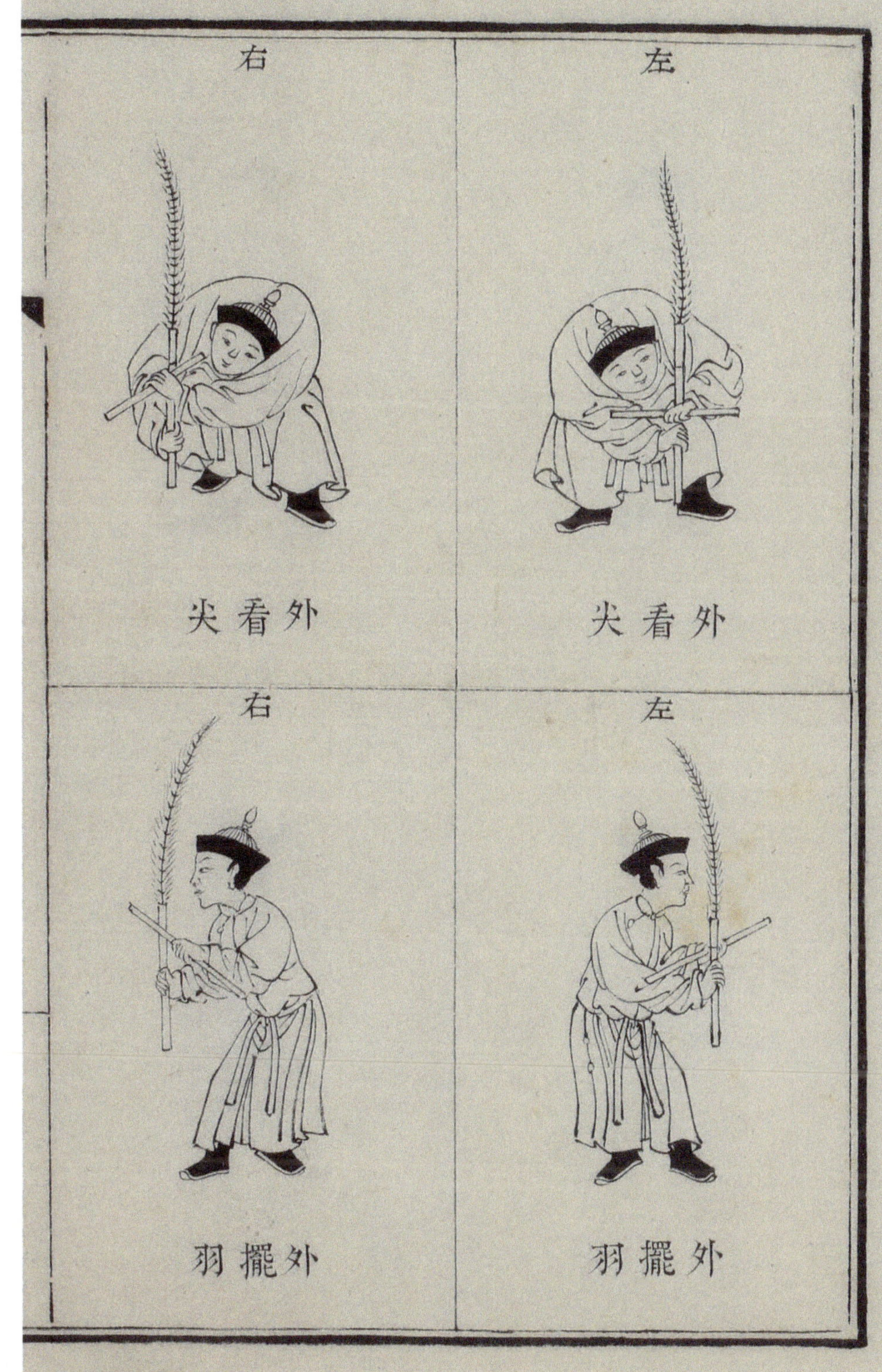
左
外看尖
右
外看尖
左
外擺羽
右
外擺羽

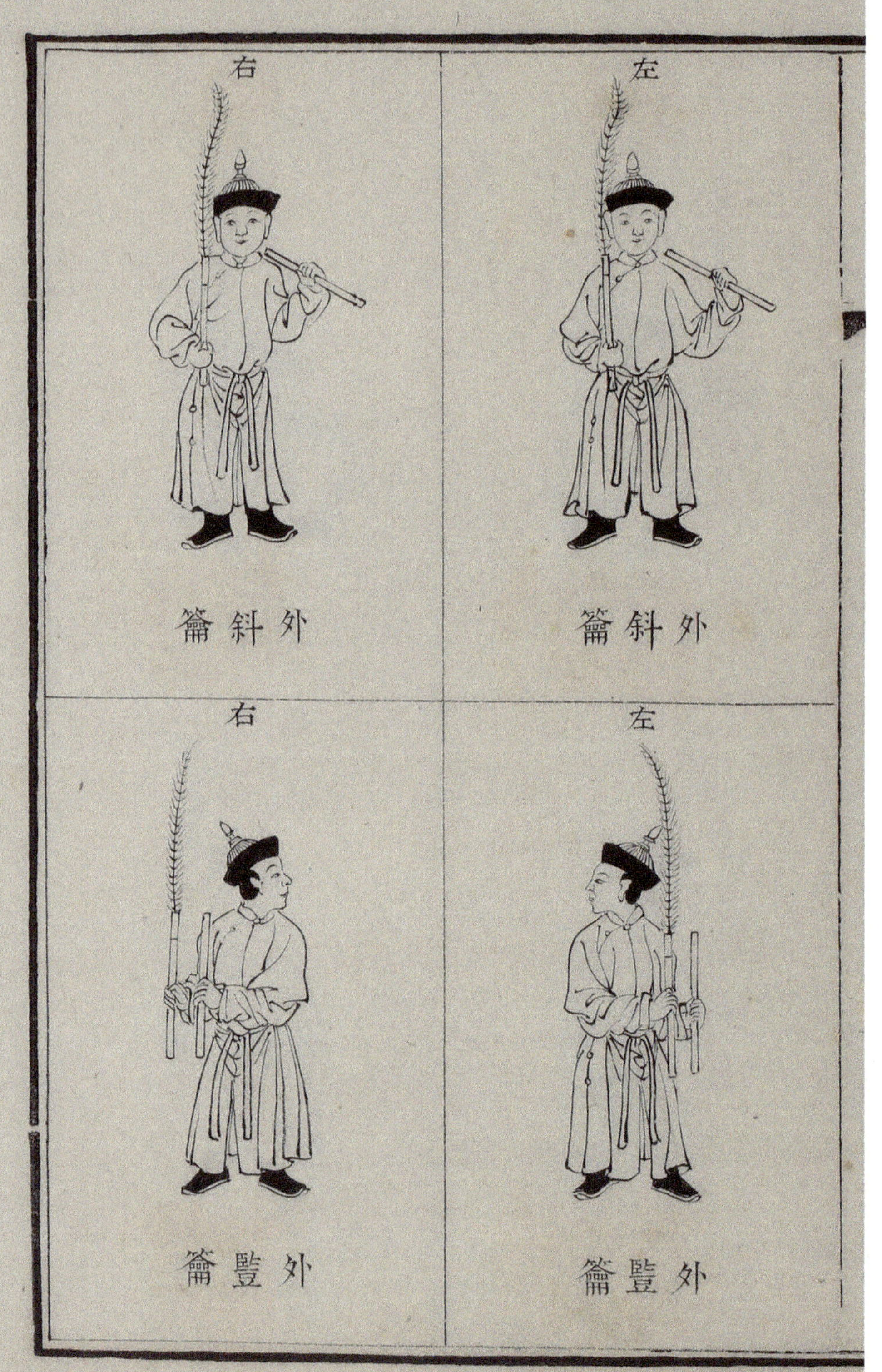

左
外斜籥
右
外斜籥
左
外豎籥
右
外豎籥

左

外雙舞

右

外雙舞

左

外肩籥

右

外肩籥

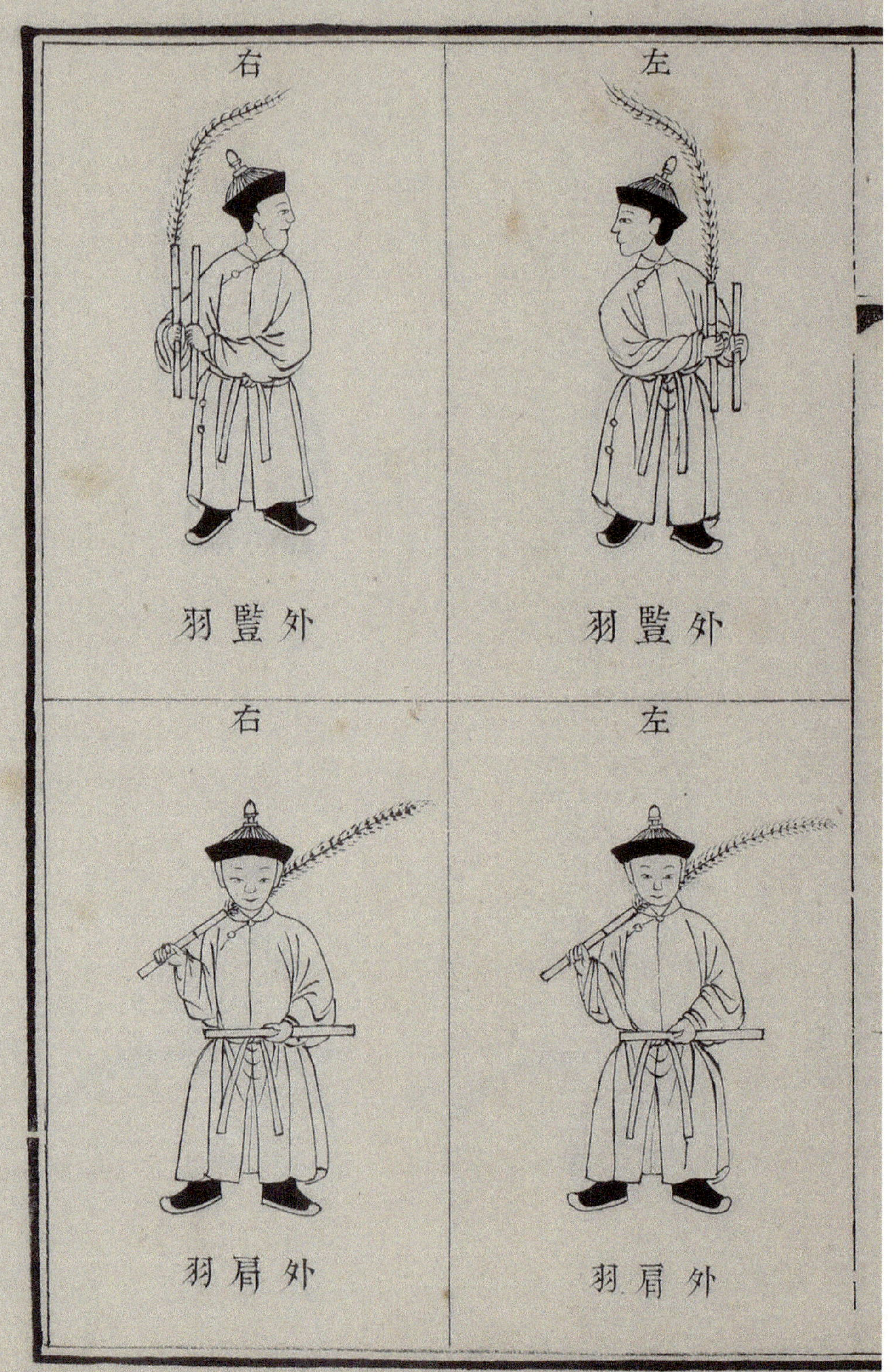

右
左
外豎羽
外豎羽
右
左
外肩羽
外肩羽

左

外拱手

右

外拱手

左

外一揖

右

外一揖

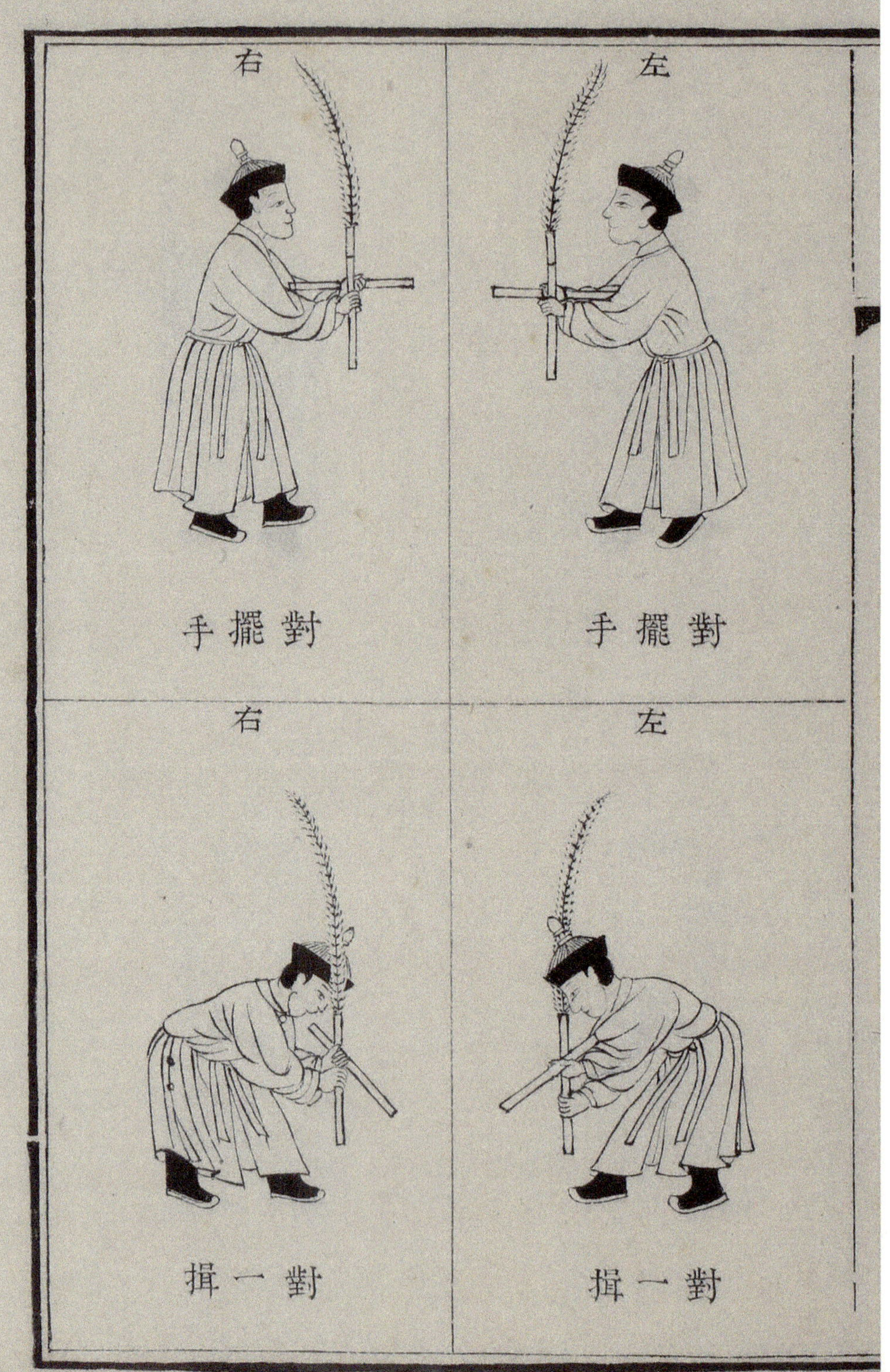
左
對擺手
右
對擺手
左
對一揖
右
對一揖

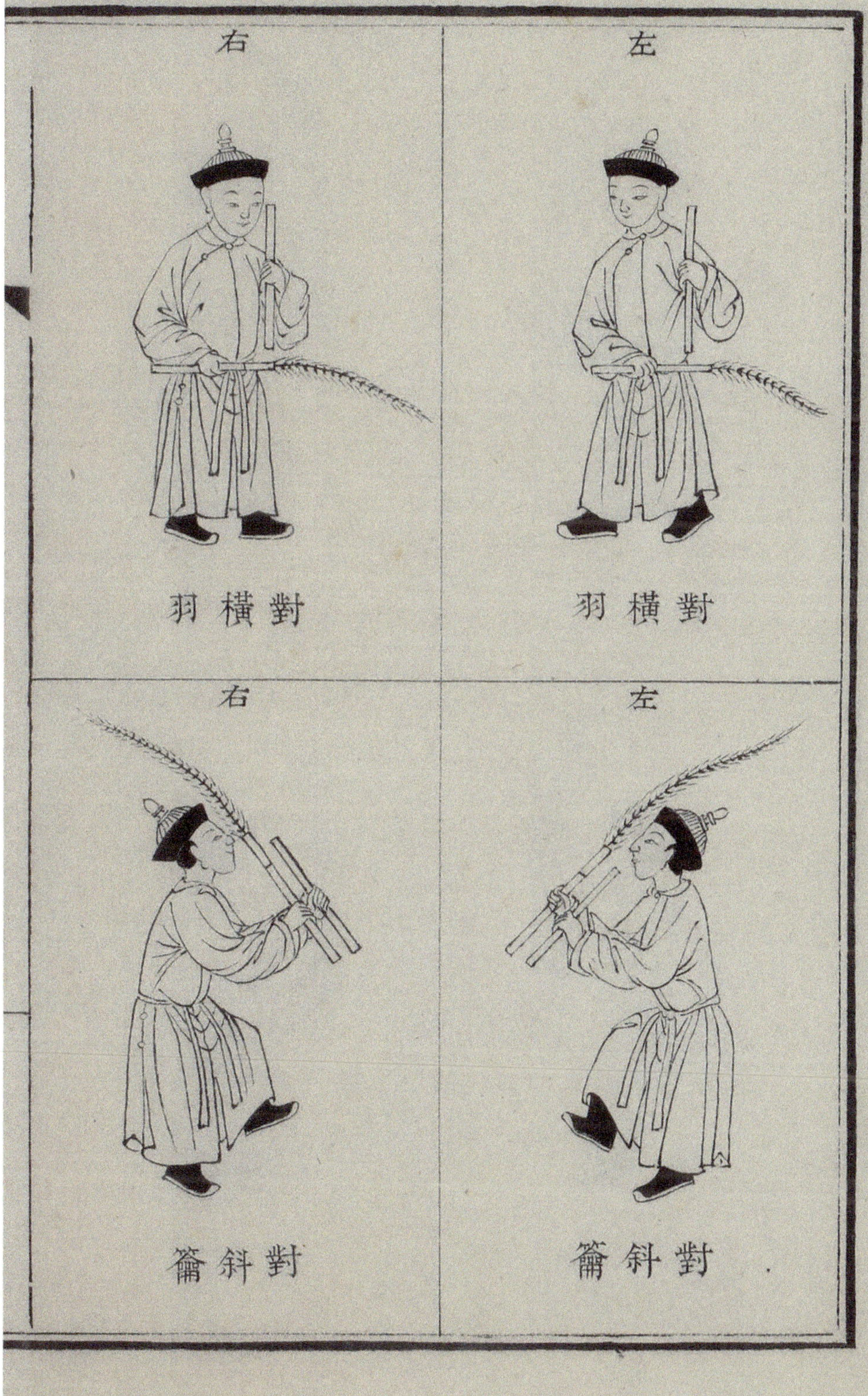

右

對橫羽

左

對橫羽

右

對斜籥

左

對斜籥

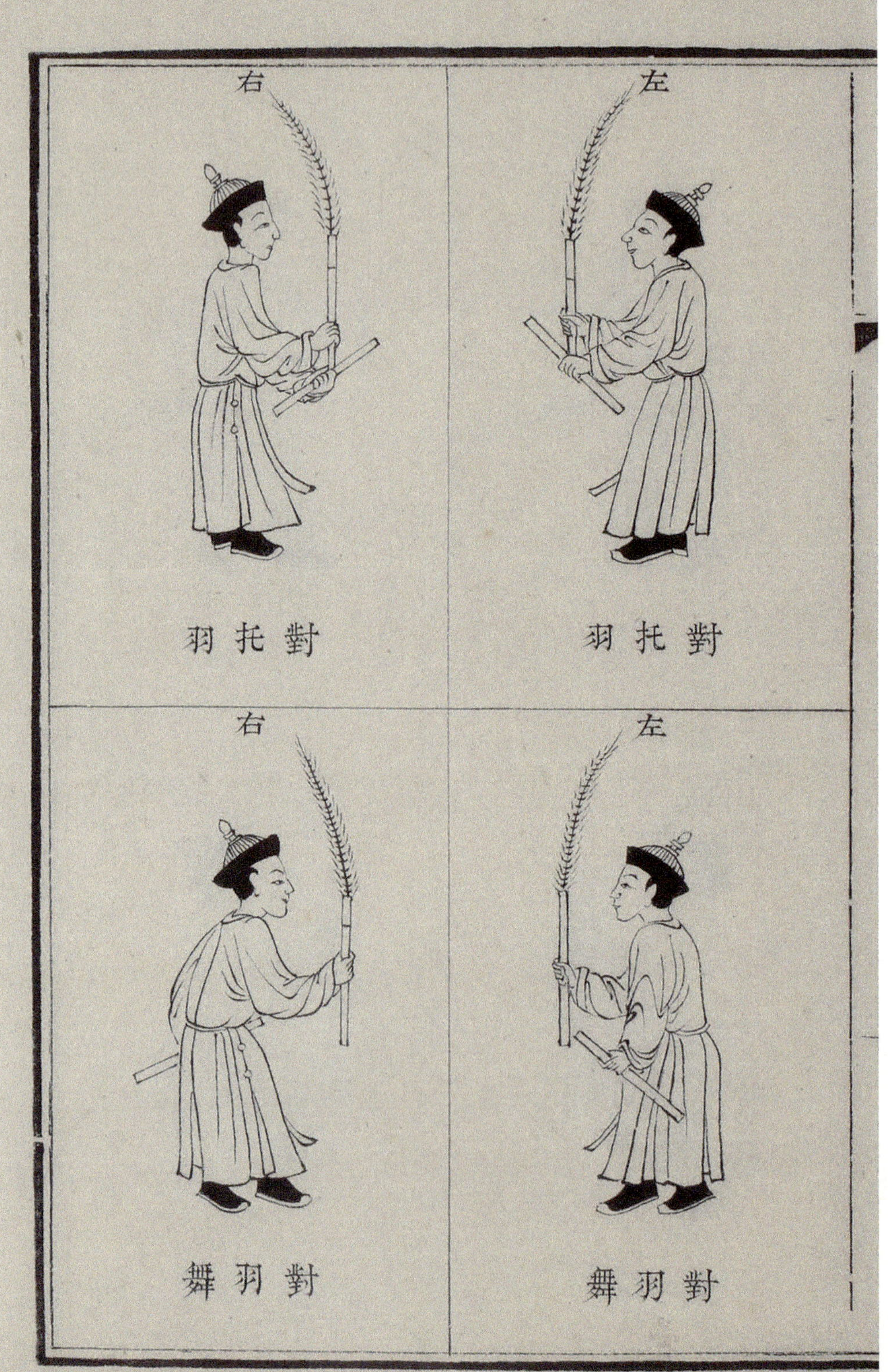
左
對托羽
右
對托羽
左
對羽舞
右
對羽舞

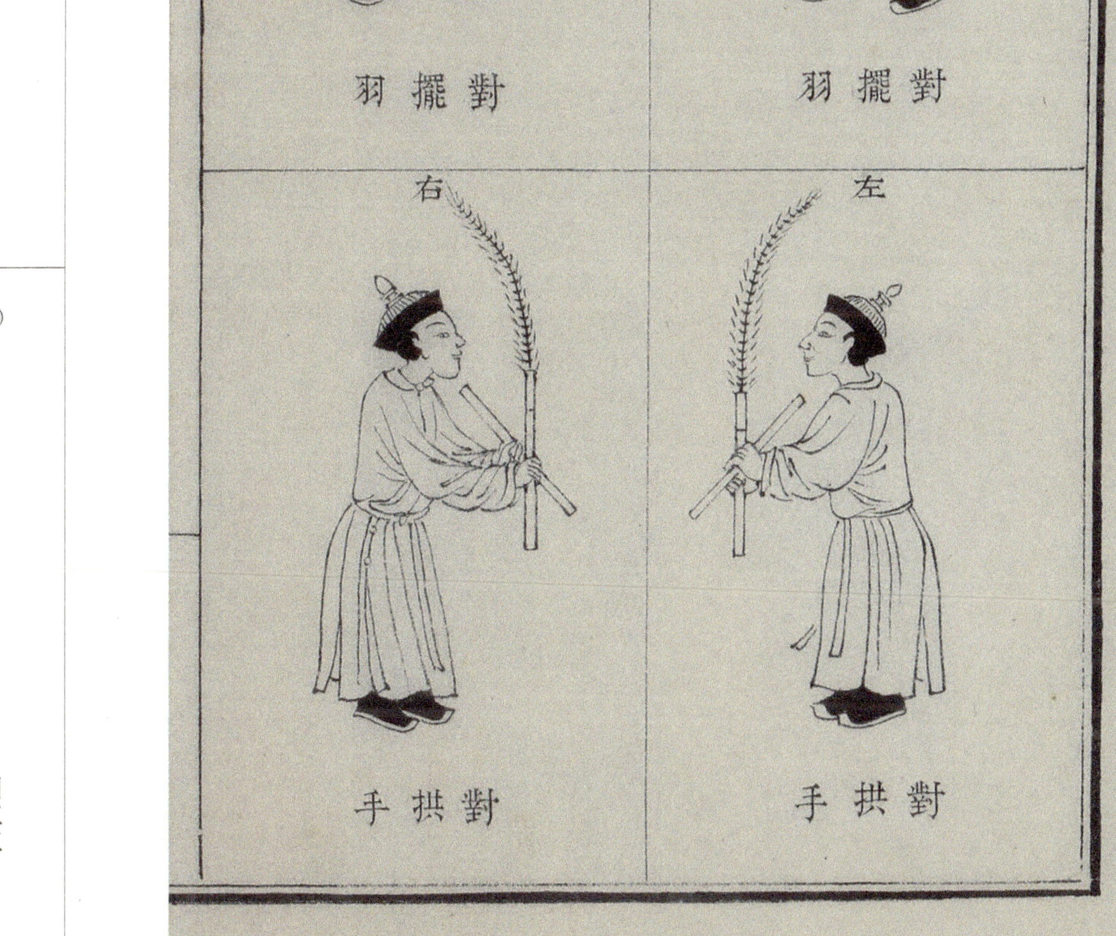

右 
對擺羽
左
對擺羽
右
對拱手
左
對拱手

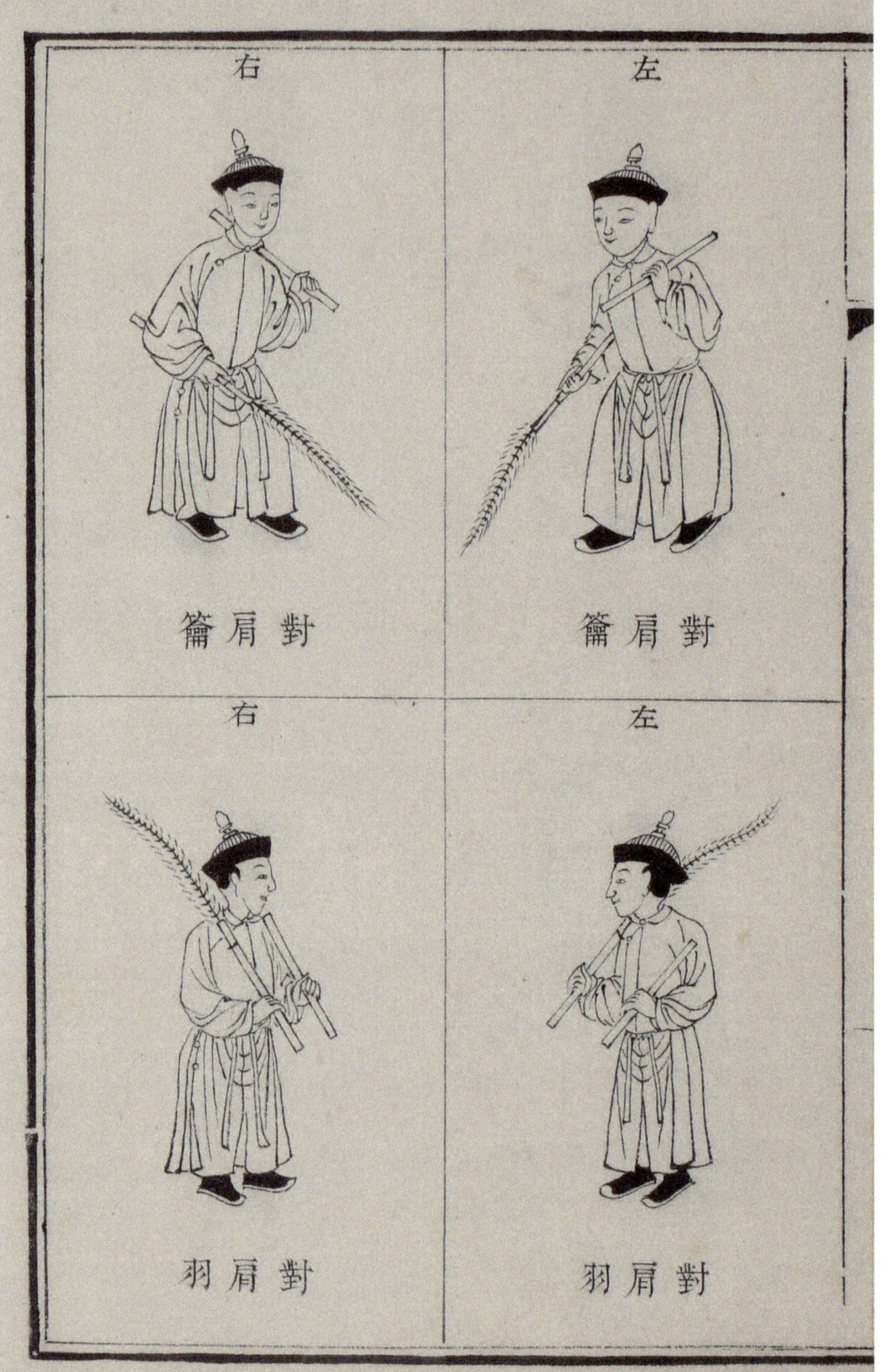
左
對肩籥
右
對肩籥
左
對肩羽
右
對肩羽

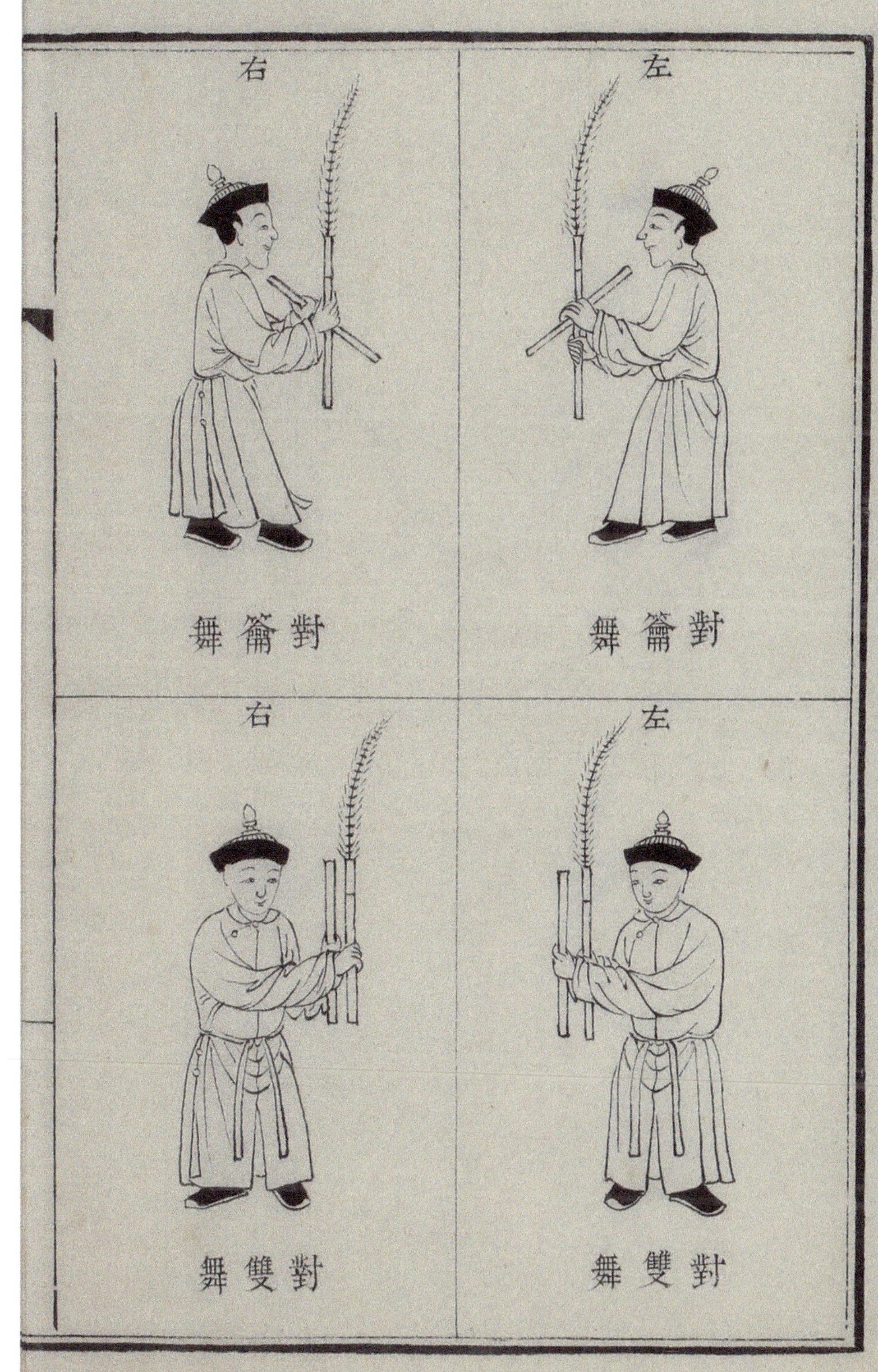
右
對籥舞
左
對籥舞
右
對雙舞
左
對雙舞

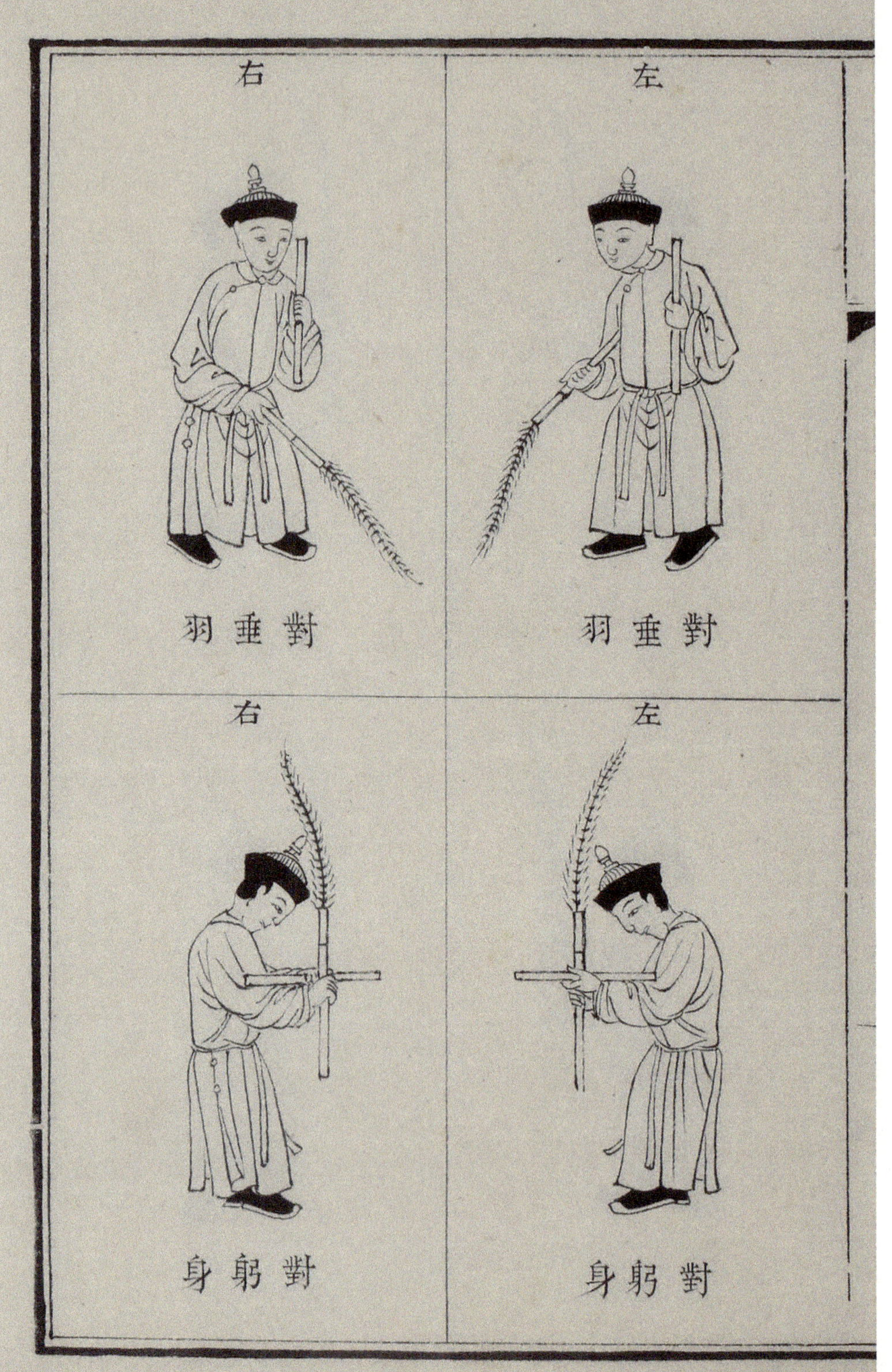
右
對垂羽
左
對垂羽
右
對躬身
左
對躬身

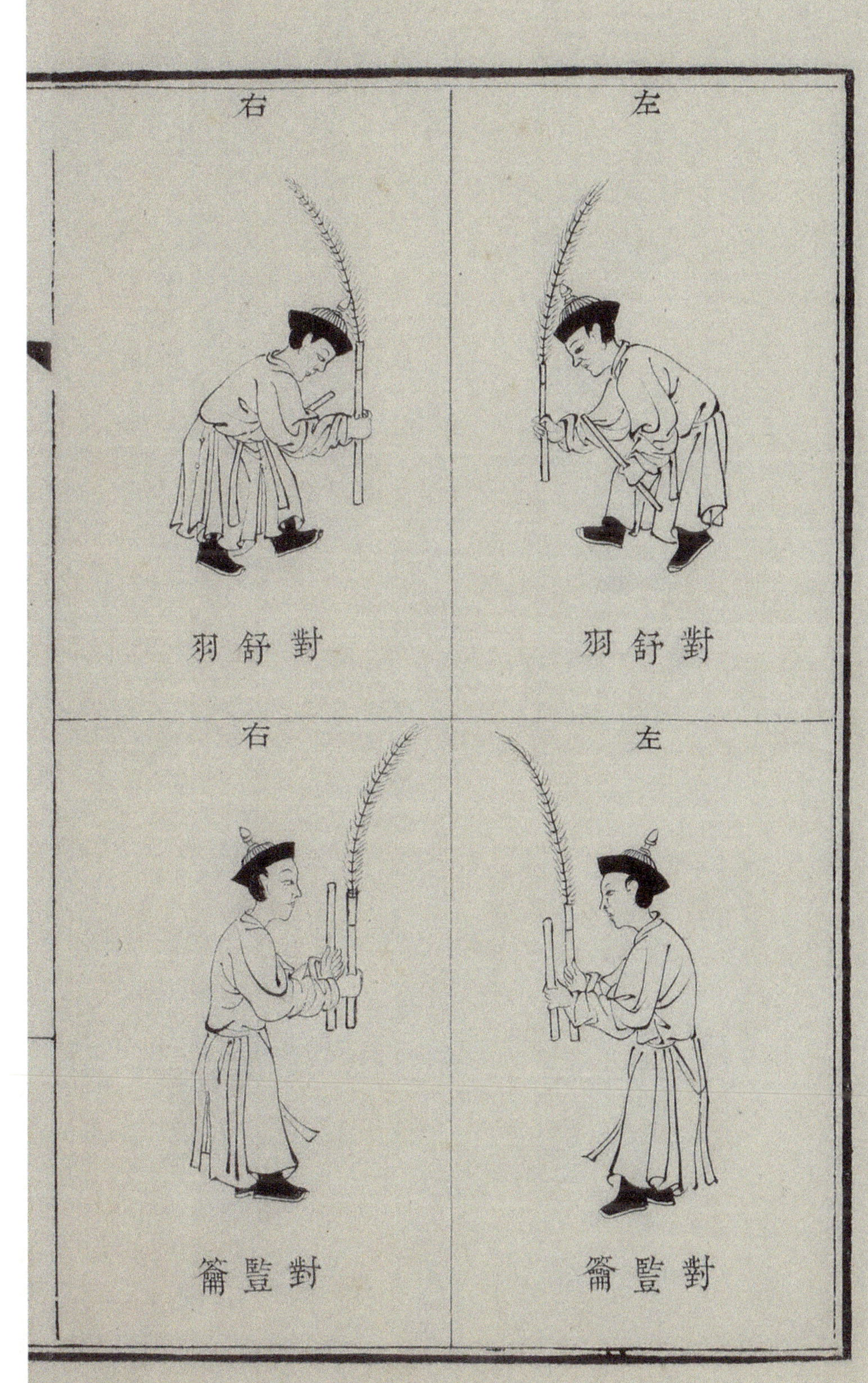
左
對舒羽
右
對舒羽
左
對豎籥
右
對豎籥

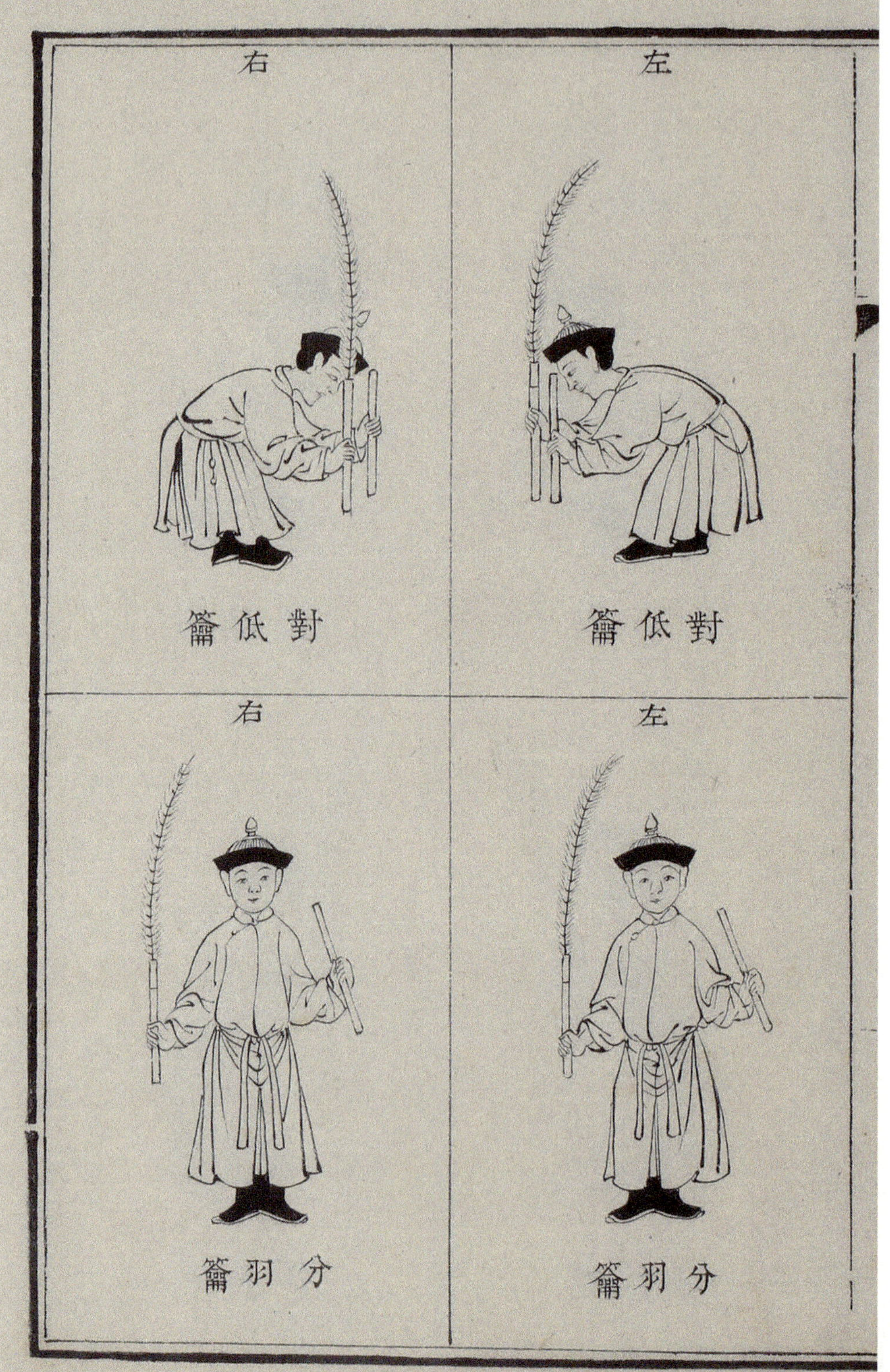

左
對低籥
右
對低籥
左
分羽籥
右
分羽籥

◎

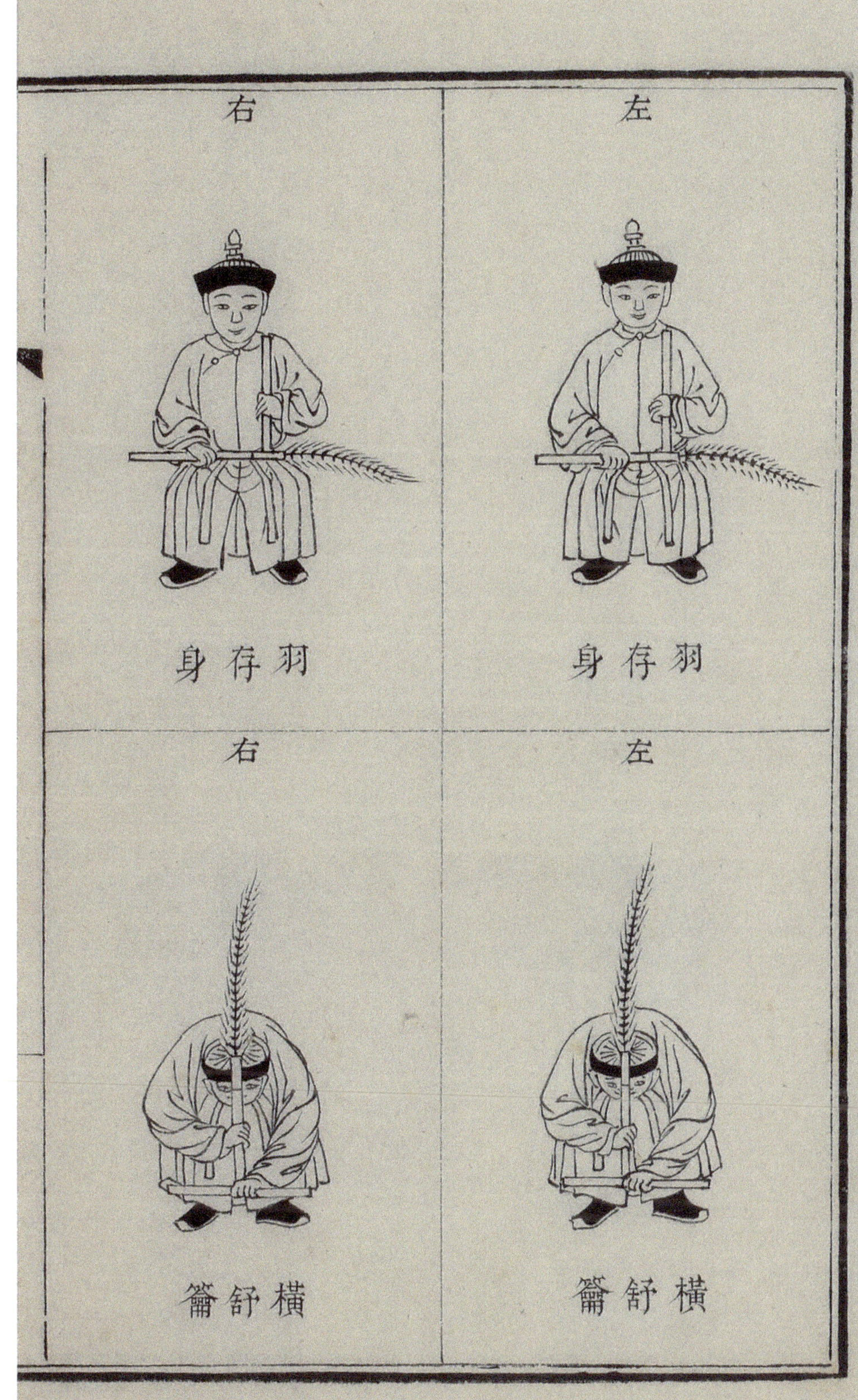

左
羽存身
右
羽存身
左
橫舒籥
右
橫舒籥

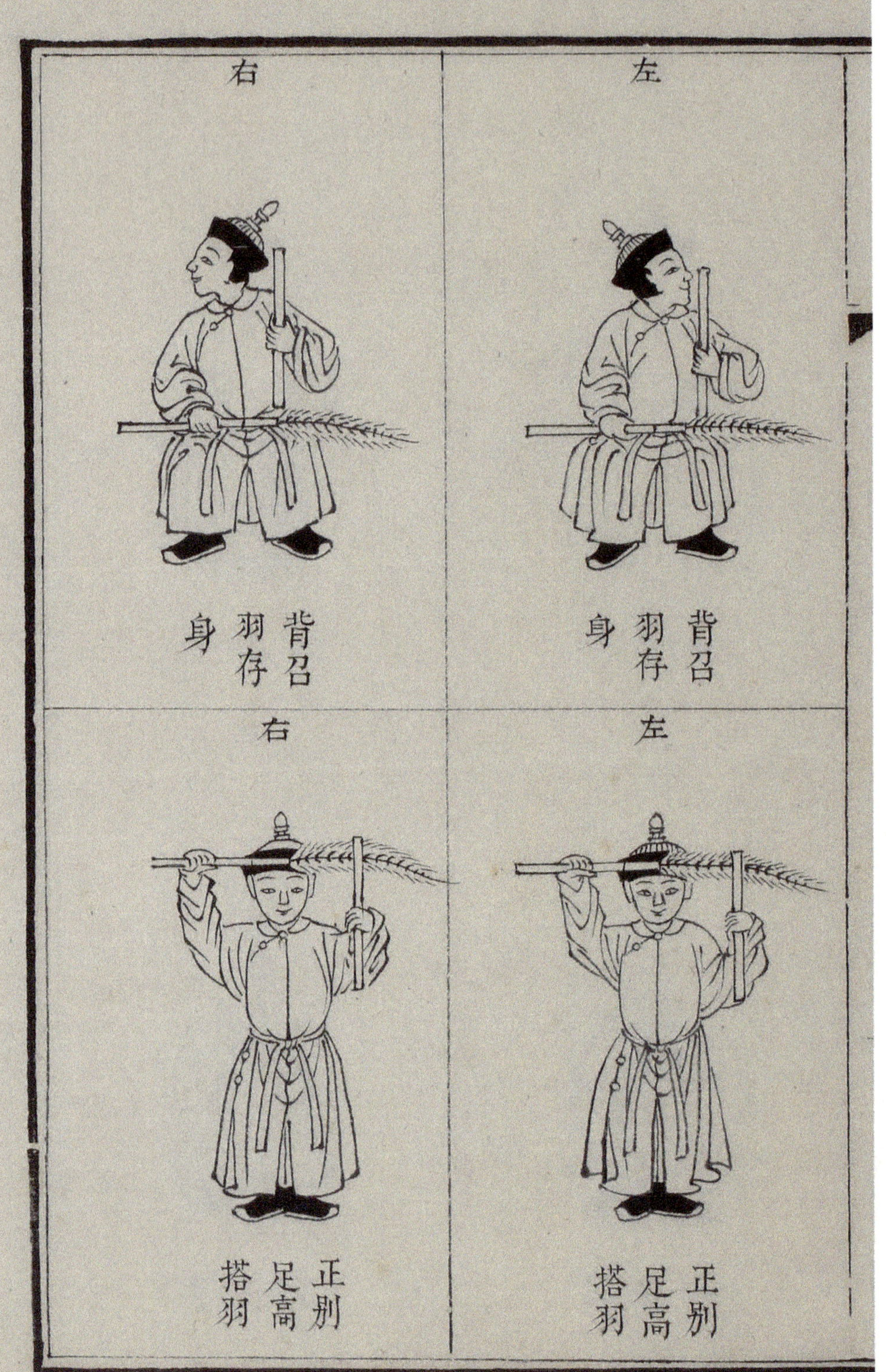
左
背召羽存身
右
背召羽存身
左
正別足高搭羽
右
正別足高搭羽

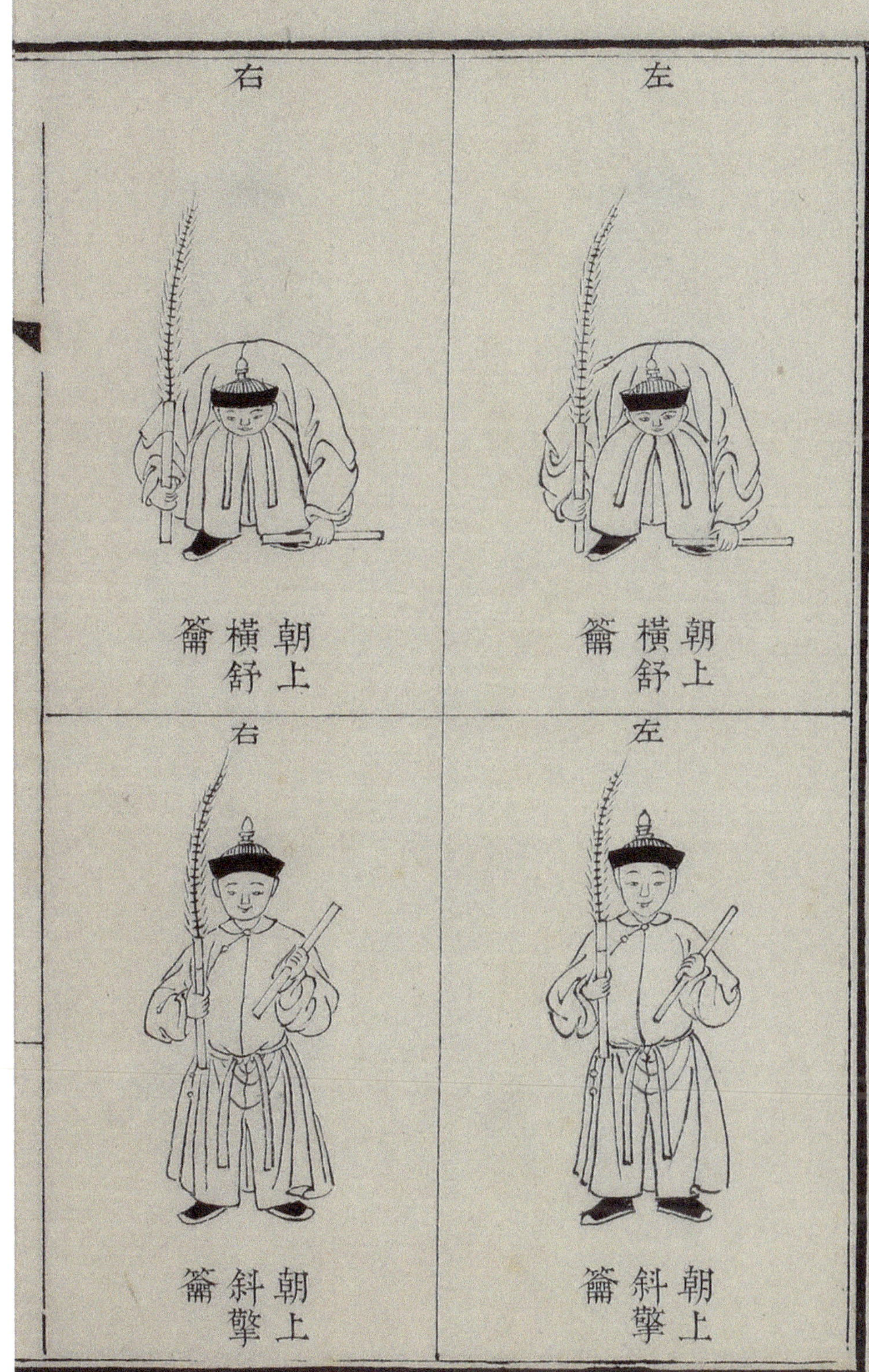
左
朝上横舒籥
右
朝上横舒籥
左
朝上斜擎籥
右
朝上斜擎籥

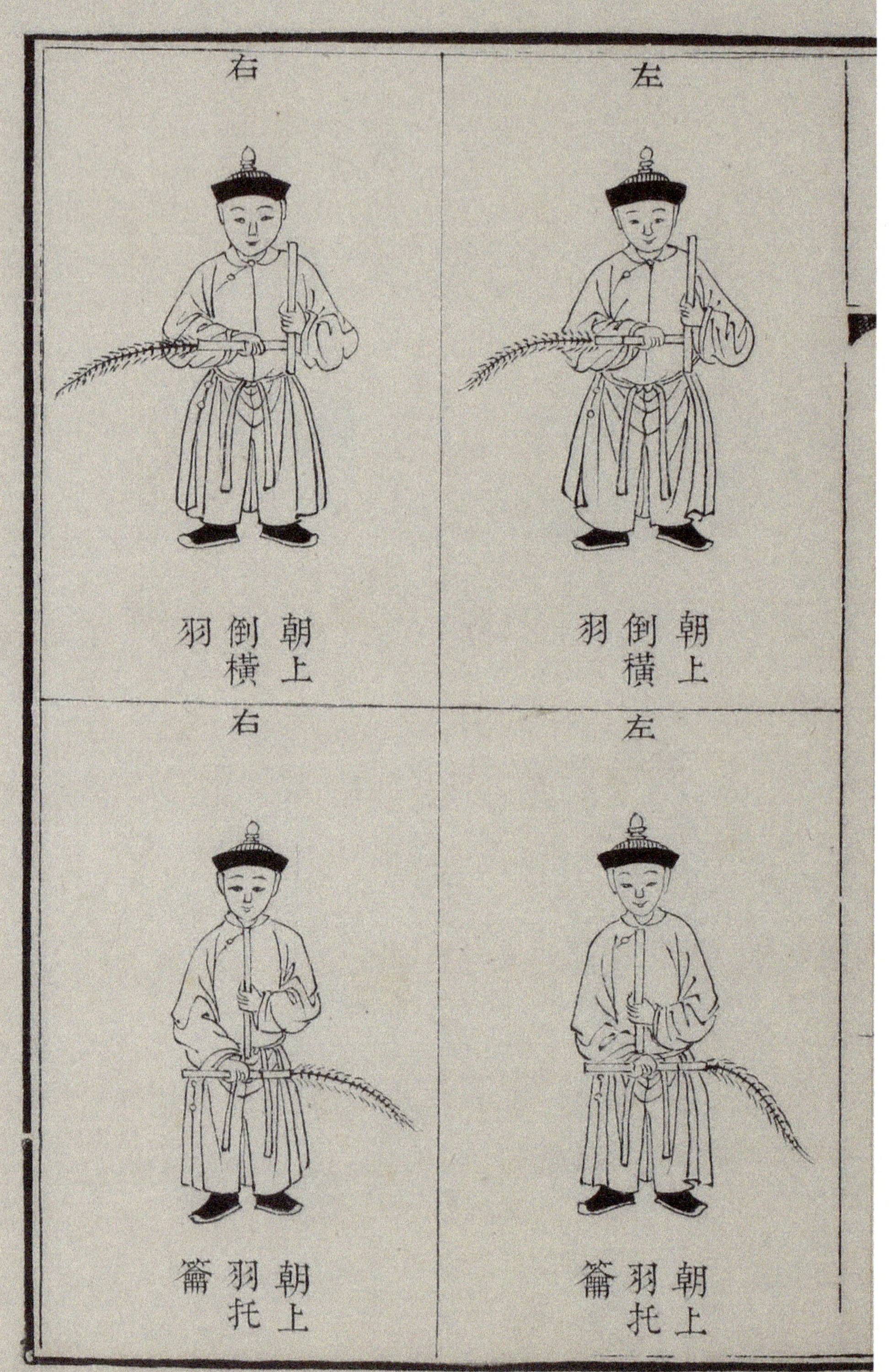

左
朝上倒橫羽
右
朝上倒橫羽
左
朝上羽托籥
右
朝上羽托籥

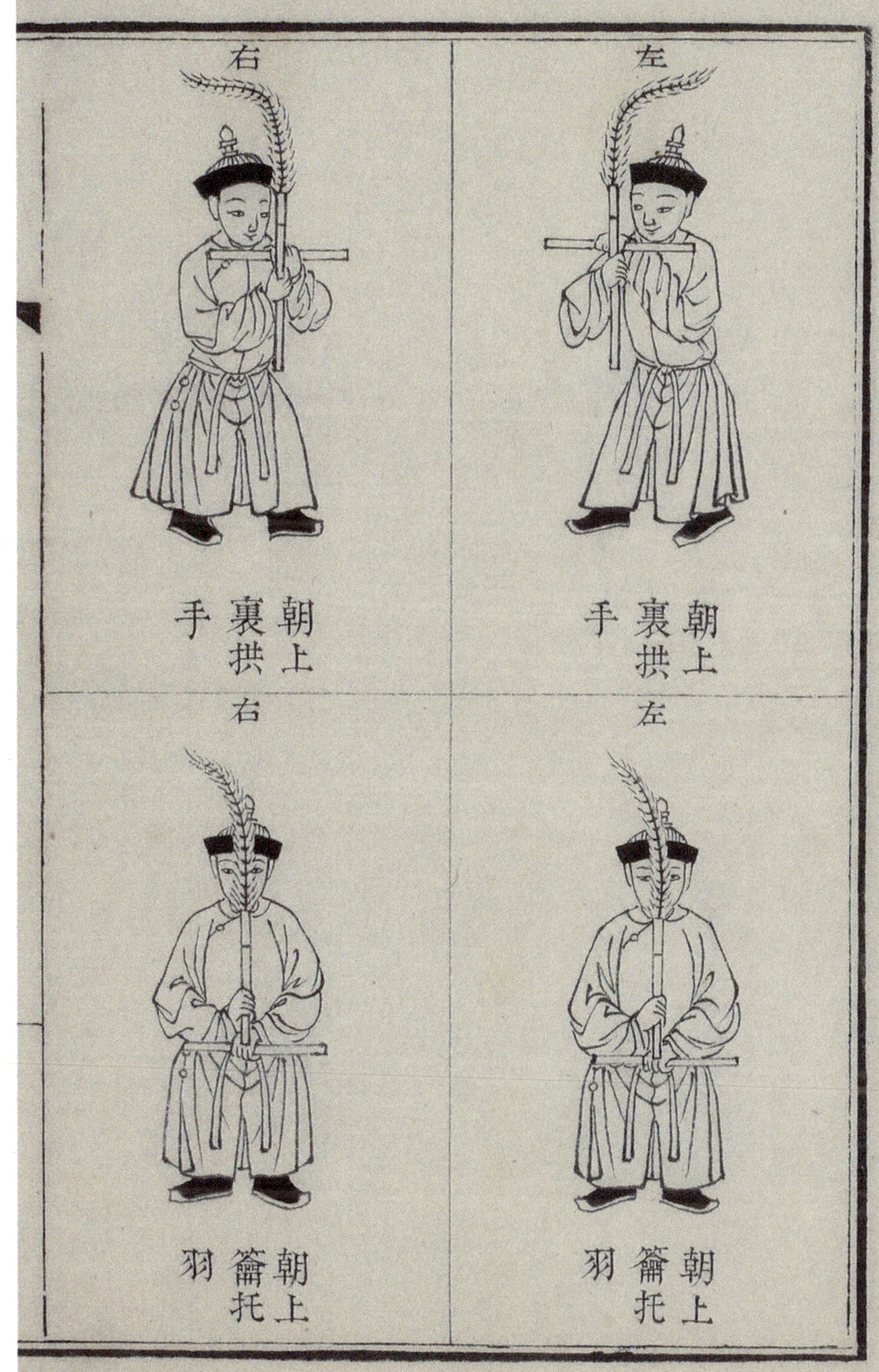
左
朝上
裏拱
手
右
朝上
裏拱
手
左
朝上
籥托
羽
右
朝上
籥托
羽

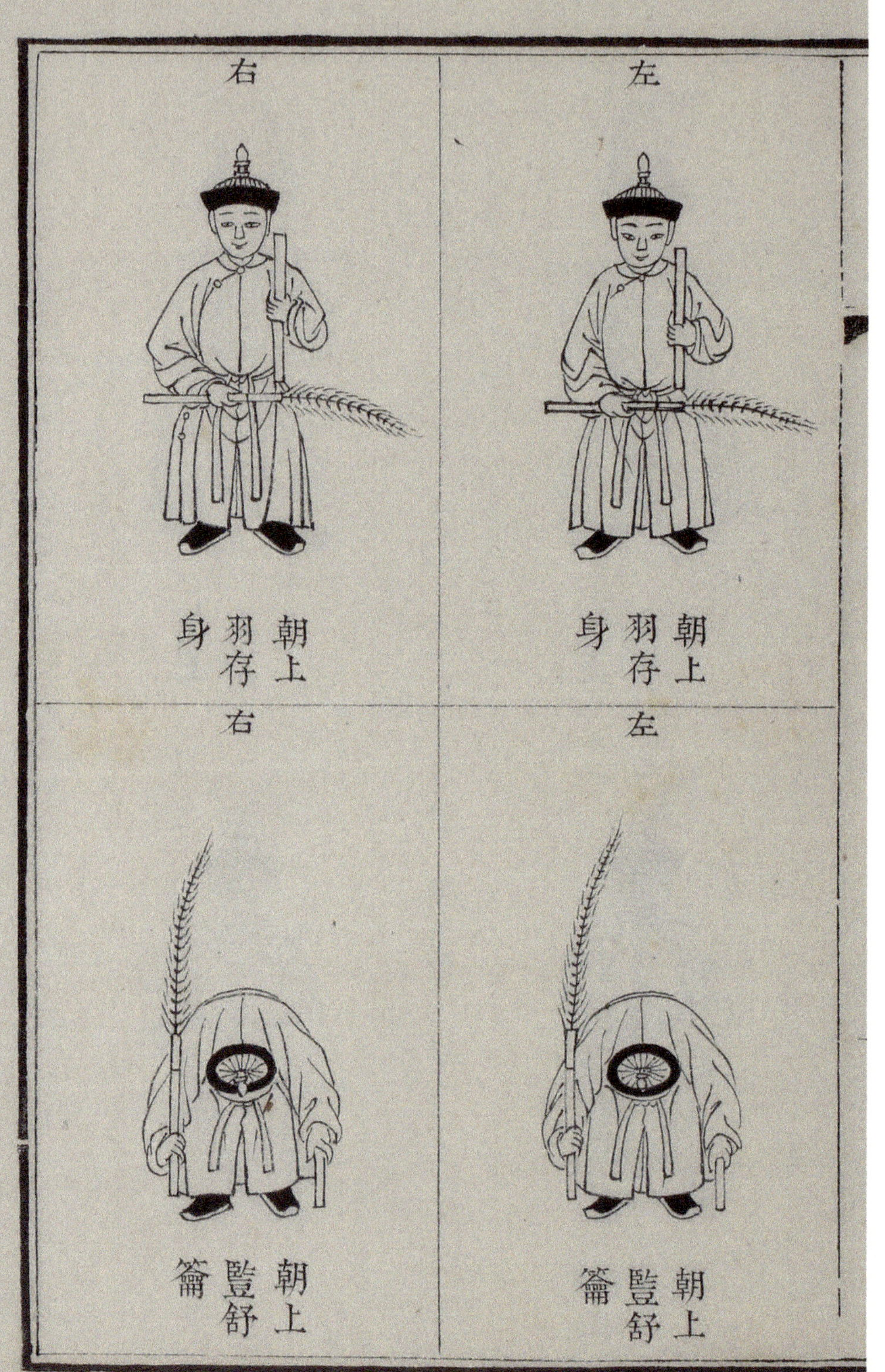
左
朝上羽存身
右
朝上羽存身
左
朝上豎舒籥
右
朝上豎舒籥

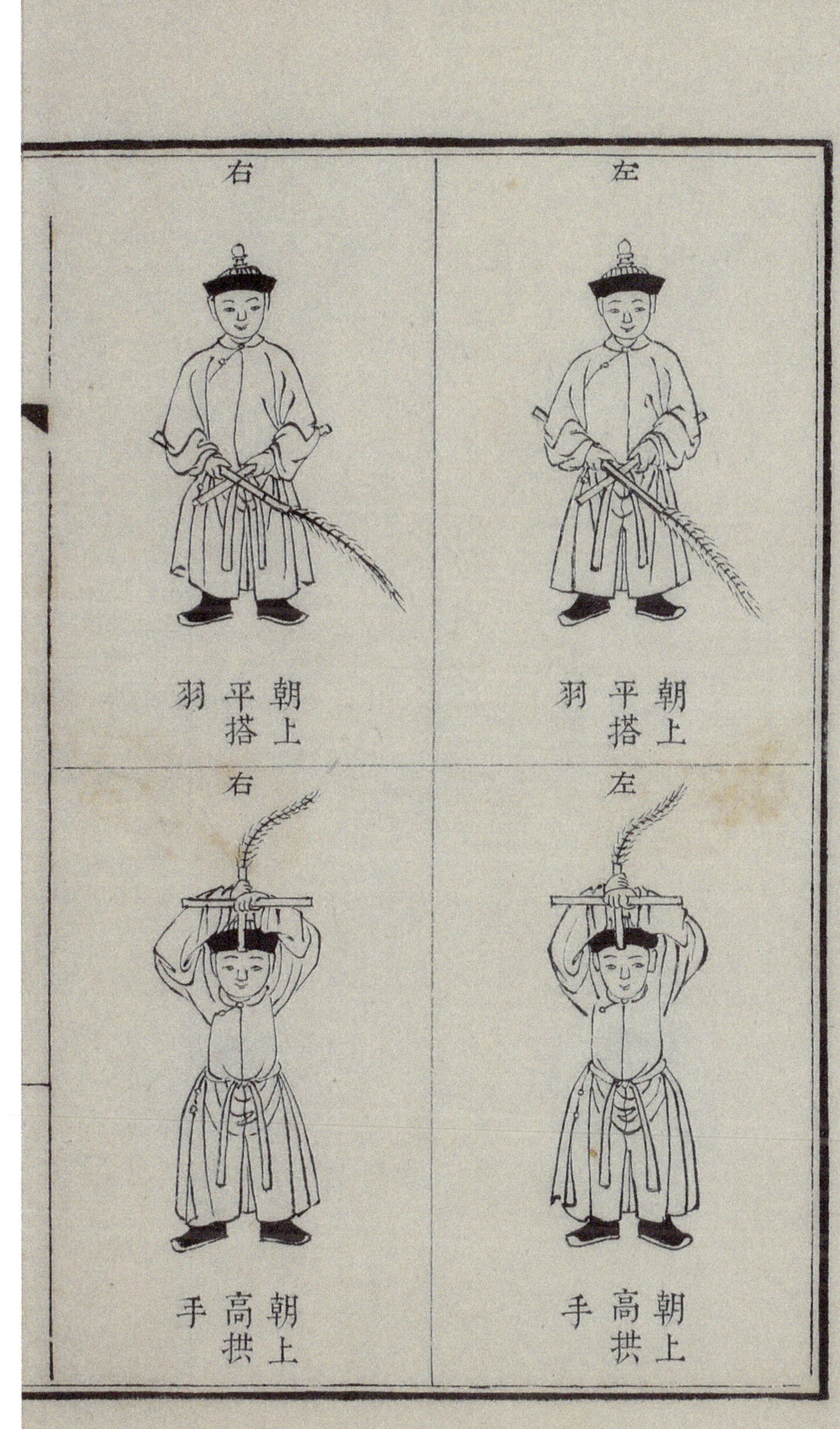
左
朝上平搭羽
右
朝上平搭羽
左
朝上高拱手
右
朝上高拱手

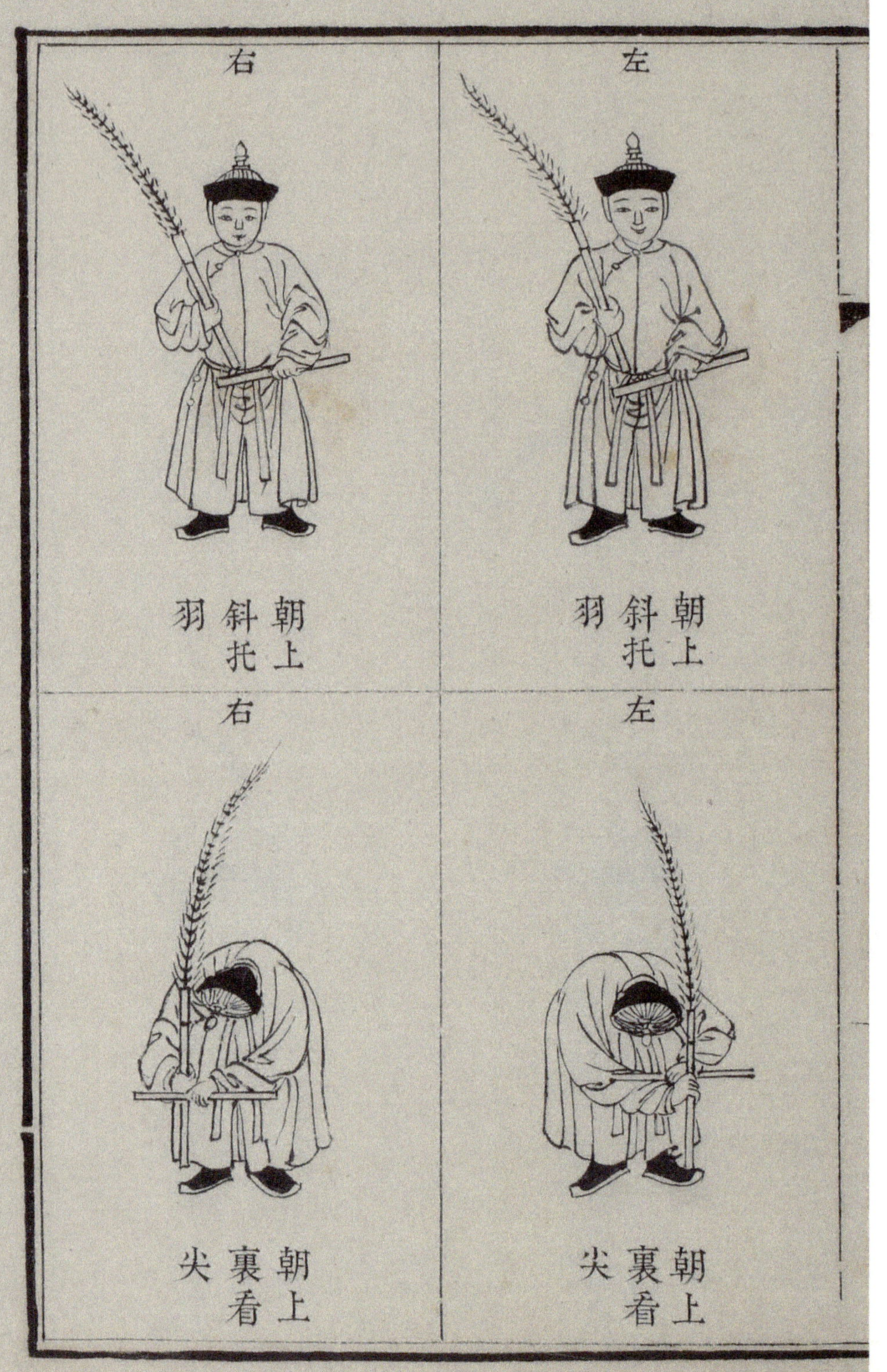

左
朝上斜托羽
右
朝上斜托羽
左
朝上裏看尖
右
朝上裏看尖

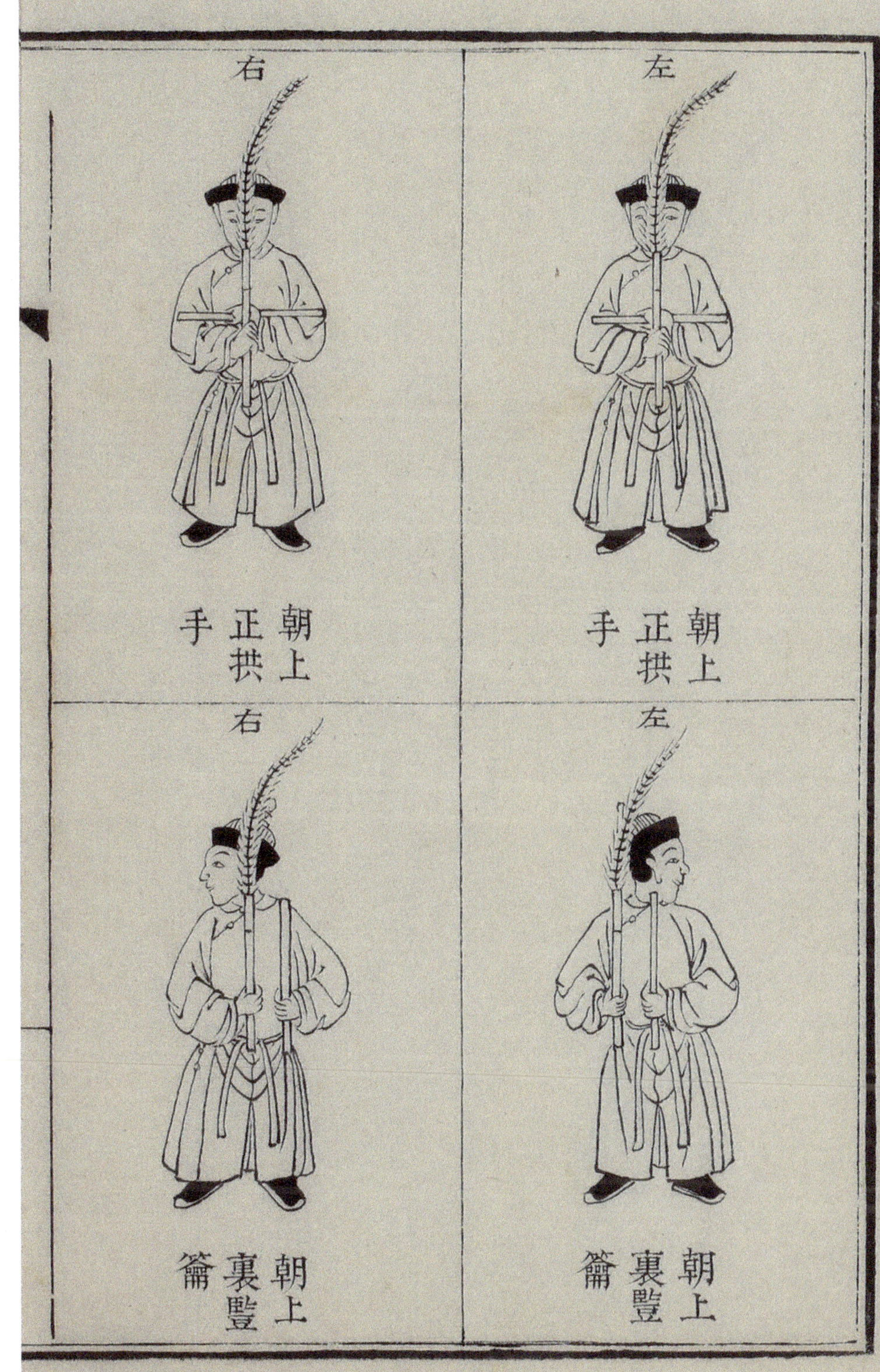
左
朝上正拱手
右
朝上正拱手
左
朝上裏豎籥
右
朝上裏豎籥

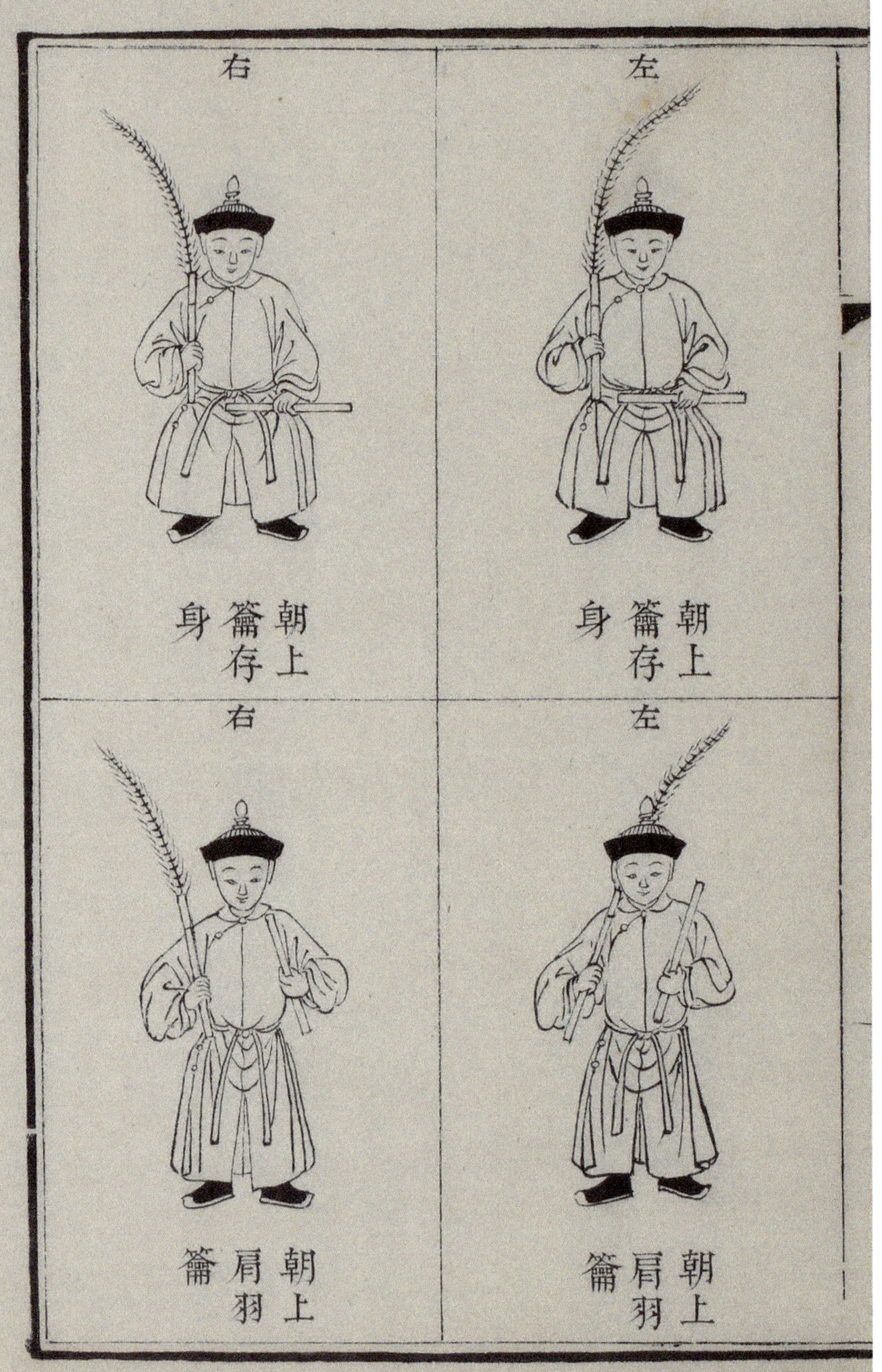

左
朝上籥存身
右
朝上籥存身
左
朝上肩羽籥
右
朝上肩羽籥

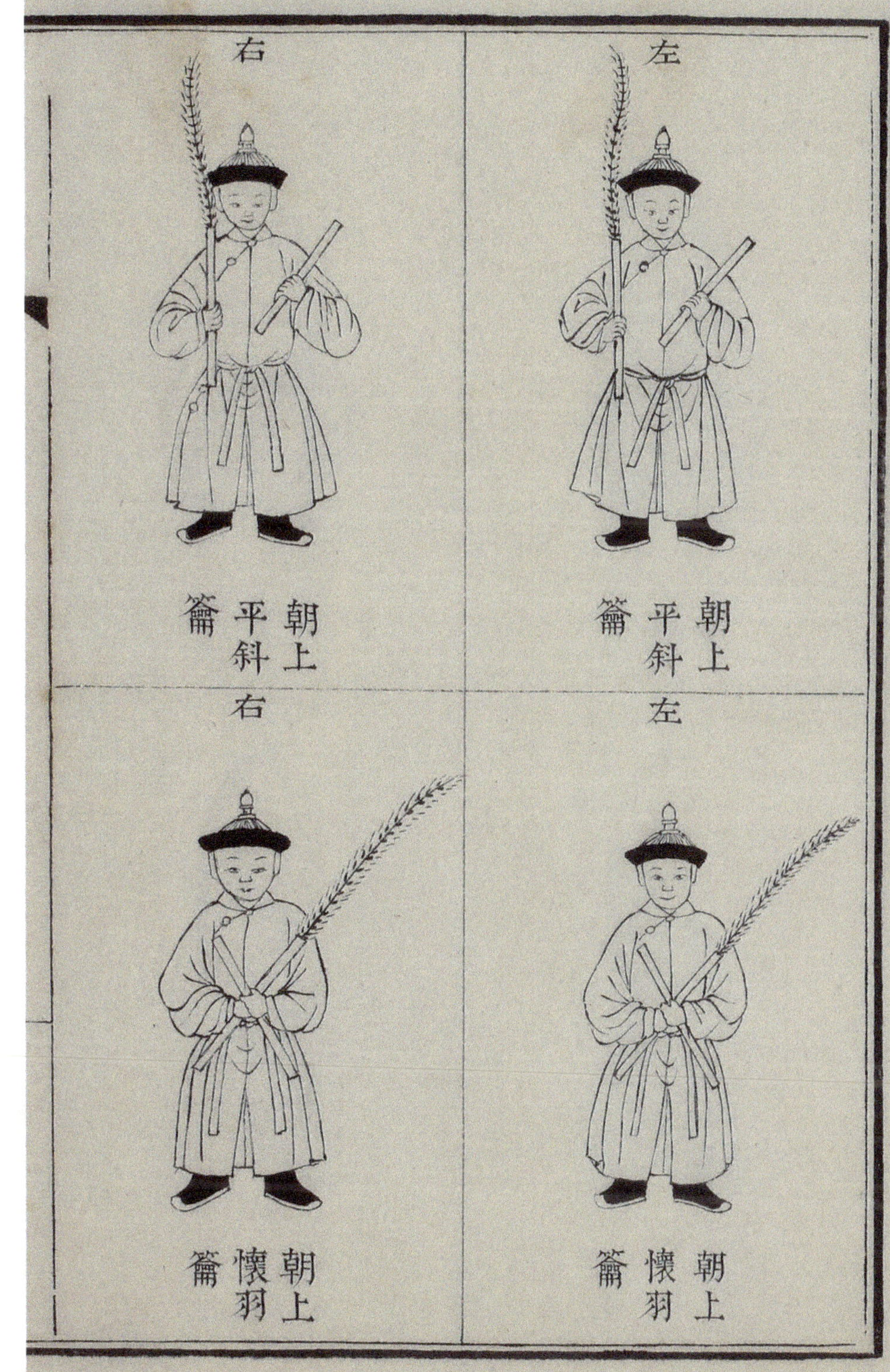
左
朝上平斜籥
右
朝上平斜籥
左
朝上懷羽籥
右
朝上懷羽籥

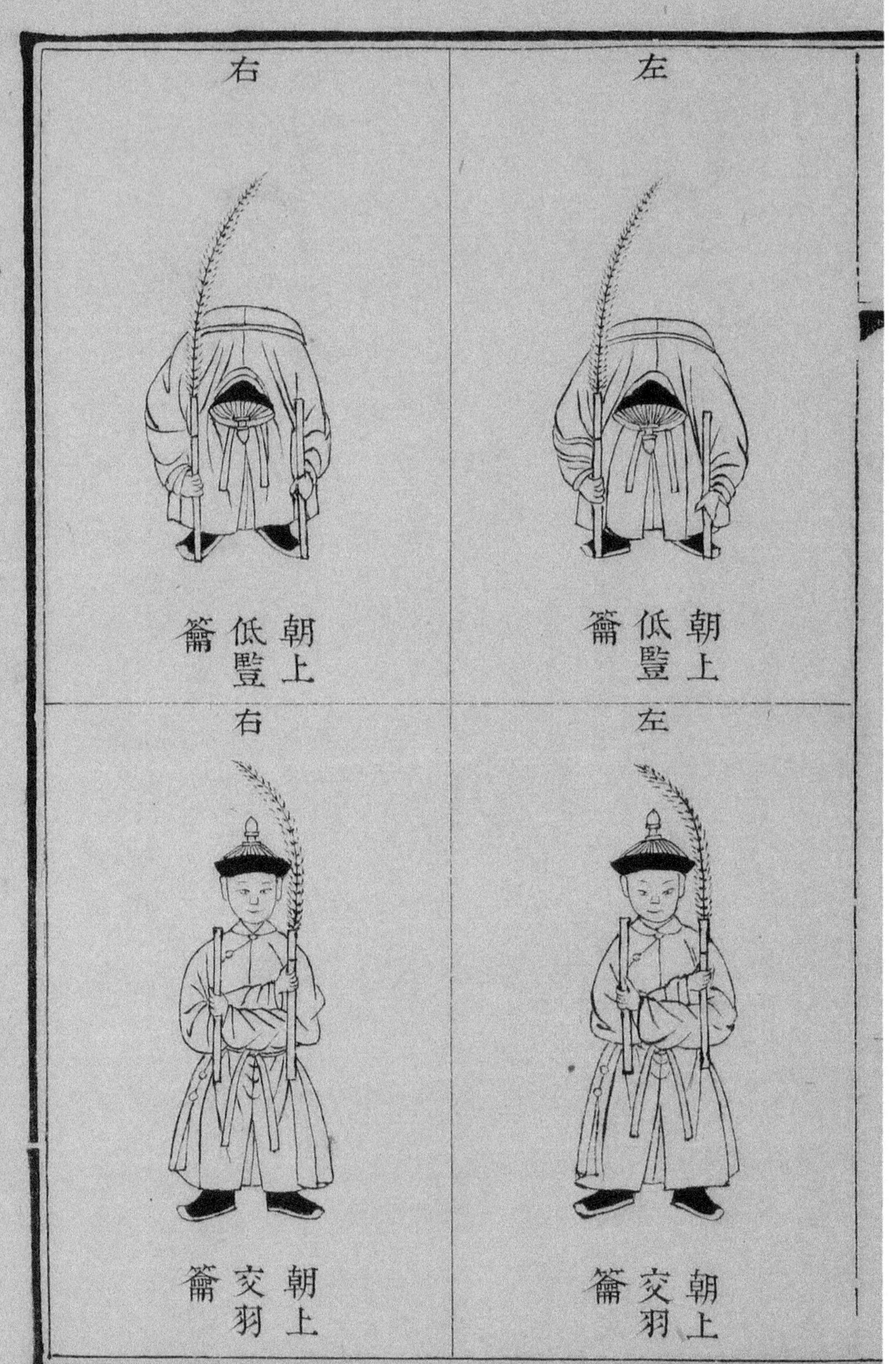

左
朝上
低豎
籥
右
朝上
低豎
籥
左
朝上
交羽
籥
右
朝上
交羽
籥

左

朝上分羽籥

右

朝上分羽籥

左

朝上外看尖

右

朝上外看尖

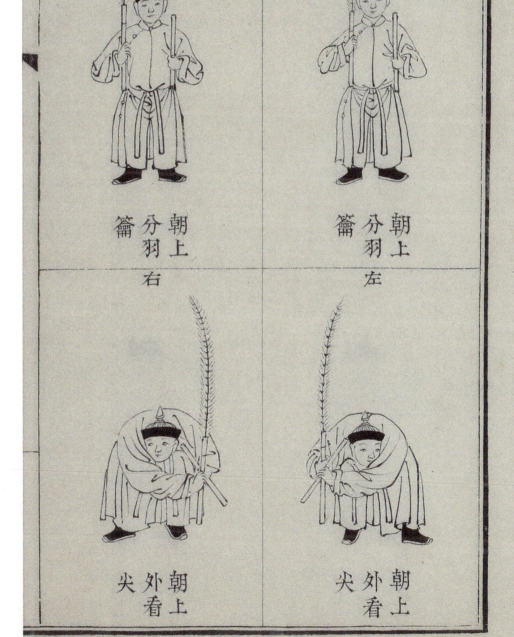

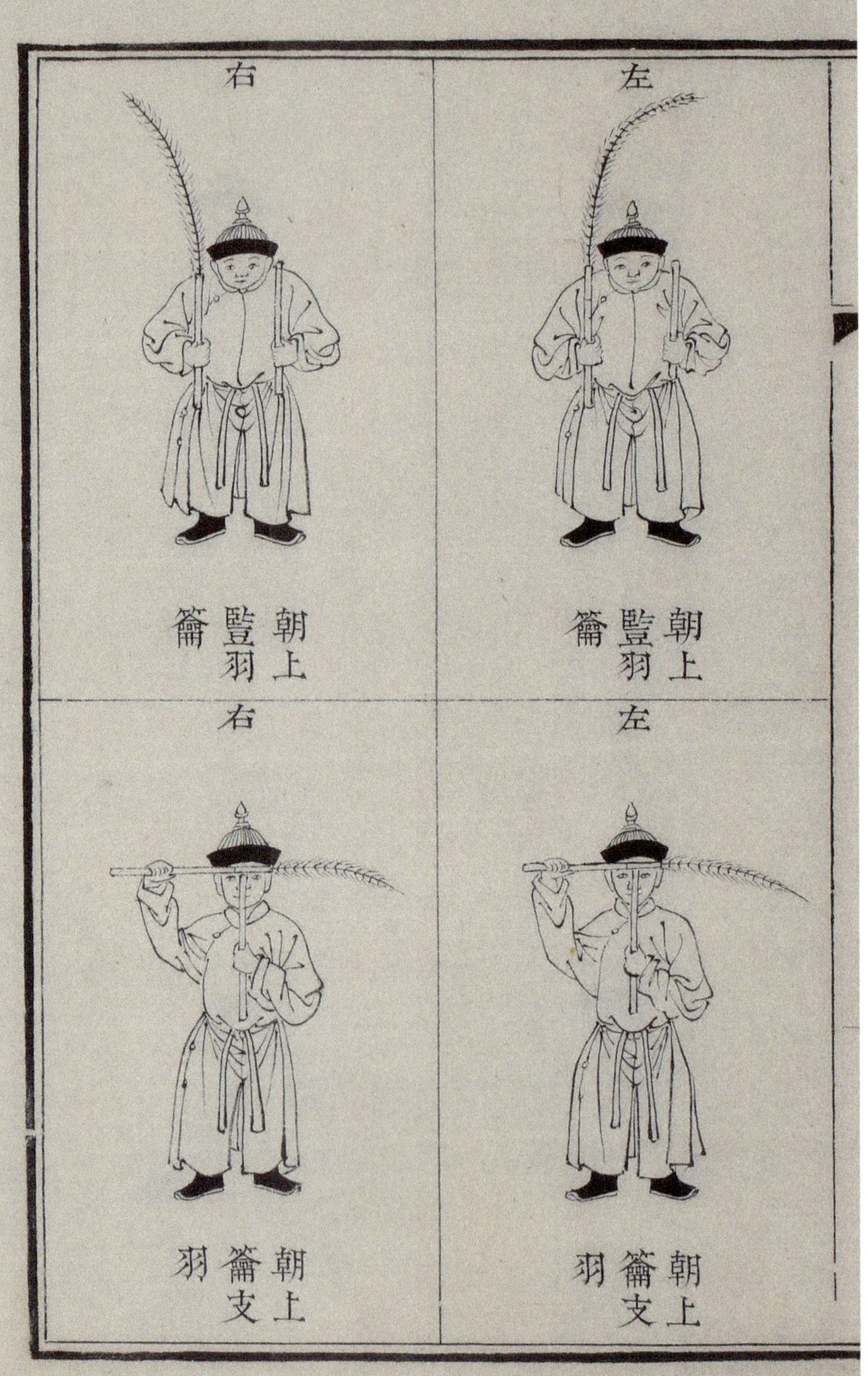
左
朝上豎羽籥
右
朝上豎羽籥
左
朝上籥支羽
右
朝上籥支羽

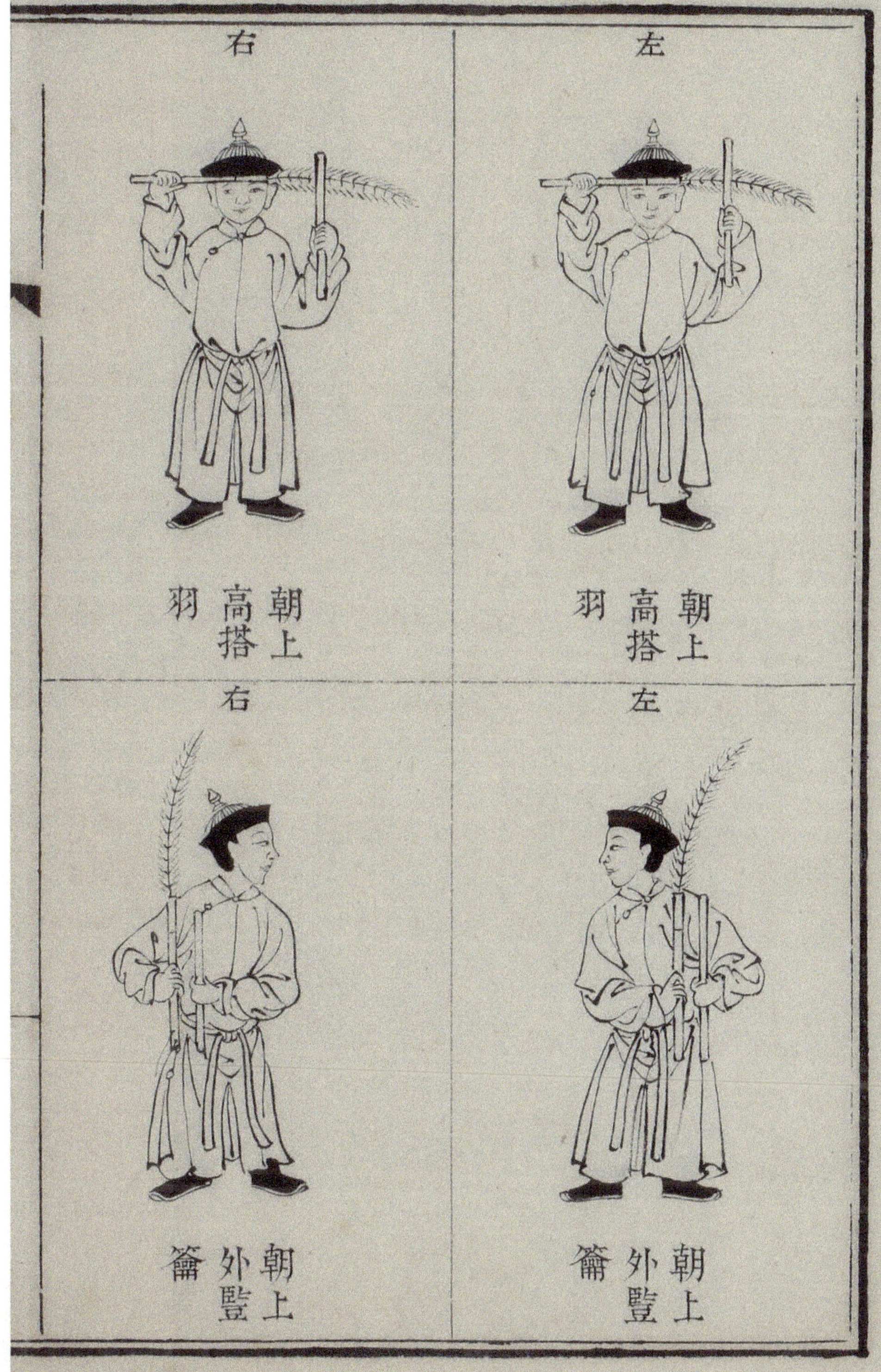
左
朝上高搭羽
右
朝上高搭羽
左
朝上外豎籥
右
朝上外豎籥

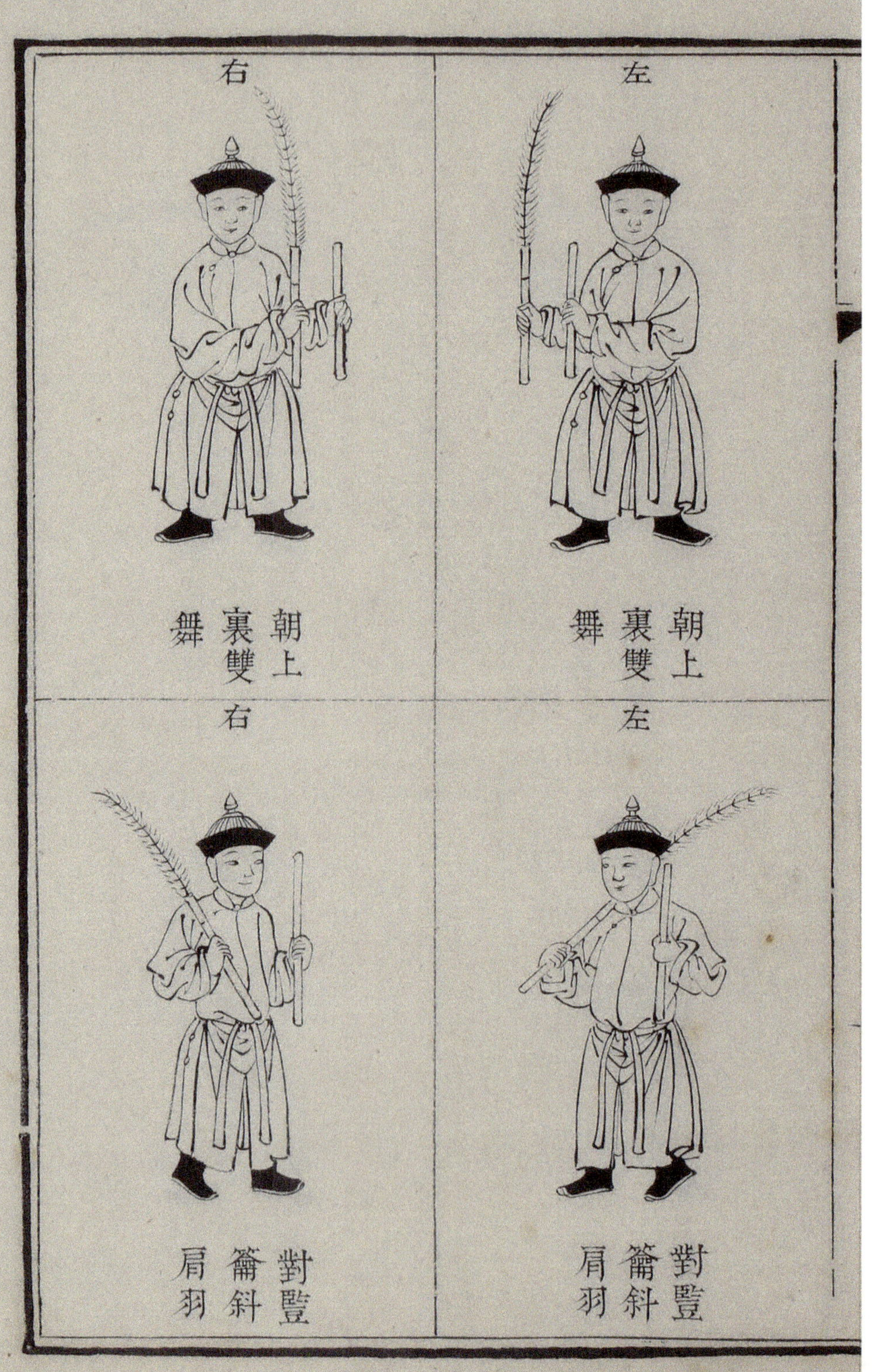

左
朝上裏雙舞
右
朝上裏雙舞
左
對豎籥斜肩羽
右
對豎籥斜肩羽

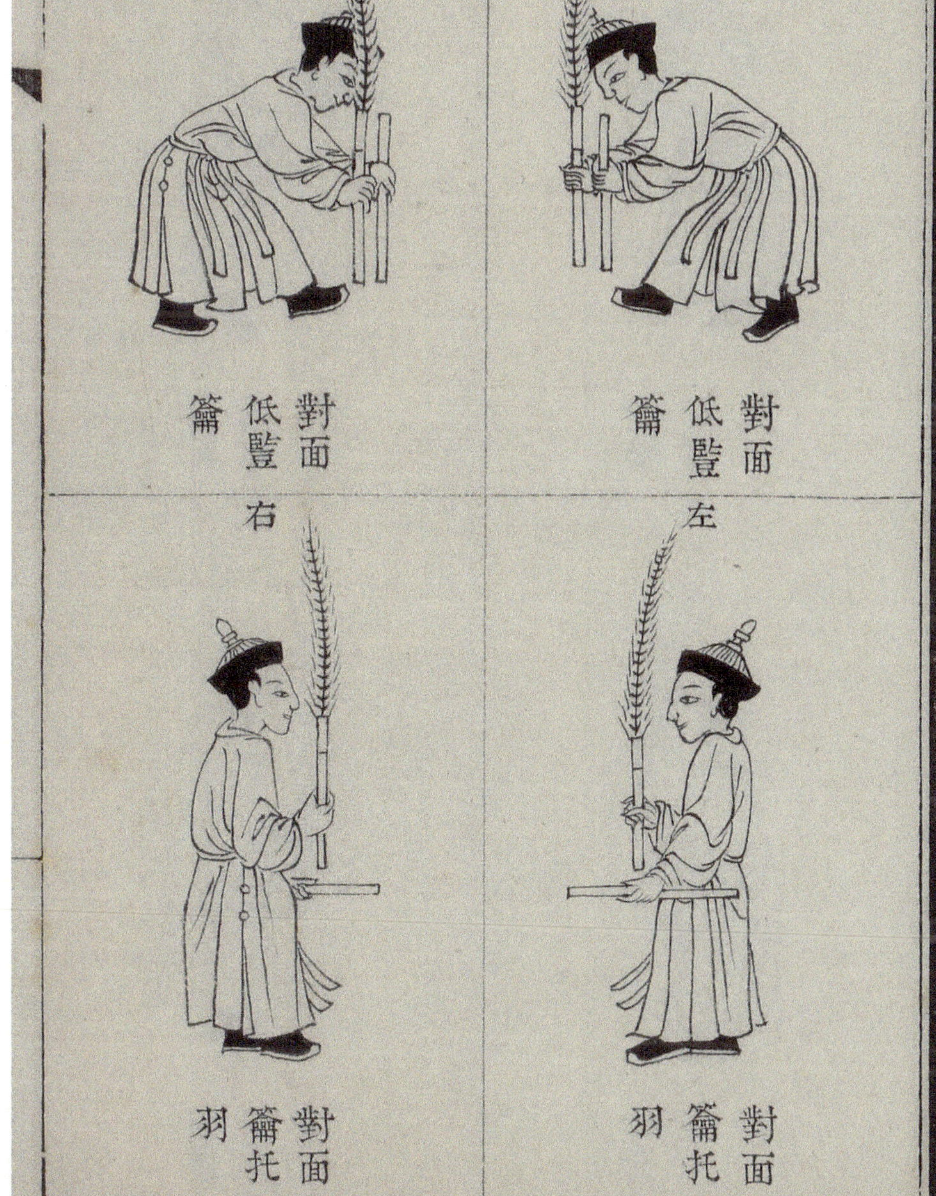
左
對面低豎籥
右
對面低豎籥
左
對面籥托羽
右
對面籥托羽

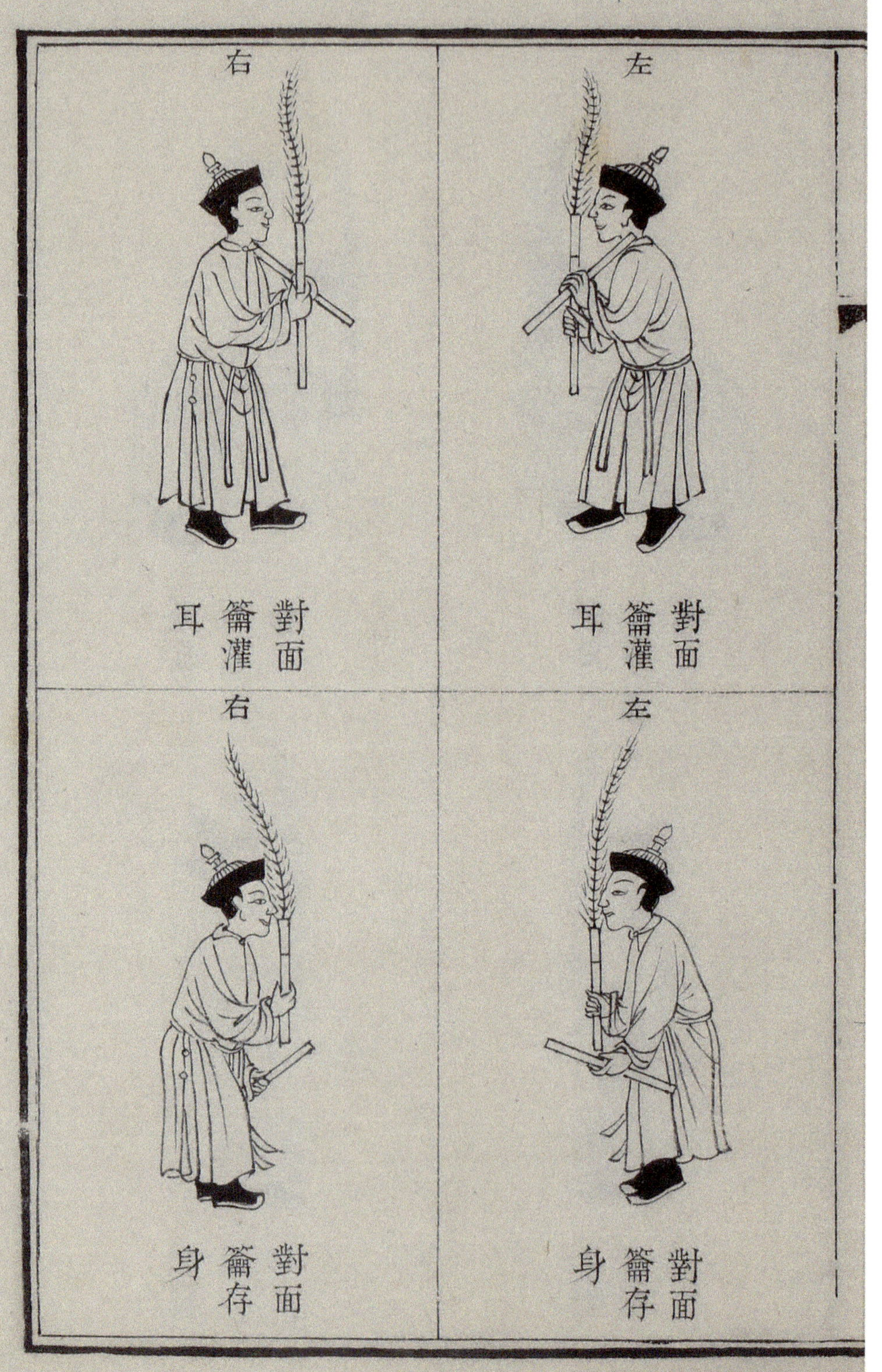
左
對面籥灌耳
右
對面籥灌耳
左
對面籥存身
右
對面籥存身

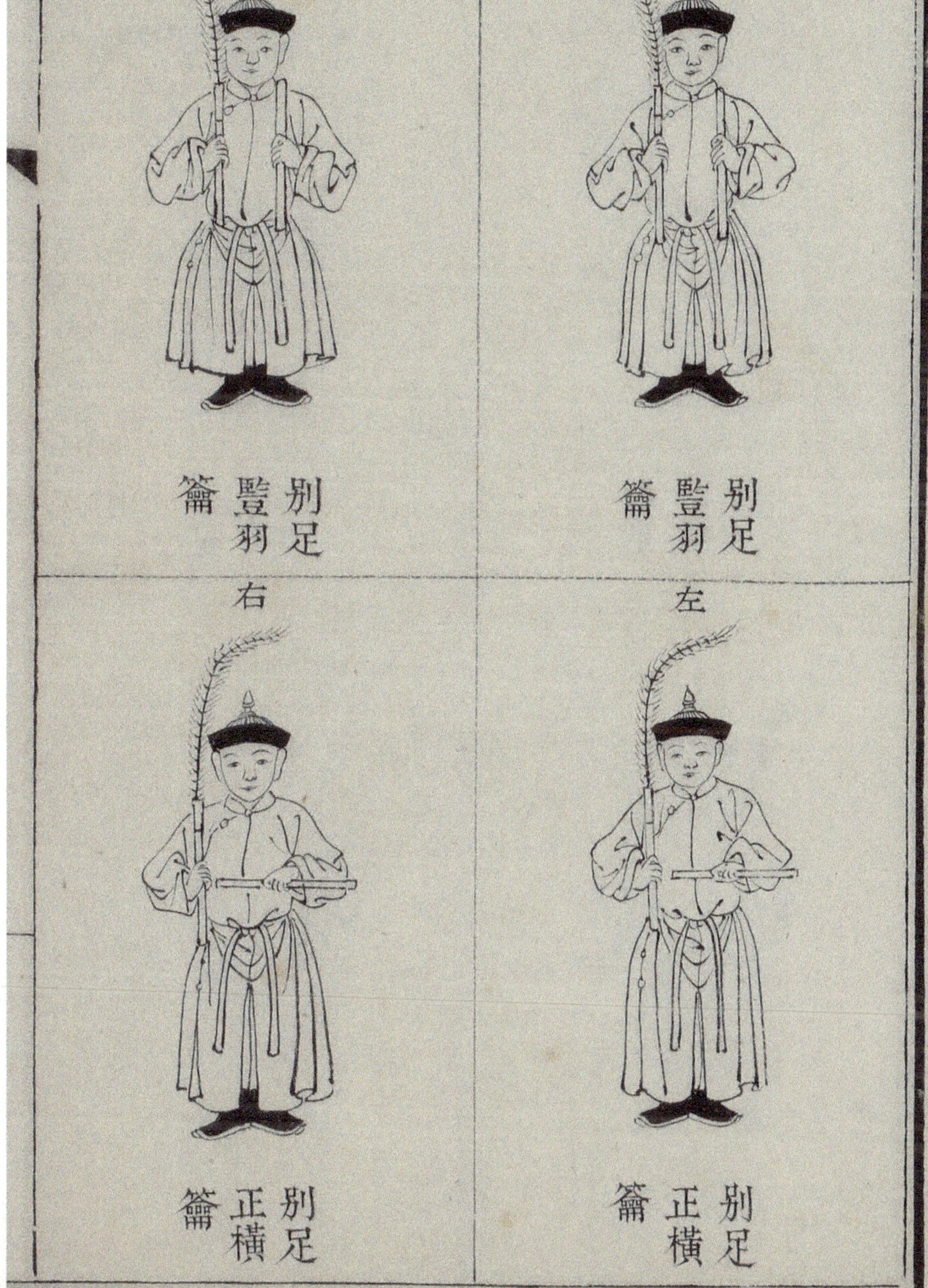
左
别足豎羽籥
右
别足豎羽籥
左
别足正横籥
右
别足正横籥

◎

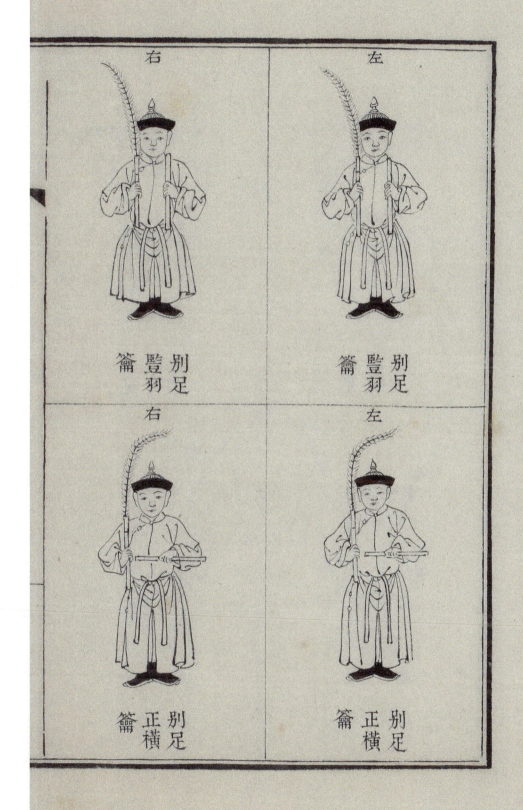

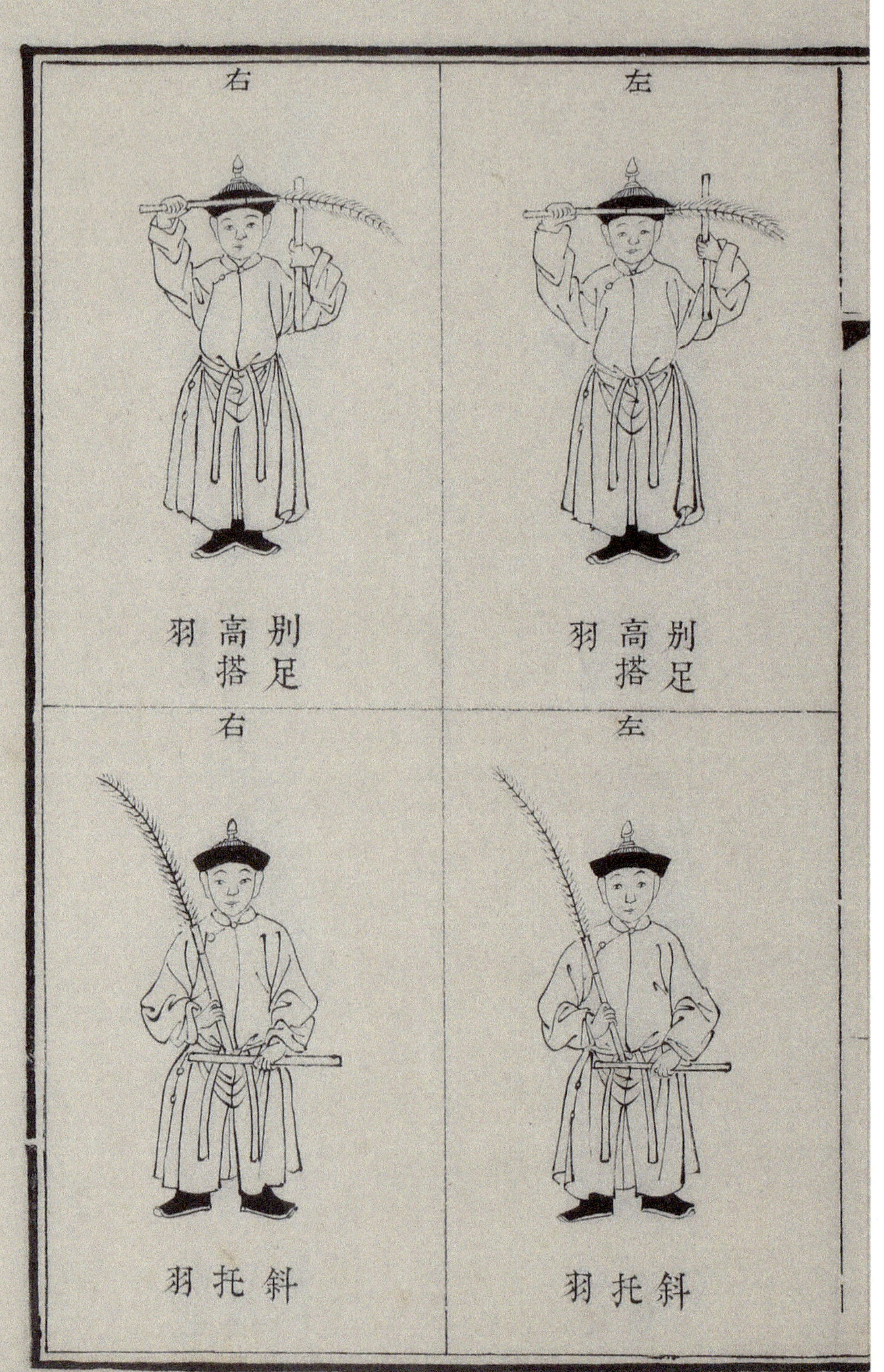

左
别足高搭羽
右
别足高搭羽
左
斜托羽
右
斜托羽

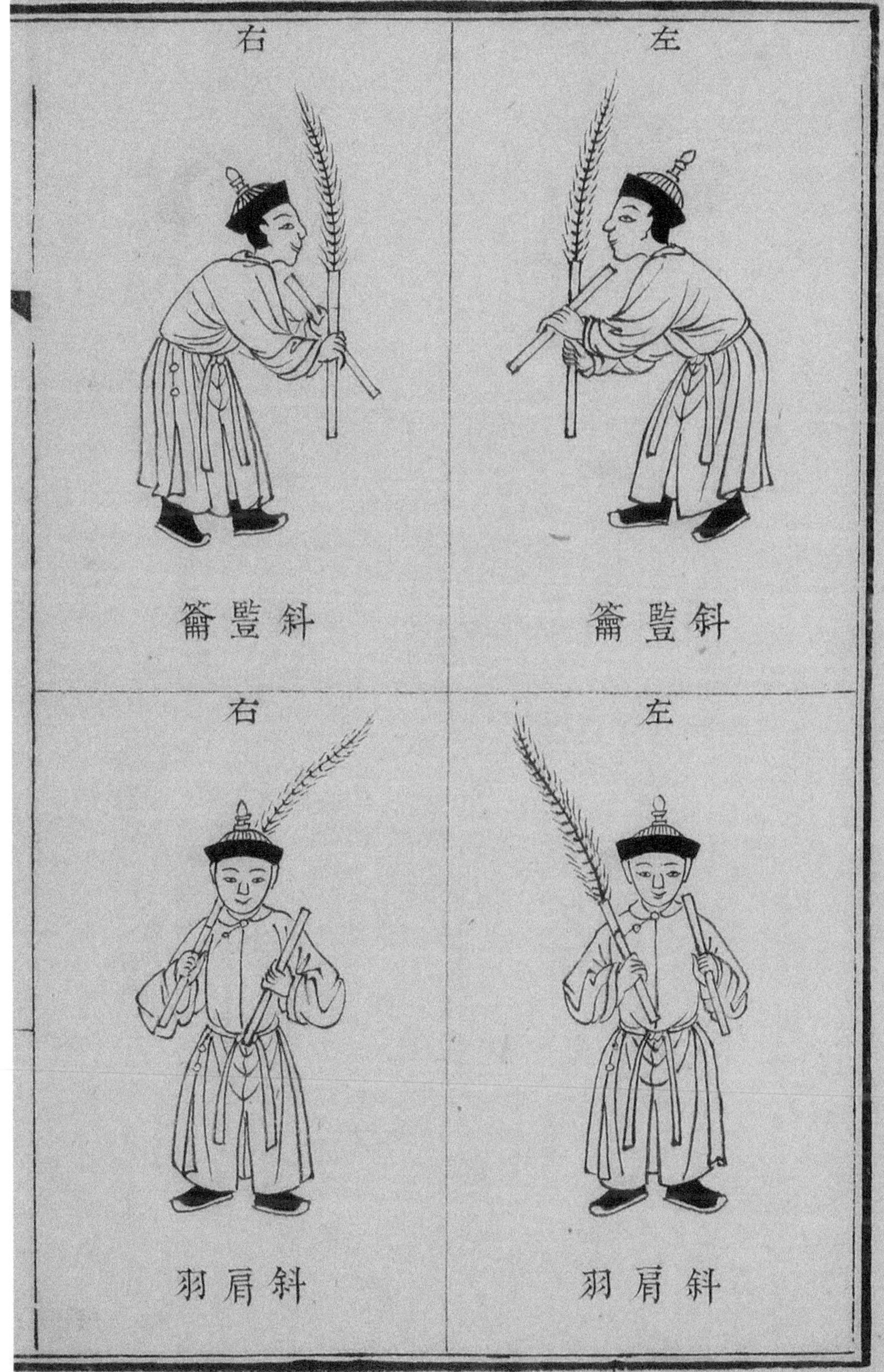
左
斜豎籥
右
斜豎籥
左
斜肩羽
右
斜肩羽

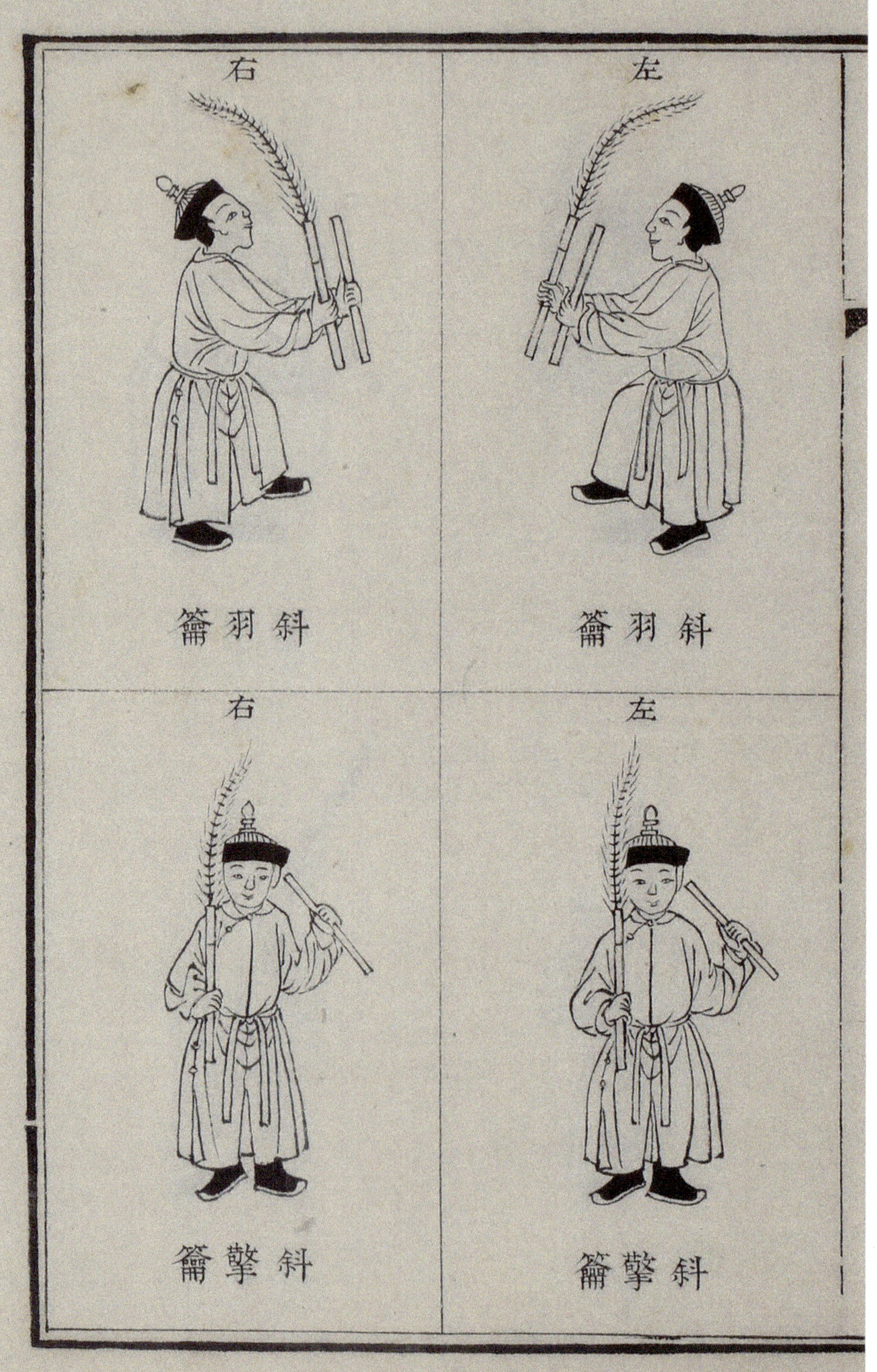
右
左
斜羽籥
斜羽籥
右
左
斜擎籥
斜擎籥

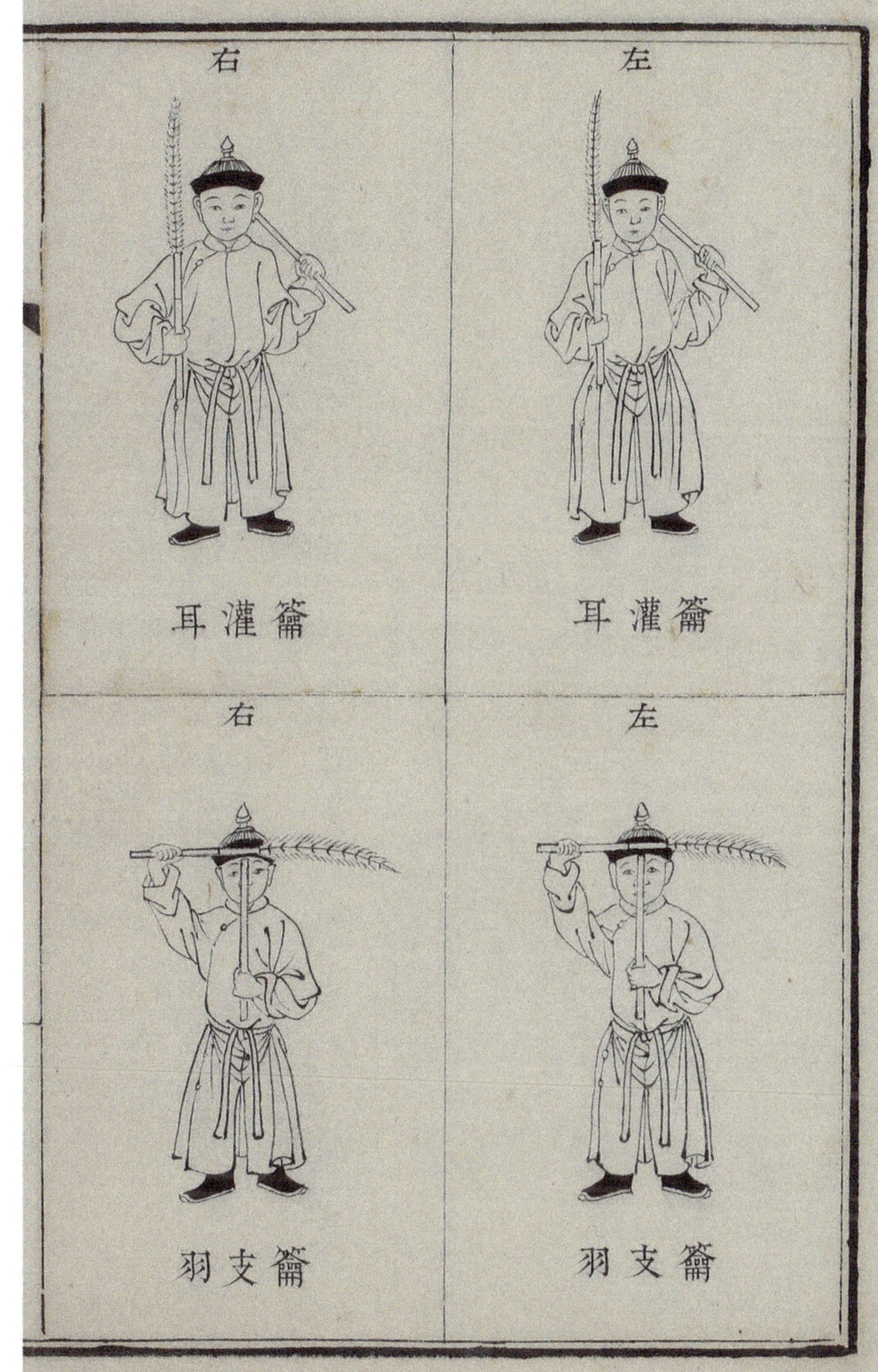
右
籥灌耳
左
籥灌耳
右
籥支羽
左
籥支羽

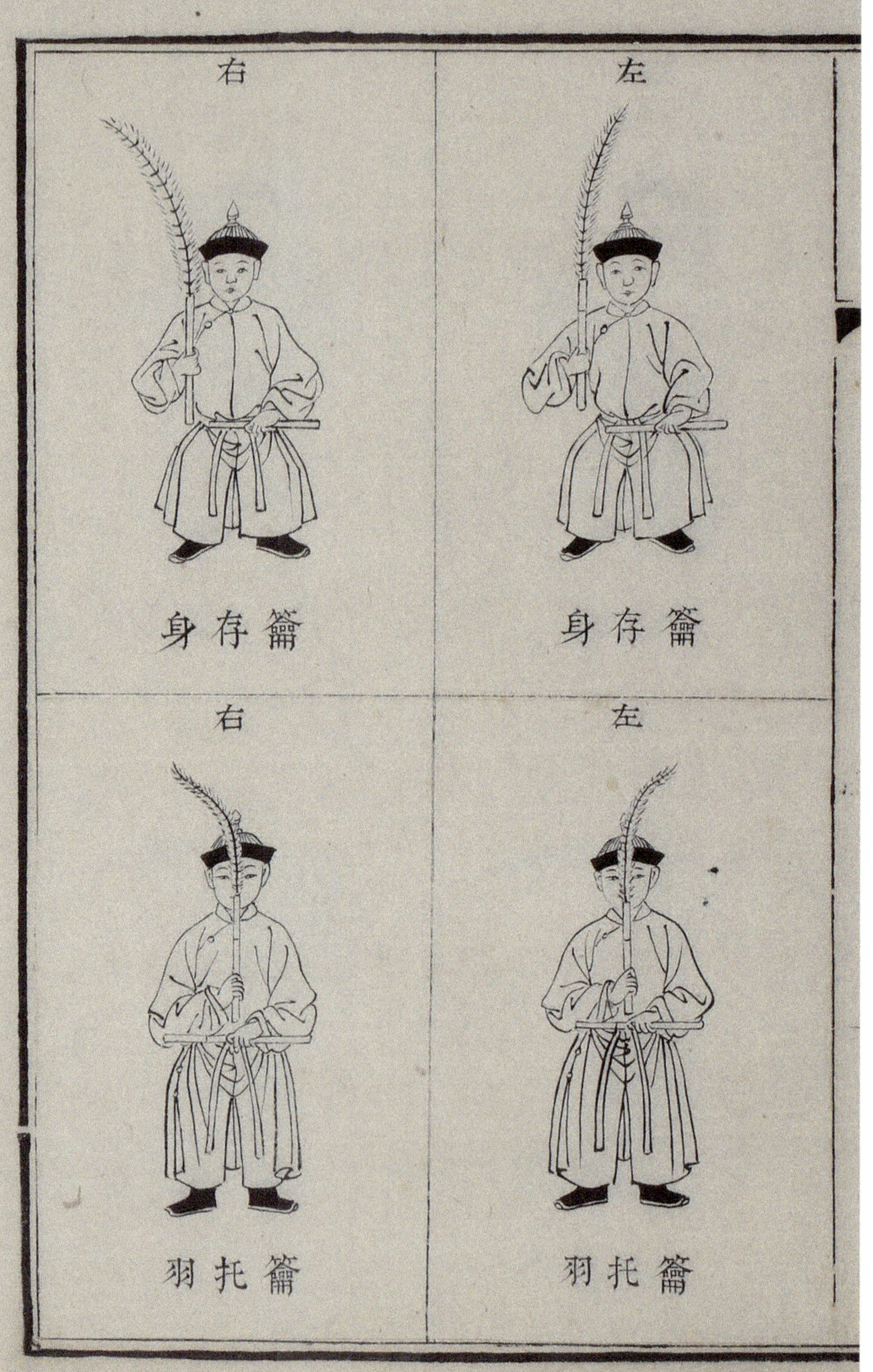

左
籥存身
右
籥存身
左
籥托羽
右
籥托羽

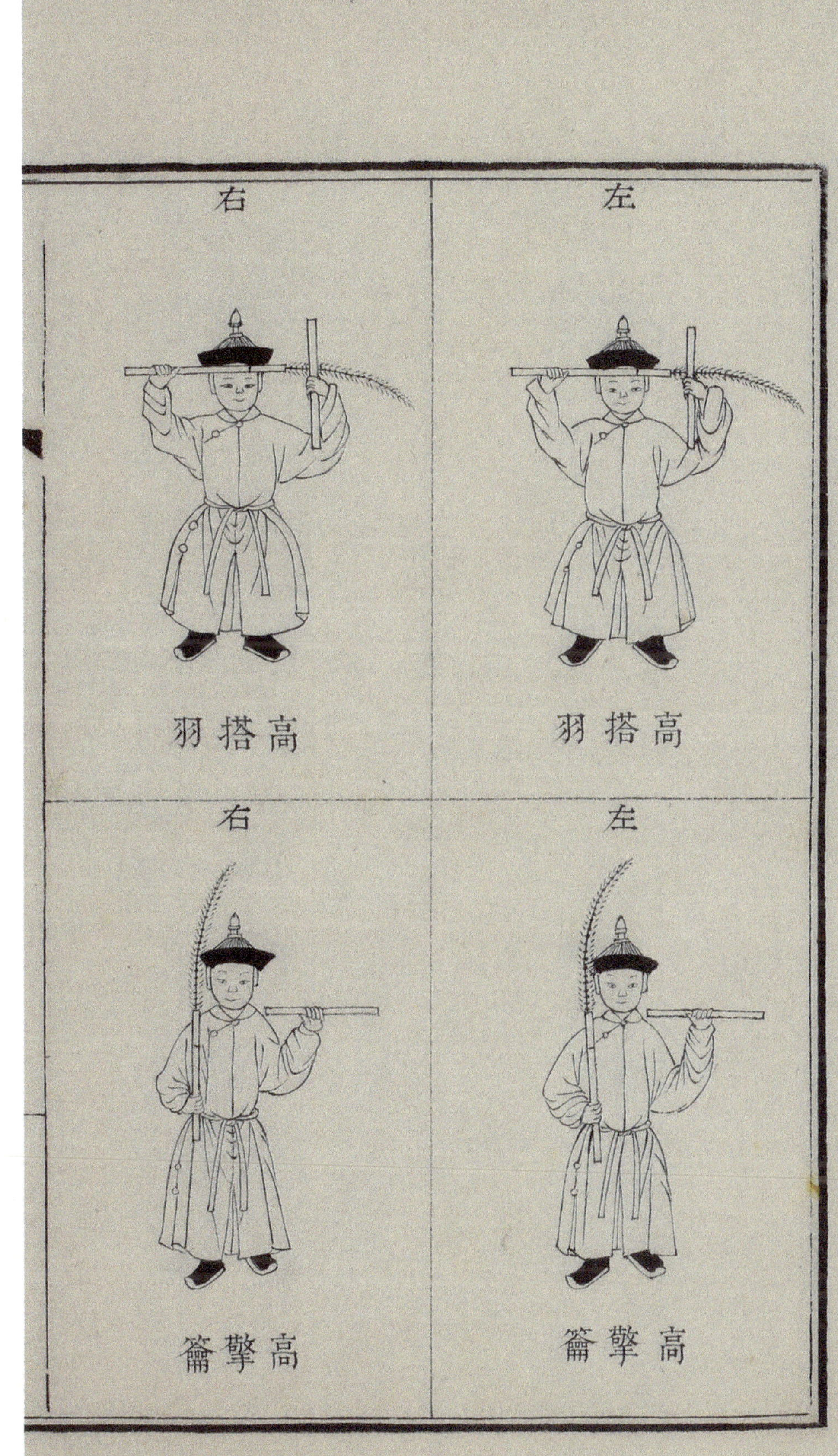
右
高搭羽
左
高搭羽
右
高擎籥
左
高擎籥

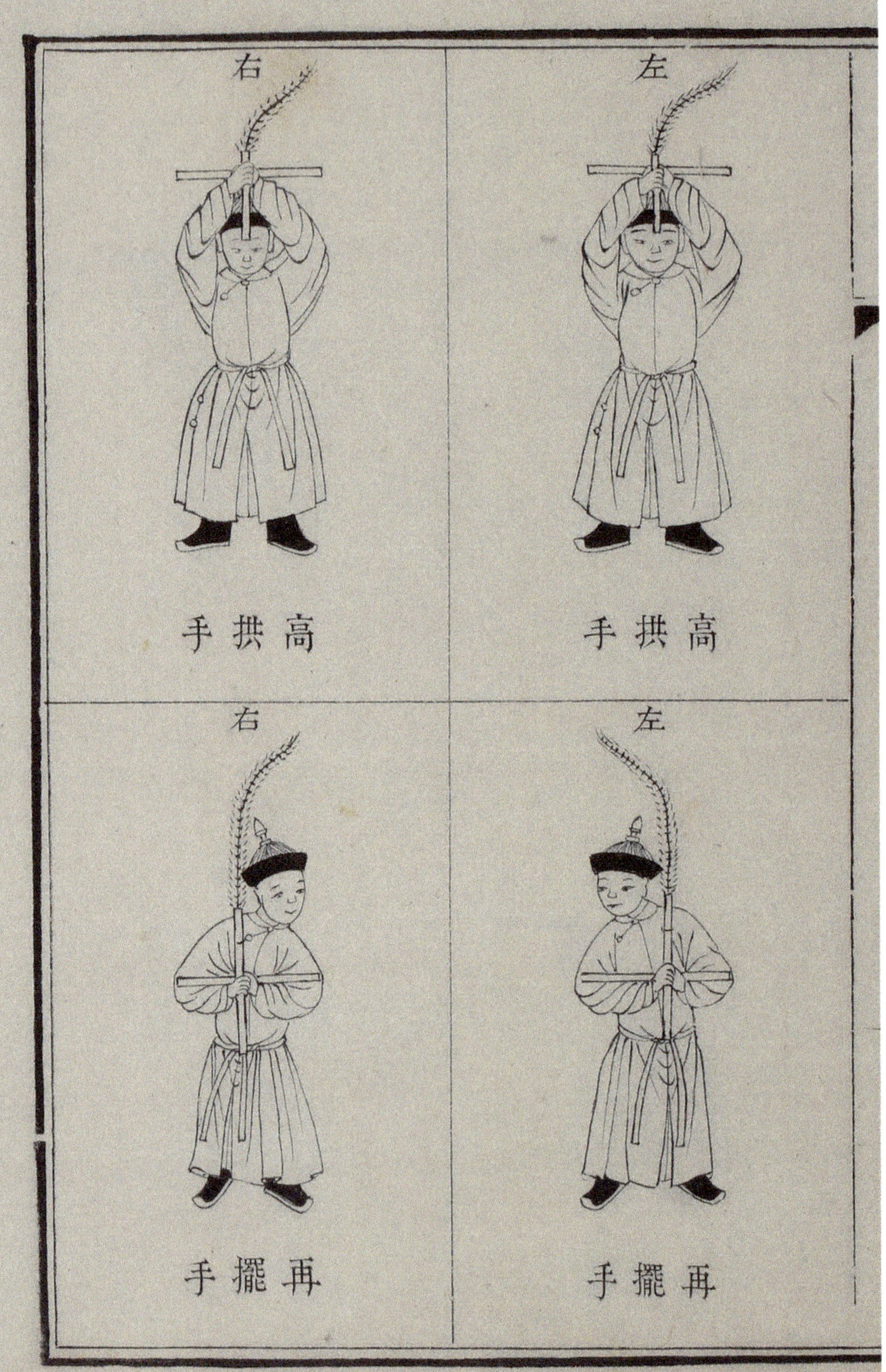
右
左
高拱手
高拱手
右
左
再擺手
再擺手

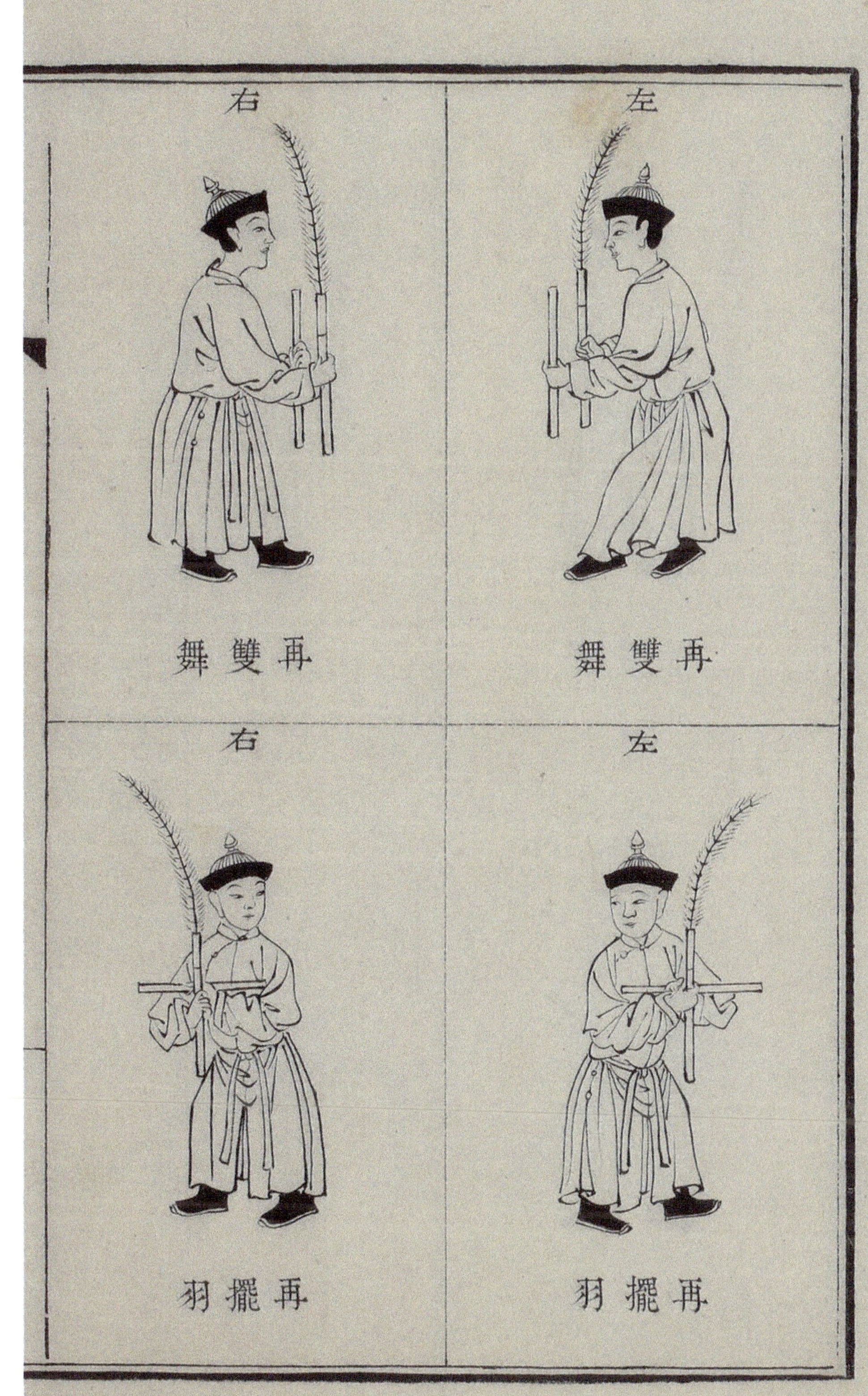
左
再雙舞
右
再雙舞
左
再擺羽
右
再擺羽

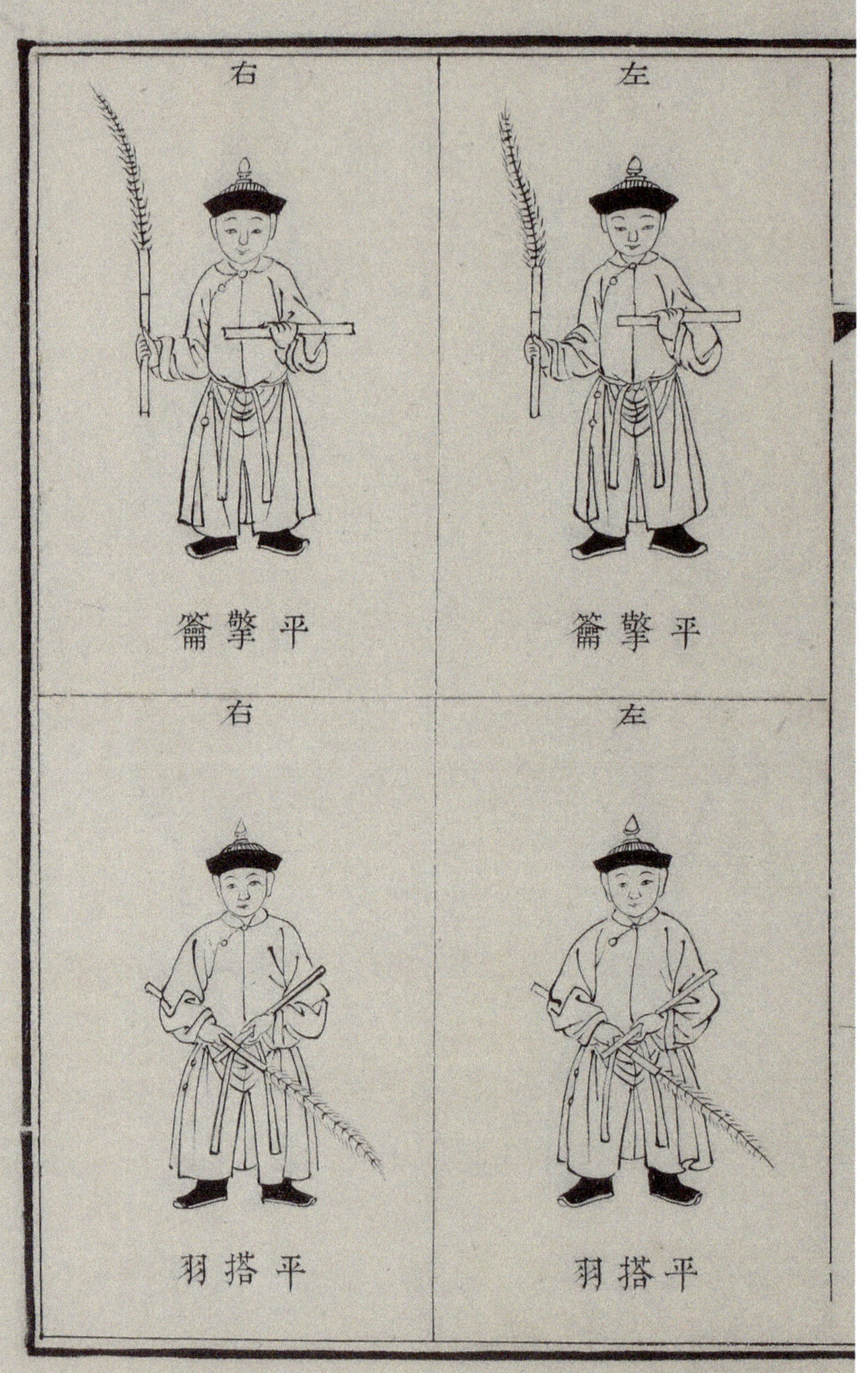
左
平擎籥
右
平擎籥
左
平搭羽
右
平搭羽

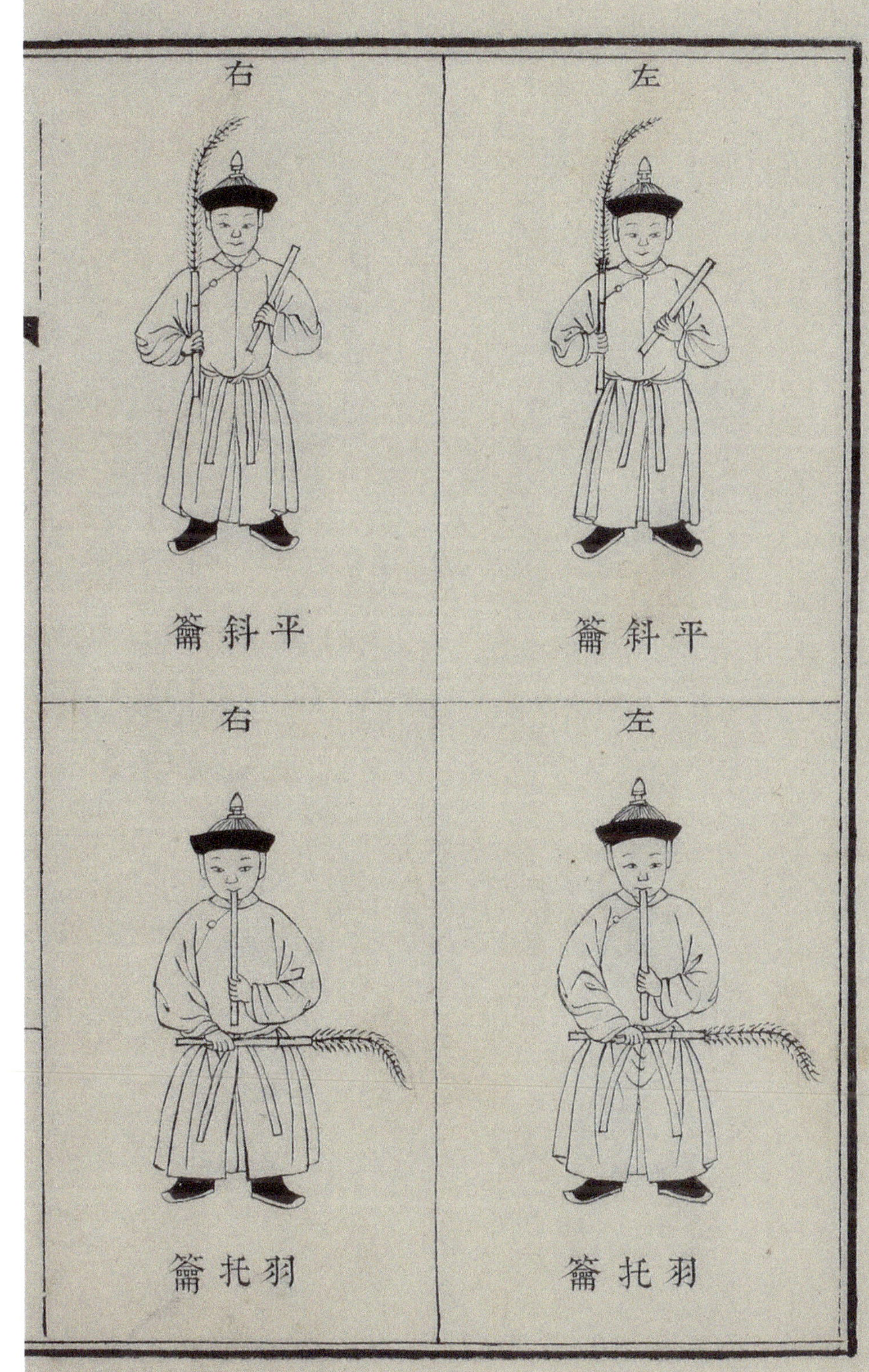
左
平斜籥
右
平斜籥
左
羽托籥
右
羽托籥

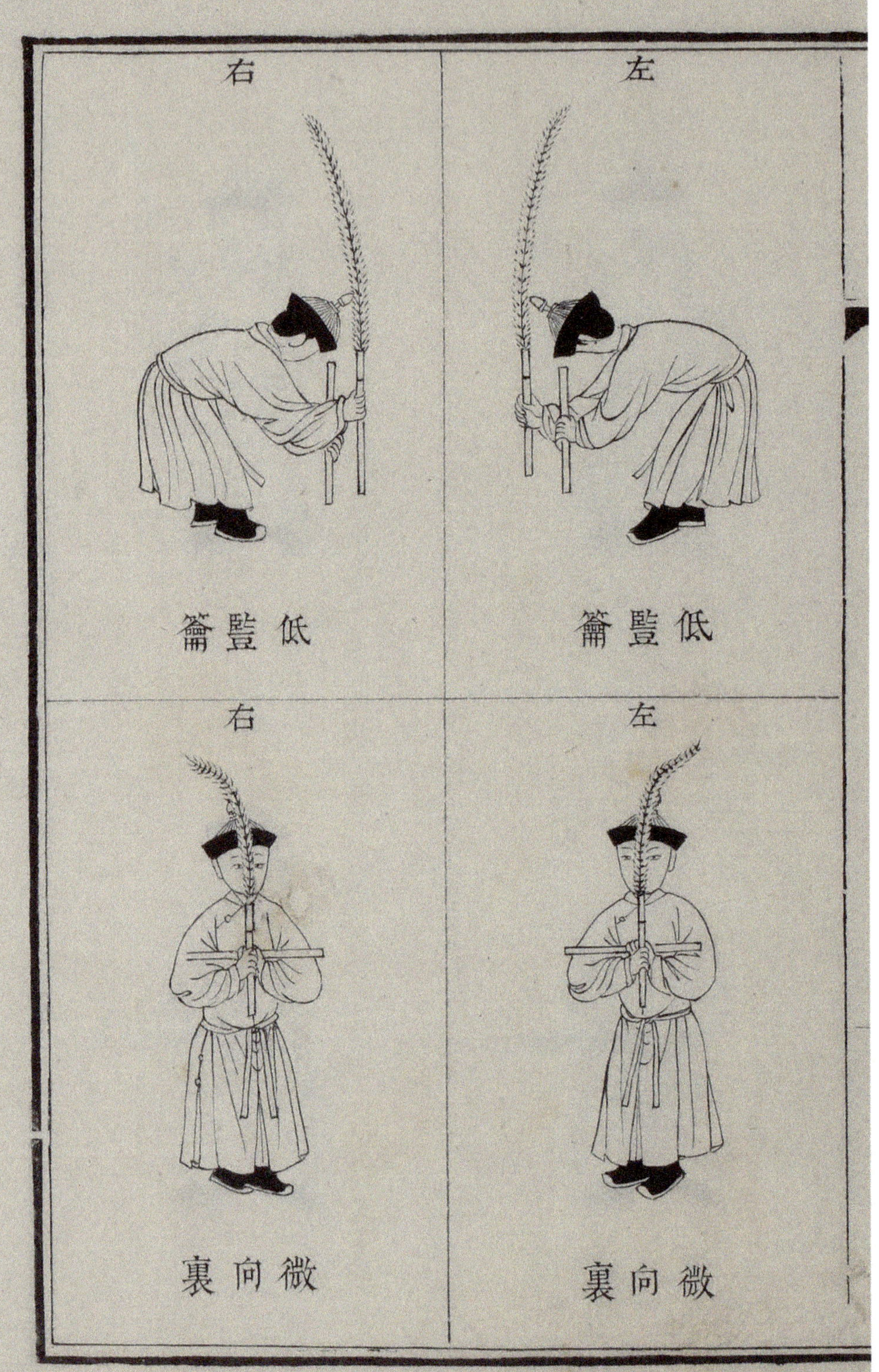
左
低豎籥
右
低豎籥
左
微向裏
右
微向裏

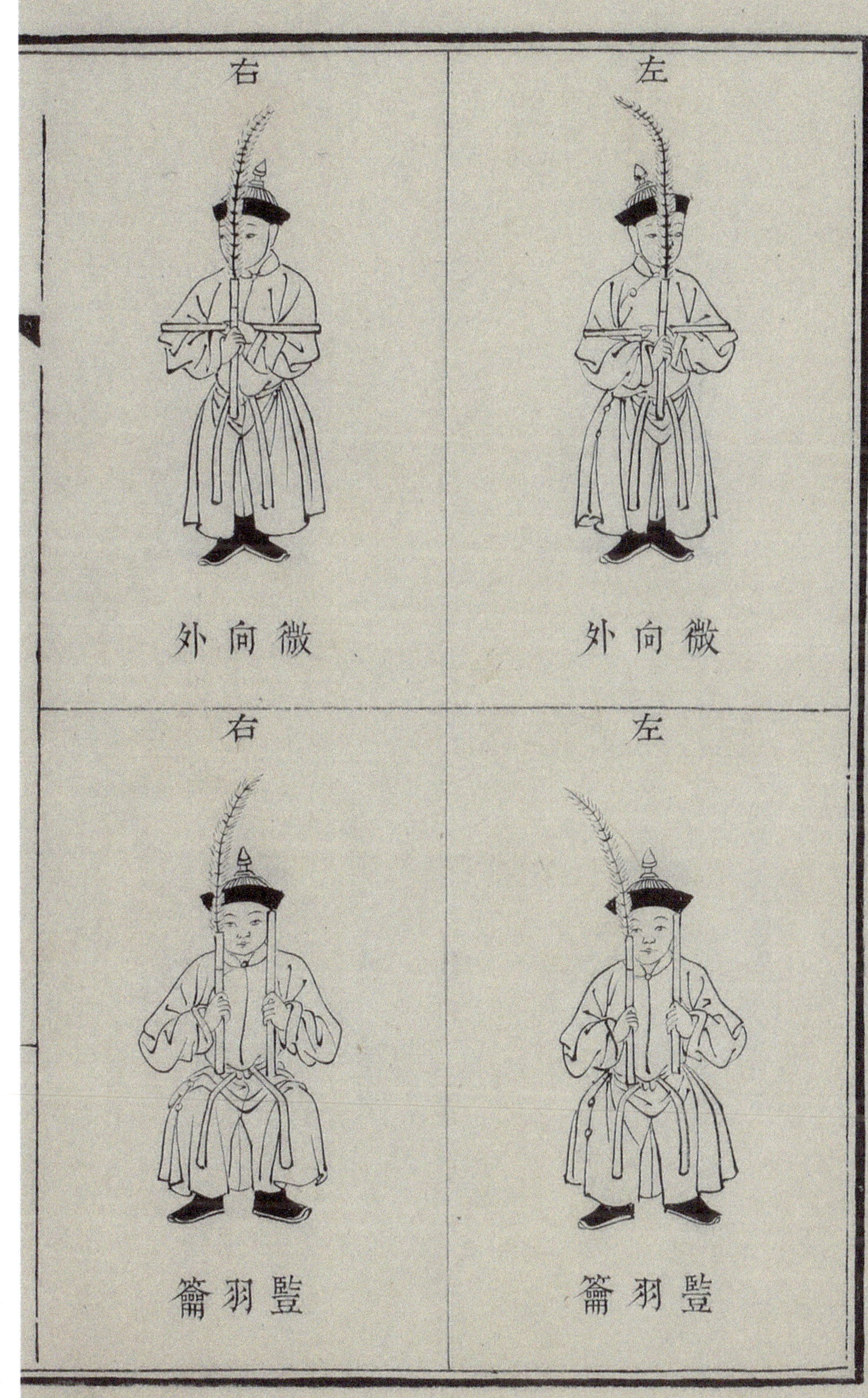

左
微向外
右
微向外
左
豎羽籥
右
豎羽籥

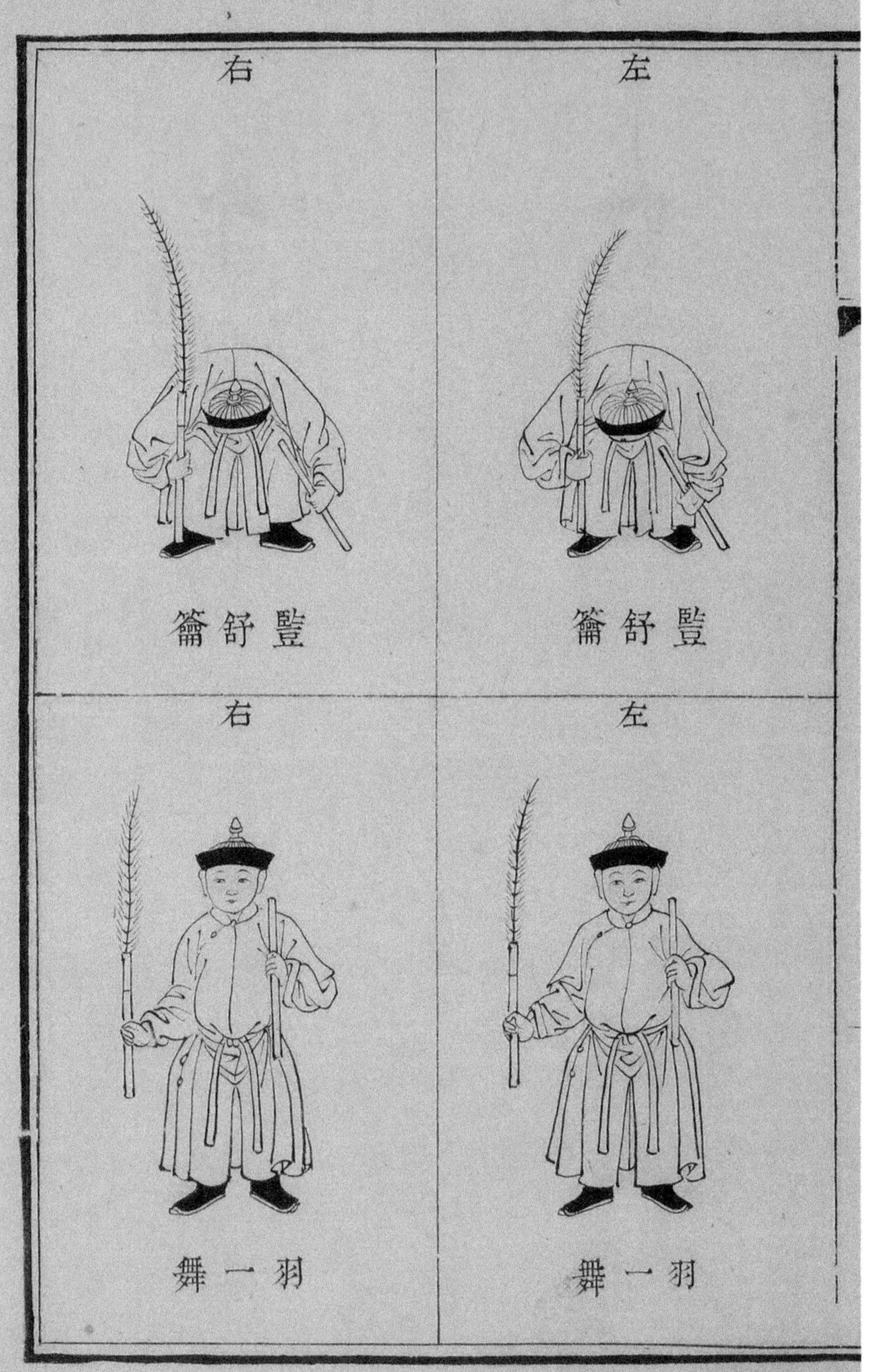
右
豎舒籥
左
豎舒籥
右
羽一舞
左
羽一舞

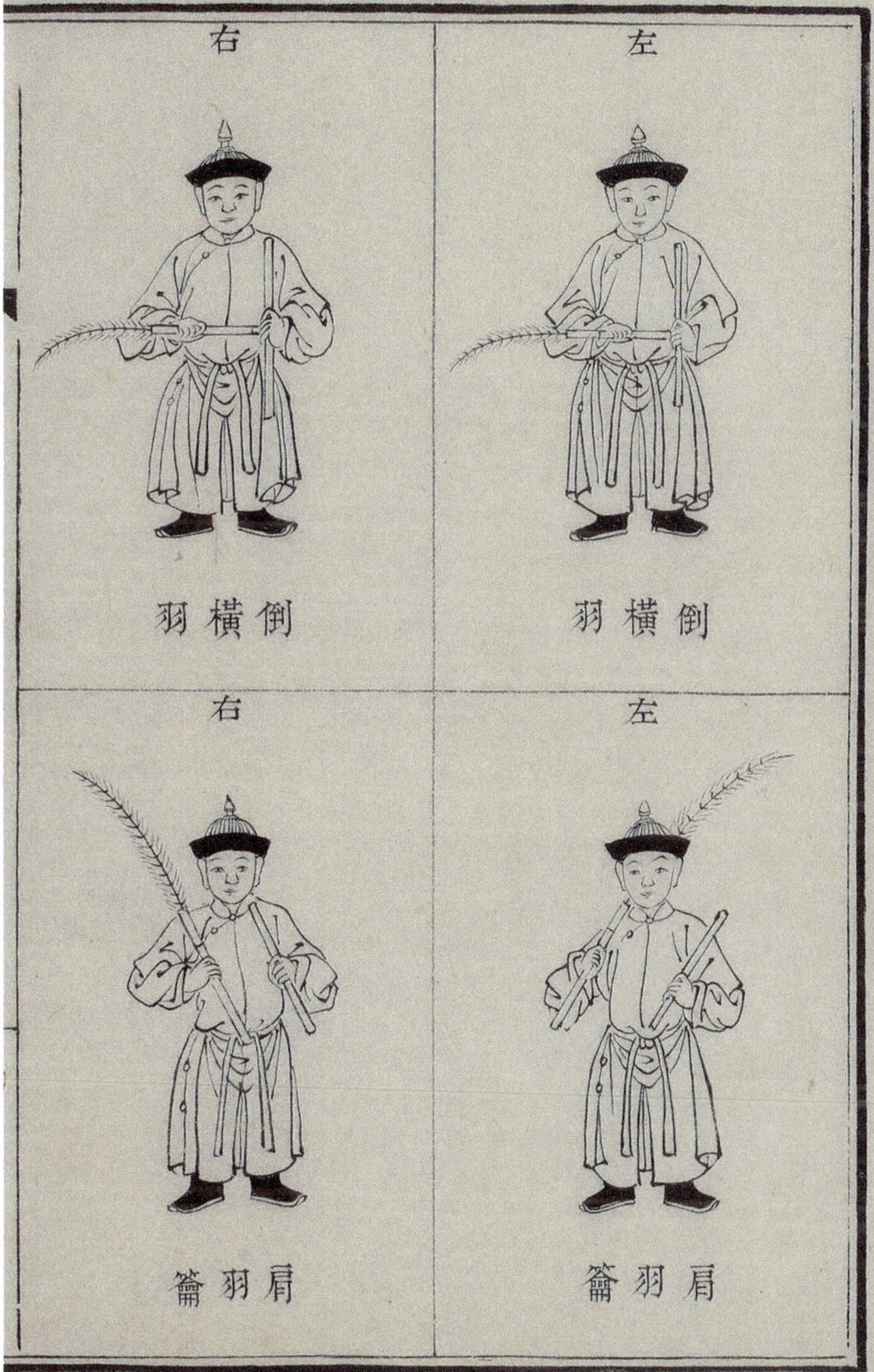

左

倒橫羽

右

倒橫羽

左

肩羽籥

右

肩羽籥

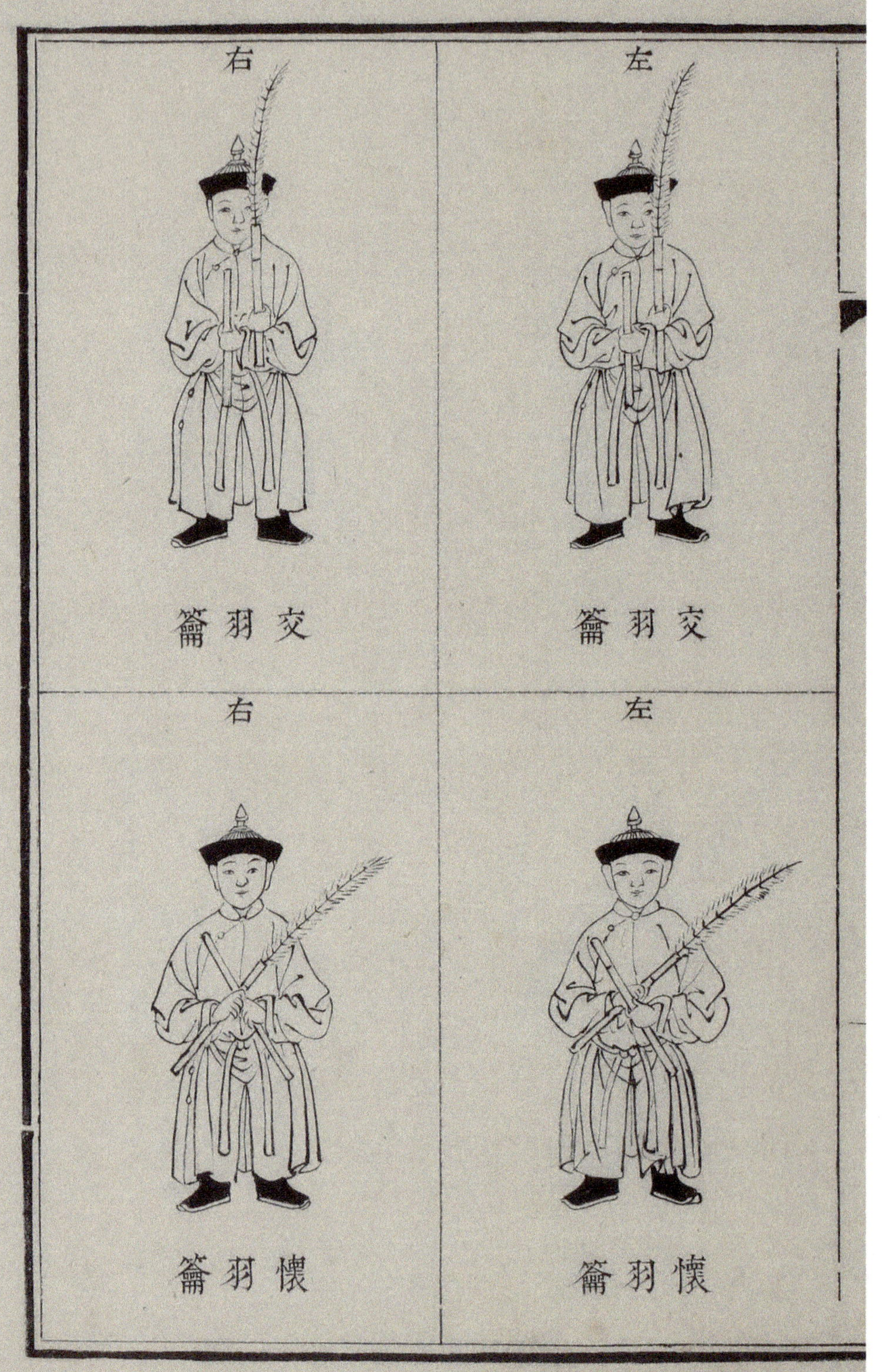
左
交羽籥
右
交羽籥
左
懷羽籥
右
懷羽籥

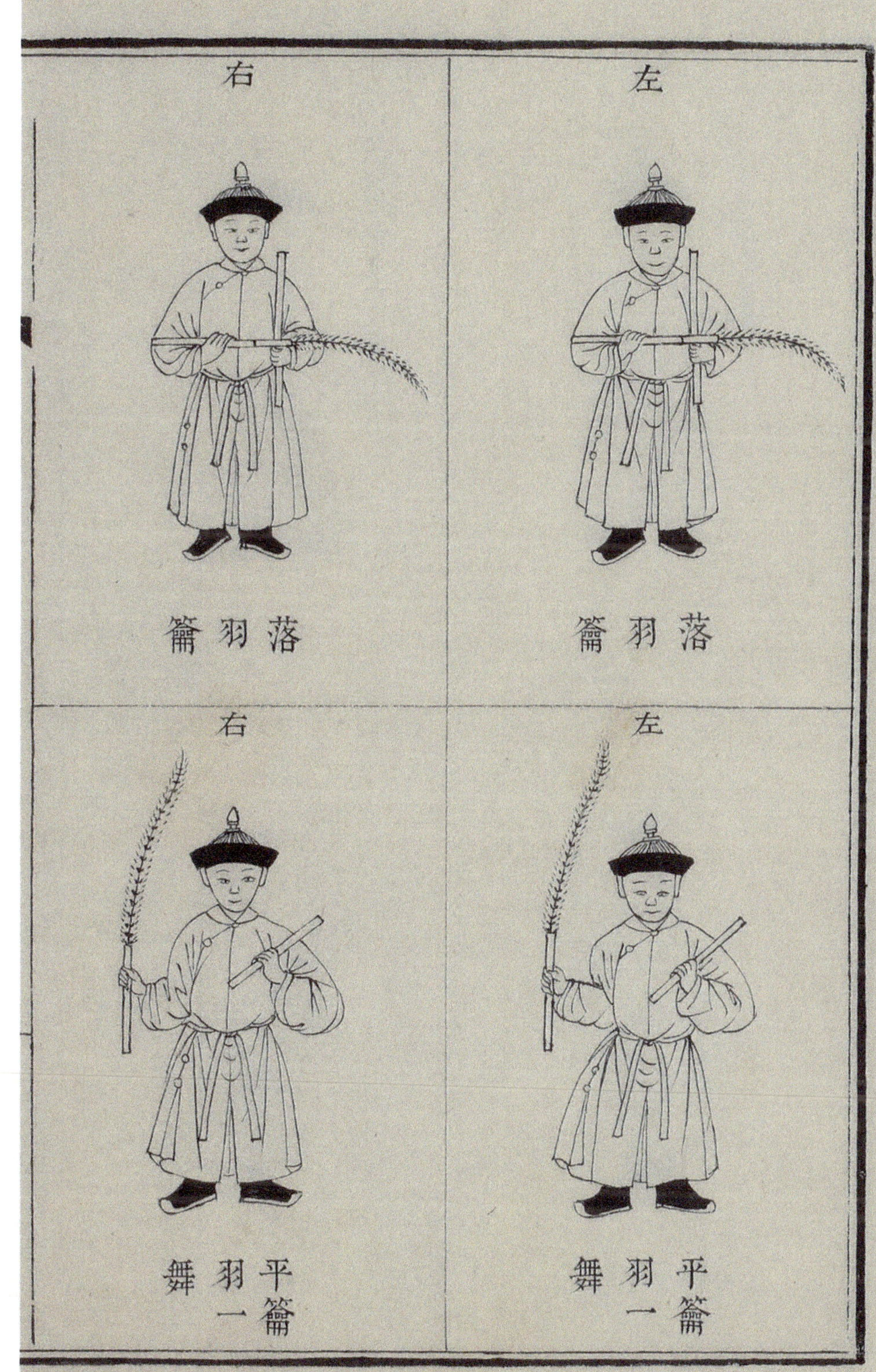
左
落羽籥
右
落羽籥
左
平籥羽一舞
右
平籥羽一舞

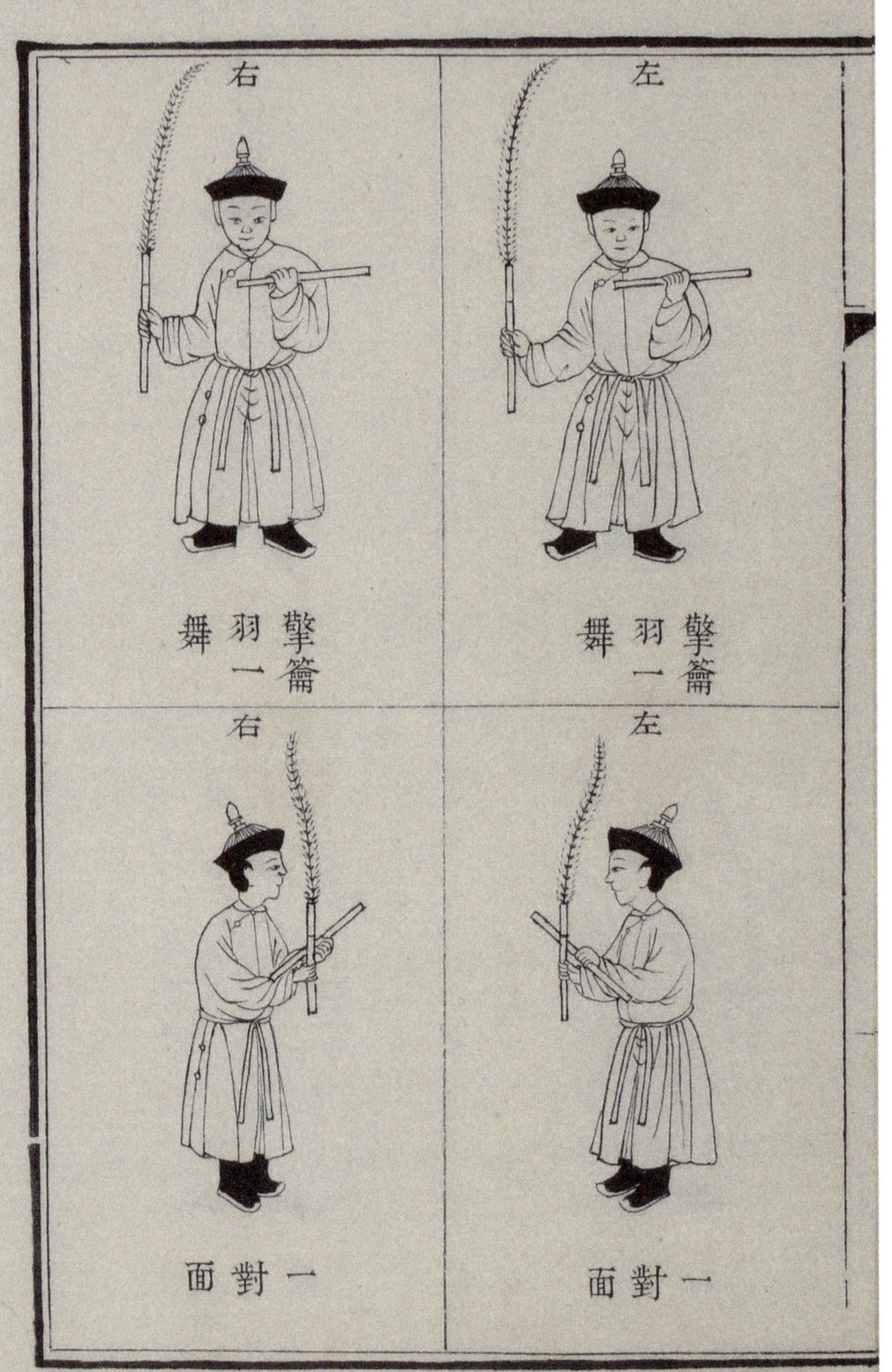
左
擎籥羽一舞
右
擎籥羽一舞
左
一對面
右
一對面

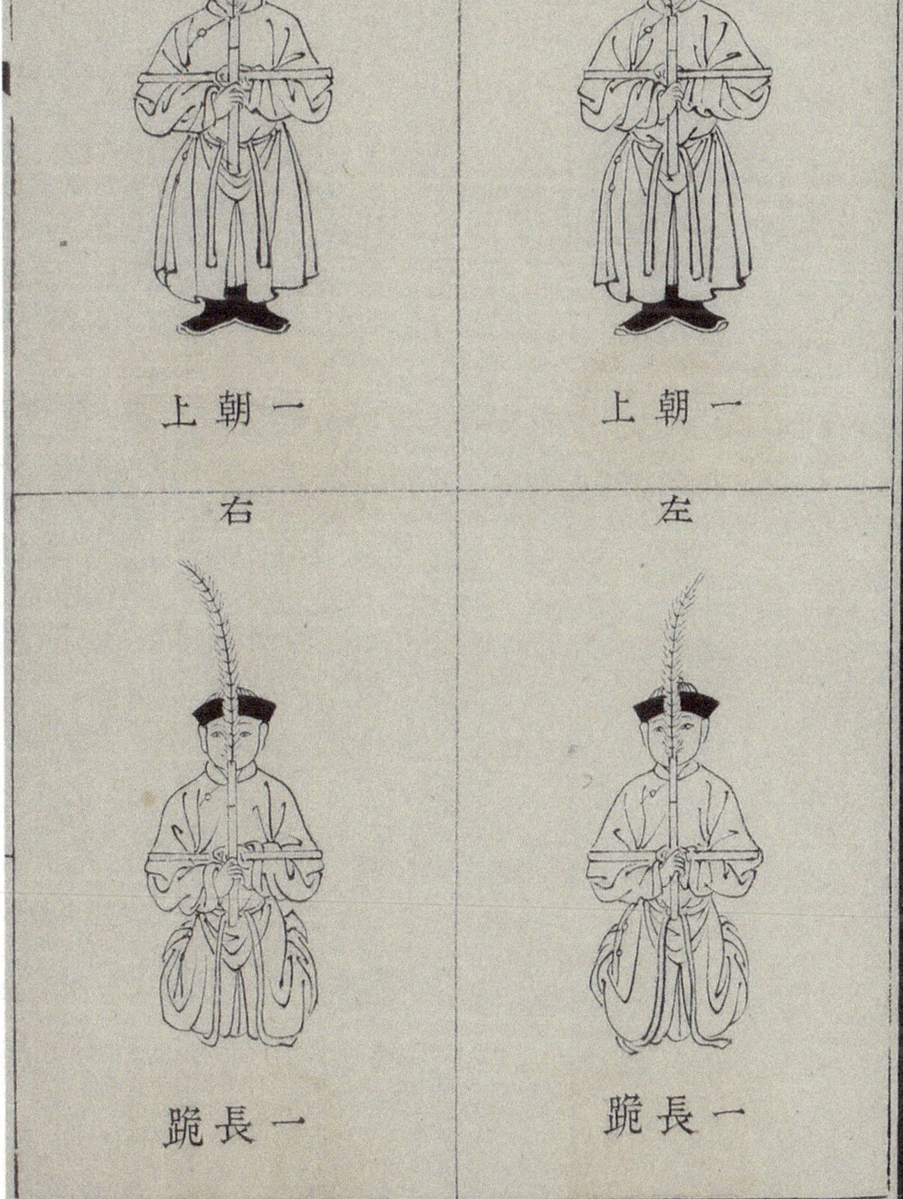
左
一朝上
右
一朝上
左
一長跪
右
一長跪

左

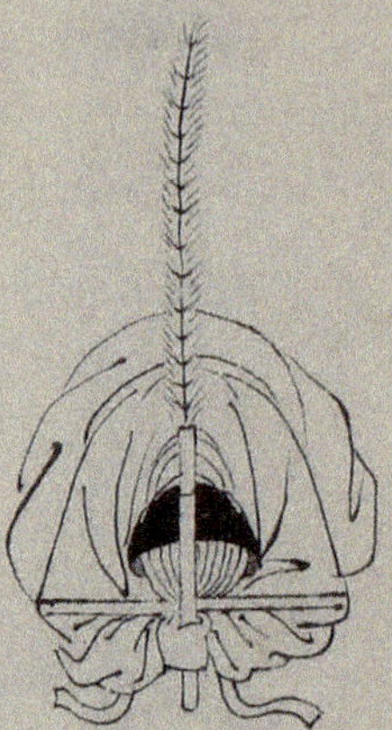

一叩首

右

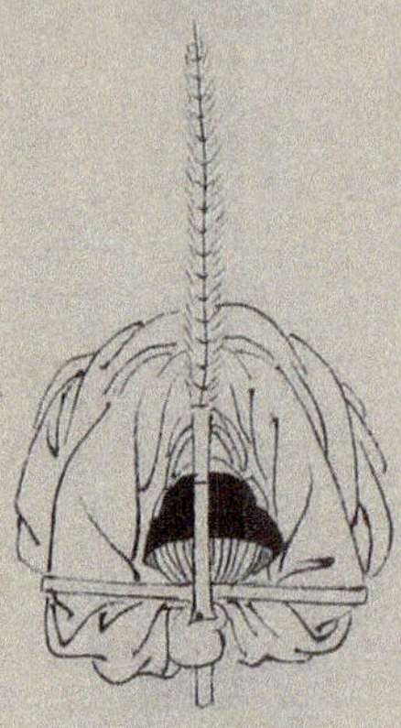

一叩首

青衣童子舞譜

六冊

青衣童子舞譜

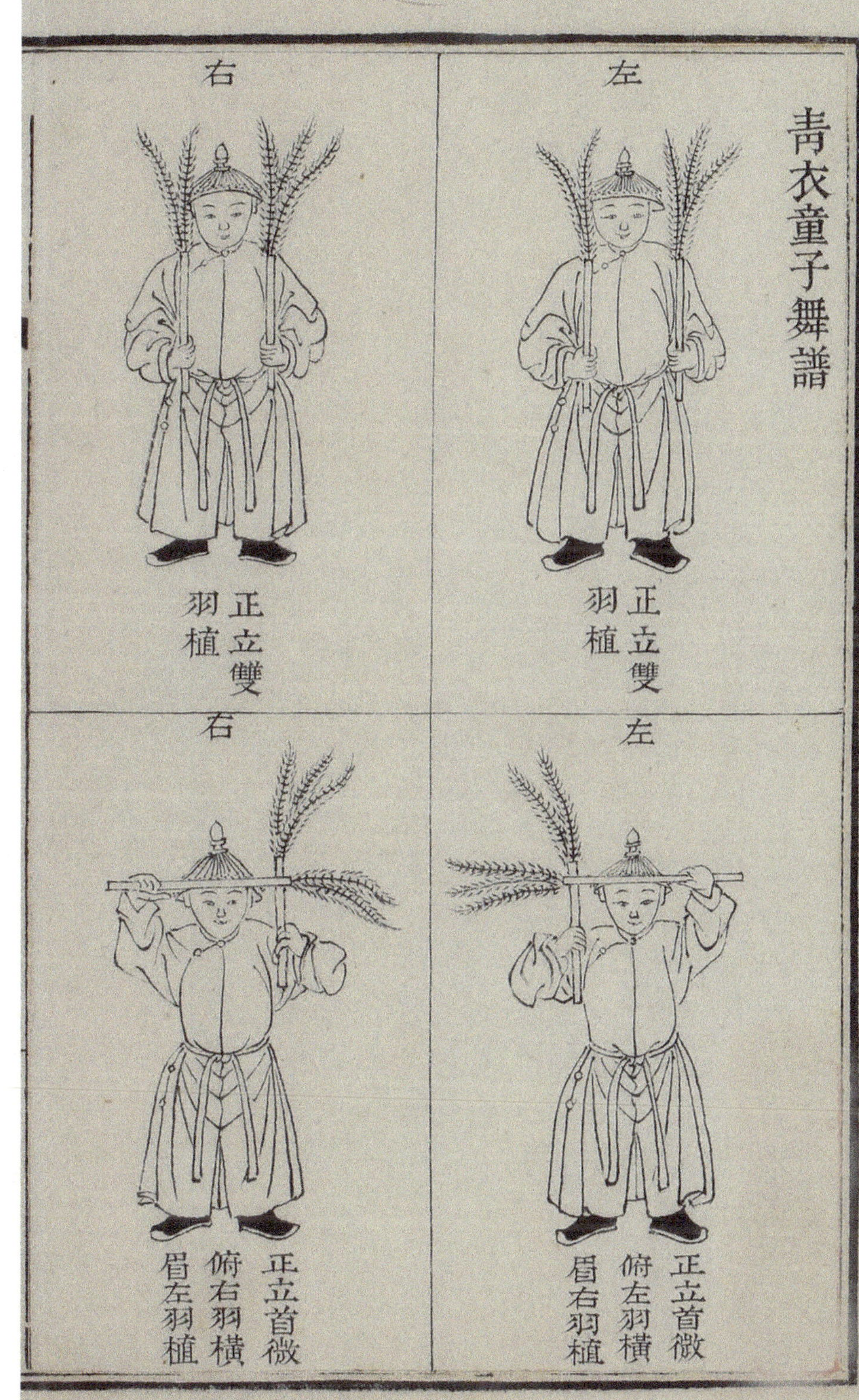

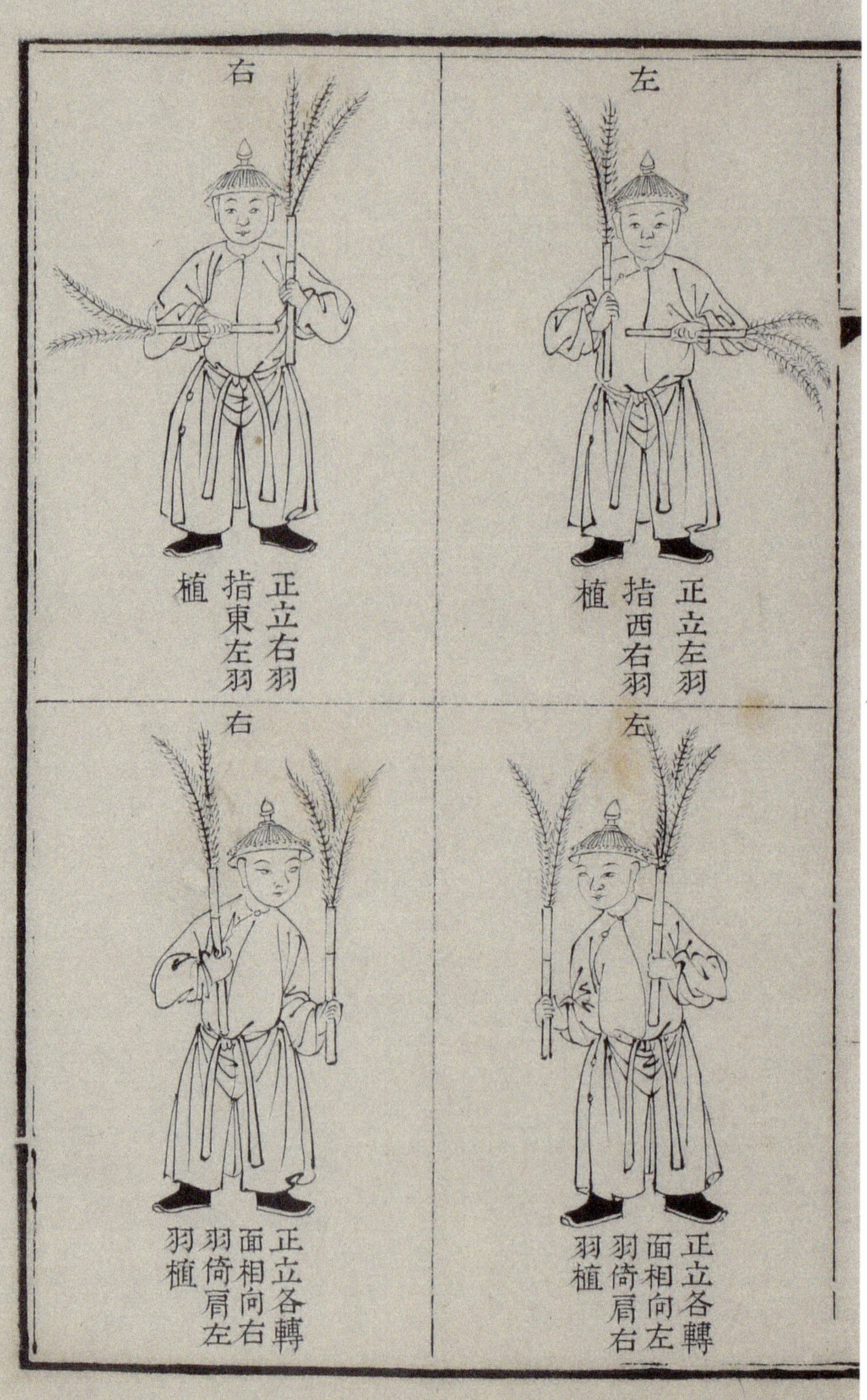
左
正立左羽
指西右羽
植
右
正立右羽
指東左羽
植
左
正立各轉
面相向左
羽倚肩右
羽植
右
正立各轉
面相向右
羽倚肩左
羽植

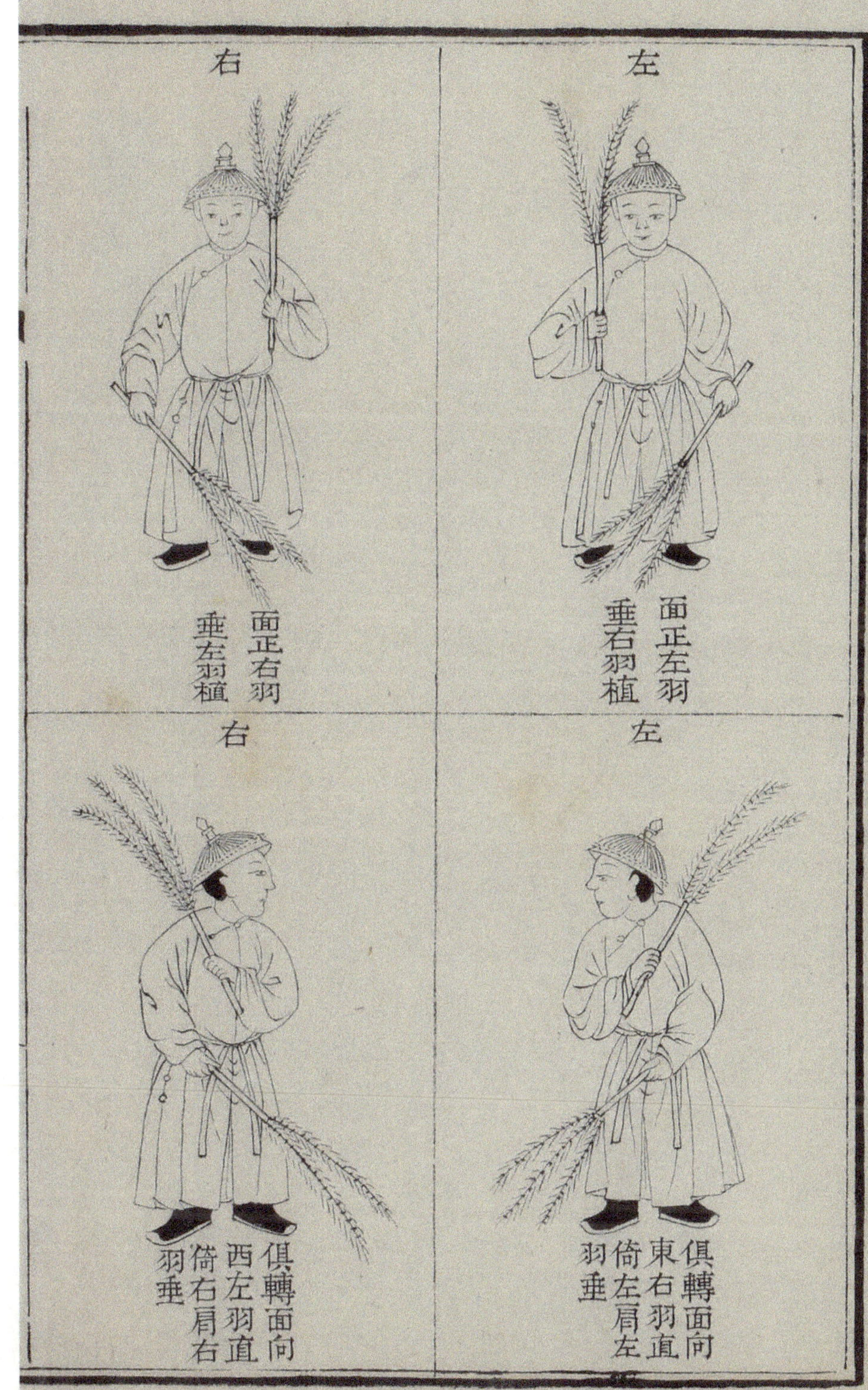
左
面正左羽
垂右羽植
右
面正右羽
垂左羽植
左
俱轉面向
東右羽直
倚左肩左
羽垂
右
俱轉面向
西左羽直
倚右肩右
羽垂

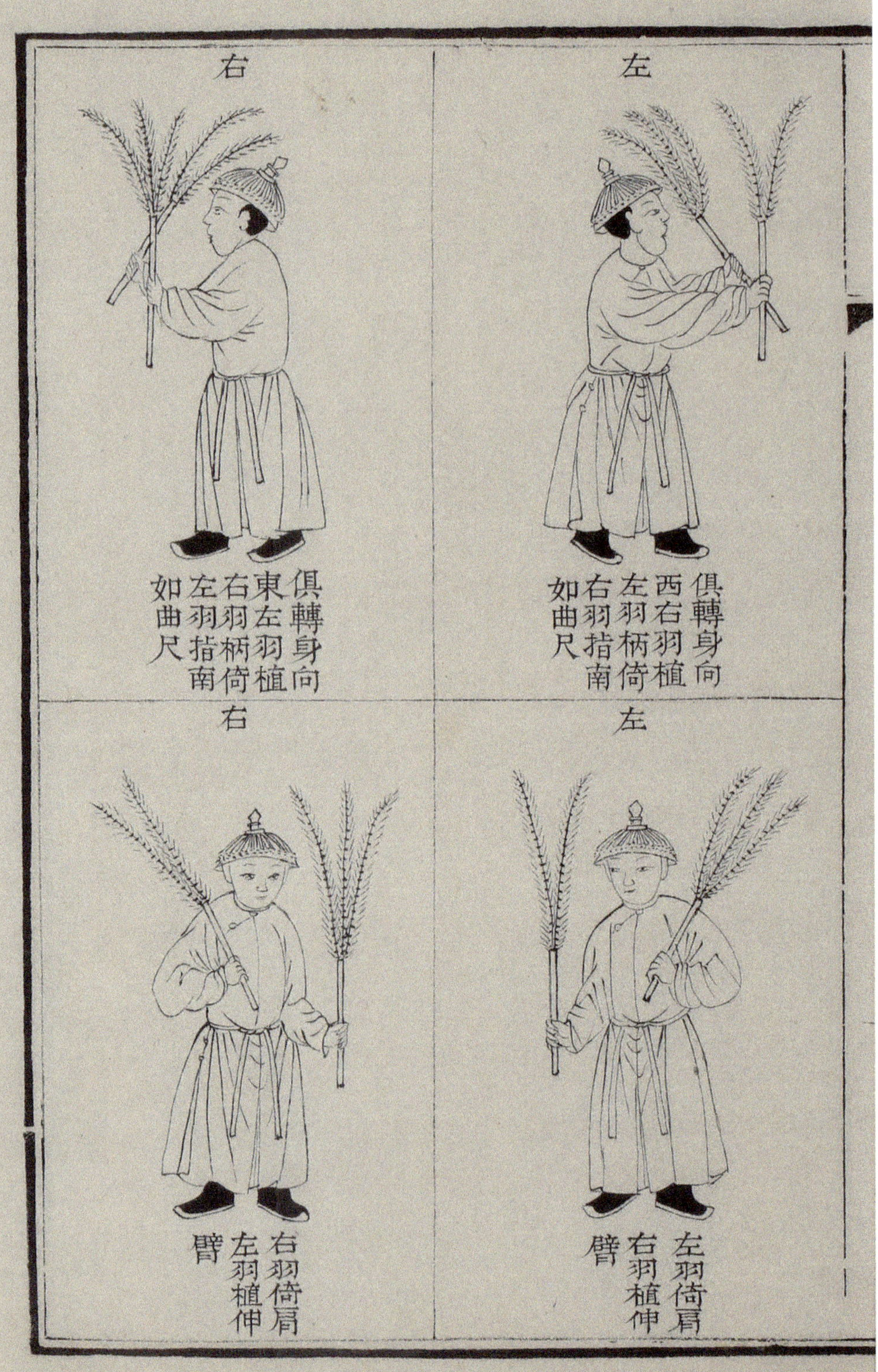
左
俱轉身向西右羽植左羽柄倚右羽指南如曲尺
右
俱轉身向東左羽植右羽柄倚左羽指南如曲尺
左
左羽倚肩右羽植伸臂
右
右羽倚肩左羽植伸臂

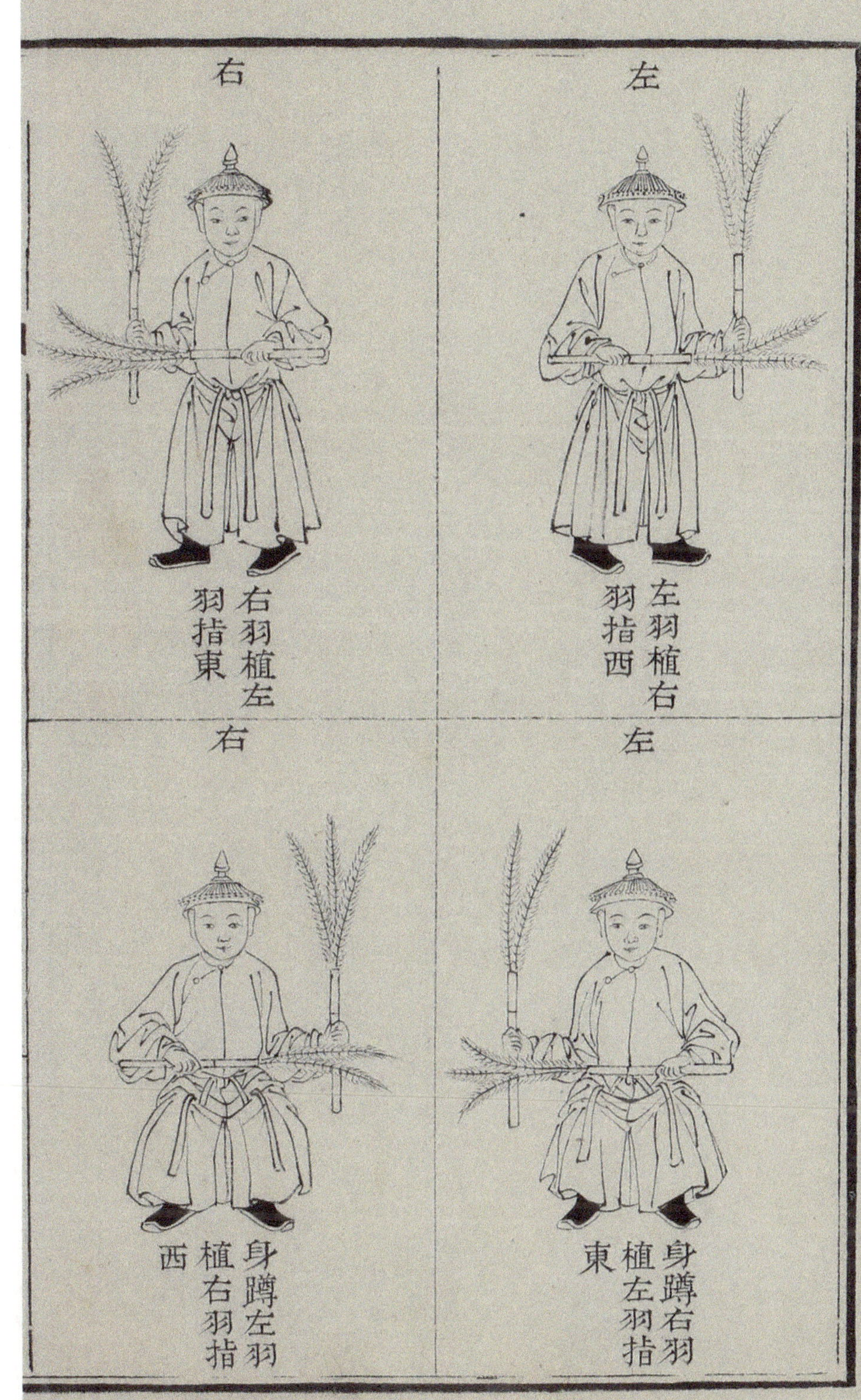
左
左羽植右羽指西
右
右羽植左羽指東
左
身蹲右羽植左羽指東
右
身蹲左羽植右羽指西

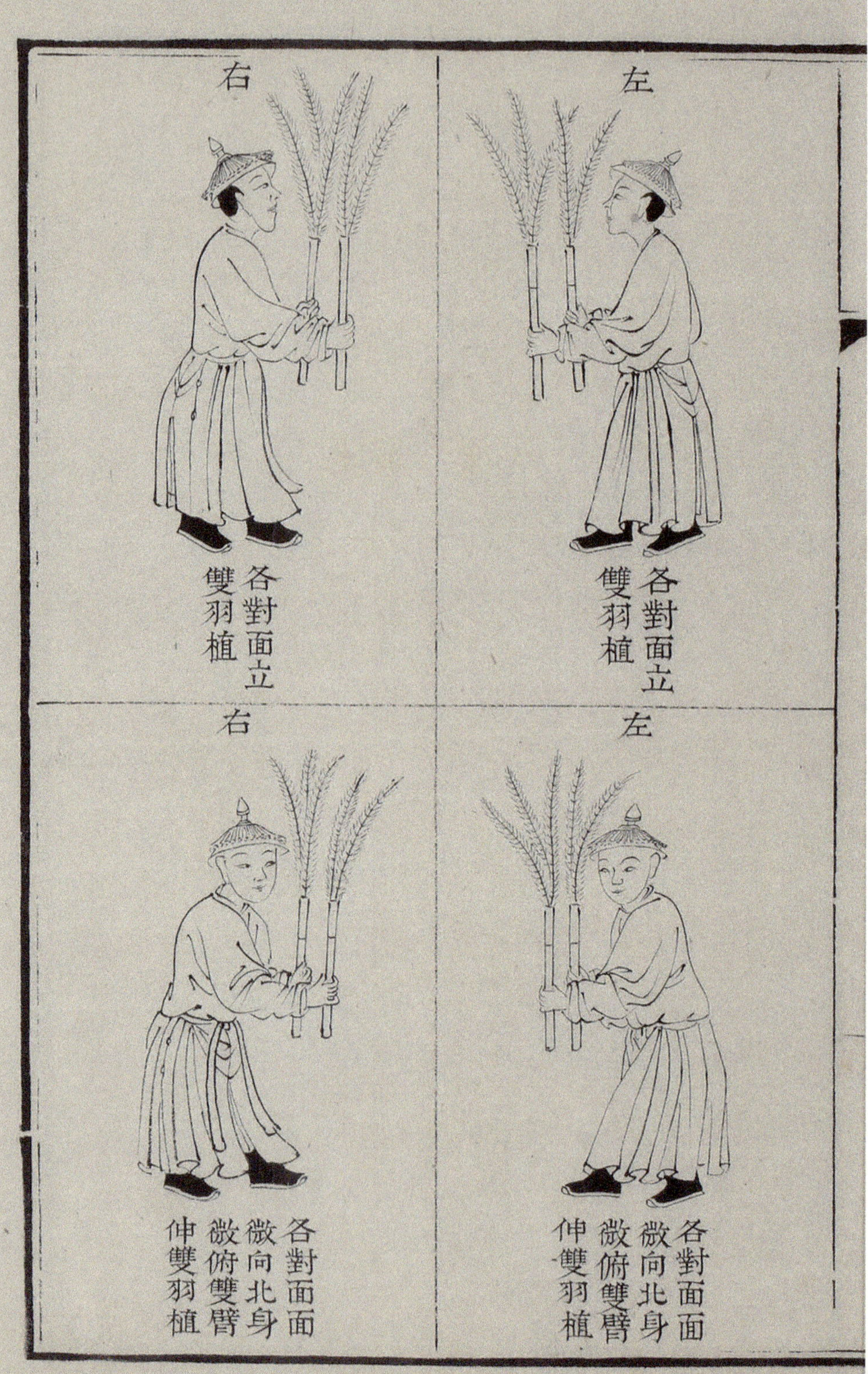
左
各對面立
雙羽植
右
各對面立
雙羽植
左
各對面面
微向北身
微俯雙臂
伸雙羽植
右
各對面面
微向北身
微俯雙臂
伸雙羽植

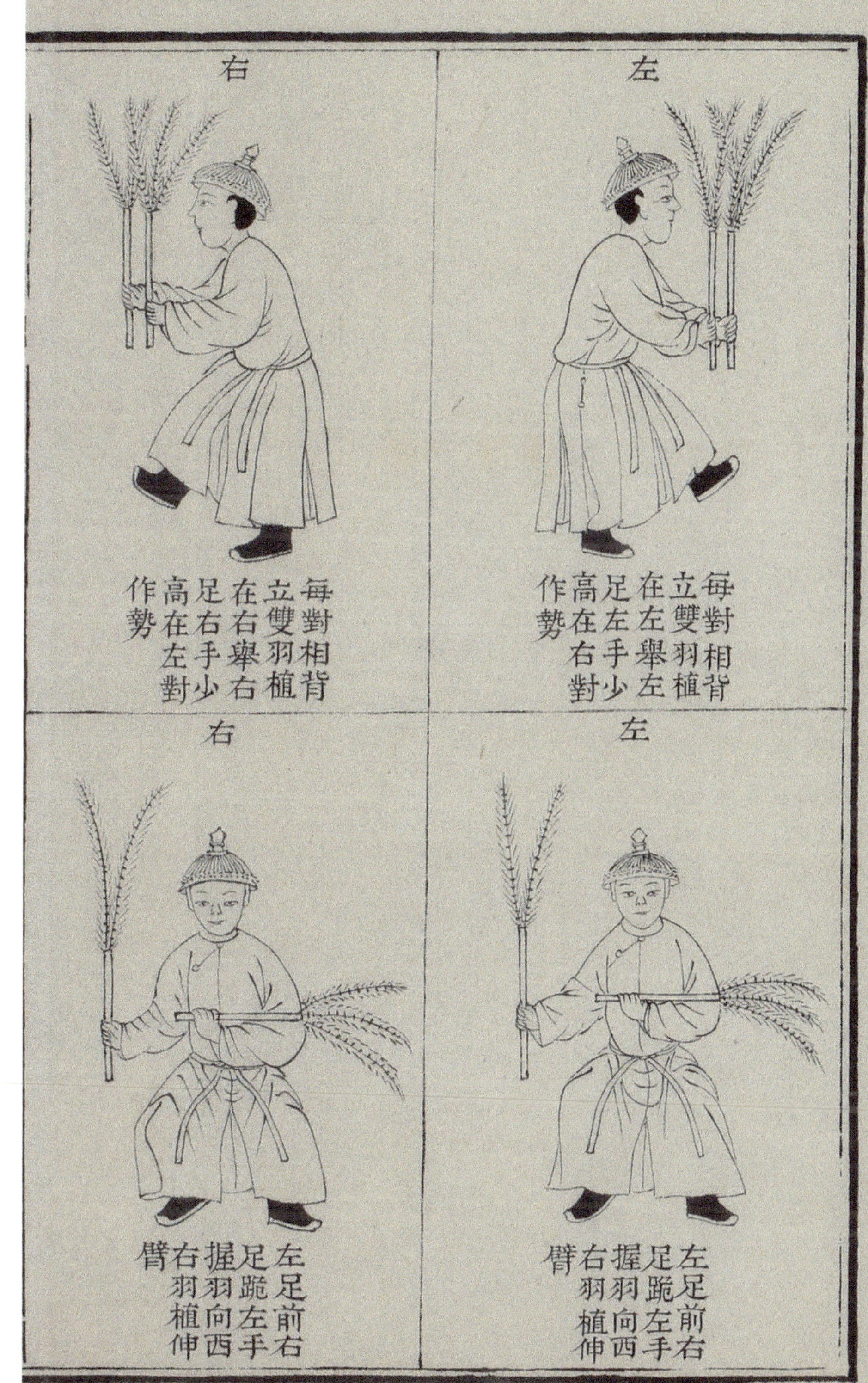
左
每對相背立雙羽植在左舉左足左手少高在右對作勢
右
每對相背立雙羽植在右舉右足右手少高在左對作勢
左
左足前右足跪左手握羽向西右羽植伸臂
右
左足前右足跪左手握羽向西右羽植伸臂

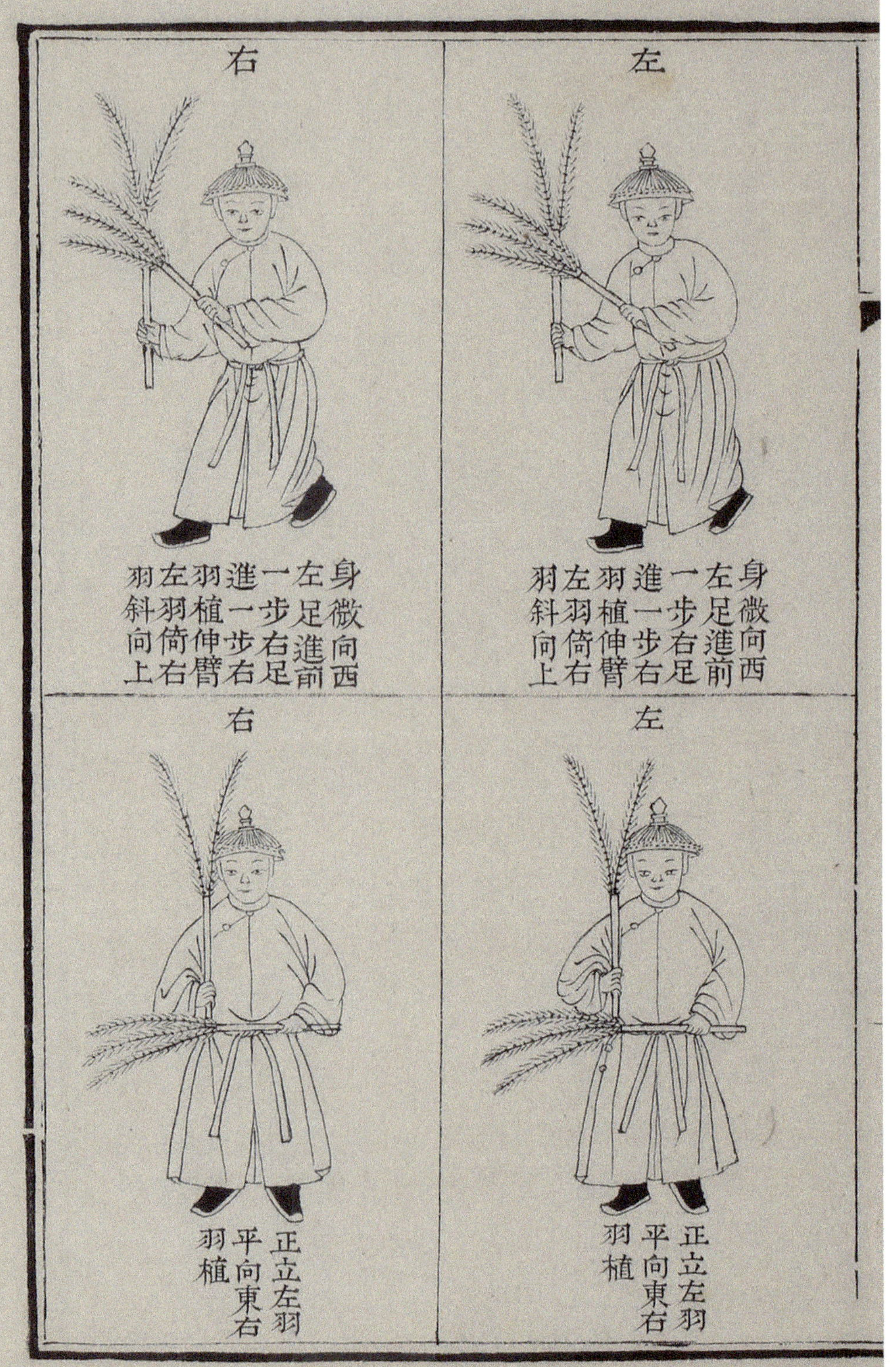

左
身微向西左足進前一步右足進一步右羽植伸臂左羽倚右羽斜向上
右
身微向西左足進前一步右足進一步右羽植伸臂左羽倚右羽斜向上
左
正立左羽平向東右羽植
右
正立左羽平向東右羽植

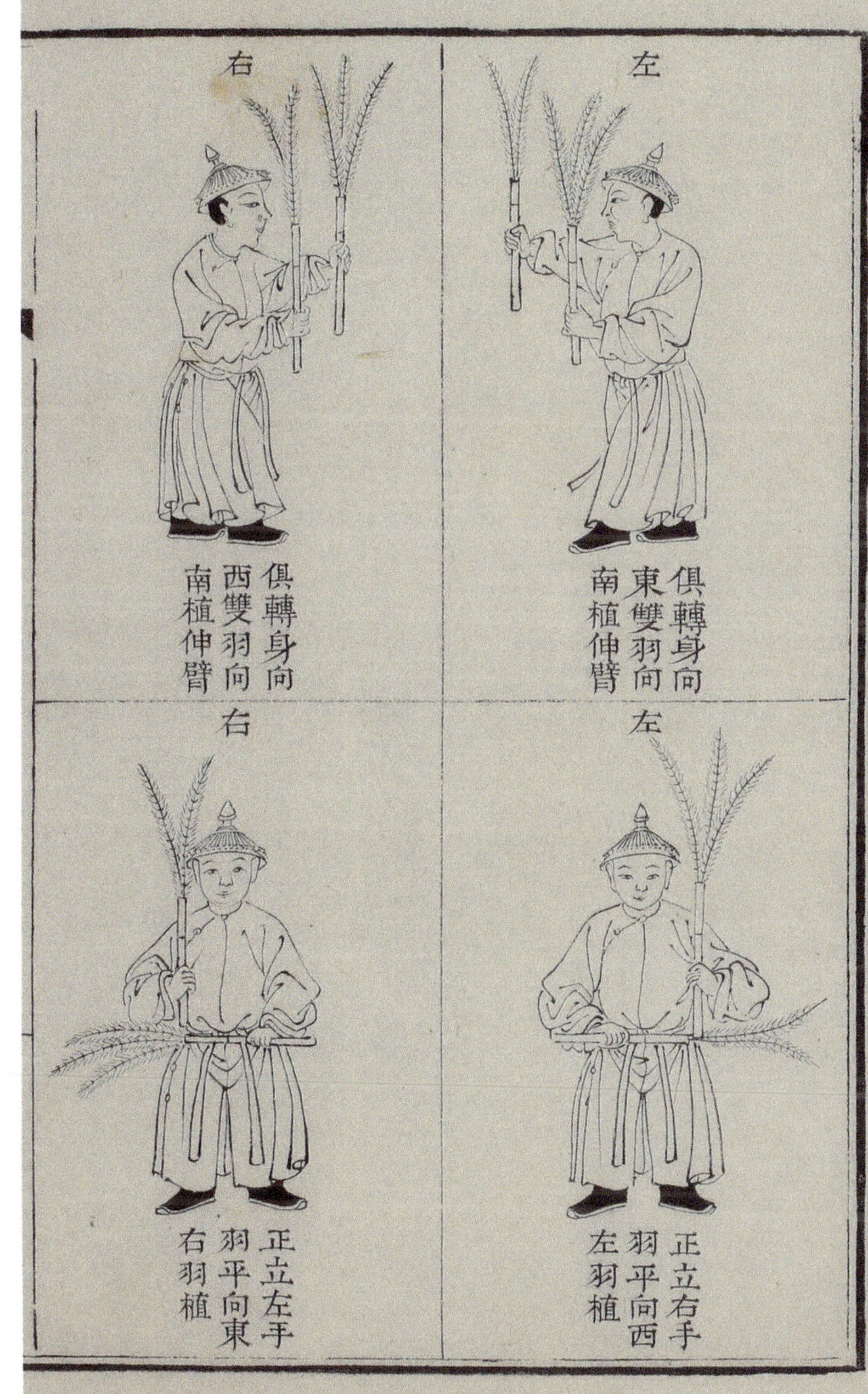
左
俱轉身向
東雙羽向
南植伸臂
右
俱轉身向
西雙羽向
南植伸臂
左
正立右手
羽平向西
左羽植
右
正立左手
羽平向東
右羽植

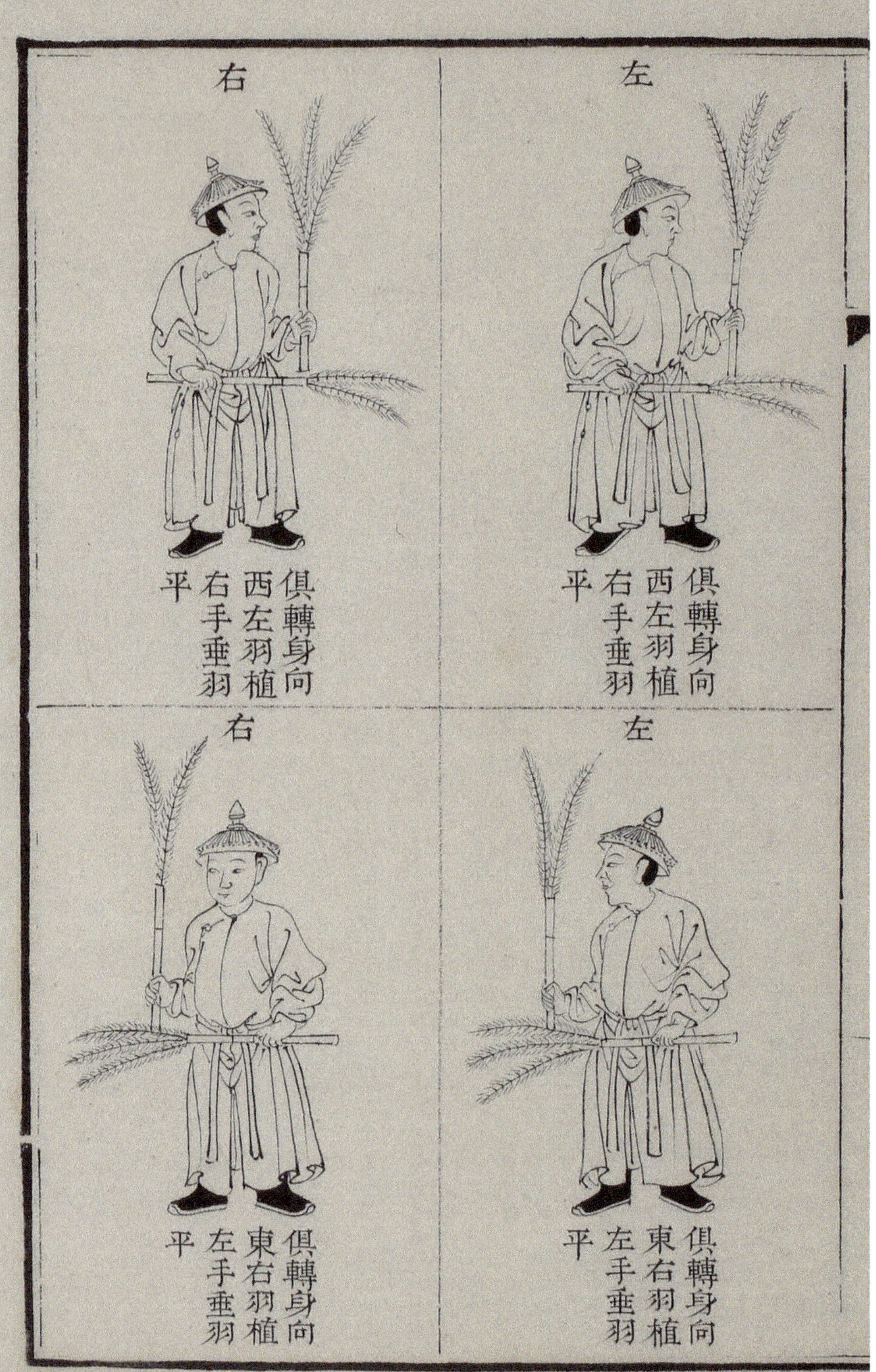
左
俱轉身向西左羽植右手垂羽平
右
俱轉身向西左羽植右手垂羽平
左
俱轉身向東右羽植左手垂羽平
右
俱轉身向東右羽植左手垂羽平

左

正立左羽倚肩右羽植

右

正立右羽倚肩左羽植

左

俱轉身向東左羽倚肩右羽平

右

俱轉身向西右羽倚肩左羽平

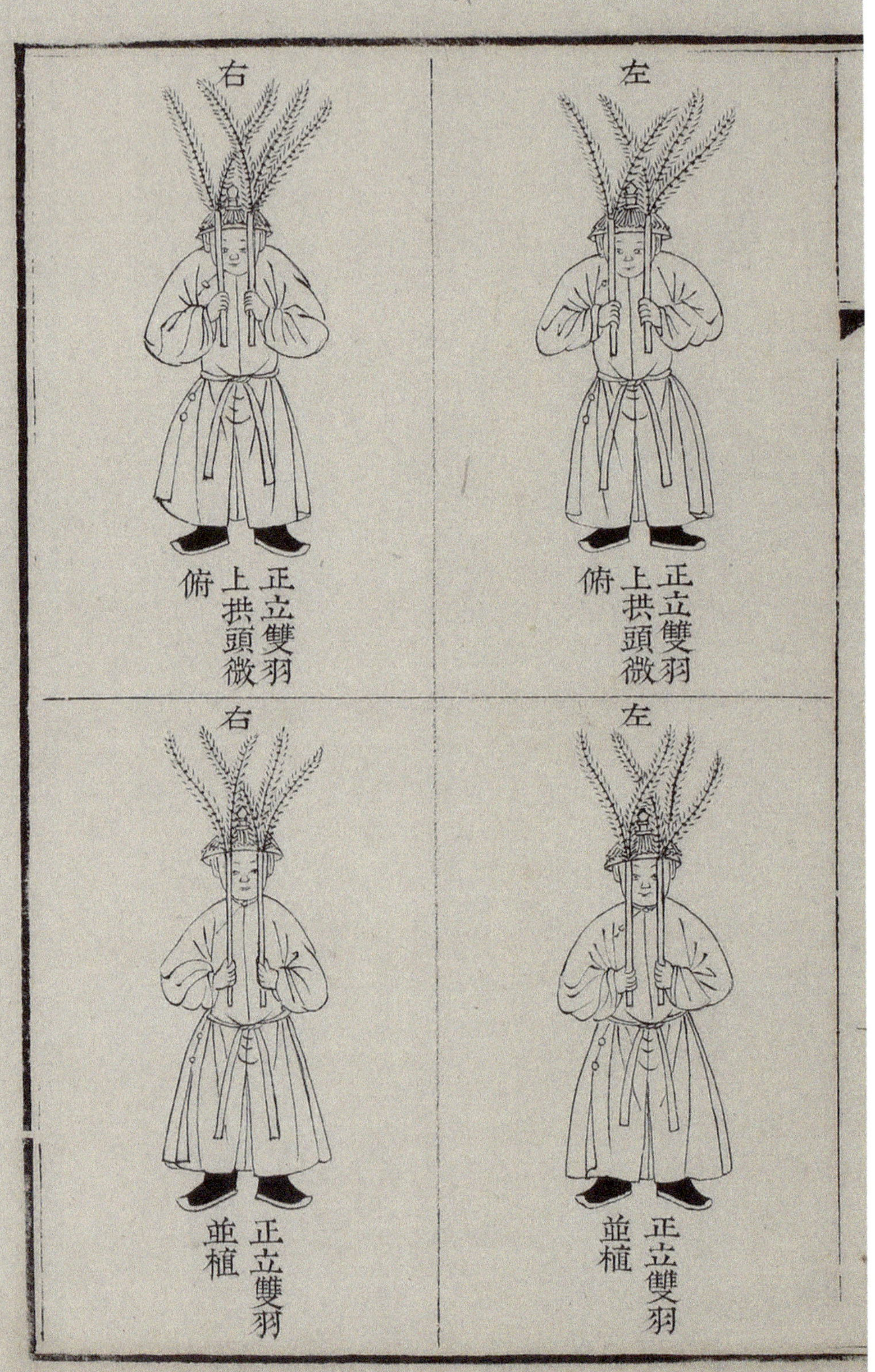
左
正立雙羽上拱頭微俯
右
正立雙羽上拱頭微俯
左
正立雙羽並植
右
正立雙羽並植

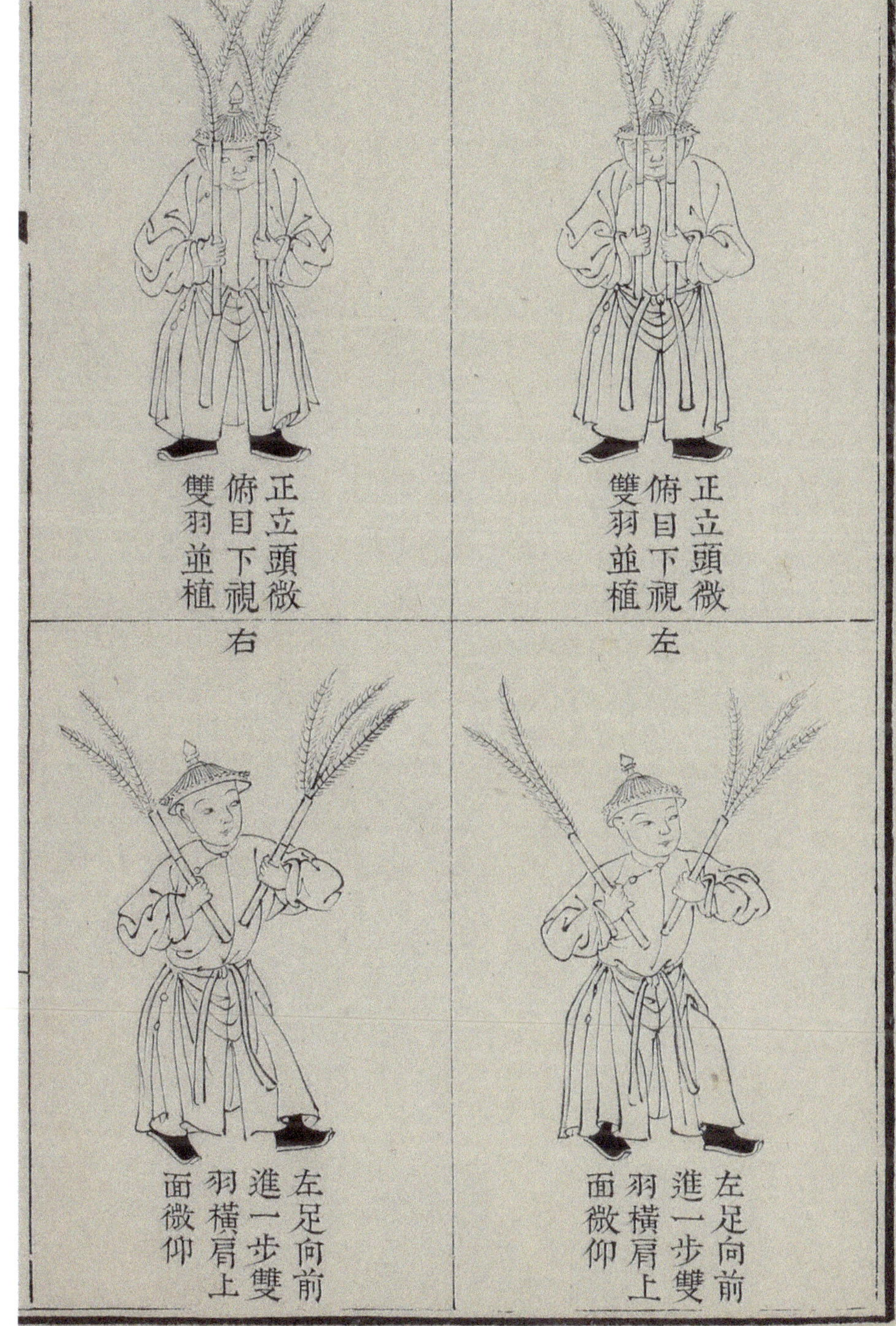
左
正立頭微
俯目下視
雙羽並植
右
正立頭微
俯目下視
雙羽並植
左
左足向前
進一步雙
羽横肩上
面微仰
右
左足向前
進一步雙
羽横肩上
面微仰

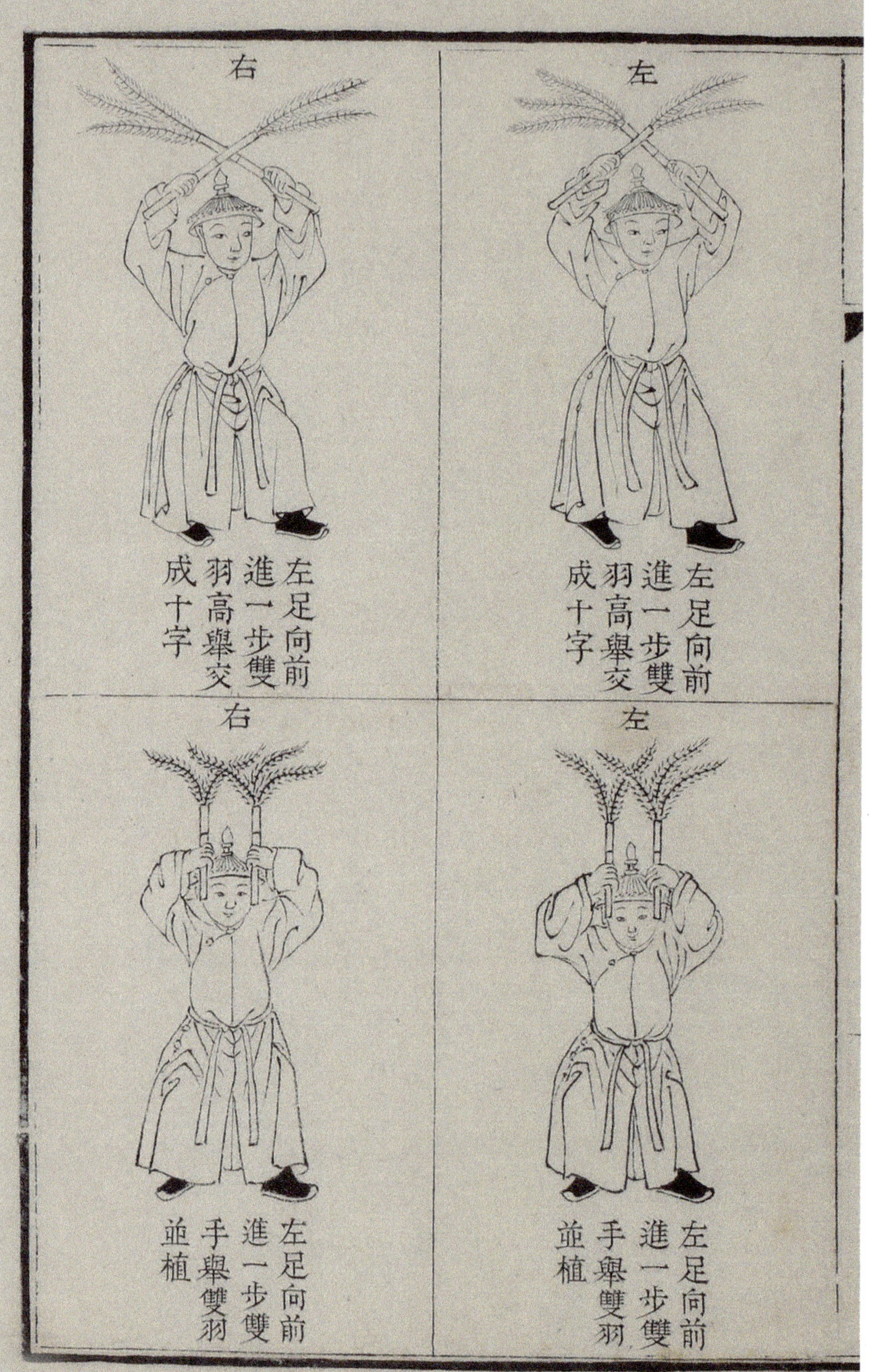

左
左足向前進一步雙羽高舉交成十字
右
左足向前進一步雙羽高舉交成十字
左
左足向前進一步雙手舉雙羽並植
右
左足向前進一步雙手舉雙羽並植

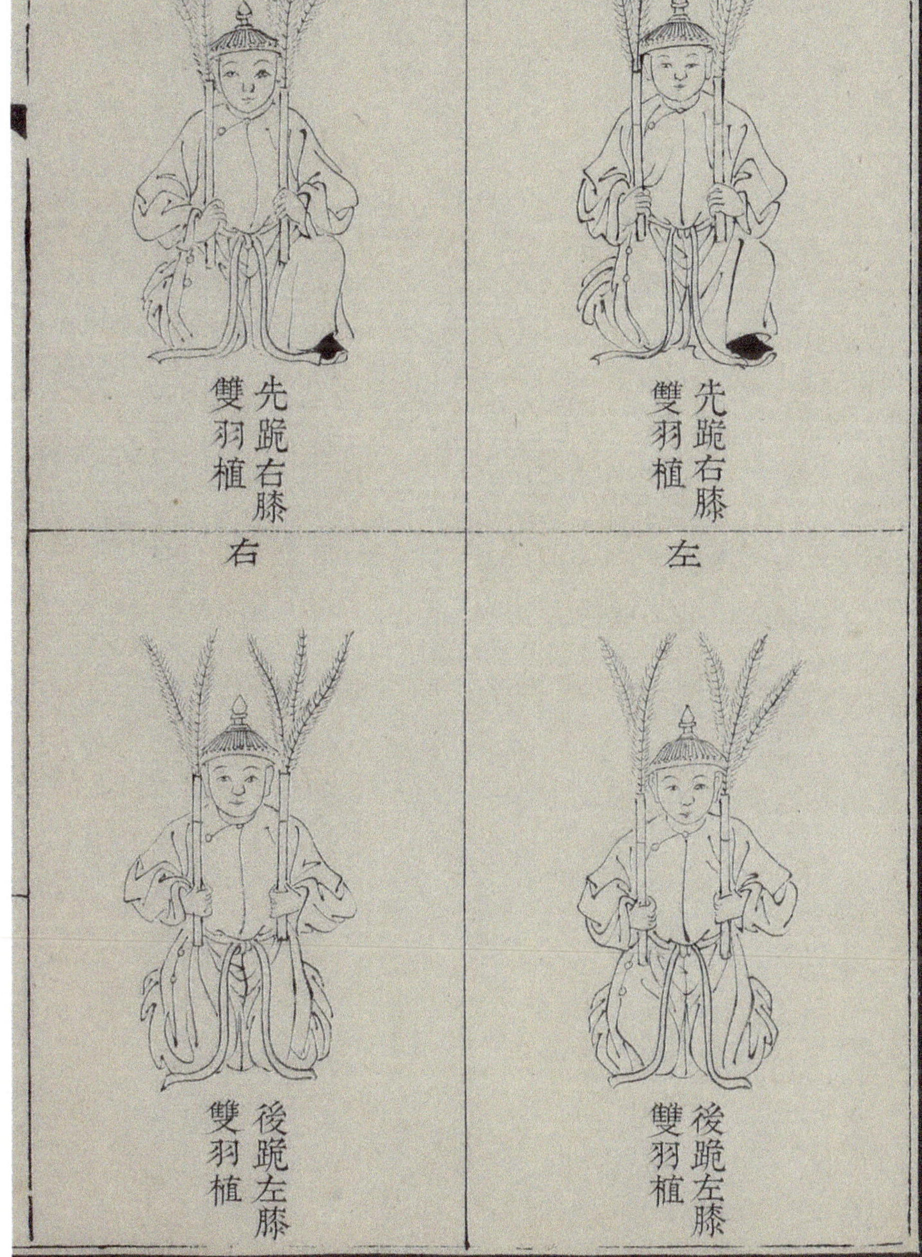
左
先跪右膝
雙羽植
右
先跪右膝
雙羽植
左
後跪左膝
雙羽植
右
後跪左膝
雙羽植

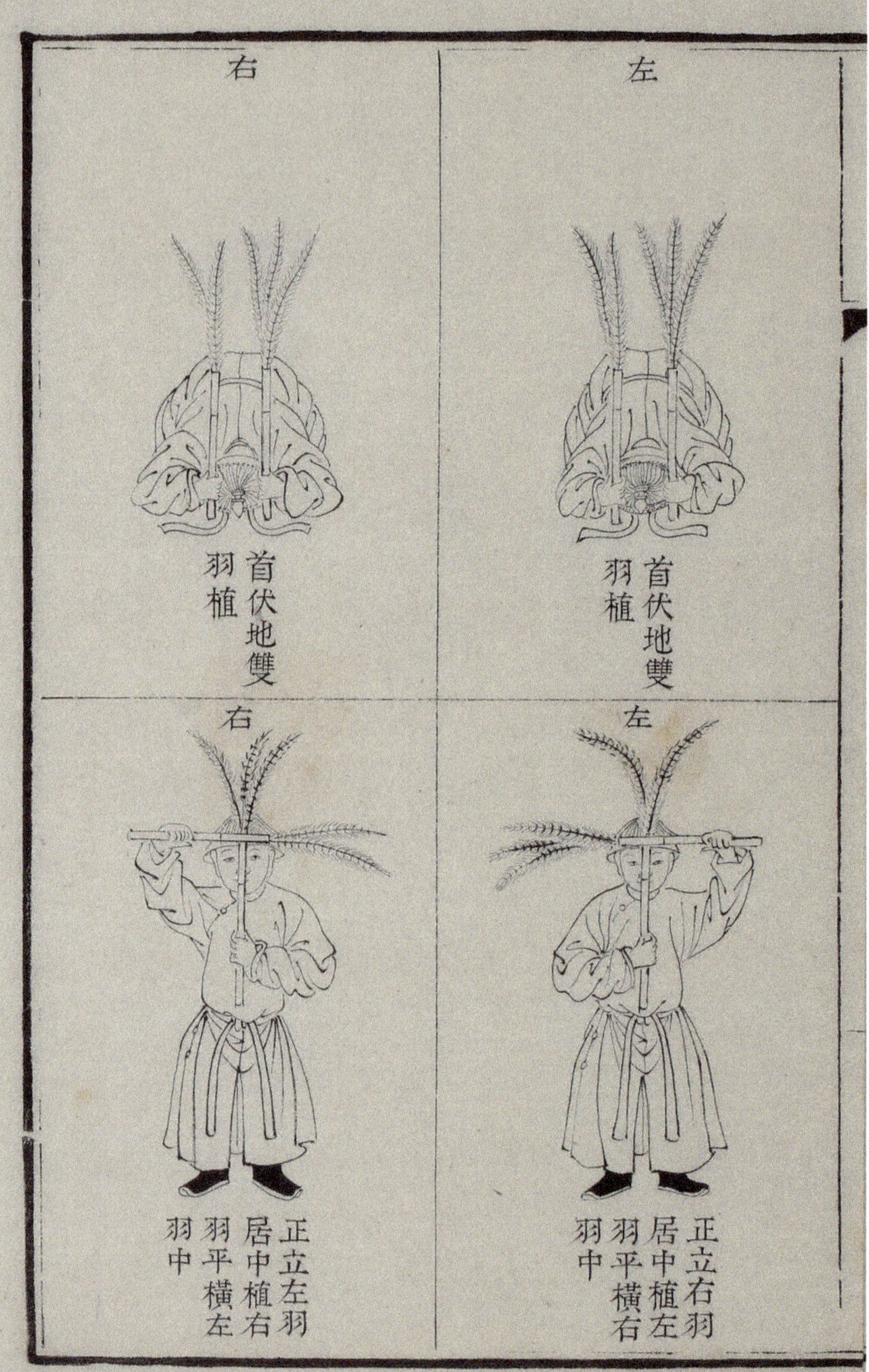
左
首伏地雙羽植
右
首伏地雙羽植
左
正立右羽居中植左羽平橫右羽中
右
正立左羽居中植右羽平橫左羽中

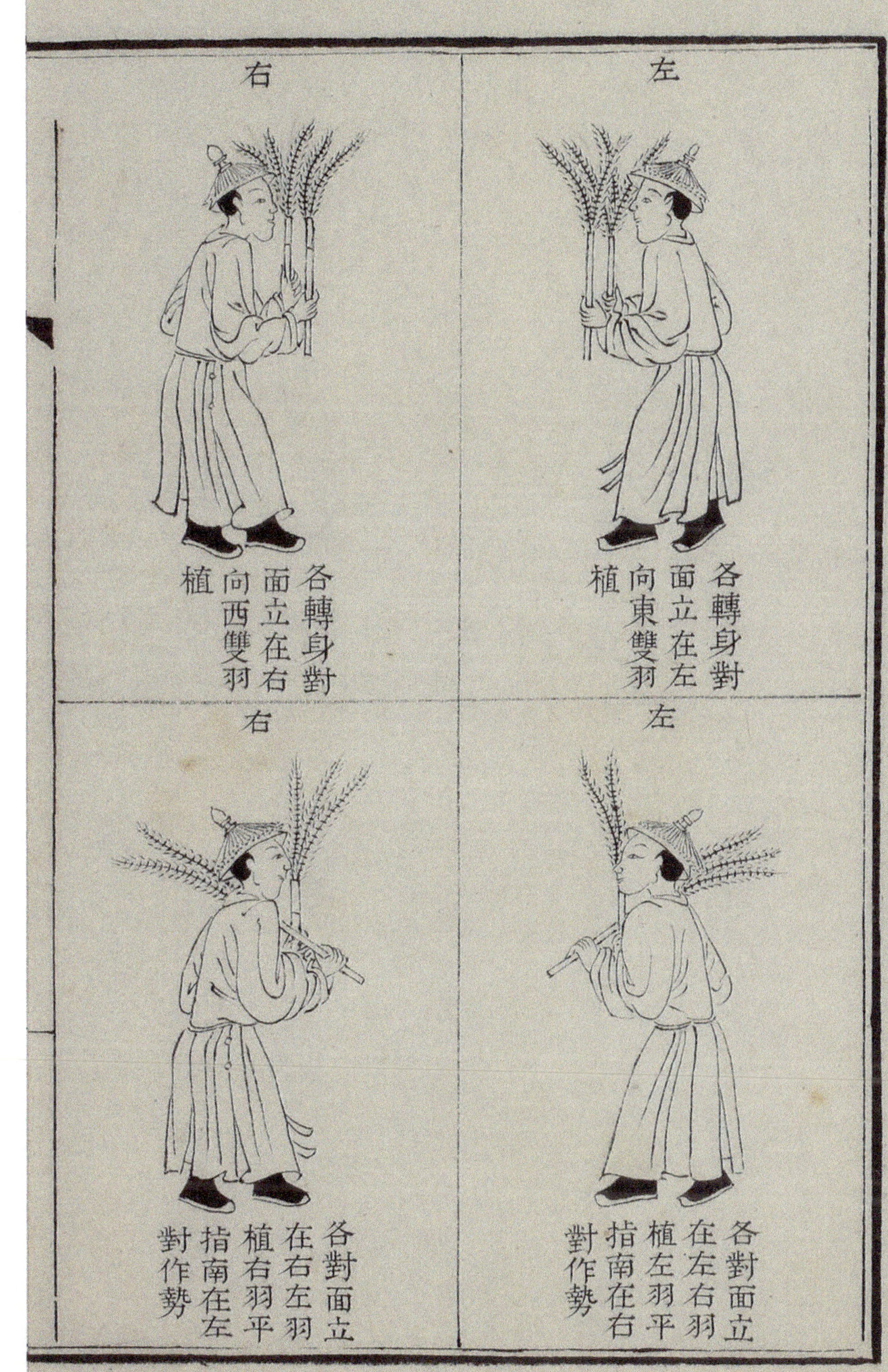
左
各轉身對
面立在左
向東雙羽
植
右
各轉身對
面立在右
向西雙羽
植
左
各對面立
在左右羽
植左羽平
指南在右
對作勢
右
各對面立
在右左羽
植右羽平
指南在左
對作勢

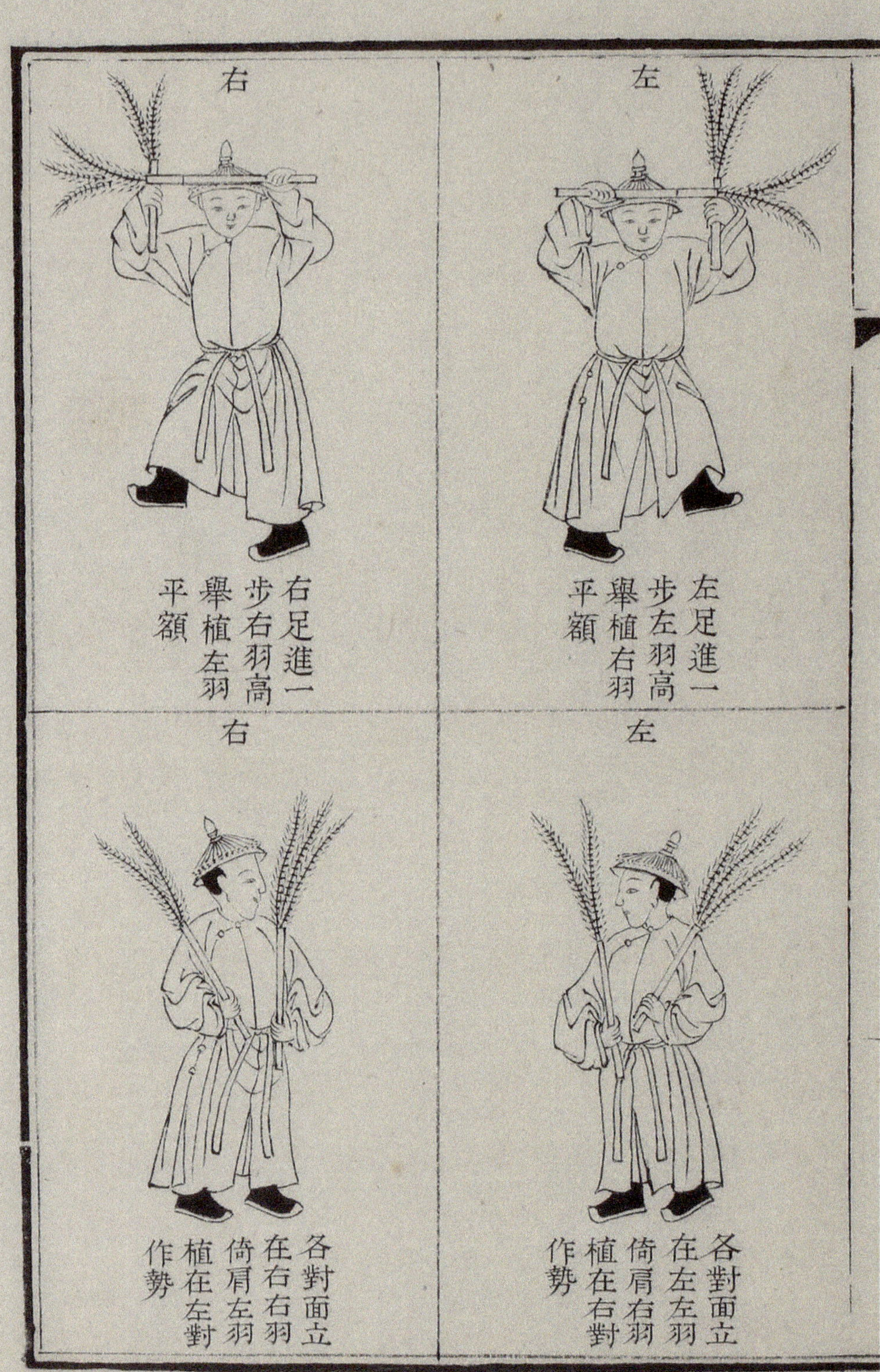
左
左足進一步左羽高舉植右羽平額
右
右足進一步右羽高舉植左羽平額
左
各對面立在左左羽倚肩右羽植在右對作勢
右
各對面立在右右羽倚肩左羽植在左對作勢

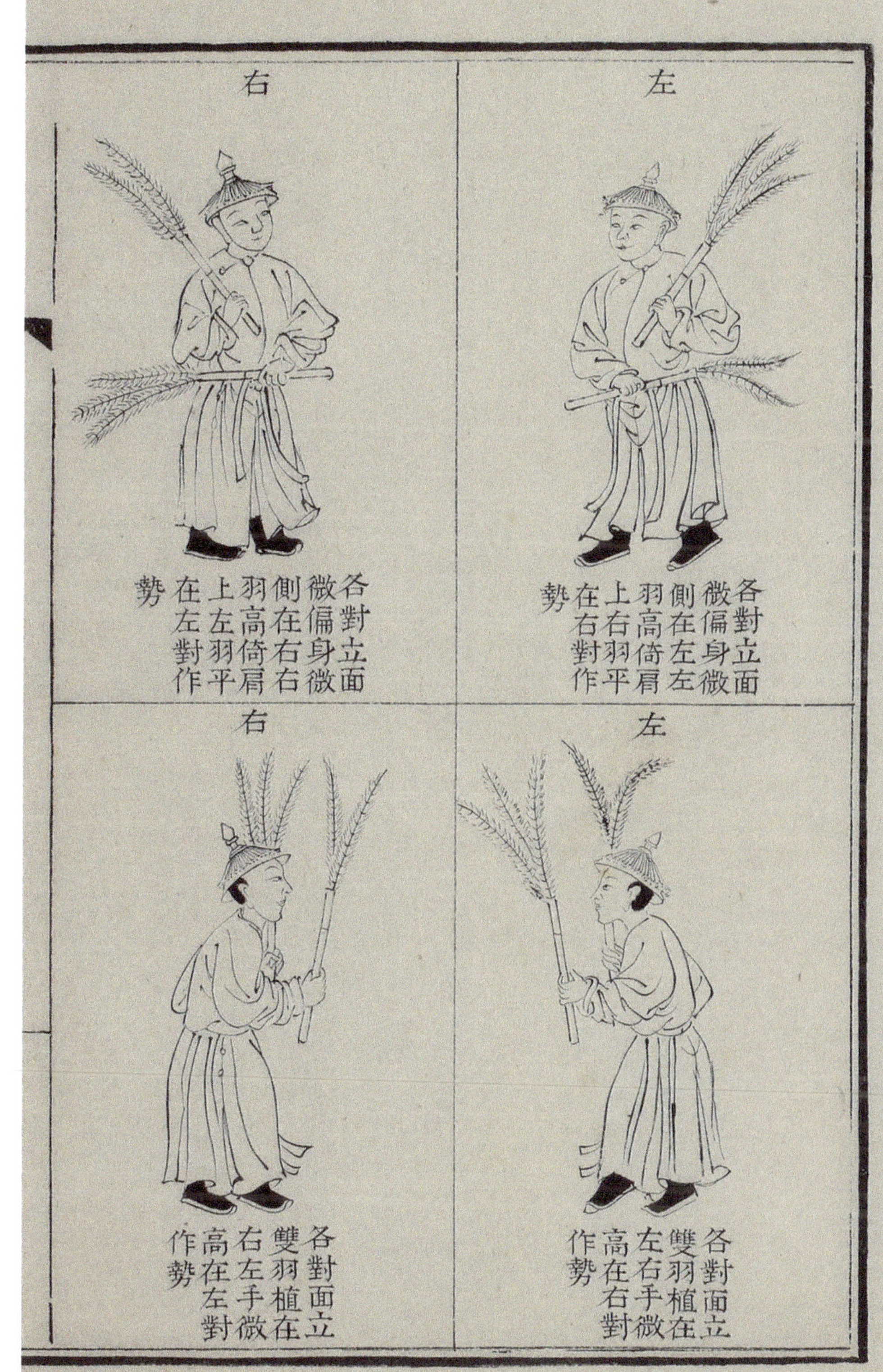
左
各對立面微偏身微側在左左羽高倚肩上右羽平在右對作勢
右
各對立面微偏身微側在右右羽高倚肩上左羽平在左對作勢
左
各對面立雙羽植在左右手微高在右對作勢
右
各對面立雙羽植在右左手微高在左對作勢

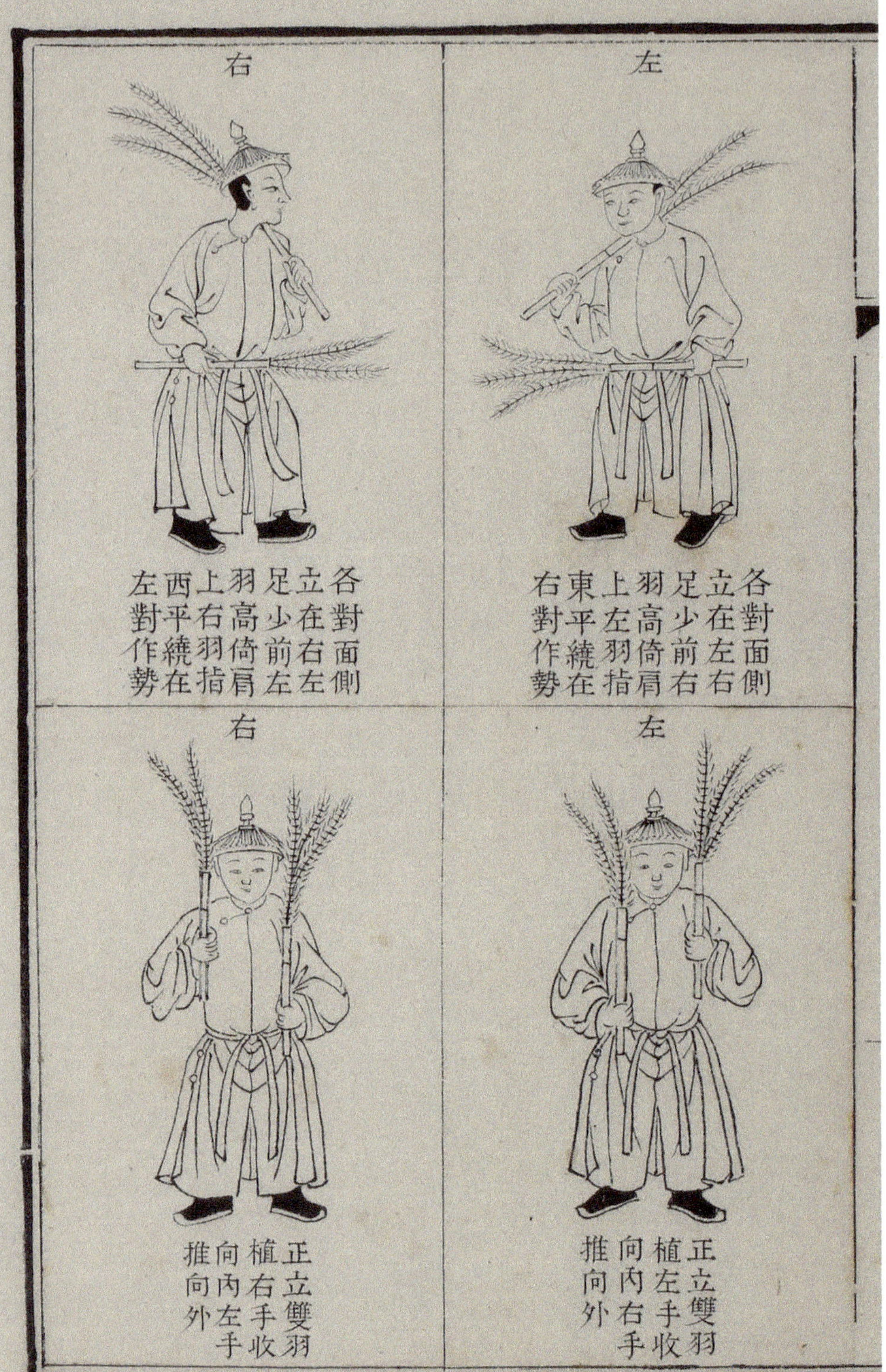

左
各對面側立在左右足少前右羽高倚肩上左羽指東平繞在右對作勢
右
各對面側立在右左足少前左羽高倚肩上右羽指西平繞在左對作勢
左
正立雙羽植左手收向內右手推向外
右
正立雙羽植右手收向內左手推向外

◎

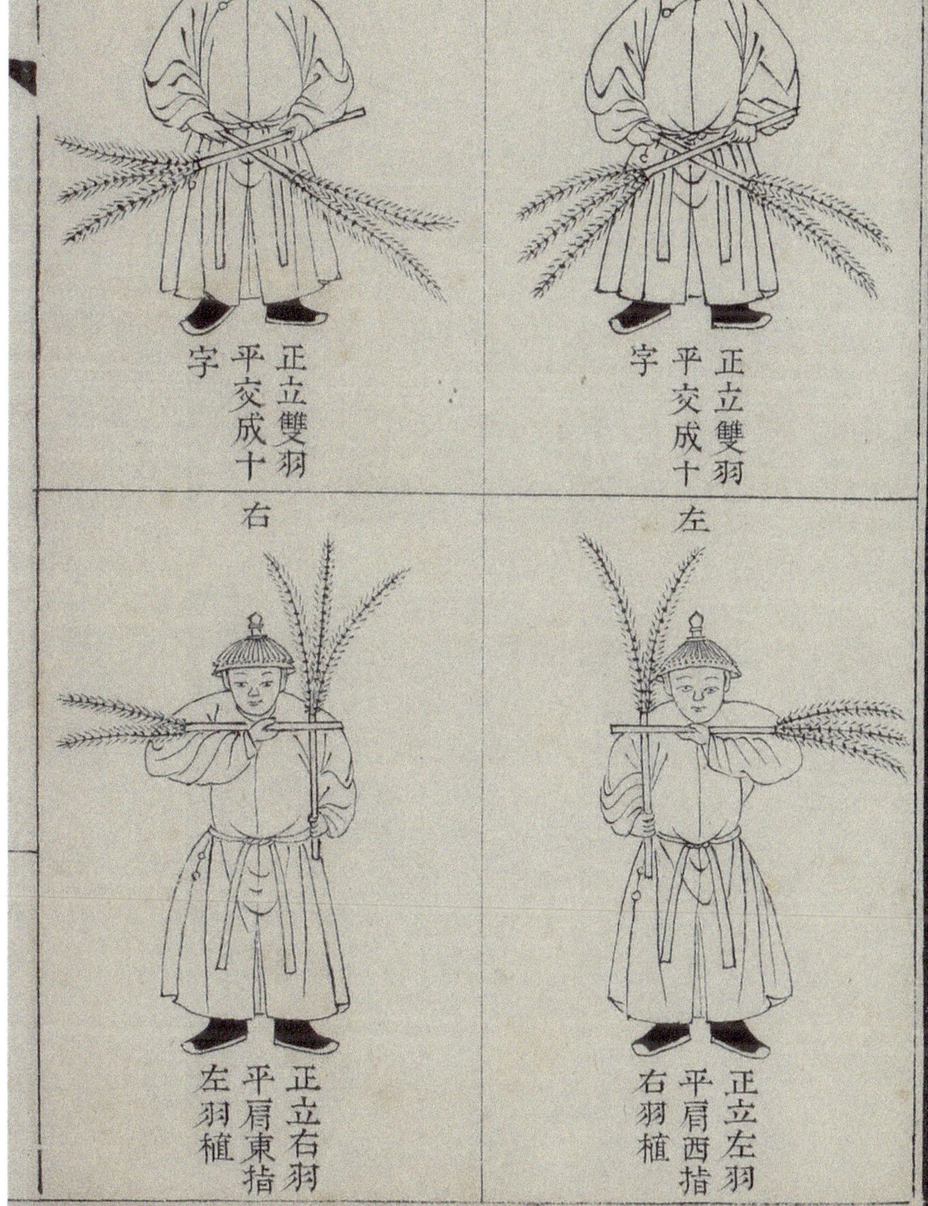
左
正立雙羽平交成十字
右
正立雙羽平交成十字
左
正立左羽平肩西指右羽植
右
正立右羽平肩東指左羽植

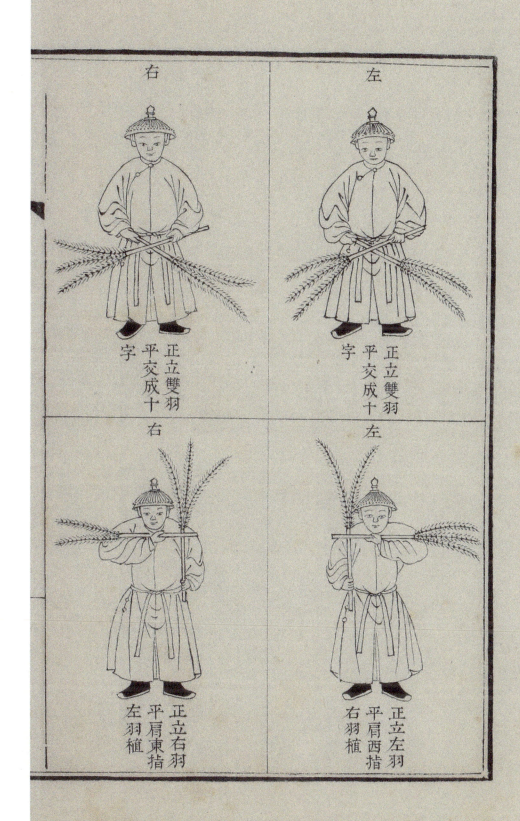

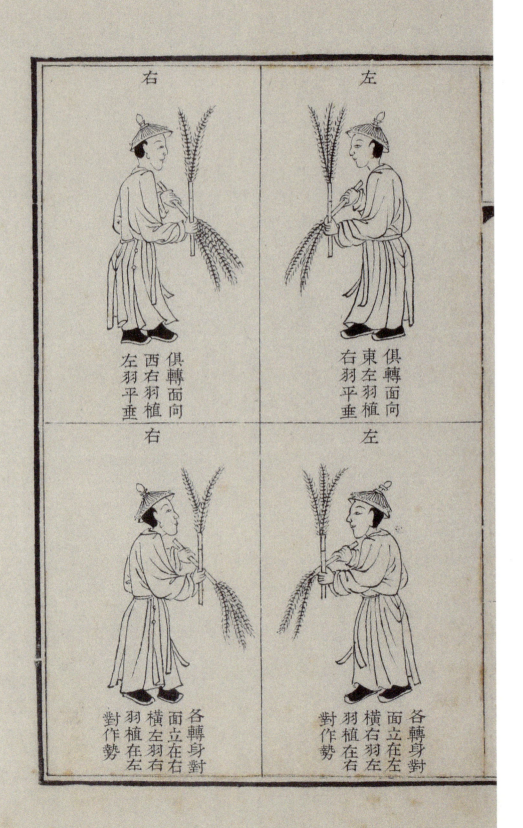

左

俱轉面向東左羽植右羽平垂

右

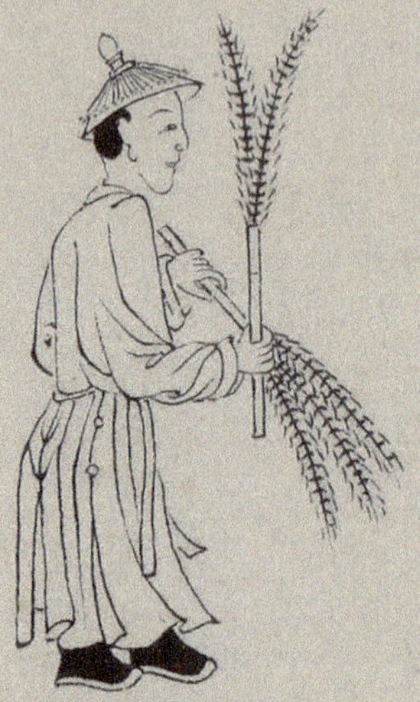

俱轉面向西右羽植左羽平垂

左

各轉身對面立在左橫右羽左羽植在右對作勢

右

各轉身對面立在右橫左羽右羽植在左對作勢

左

各對面立在左橫左羽在右羽上每對雙羽相交接在右對作勢

右

各對面立在右橫右羽在左羽上每對雙羽相交接在左對作勢

左

各對面在左兩手相近雙羽竝植在右對作勢

右

各對面在右兩手相近雙羽竝植在左對作勢

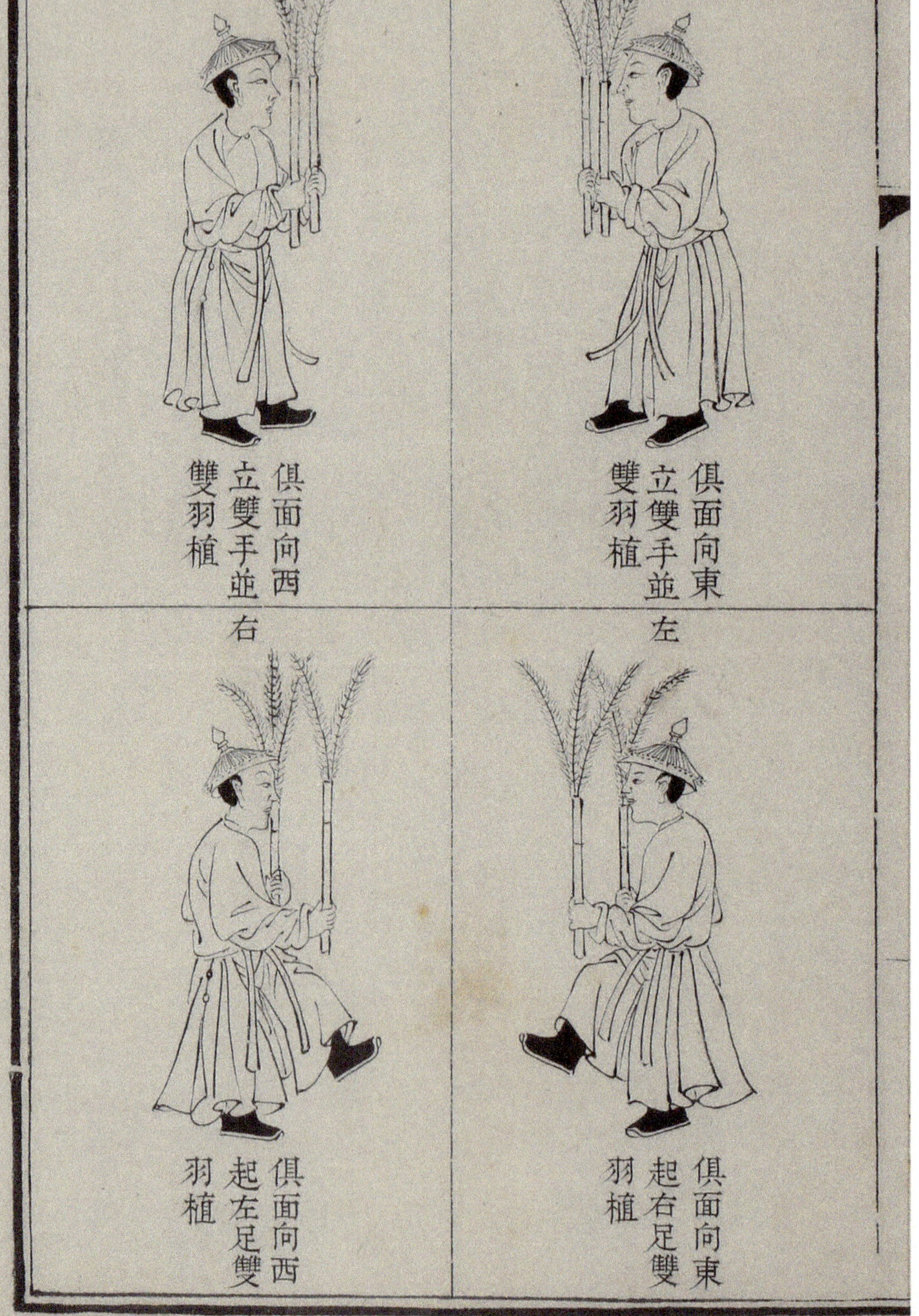
左
俱面向東
立雙手並
雙羽植
右
俱面向西
立雙手並
雙羽植
左
俱面向東
起右足雙
羽植
右
俱面向西
起左足雙
羽植

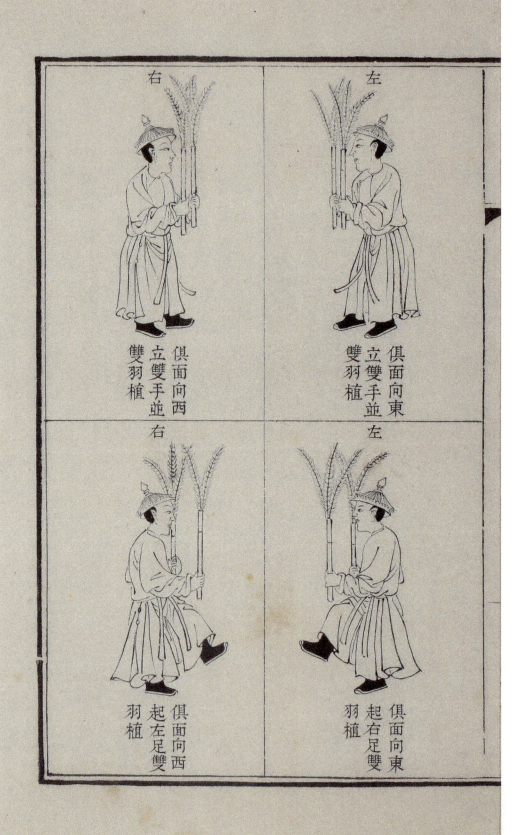

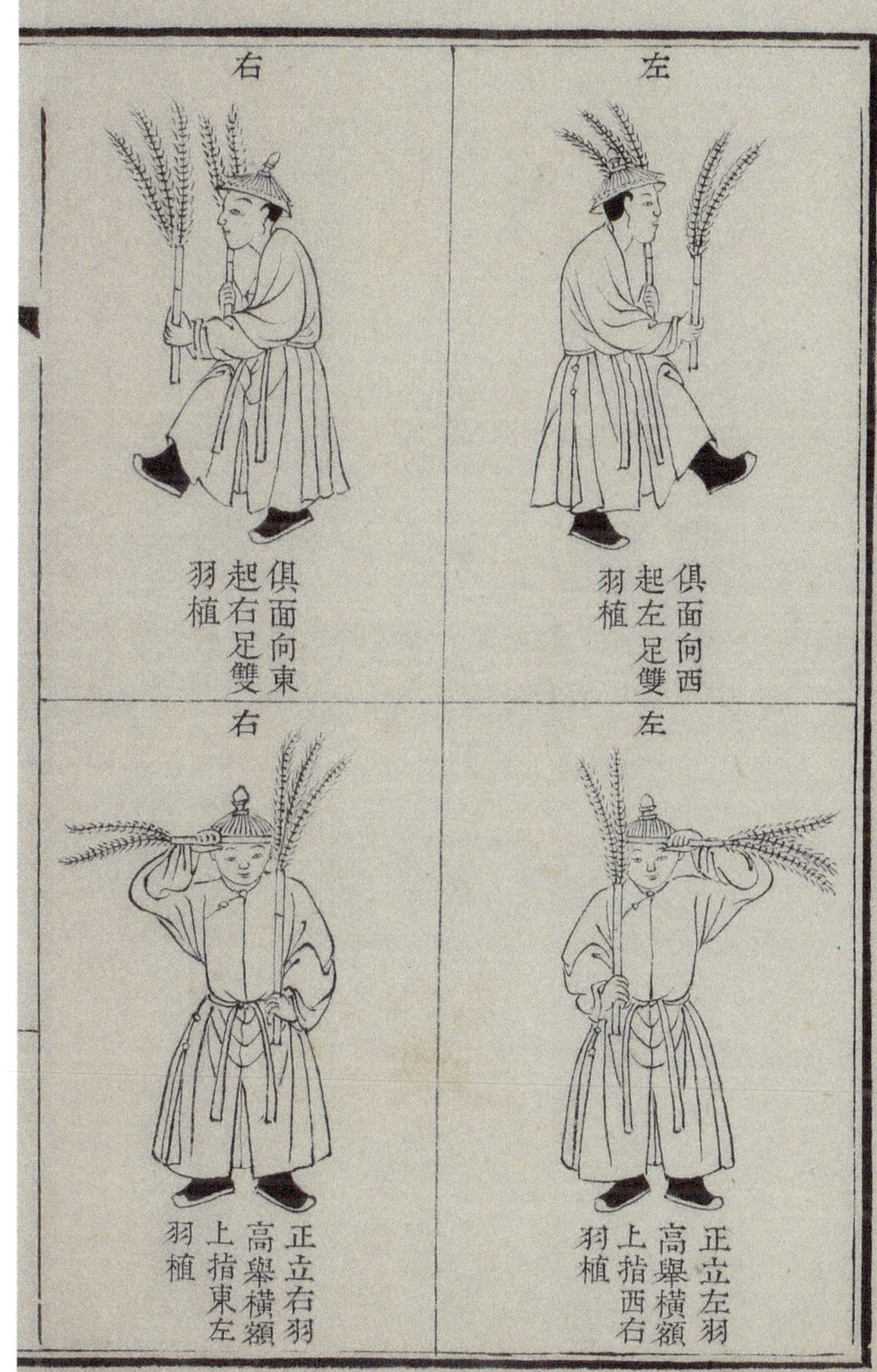
左
俱面向西起左足雙羽植
右
俱面向東起右足雙羽植
左
正立左羽高舉橫額上指西右羽植
右
正立右羽高舉橫額上指東左羽植

左

各轉面相向左羽倚肩右羽植

右

各轉面相向右羽倚肩左羽植

左

正立左羽高舉至額頭微俯目下視右羽倚肩

右

正立右羽高舉至額頭微俯目下視左羽倚肩

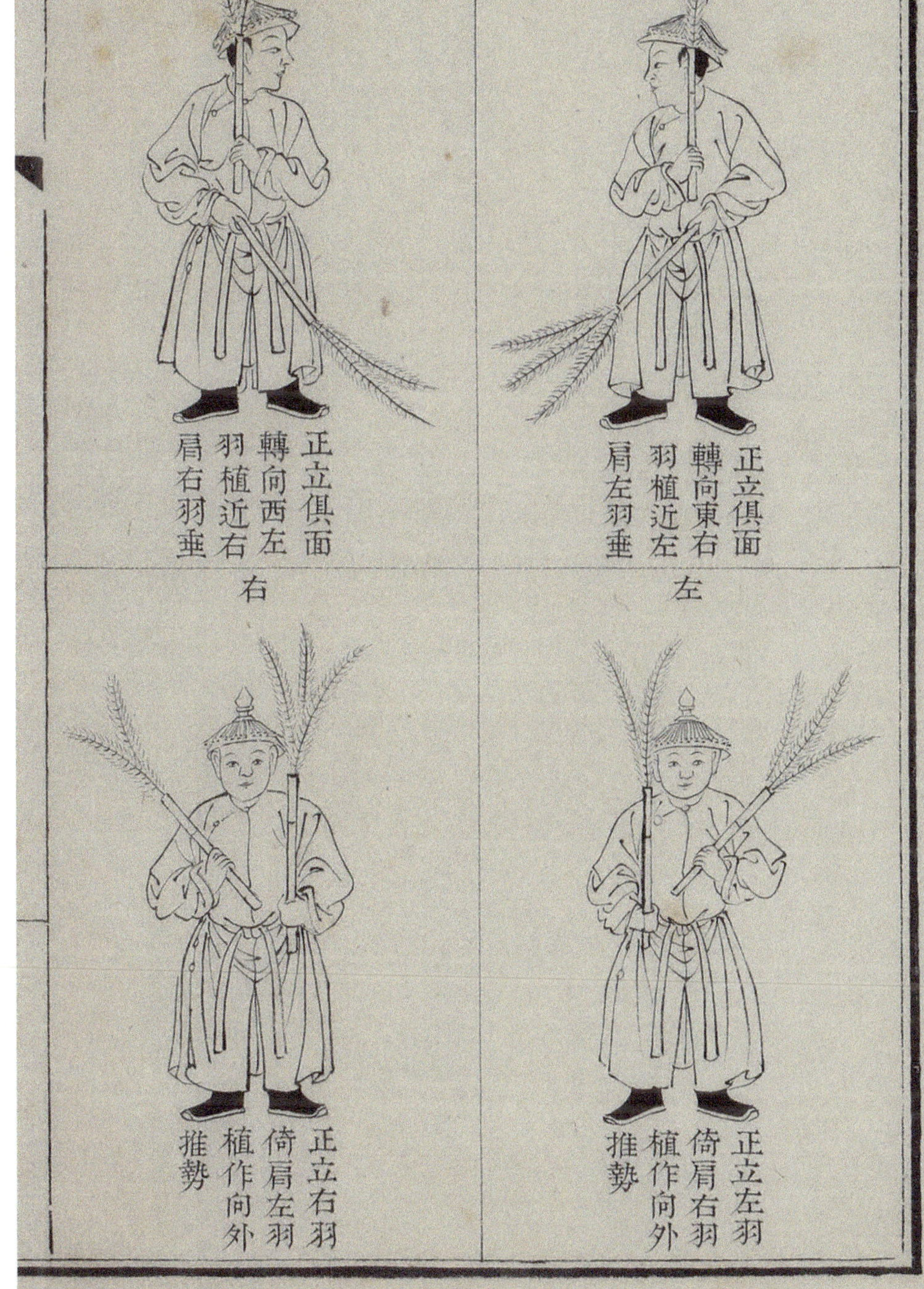
左
正立俱面轉向東右羽植近左肩左羽垂
右
正立俱面轉向西左羽植近右肩右羽垂
左
正立左羽倚肩右羽植作向外推勢
右
正立右羽倚肩左羽植作向外推勢

左

各對面立在左左足居前右足居後身微作進勢左手伸向左邊右手隨之雙羽並植在右對作勢

右

各對面立在右右足居前左足居後身微作進勢右手伸向右邊左手隨之雙羽並植在左對作勢

左

進一步正立雙羽並舉至頂

右

進一步正立雙羽並舉至頂

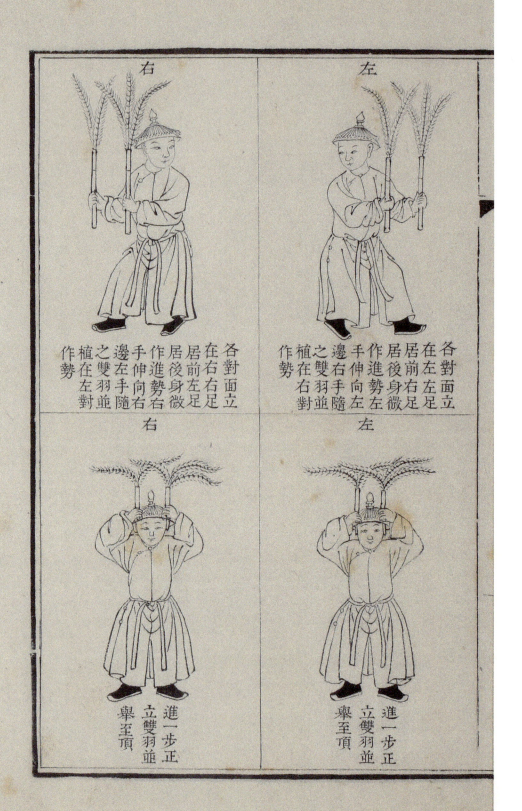

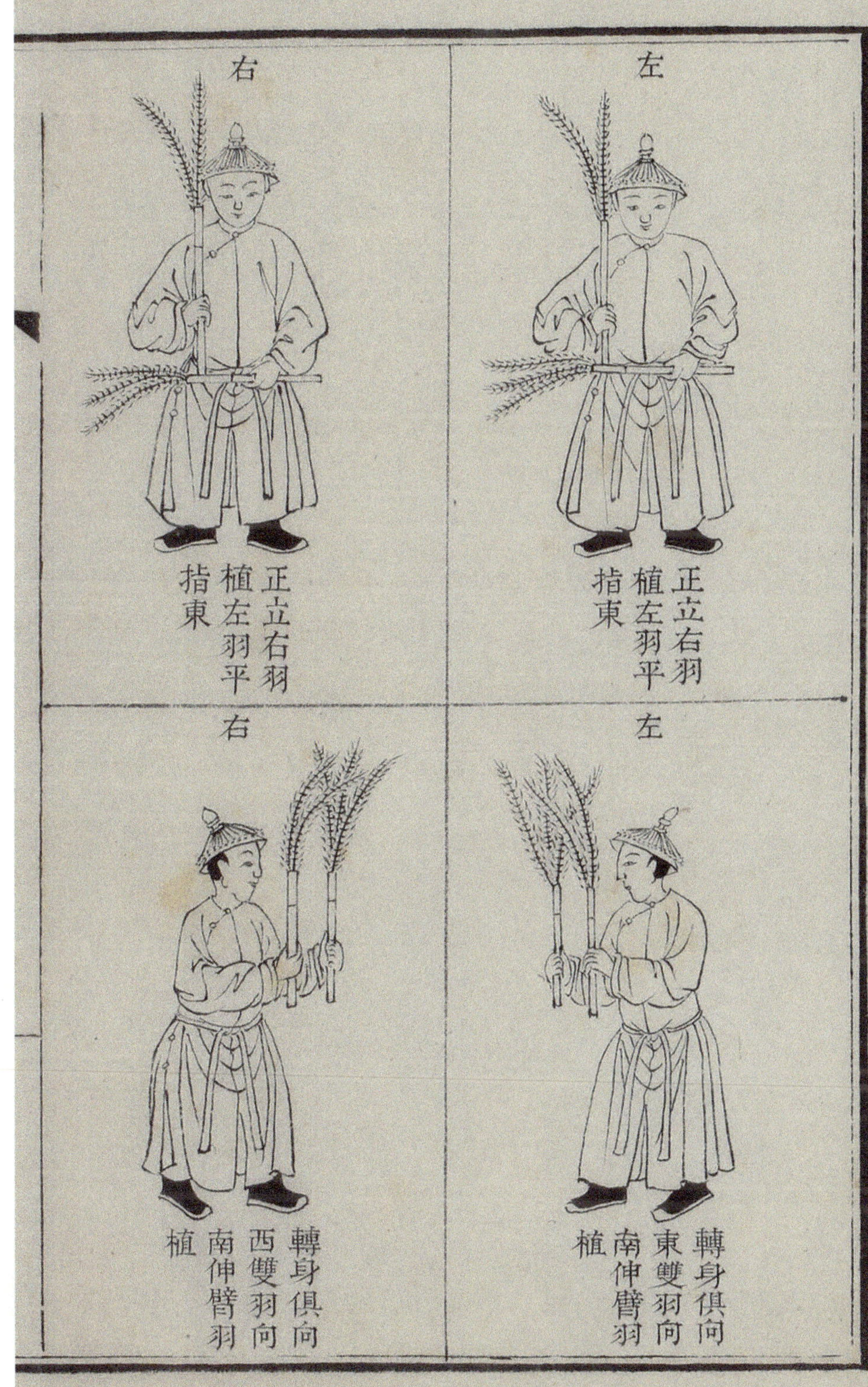
左
正立右羽植左羽平指東
右
正立右羽植左羽平指東
左
轉身俱向東雙羽向南伸臂羽植
右
轉身俱向西雙羽向南伸臂羽植

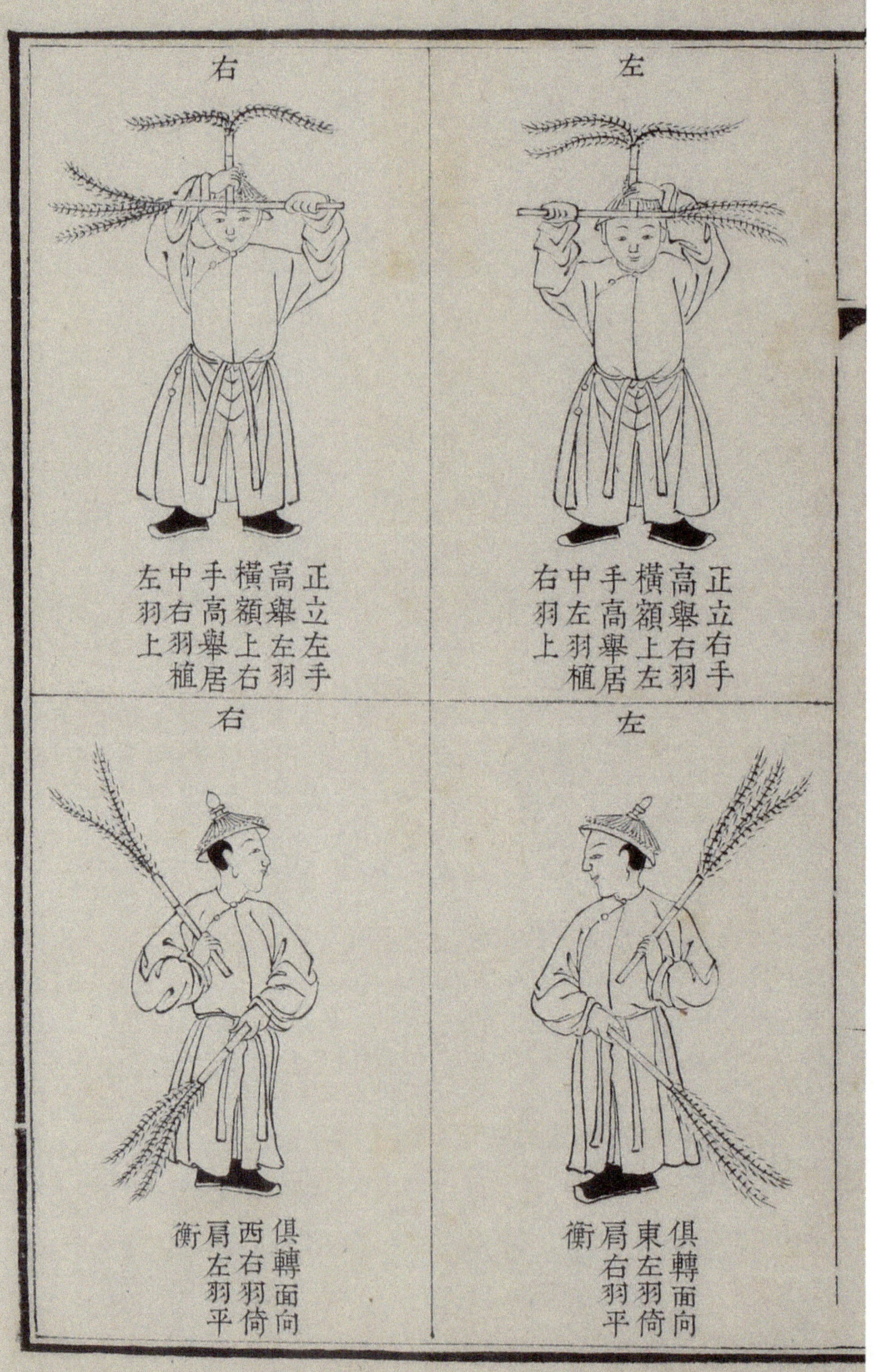
左

正立右手高舉右羽橫額上左手高舉居中左羽植右羽上

右

正立左手高舉左羽橫額上右手高舉居中右羽植左羽上

左

俱轉面向東左羽倚肩右羽平衡

右

俱轉面向西右羽倚肩左羽平衡

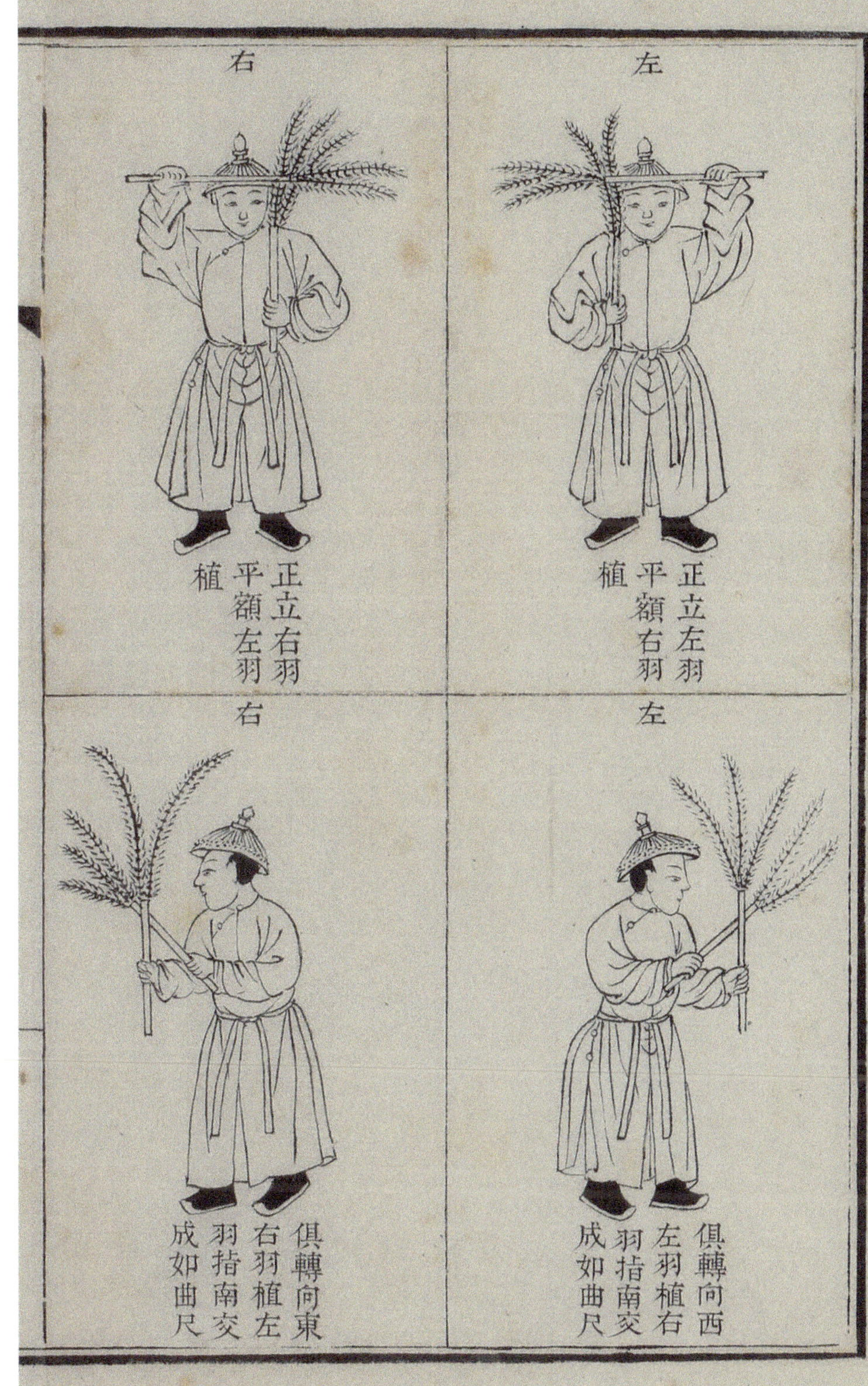
左
正立左羽
平額右羽
植
右
正立右羽
平額左羽
植
左
俱轉向西
左羽植右
羽指南交
成如曲尺
右
俱轉向東
右羽植左
羽指南交
成如曲尺

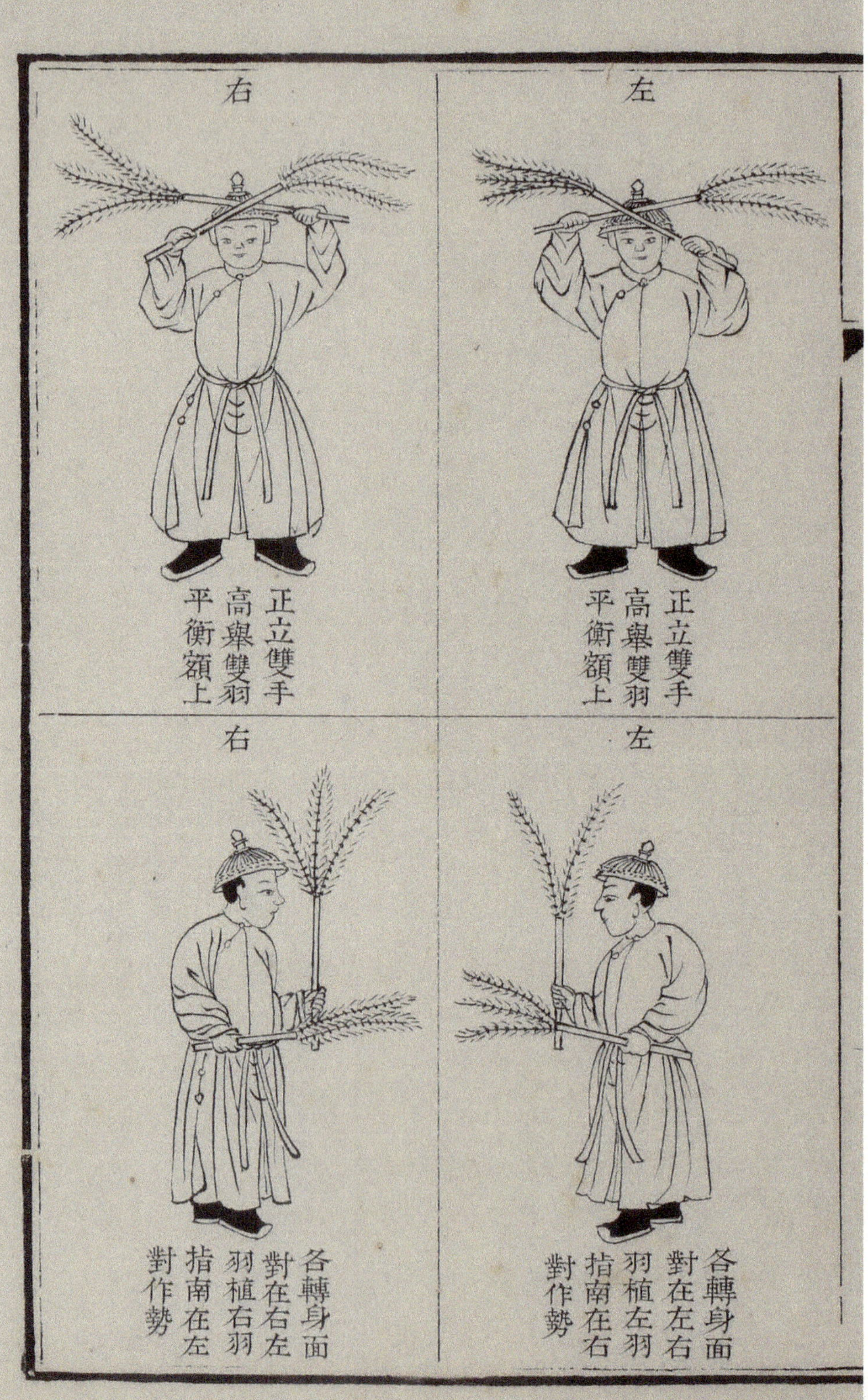

左
正立雙手高舉雙羽平衡額上
右
正立雙手高舉雙羽平衡額上
左
各轉身面對在左右羽植左羽指南在右對作勢
右
各轉身面對在右左羽植右羽指南在左對作勢

左

俱轉身向東左羽植右羽少垂

右

俱轉身向西右羽植左羽少垂

左

正面左足進前一步雙手高拱頭微俯雙羽植相並

右

正面左足進前一步雙手高拱頭微俯雙羽植相並

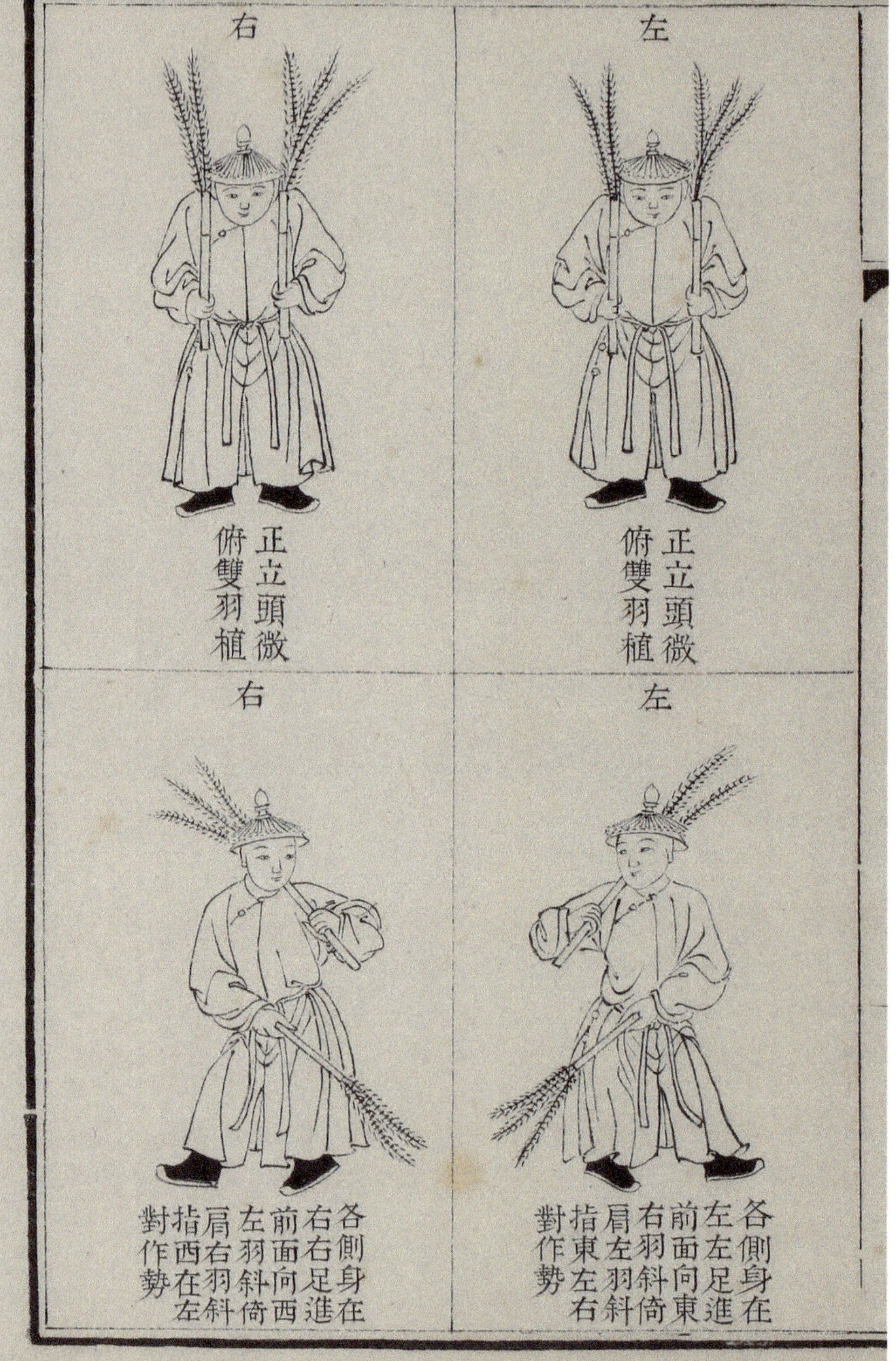
左
正立頭微
俯雙羽植
右
正立頭微
俯雙羽植
左
各側身在
左左足進
前面向東
右羽斜倚
肩左羽斜
指東左右
對作勢
右
各側身在
右右足進
前面向西
左羽斜倚
肩右羽斜
指西在左
對作勢

左

正立右羽植左羽高舉平肩指西

右

正立左羽植右羽高舉平肩指東

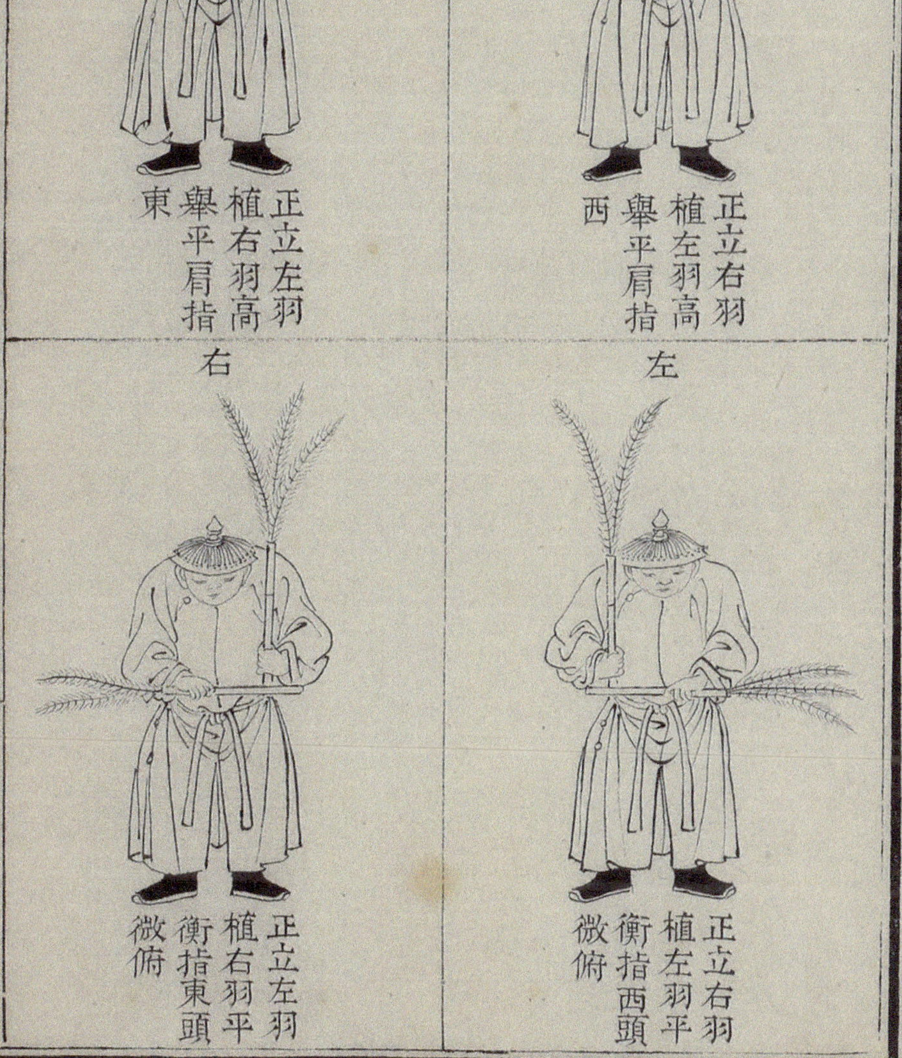

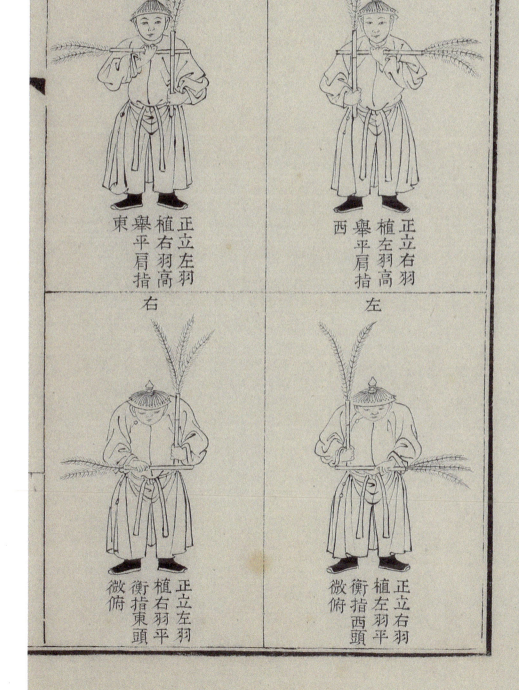

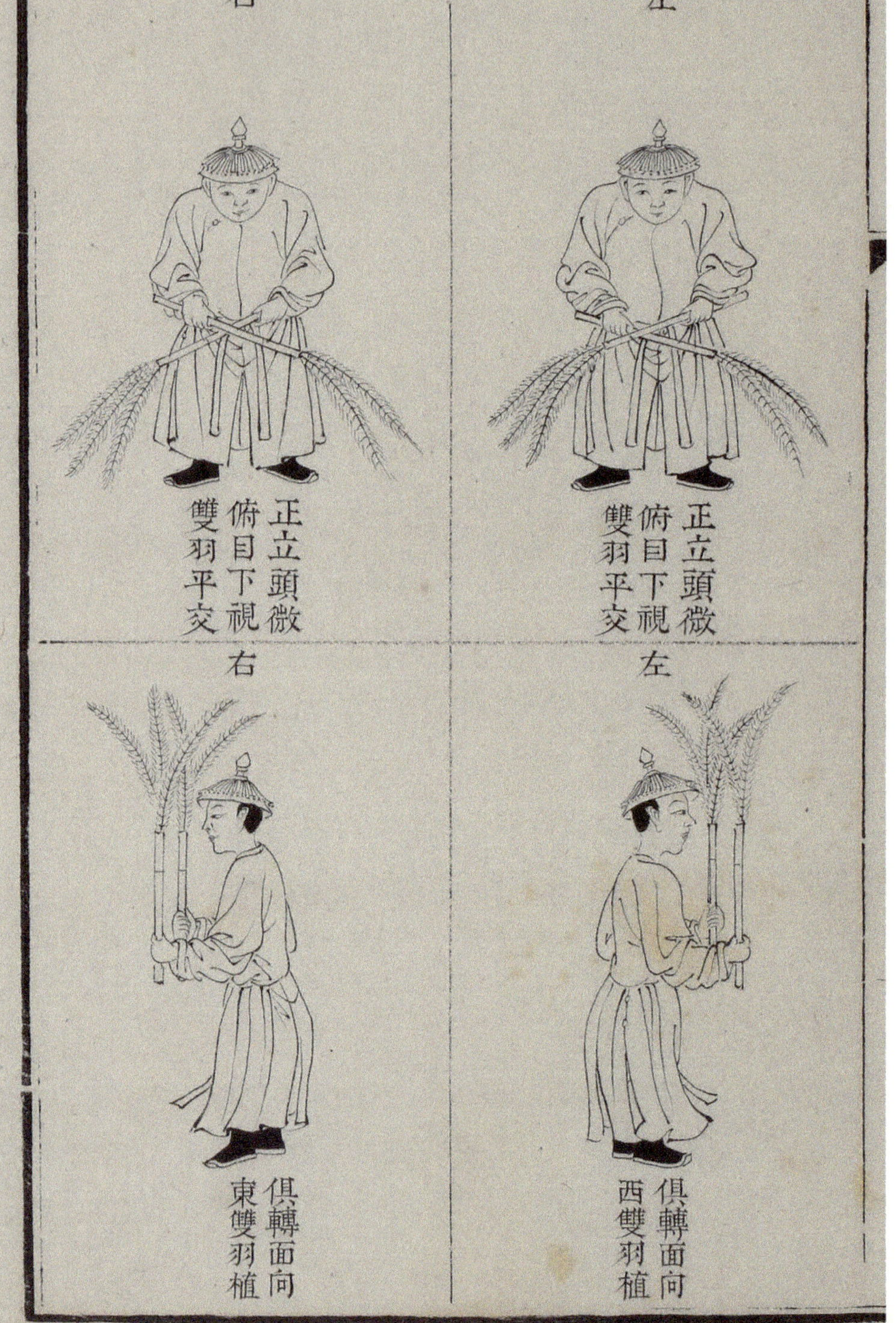

左
正立頭微俯目下視雙羽平交
右
正立頭微俯目下視雙羽平交
左
俱轉面向西雙羽植
右
俱轉面向東雙羽植

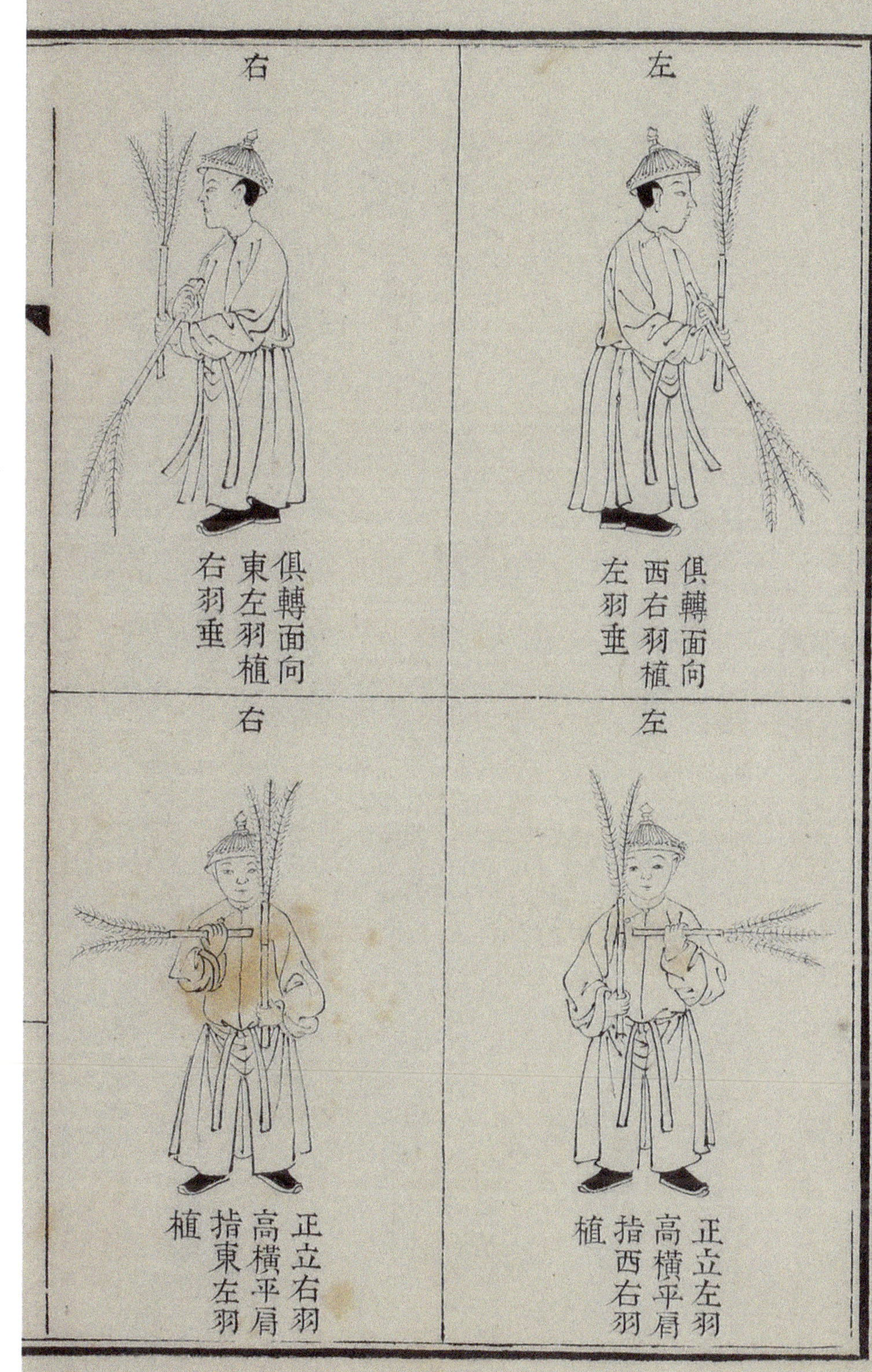

左
俱轉面向西右羽植左羽垂
右
俱轉面向東左羽植右羽垂
左
正立左羽高橫平肩指西右羽植
右
正立右羽高橫平肩指東左羽植

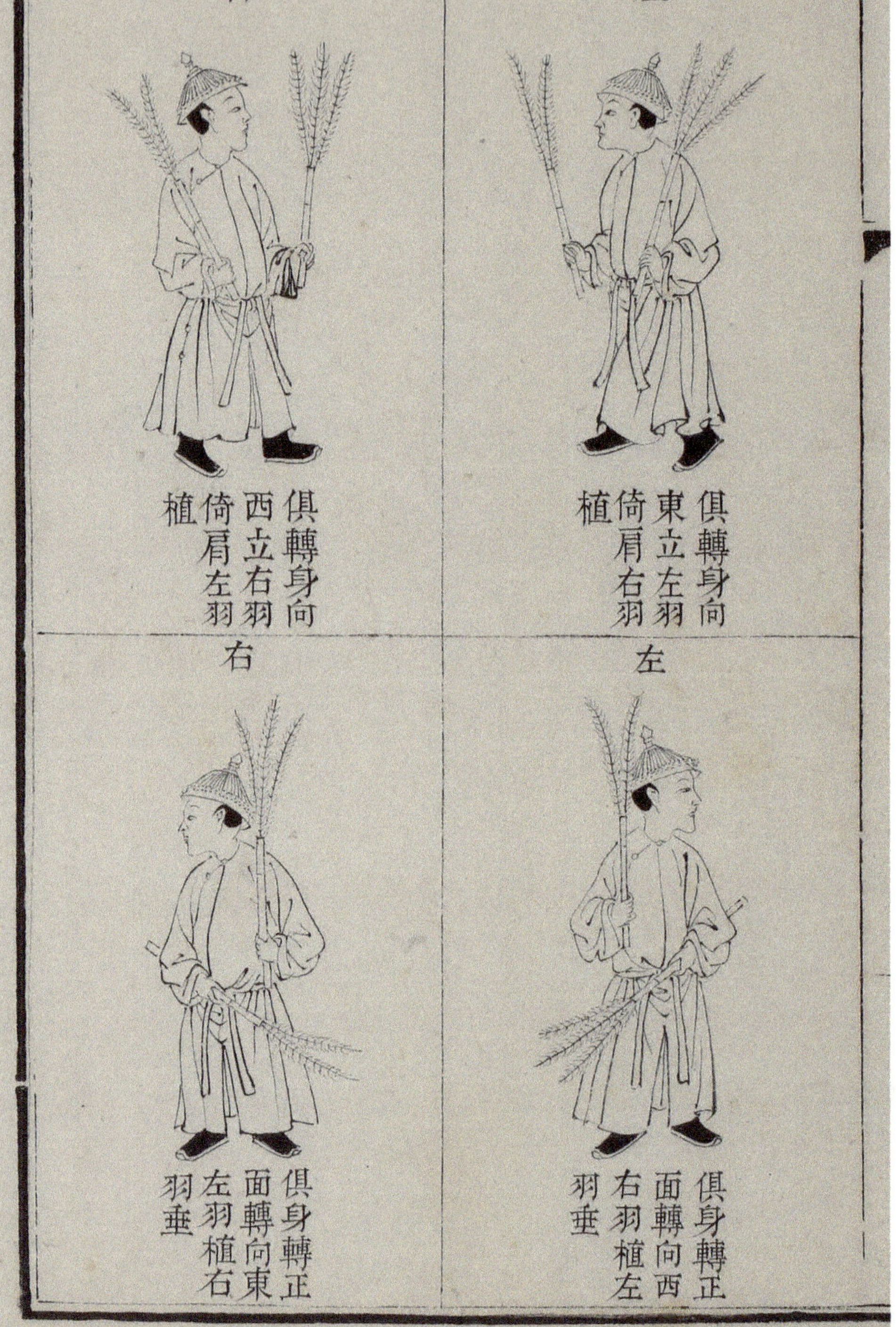
左
俱轉身向東立左羽倚肩右羽植
右
俱轉身向西立右羽倚肩左羽植
左
俱身轉正面轉向西右羽植左羽垂
右
俱身轉正面轉向東左羽植右羽垂

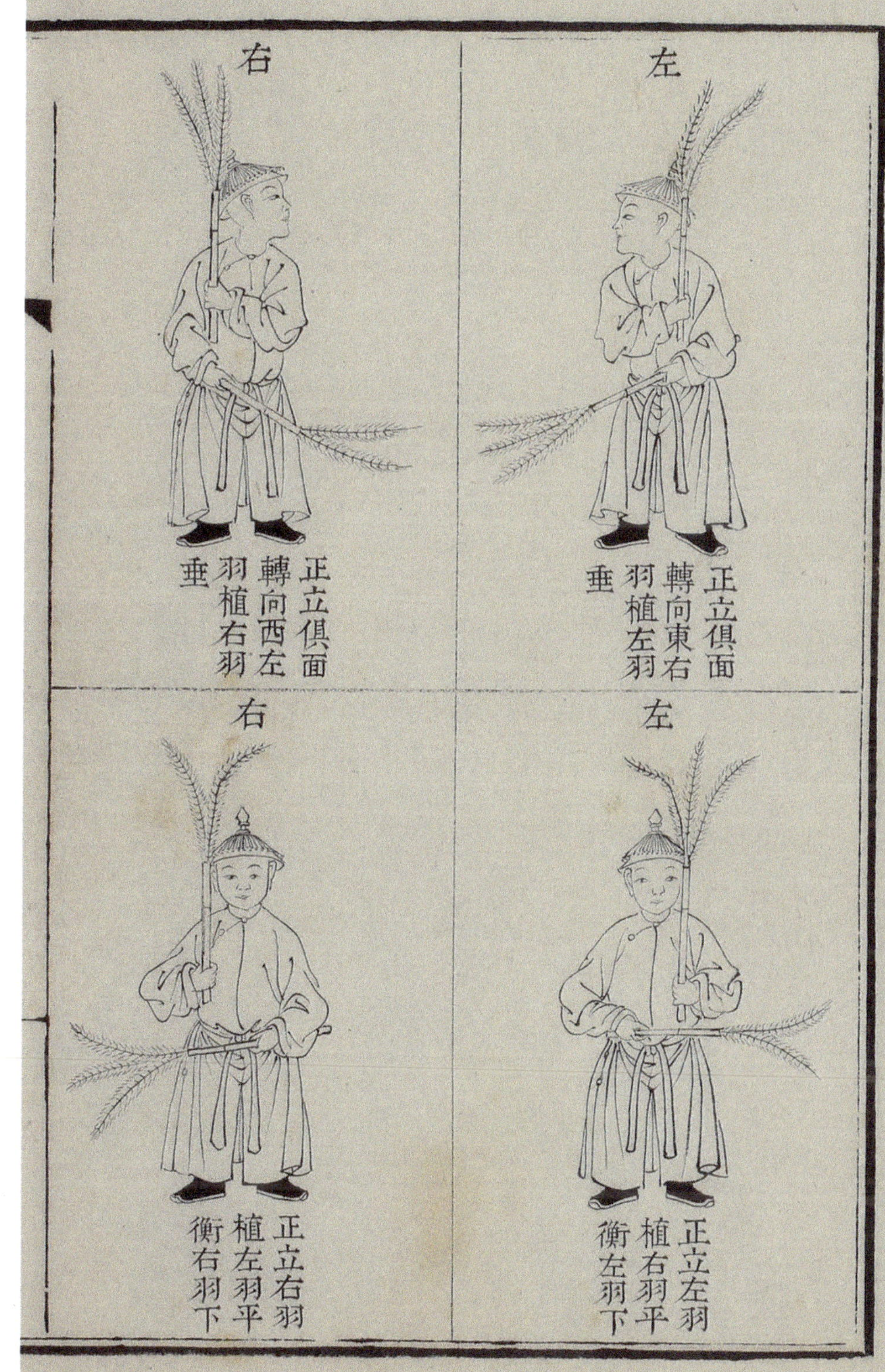
左
正立俱面
轉向東右
羽植左羽
垂
右
正立俱面
轉向西左
羽植右羽
垂
左
正立左羽
植右羽平
衡左羽下
右
正立右羽
植左羽平
衡右羽下

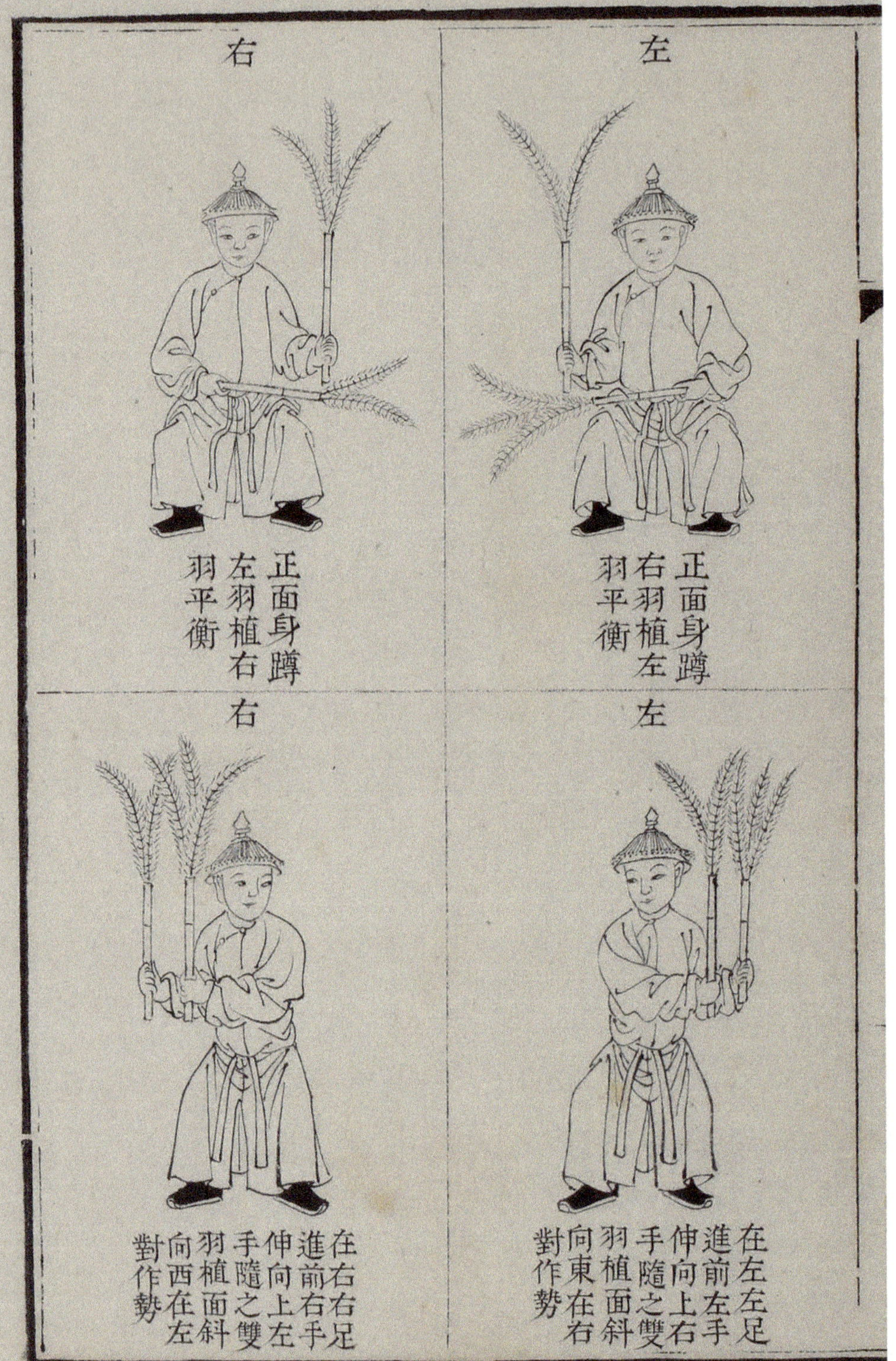
右
正面身蹲
左羽植右
羽平衡
左
正面身蹲
右羽植左
羽平衡
右
在右足
進前右手
伸向上左
手隨之雙
羽植面斜
向西在左
對作勢
左
在左足
進前左手
伸向上右
手隨之雙
羽植面斜
向東在右
對作勢

◎

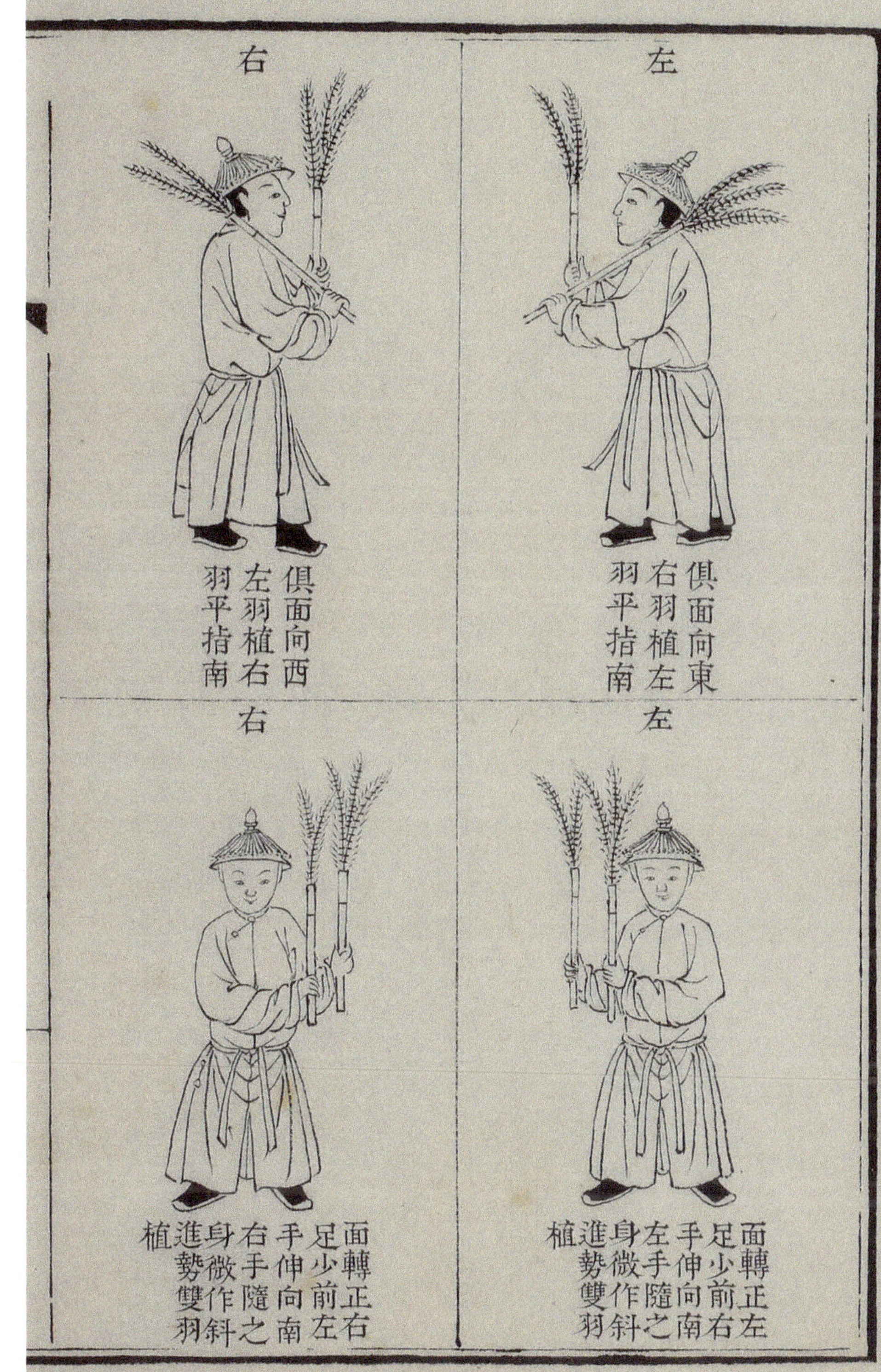
左
俱面向東
右羽植左
羽平指南
右
俱面向西
左羽植右
羽平指南
左
面轉正左
足少前右
手伸向南
左手隨之
身微作斜
進勢雙羽
植
右
面轉正右
足少前左
手伸向南
右手隨之
身微作斜
進勢雙羽
植

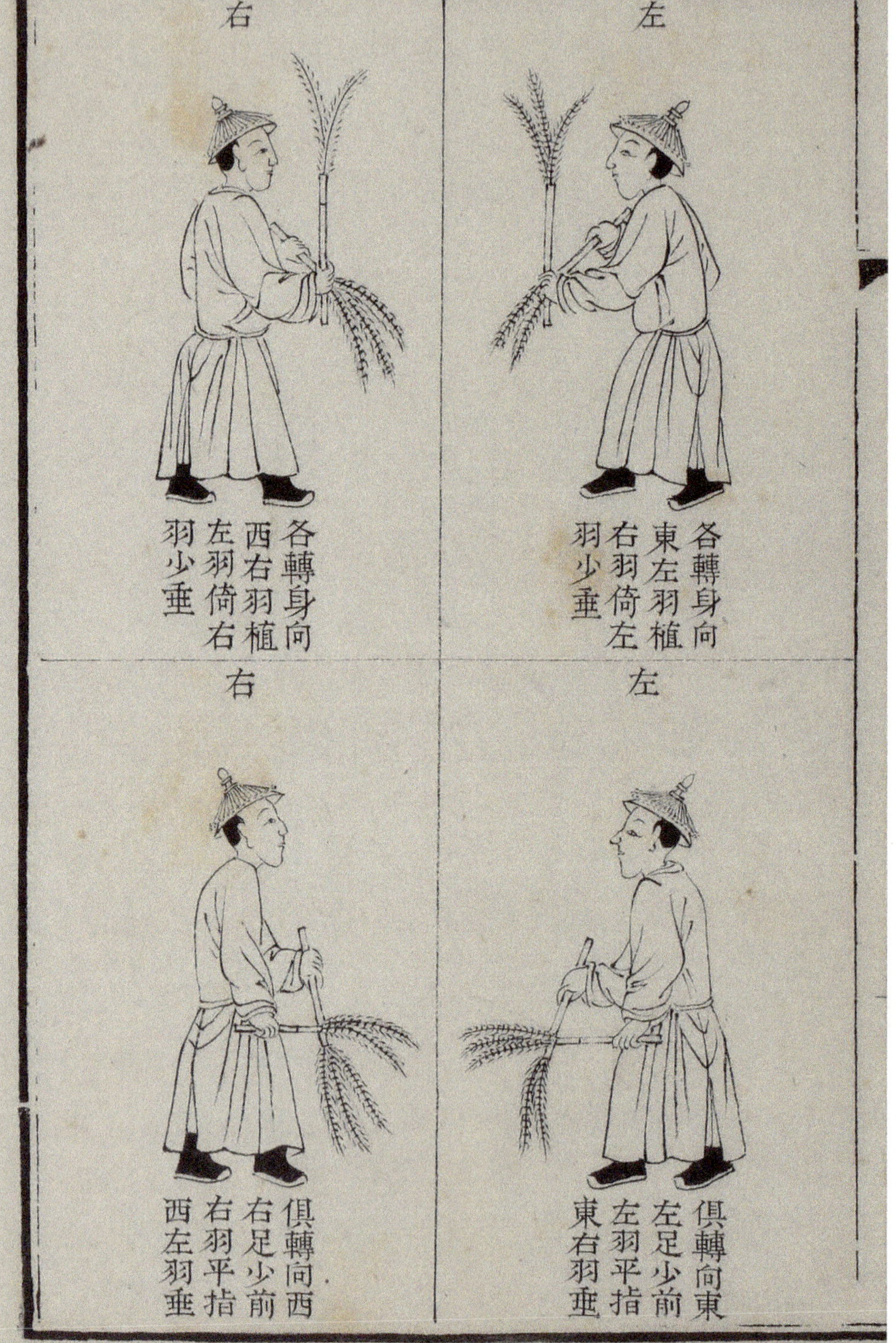
左
各轉身向東左羽植右羽倚左羽少垂
右
各轉身向西右羽植左羽倚右羽少垂
左
俱轉向東左足少前左羽平指東右羽垂
右
俱轉向西右足少前右羽平指西左羽垂

左

正立頭微俯兩手相並雙羽植

右

正立頭微俯兩手相並雙羽植

左

正立左羽植右羽平衡指西

右

正立左羽植右羽平衡指西

左

正立雙羽平交如一字

右

正立雙羽平交如一字

左

正立頭微俯雙羽平交

右

正立頭微俯雙羽平交

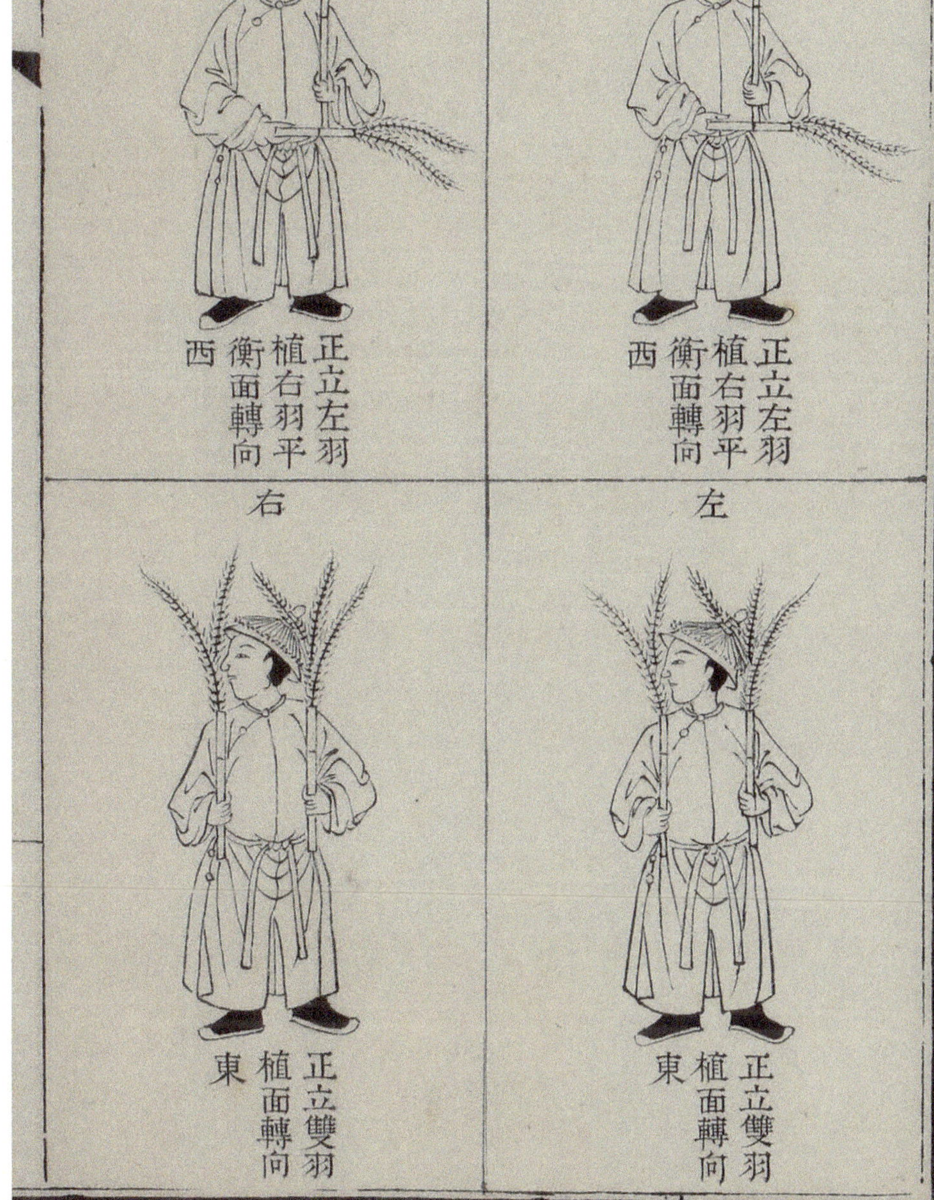
左
正立左羽植右羽平衡面轉向西
右
正立左羽植右羽平衡面轉向西
左
正立雙羽植面轉向東
右
正立雙羽植面轉向東

左

俱轉身向東雙羽横肩上

右

俱轉身向西雙羽横肩上

左

身正立各轉面相對雙羽交成十字少垂

右

身正立各轉面相對雙羽交成十字少垂

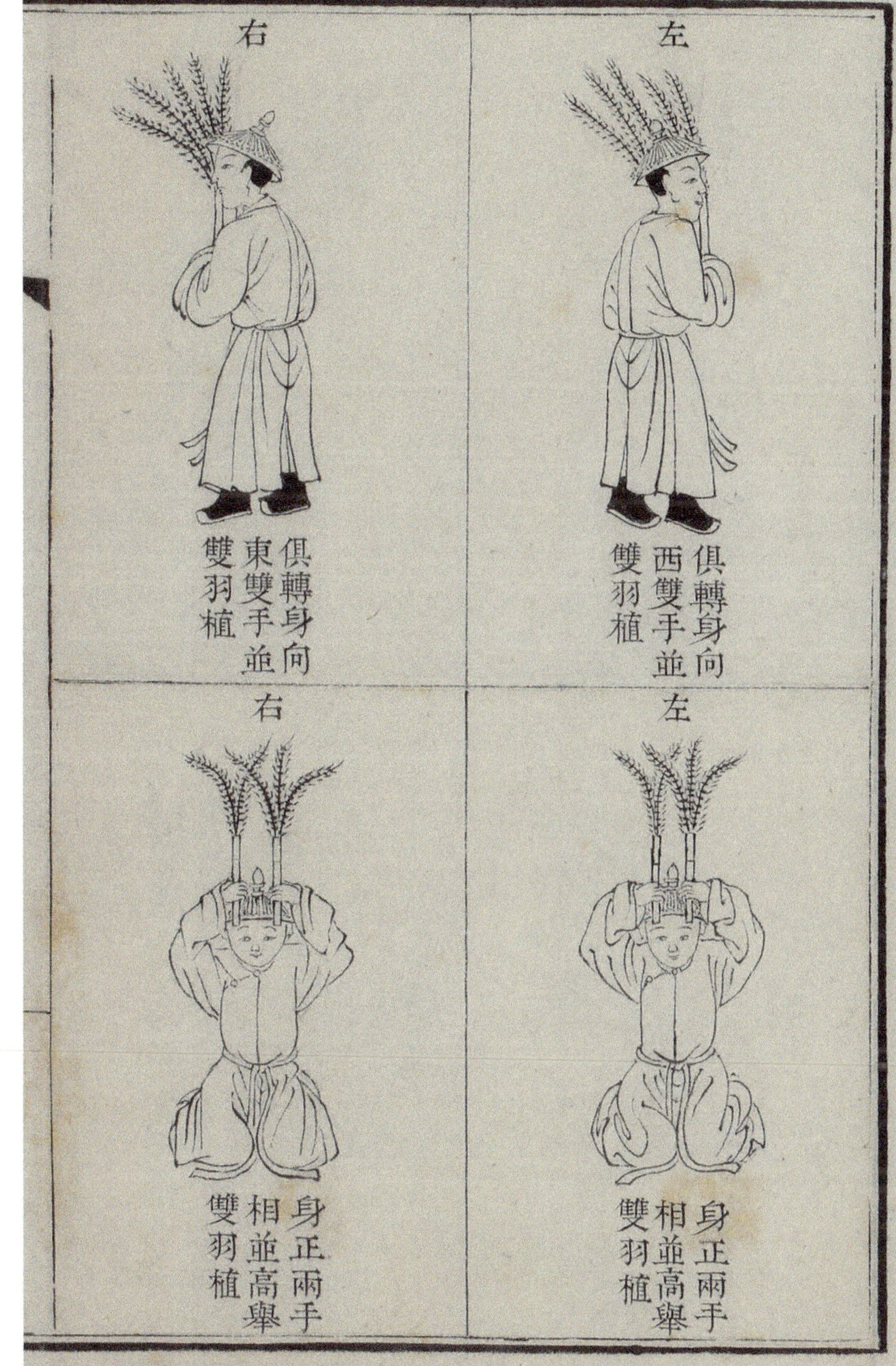
左
俱轉身向西雙手並雙羽植
右
俱轉身向東雙手並雙羽植
左
身正兩手相並高舉雙羽植
右
身正兩手相並高舉雙羽植

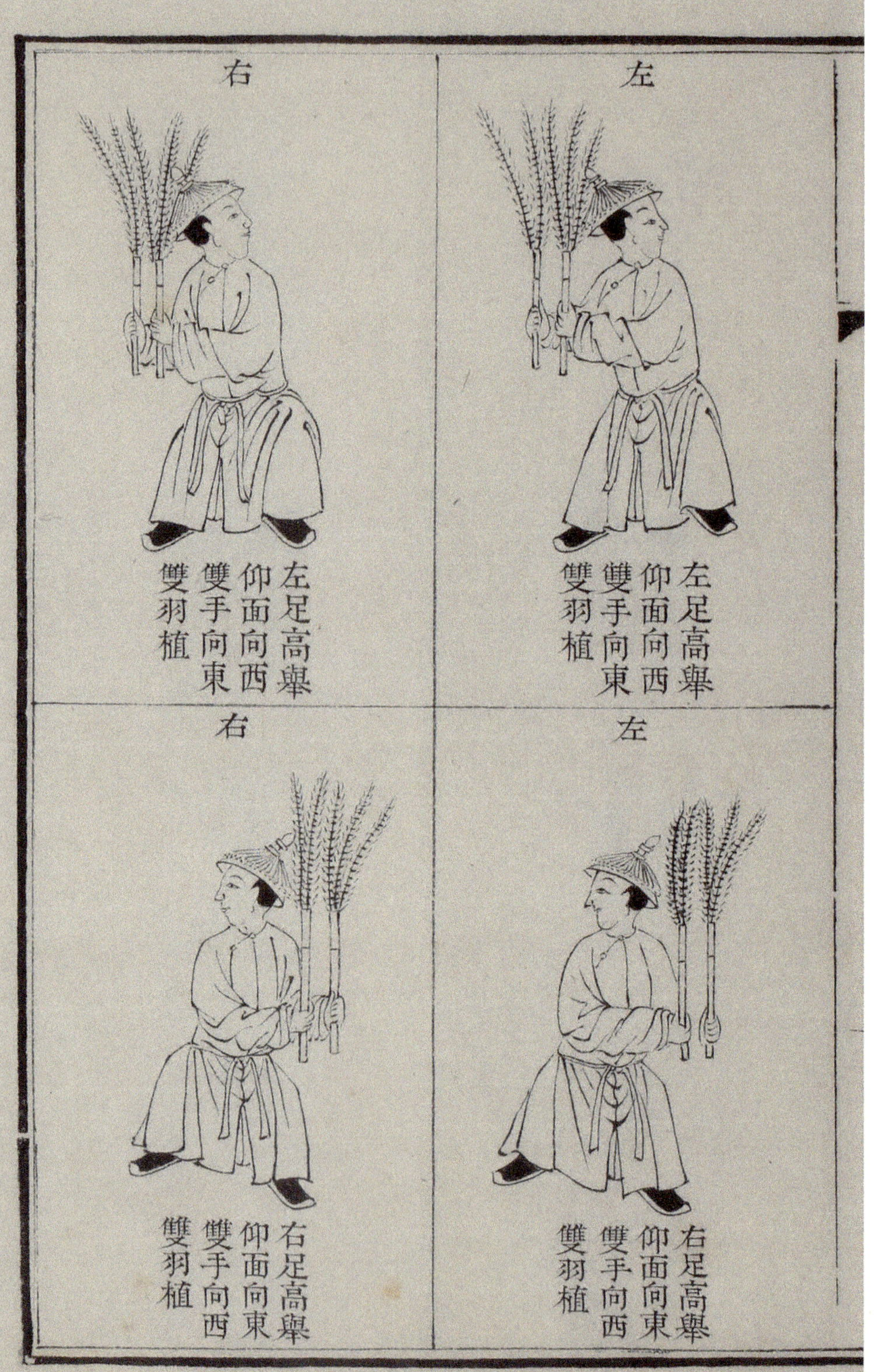
左
左足高舉
仰面向西
雙手向東
雙羽植
右
左足高舉
仰面向西
雙手向東
雙羽植
左
右足高舉
仰面向東
雙手向西
雙羽植
右
右足高舉
仰面向東
雙手向西
雙羽植

左

正立左羽植右羽平橫指西

右

正立右羽植左羽平橫指東

左

俱轉身東向左羽植右羽東指少垂

右

俱轉身西向右羽植左羽西指少垂

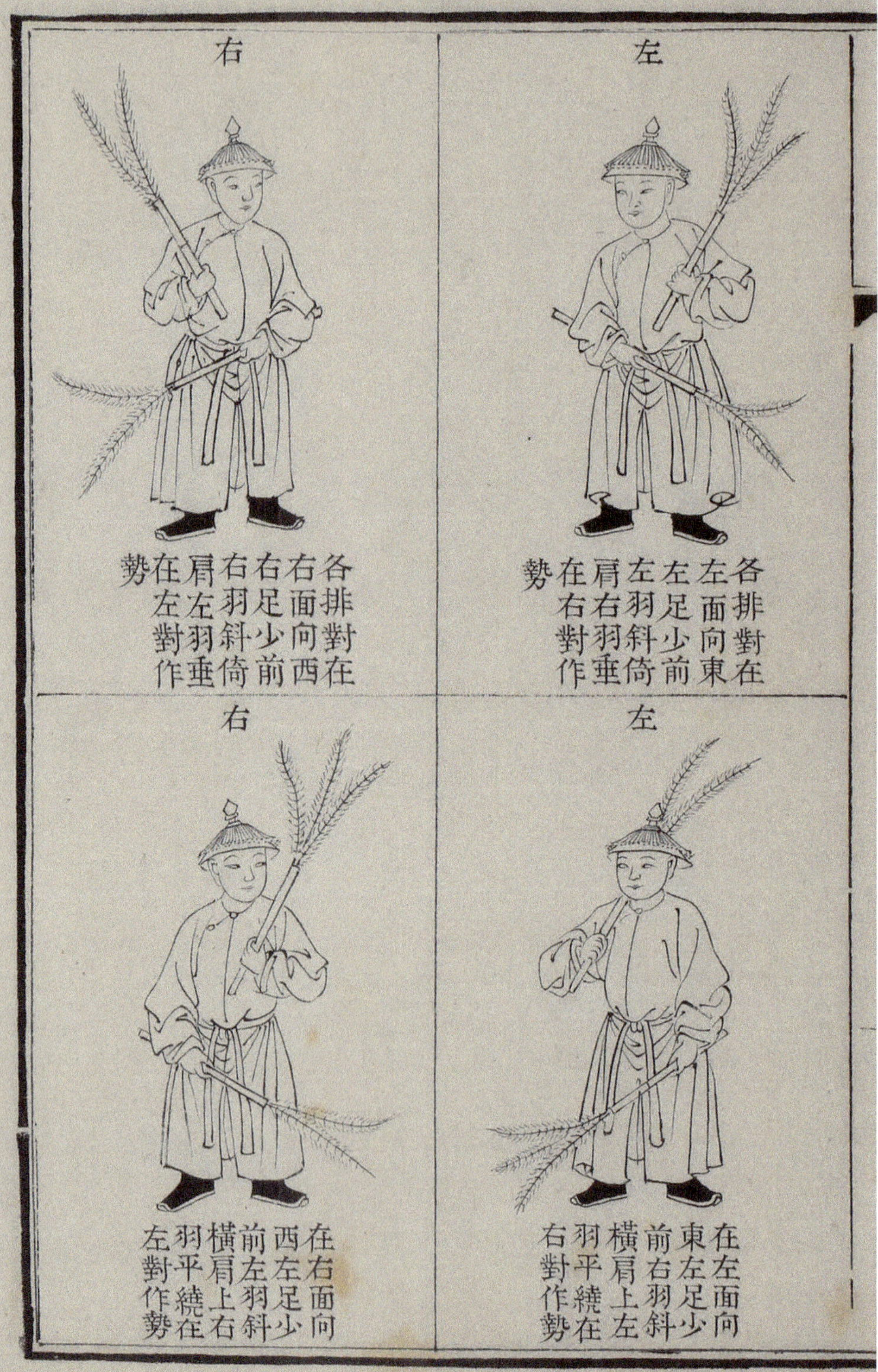

左
各排對在左面向東左足少前左羽斜倚肩右羽垂在右對作勢
右
各排對在右面向西右足少前右羽斜倚肩左羽垂在左對作勢
左
在左面向東左足少前右羽斜橫肩上左羽平繞在右對作勢
右
在右面向西左足少前左羽斜橫肩上右羽平繞在左對作勢

◎

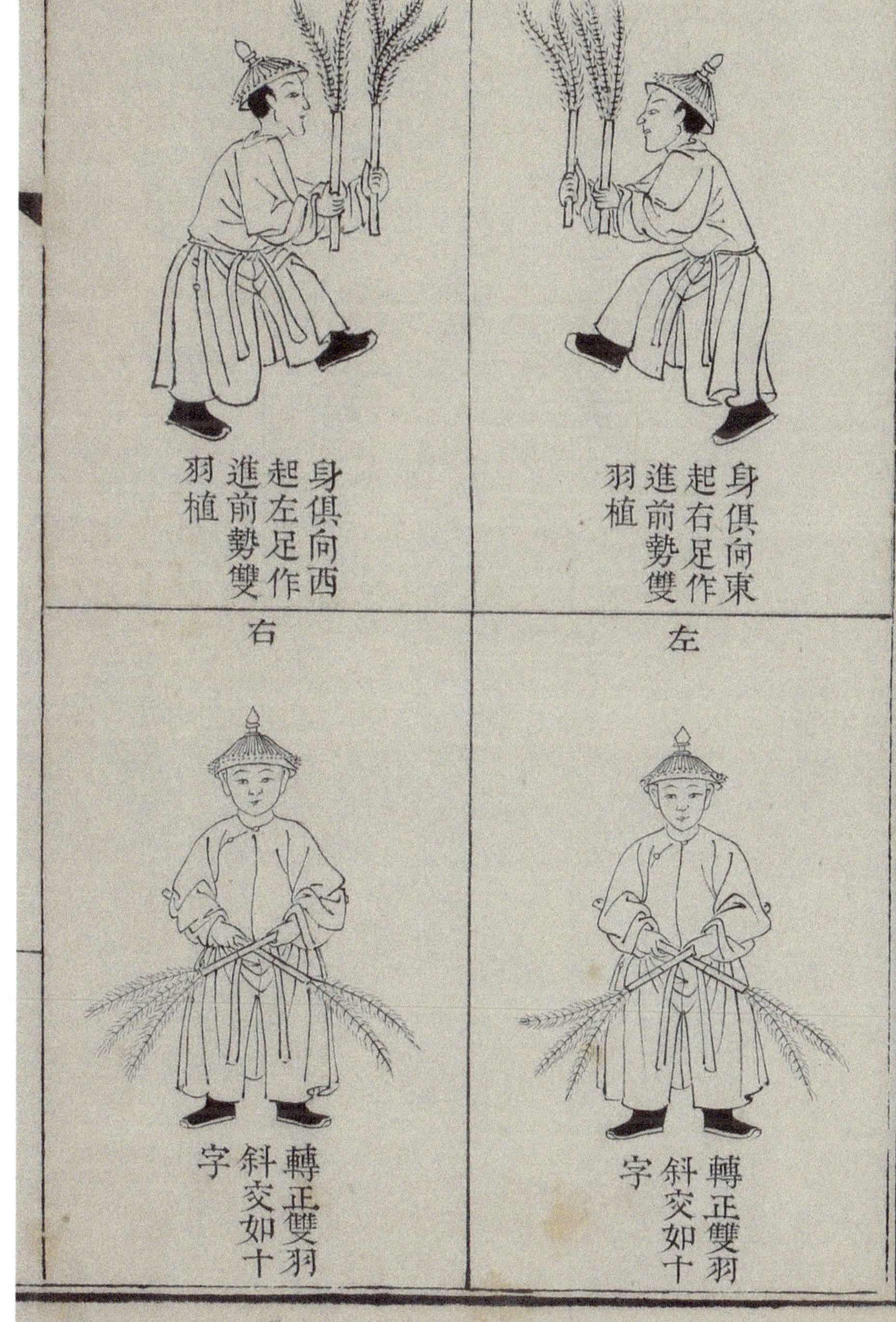
左
身俱向東
起右足作
進前勢雙
羽植
右
身俱向西
起左足作
進前勢雙
羽植
左
轉正雙羽
斜交如十
字
右
轉正雙羽
斜交如十
字

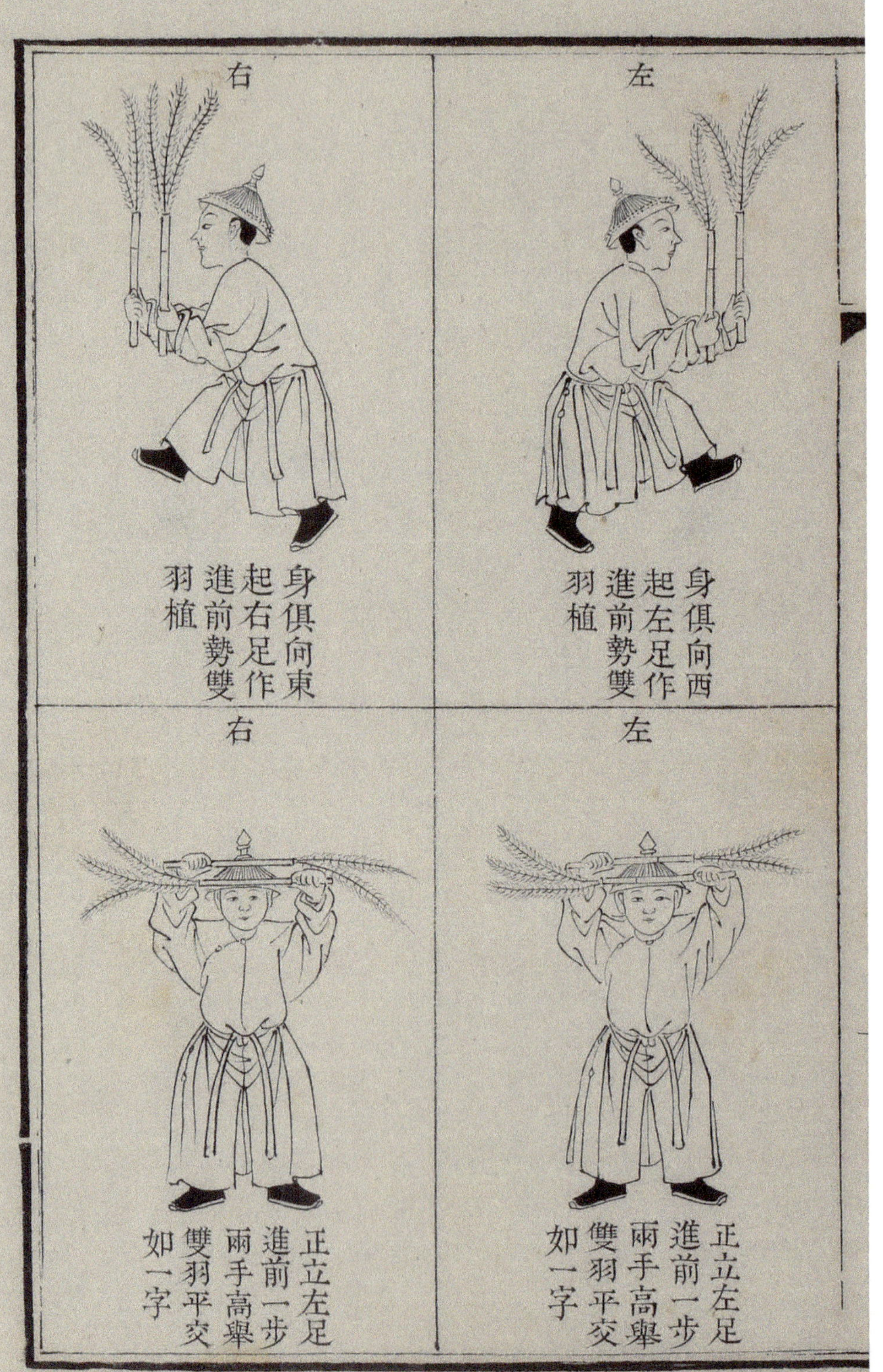
右
身俱向東起右足作進前勢雙羽植
左
身俱向西起左足作進前勢雙羽植
右
正立左足進前一步兩手高舉雙羽平交如一字
左
正立左足進前一步兩手高舉雙羽平交如一字

左

正立左足進前一步雙手高舉平交頭微俯

右

正立左足進前一步雙手高舉平交頭微俯

左

俱轉身西向兩手相並微拱雙羽植

右

俱轉身東向兩手相並微拱雙羽植

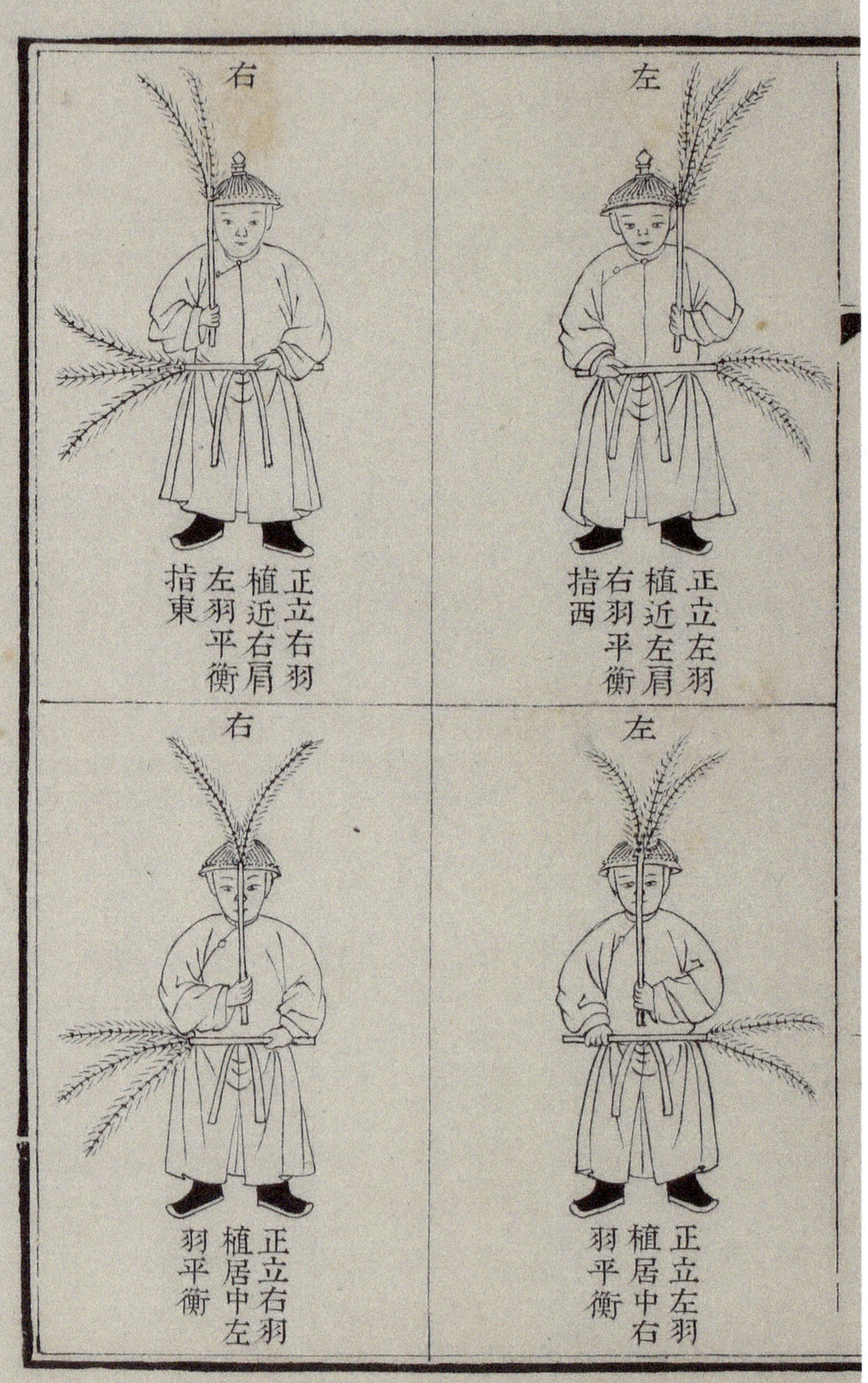
左
正立左羽
植近左肩
右羽平衡
指西
右
正立右羽
植近右肩
左羽平衡
指東
左
正立左羽
植居中右
羽平衡
右
正立右羽
植居中左
羽平衡

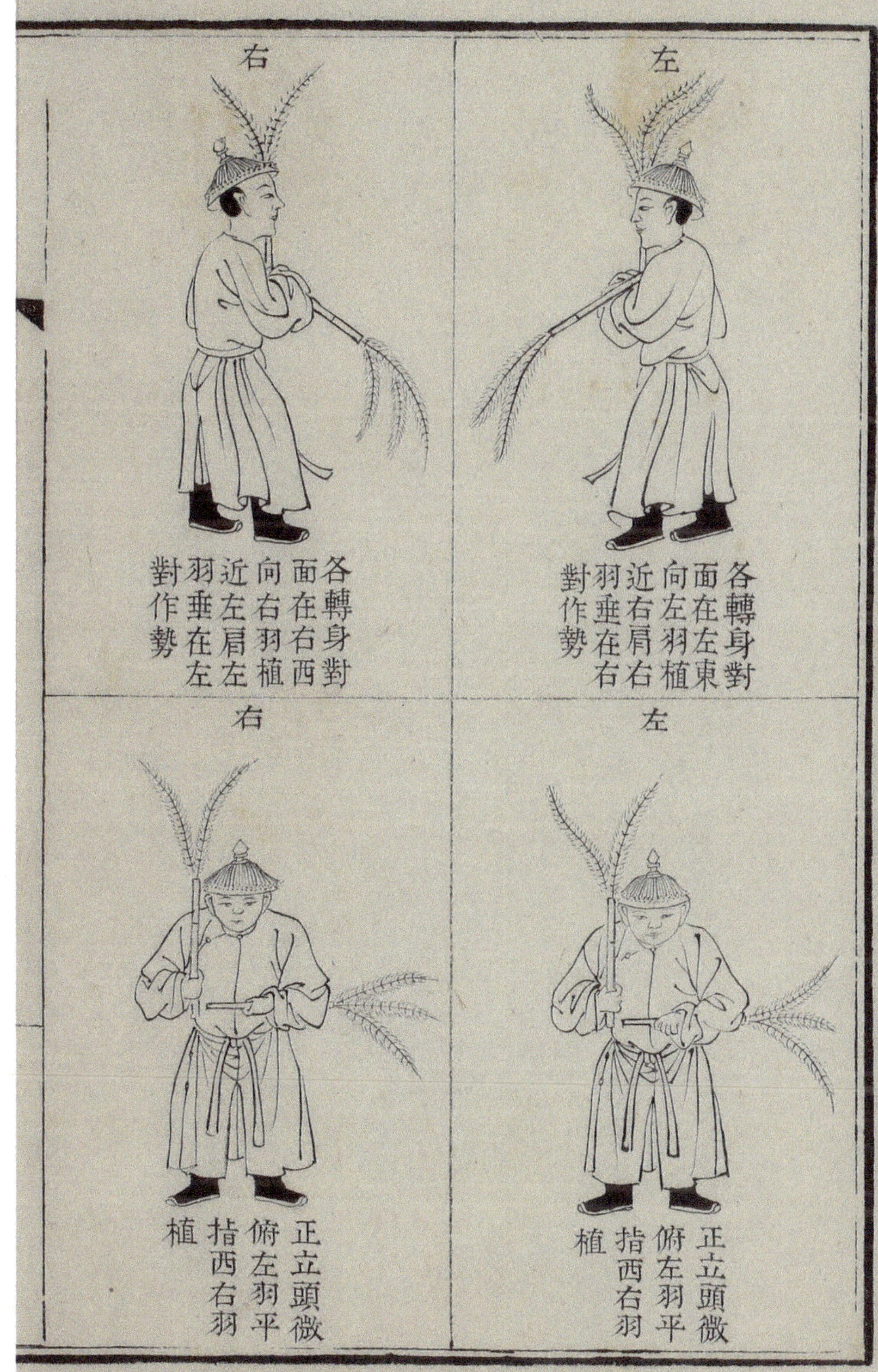
左
各轉身對面在左東向左羽植近右肩右羽垂在右對作勢
右
各轉身對面在右西向右羽植近左肩左羽垂在左對作勢
左
正立頭微俯左羽平指西右羽植
右
正立頭微俯左羽平指西右羽植

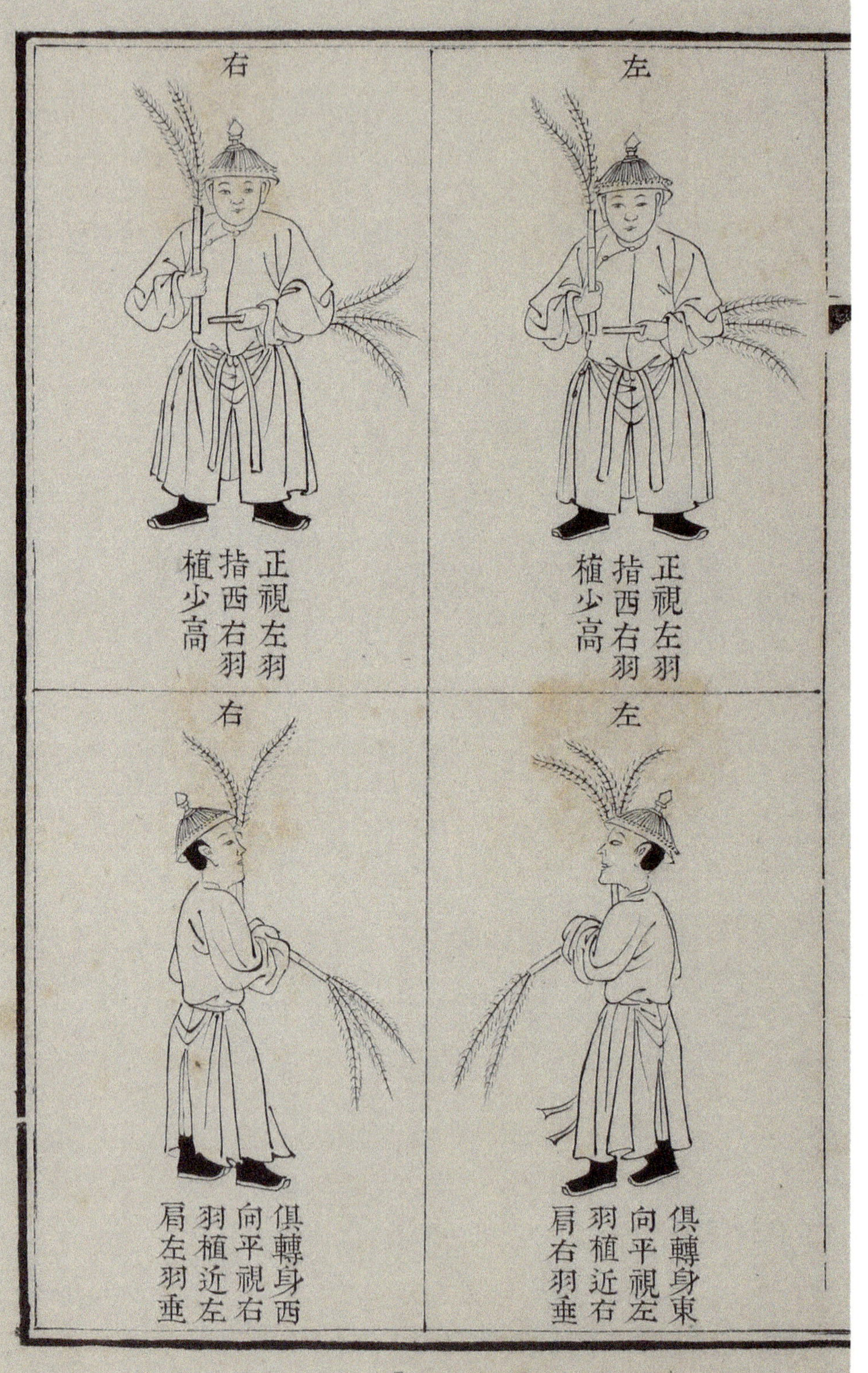
左
正視左羽指西右羽植少高
右
正視左羽指西右羽植少高
左
俱轉身東向平視左羽植近右肩右羽垂
右
俱轉身西向平視右羽植近左肩左羽垂

左

在左身面微偏右足少前右手伸向南左手隨之作斜進勢在右對作勢

右

在右身面微偏左足少前左手伸向南右手隨之作斜進勢在左對作勢

左

各轉身對面在左左羽植右羽垂在右對作勢

右

各轉身對面在右右羽植左羽垂在左對作勢

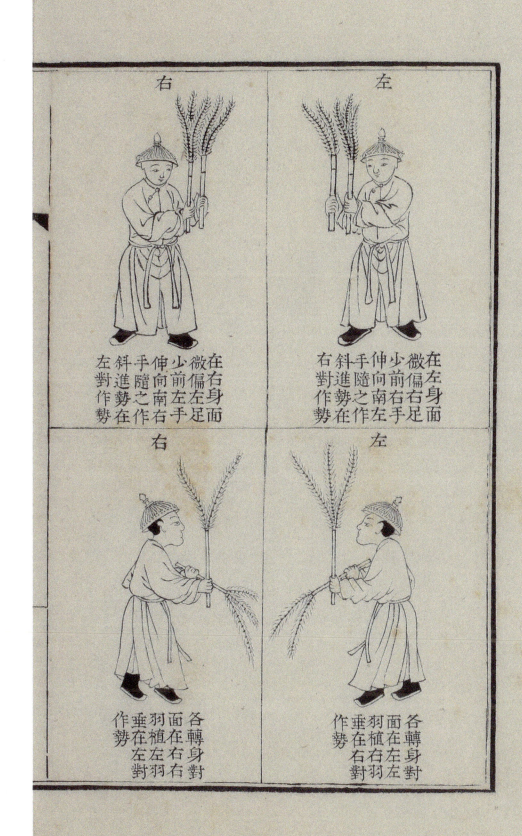

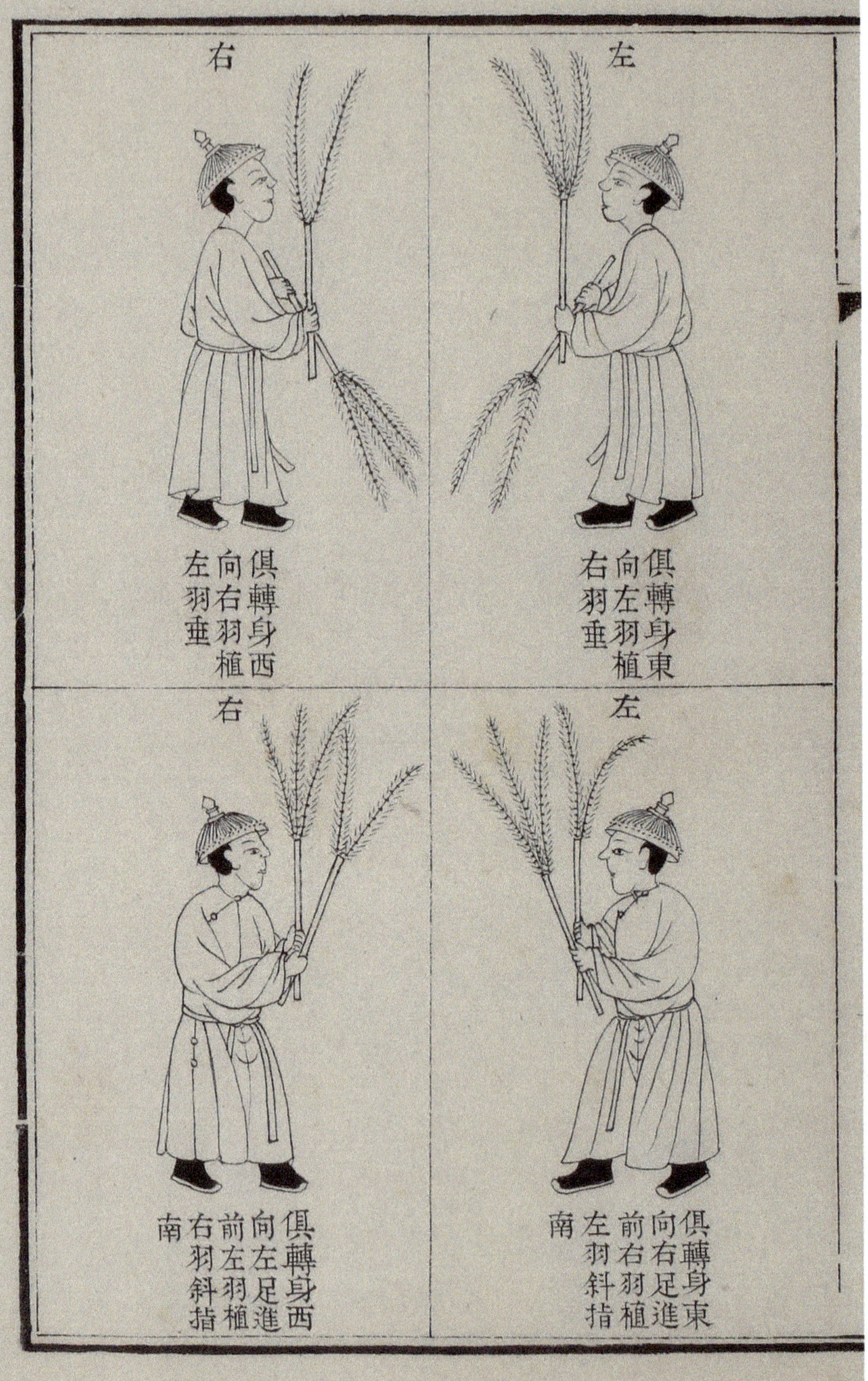
左
俱轉身東向左羽植右羽垂
右
俱轉身西向右羽植左羽垂
左
俱轉身東向右足進前右羽植左羽斜指南
右
俱轉身西向左足進前左羽植右羽斜指南

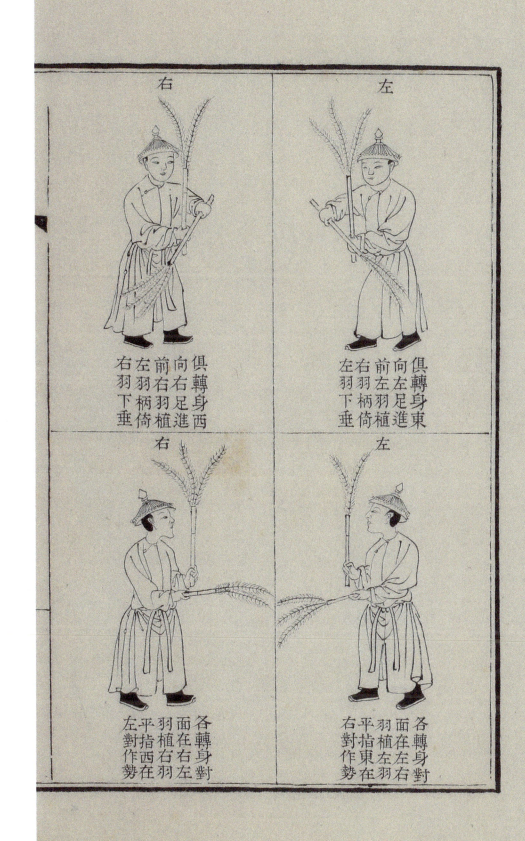

左

俱轉身東向左足進前左羽植右羽柄倚左羽下垂

右

俱轉身西向右足進前右羽植左羽柄倚右羽下垂

左

各轉身對面在左右羽植左羽平指東在右對作勢

右

各轉身對面在右左羽植右羽平指西在左對作勢

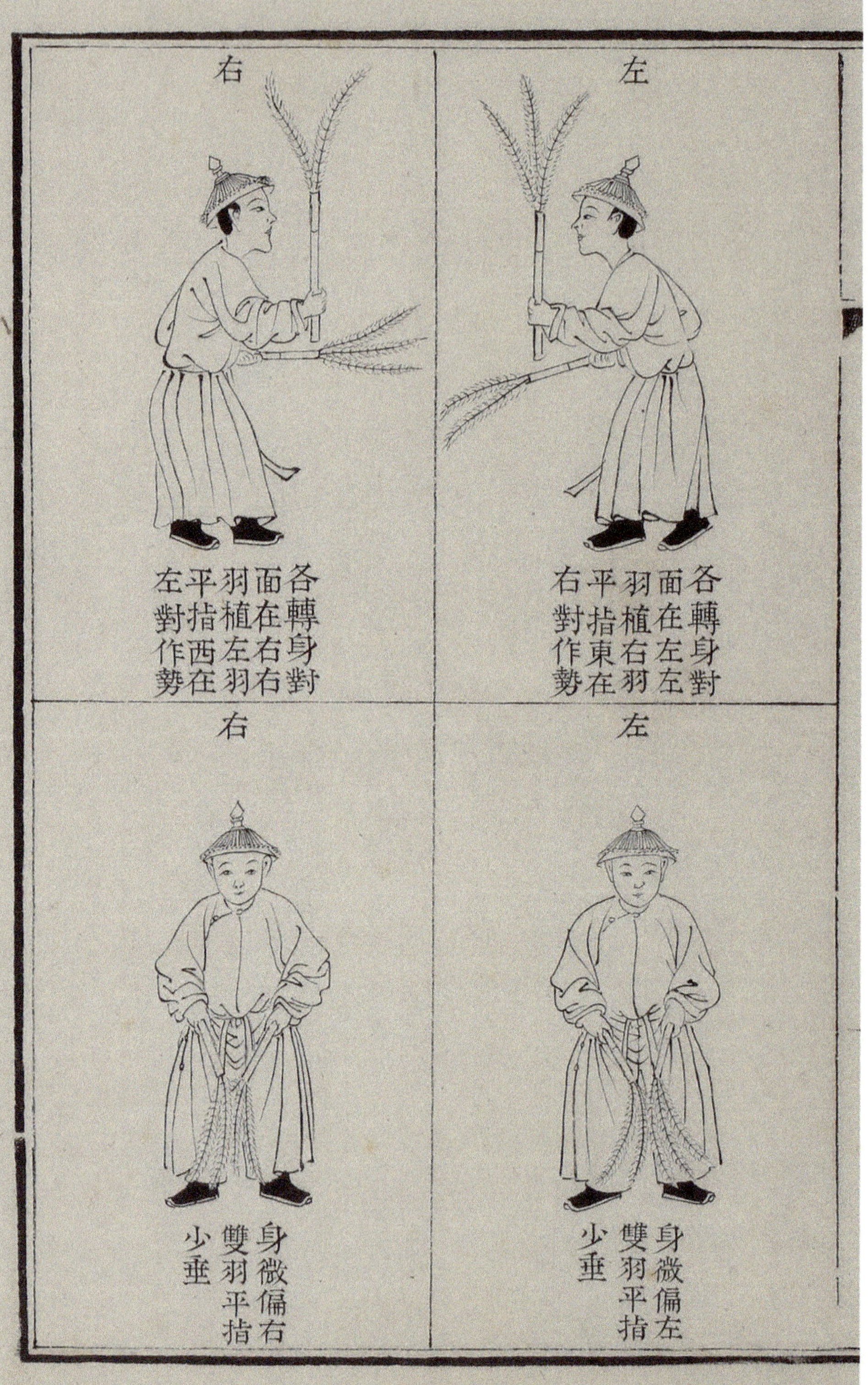
左
各轉身對
面在左左
羽植右羽
平指東在
右對作勢
右
各轉身對
面在右右
羽植左羽
平指西在
左對作勢
左
身微偏左
雙羽平指
少垂
右
身微偏右
雙羽平指
少垂

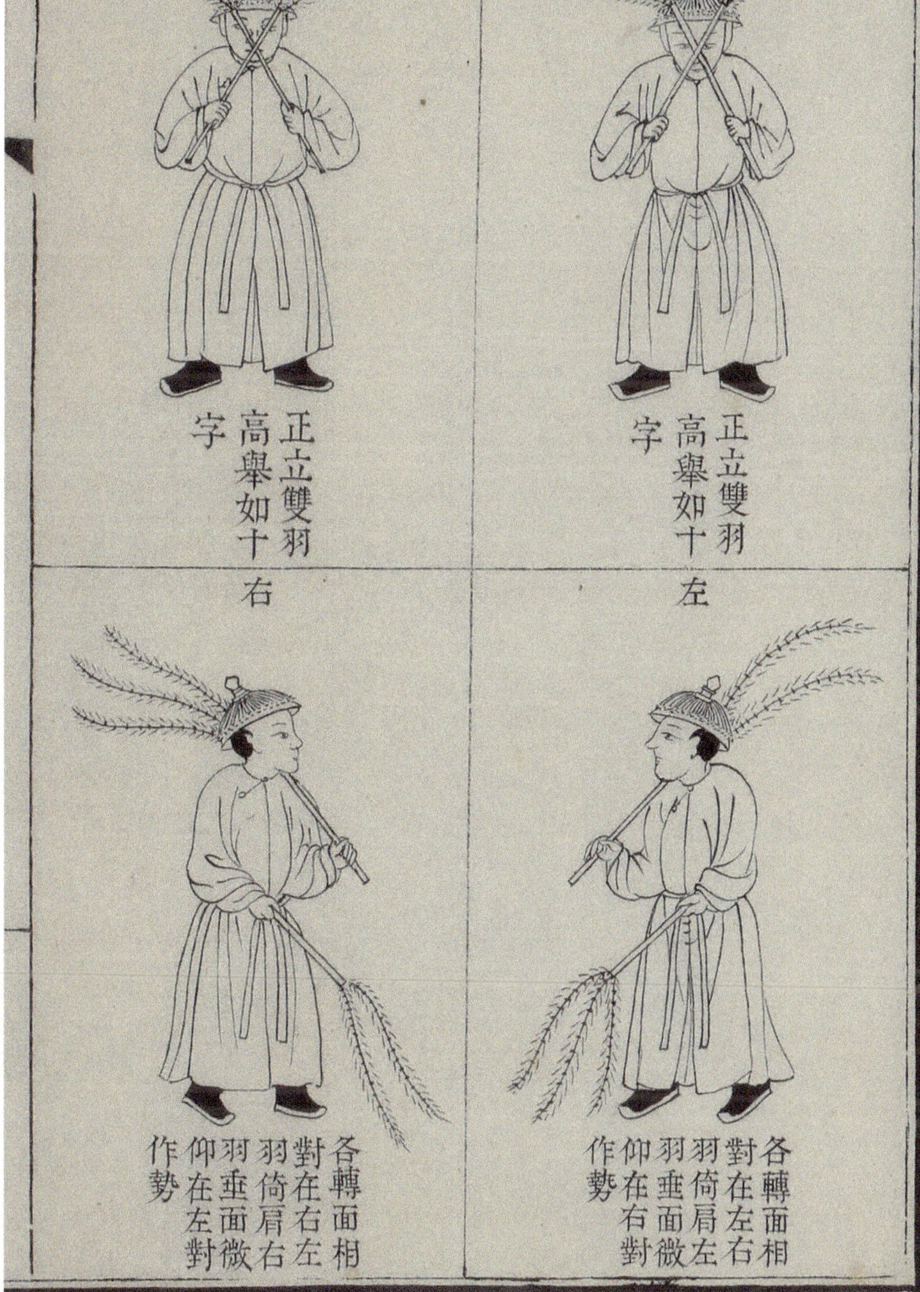

左
正立雙羽高舉如十字
右
正立雙羽高舉如十字
左
各轉面相對在左右羽倚肩左羽垂面微仰在右對作勢
右
各轉面相對在右左羽倚肩右羽垂面微仰在左對作勢

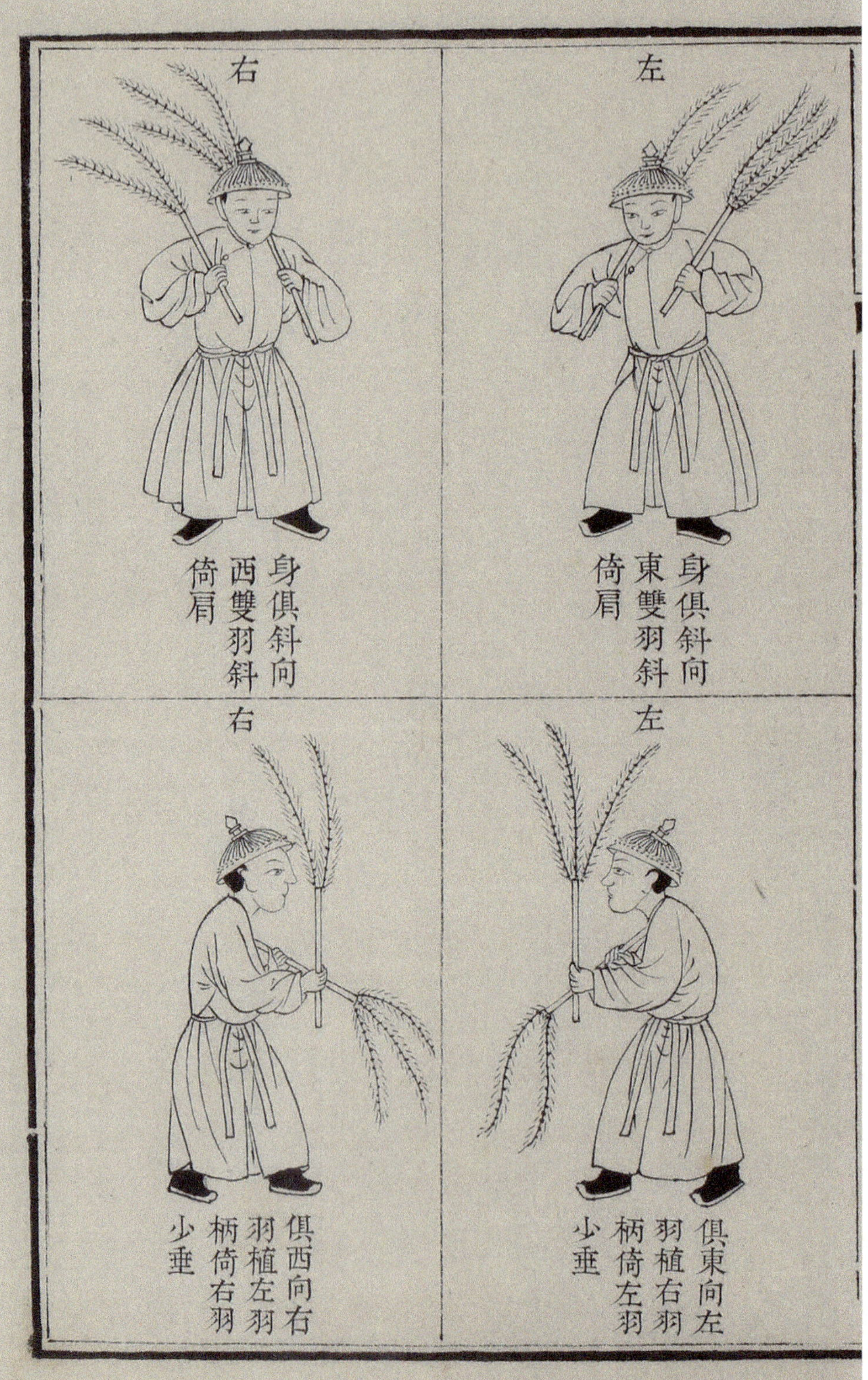

左
身俱斜向東雙羽斜倚肩
右
身俱斜向西雙羽斜倚肩
左
俱東向左羽植右羽柄倚左羽少垂
右
俱西向右羽植左羽柄倚右羽少垂

左

左足少前左手伸向西右手隨之身微作進勢面轉向東雙羽植

右

左足少前左手伸向西右手隨之身微作進勢面轉向東雙羽植

左

右足少前右手伸向東左手隨之身微作進勢面轉向西雙羽植

右

右足少前右手伸向東左手隨之身微作進勢面轉向西雙羽植

左

各對面立在左左足進前雙羽植俱作推向外勢在右對作勢

右

各對面立在右右足進前雙羽植俱作推向外勢在左對作勢

左

身面俱向西面微仰左手伸出左羽柄斜指西右羽倚肩

右

身面俱向東面微仰右手伸出右羽柄斜指東左羽倚肩

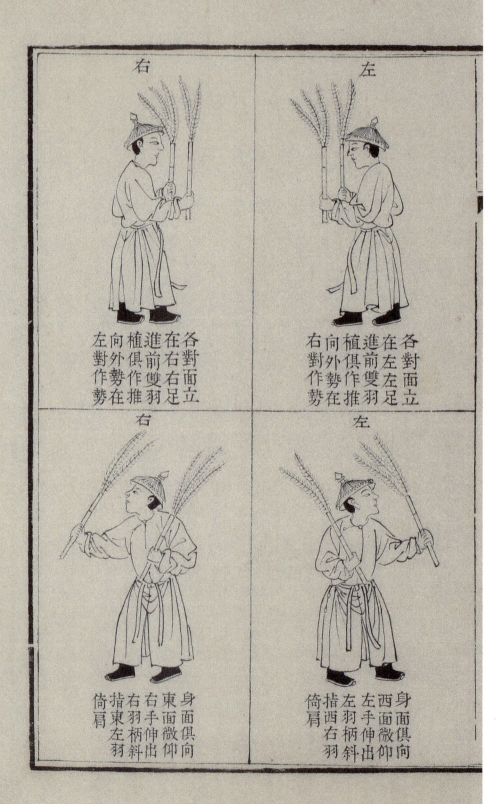

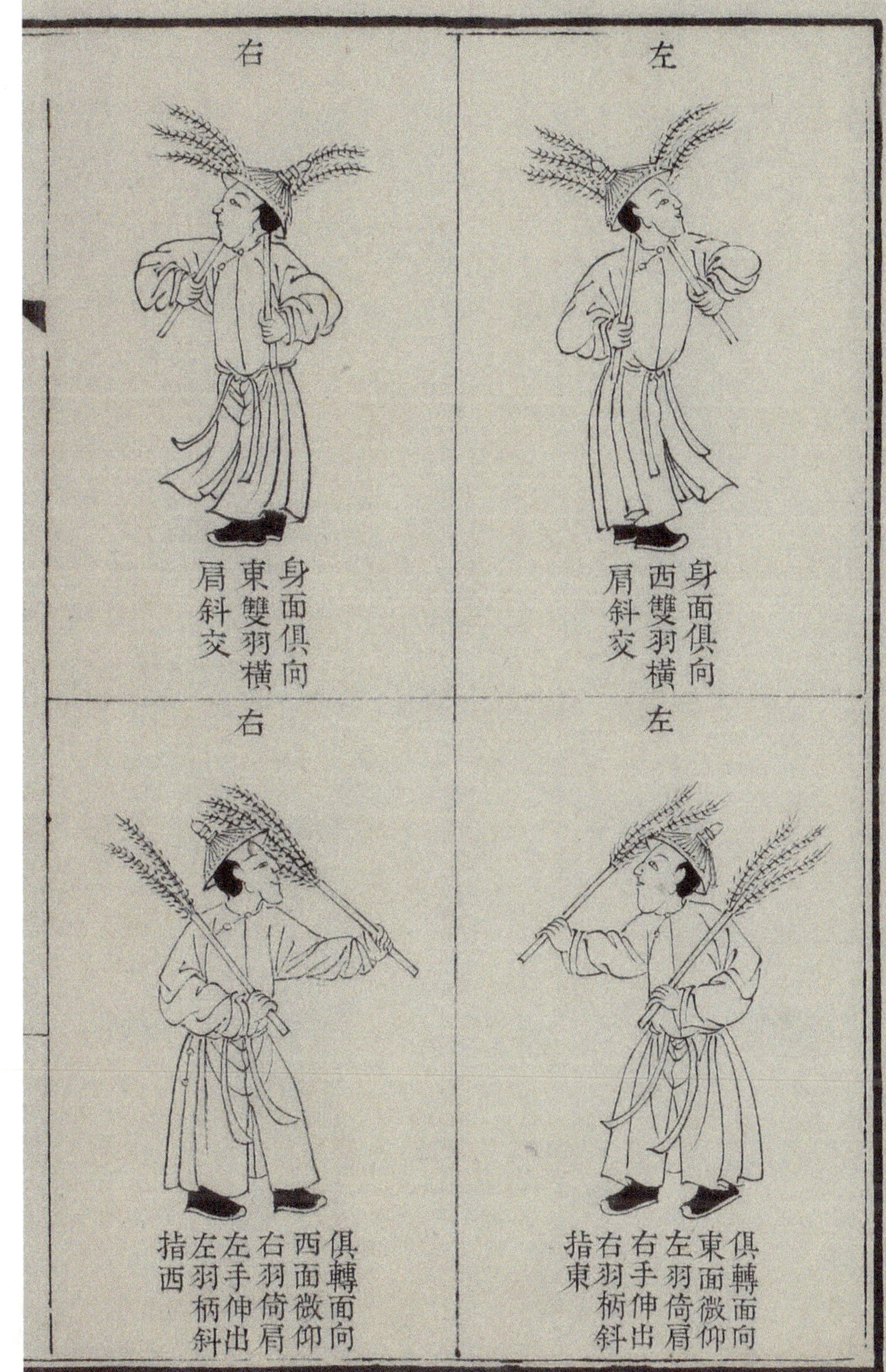
左
身面俱向
西雙羽橫
肩斜交
右
身面俱向
東雙羽橫
肩斜交
左
俱轉面向
東面微仰
左羽倚肩
右手伸出
右羽柄斜
指東
右
俱轉面向
西面微仰
右羽倚肩
左手伸出
左羽柄斜
指西

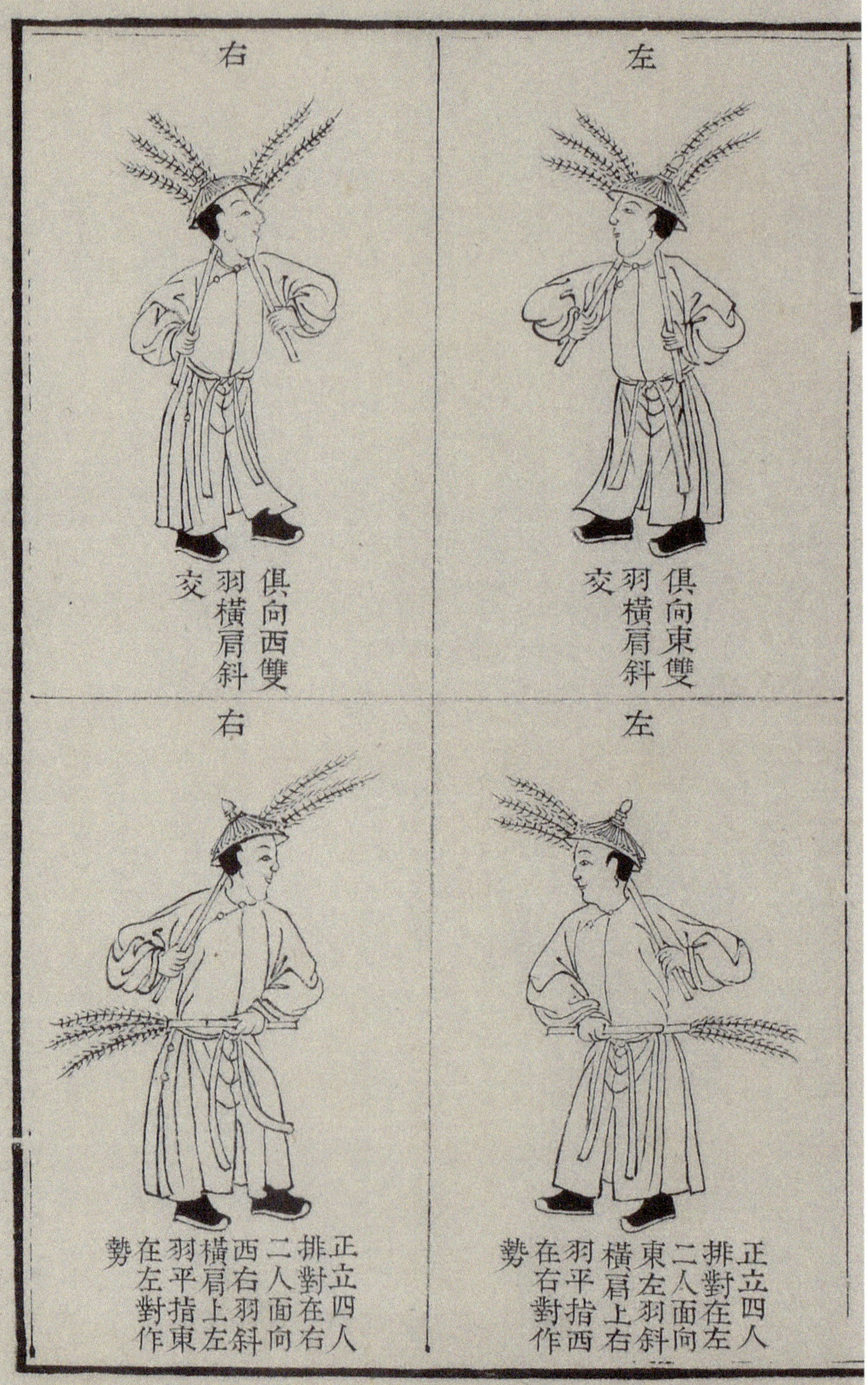
左
俱向東雙羽橫肩斜交
右
俱向西雙羽橫肩斜交
左
正立四人排對在左二人面向東左羽斜橫肩上右羽平指西在右對作勢
右
正立四人排對在右二人面向西右羽斜橫肩上左羽平指東在左對作勢

左

正立右手高舉右羽平額指西左羽植交成如十字

右

正立左手高舉左羽平額指東右羽植交成如十字

左

各對面在左面轉向東兩手相並偏向左雙羽植在右對作勢

右

各對面在右面轉向西兩手相並偏向右雙羽植在左對作勢

左

俱轉身東向兩足相交雙羽植

右

俱轉身西向兩足相交雙羽植

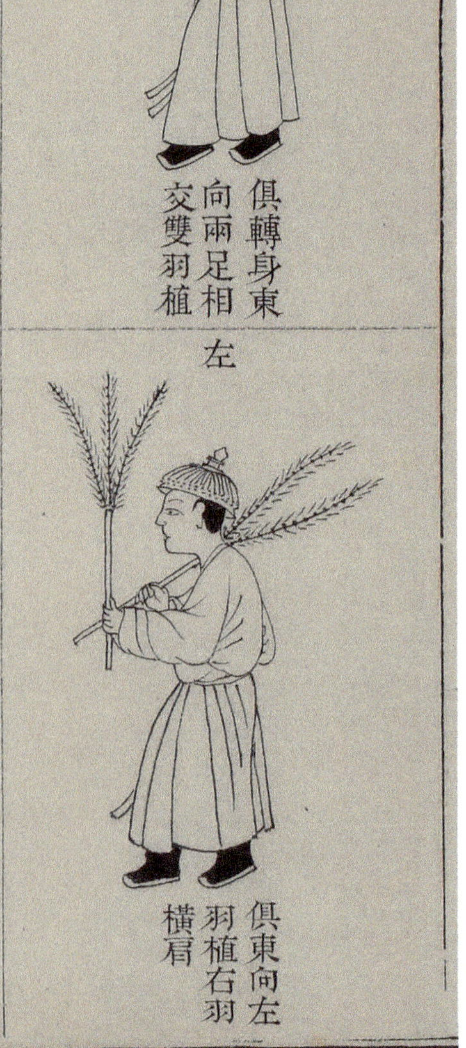

左

俱東向左羽植右羽橫肩

右

俱西向右羽植左羽橫肩

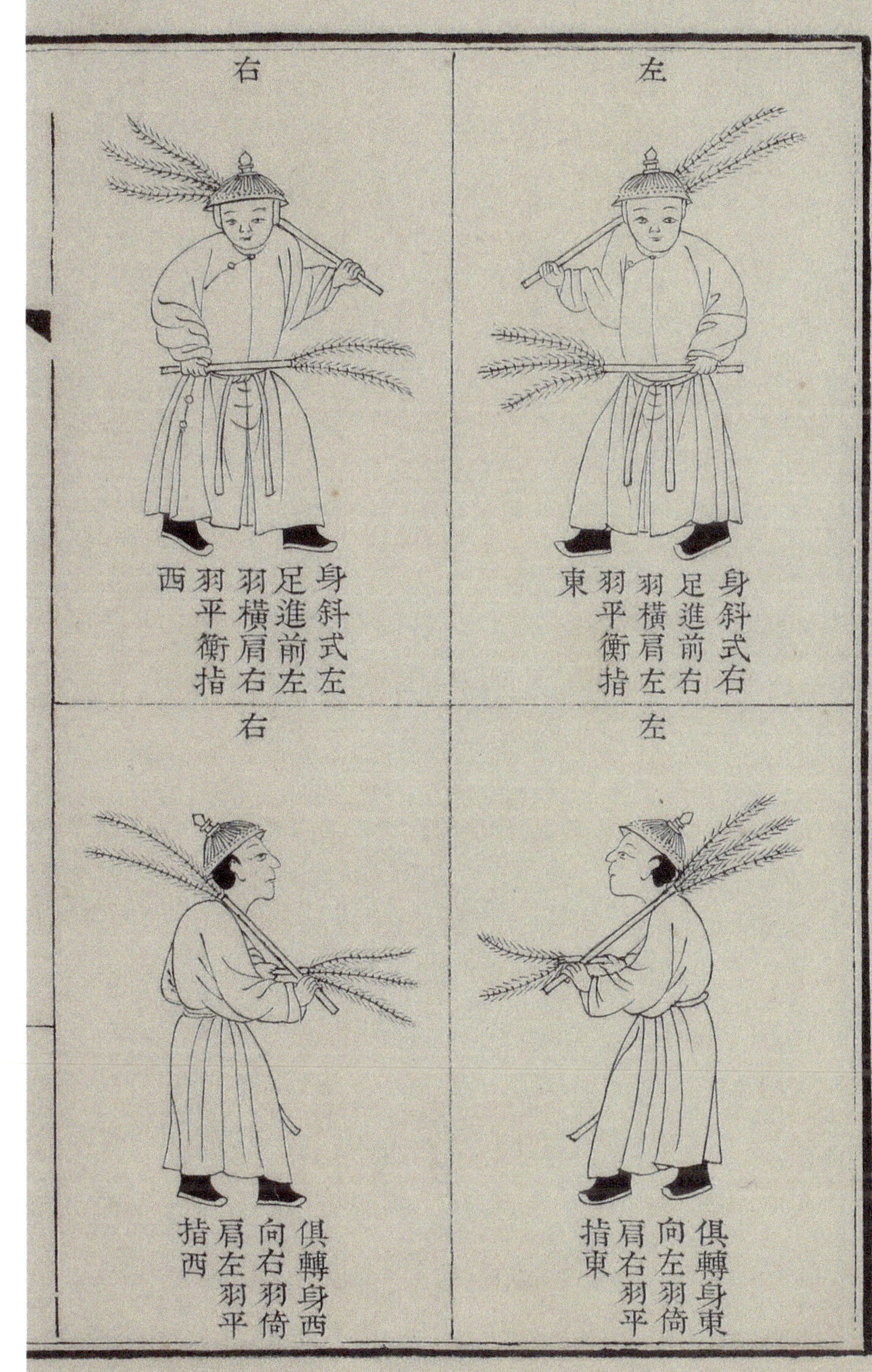
左
身斜式右
足進前右
羽横肩左
羽平衡指
東
右
身斜式左
足進前左
羽横肩右
羽平衡指
西
左
俱轉身東
向左羽倚
肩右羽平
指東
右
俱轉身西
向右羽倚
肩左羽平
指西